KB189002

정치학이해의 길잡이

정치학핸드북 Vol. 2

정치이론과 방법론

한국정치학회 편

法 文 社

서 문

2007년도 한국정치학회는 정치학의 정체성 확립과 연구발전을 위해 『정치학 이해의 길잡이』를 출판한다. 전 7권에 달하는 본서는 정치학자 80여명이 참여하여 완성된 학회사상 최초이자 최대의 연구출판기획이다. 정치학의 전 분야를 망라하여 핸드북 형태로 출판하는 이 책들은 제1권 정치사상, 제2권 정치이론과 방법론, 제3권 비교정치 1: 정치과정, 제4권 비교정치 2: 정치경제, 제5권 국제정치 1: 국제정치와 안보, 제6권 국제정치 2: 국제정치경제와 새로운 영역, 제7권 한국정치로 구성되어 있다.

정치학의 학문영역은 정치현상 만큼이나 모호하고 광범위하다. 또한 정치학은 태생 때부터 타학문의 영향을 받으면서 성장해 왔기 때문에 학제적 연구(interdisciplinary study)의 성격을 강하게 띠고 있다. 따라서 정치학은 흔히 무정형적·이질적 정체성을 지닌 학문으로 평가되기도 한다. 더욱이 최근에 와서는 전문화(specialization), 단편화(fragmentation), 혼성화(hybridization)현상이 두드러져 학문적 정체성의 문제가 심화되고 있다.

정치학은 고대 그리스의 플라톤과 아리스토텔레스의 연구로부터 시작되어 20세기에 접어들면서 하나의 독립적인 순수학문체계로서 확고한 입지를 굳혔다. 그러나 하나의 학문으로 성숙되어 오면서 정치학은 지속적인 분화와 통합을 경험해 왔으며 학문적 영역은 여전히 개방되고 변화하는 것으로서 그 영역을 굳이 규정할 필요가 없는 것으로 인식되기도 한다. 정치학은 하부영역이 훨씬 더 세분화되고 경험적인 세련된 연구를 진행해 오면서 전문화 과정을 거쳐 오고 있으며, 이것은 다시 하부 영역 내에서 단편화 현상을 초래하고 있다. 물론 이러한 현상은 단순히 무정형적이라기보다는 잘 조직화되고 창의적이며, 이질적이라기보다는 인접 학문의 전문적 하부 분야와의 교류를 통해서 혼성화 된 연구형태로 나타나고 있다. 대표적인 예를 들면 정치사회학, 정치심리학, 정치경제학, 정치지리학 등의 출현인데 이러한 혼성화 현상은 전문성을 강조하는 발전적 형태이기는 하나 여전히 학문적 정체성에 혼란을 일으키기도 한다.

이에 덧붙여 신흥 인접 학문들이 출현하면서 정치학 고유의 영역들이 침식당하고 있다. 예를 들어 여론과 선전, 정치커뮤니케이션, 정부론, 공공정책론, 헌법 등이 마치 정치학의 영역이 아닌 것처럼 간주되기도 하며 타 응용학문에서 가르쳐지기도 한다. 학문체계의 분화와 더불어 인접 응용학문의 등장은 정치학의 영역을 왜소화 내지 축소화시키는 영향을 미침으로써 정치학의 정체성을 더욱 혼돈시키고 있다. 이러한 영역의 축소화가 기계적으로 하부영역을 떼어내는 형태가 되어서는 해당 주제의 정상적 발전을 기대하기 힘들다. 정치학자들은 정치학 본래의 영역에 정치학적 전문성을 가미하여 관련 주제의 발전을 도모해야 하는 과제에 직면해 있다.

2007년도 한국정치학회는 “잃어버린 영역을 찾아서”라는 기획을 통해 오늘 날 정치학이 처한 학문적 정체성의 문제를 해결해 보려는 노력을 기울여 왔으며, 이제 그 결실을 보게 되었다. 이를 계기로 정치학의 영역을 보다 분명히 규명하고 연구 진작 도움이 되었으면 한다. 그러나 기획했던 주제 중에서 몇몇 주제가 포함되지 못하고 지역학 분야를 다루지 못한 것은 오로지 기획 책임자의 탓으로 돌려주기를 바란다.

『정치학 이해의 길잡이』가 정치학도 및 정치학에 관심 있는 여러분들에게 진정한 길잡이가 되기를 기원한다. 이 책들이 출판되기까지 편집위원장으로서 모든 업무를 관장해 주신 경희대 임성호 교수님, 각 권의 편집위원님들 그리고 편집 실무를 맡아준 김종법 박사님께 진심으로 감사 말씀을 드린다. 또한 집필진 여러분의 헌신과 출판을 기꺼이 허락해 주신 법문사 배효선 사장님께 충심으로 감사 말씀을 드린다.

2008. 2. 27.

2007년도 한국정치학회장

연세대학교 정치외교학과 교수 양승함

이 책을 읽기에 앞서

우리 주위에서 발생하는 정치현상은 매우 복잡할 뿐 아니라 많은 요소들이 복합적으로 작용하여 일정한 결과를 낳는다. 그런 정치현상을 체계적으로 이해하고 분석하기 위해서는 그것을 바라보기 위한 일정한 개념적 틀(conceptual framework)이 필요하다. 구슬이 서말이어도 꿰어야 보배이듯이, 아무리 많은 실증적 정보와 역사적 사실들도 일정한 체계를 지니지 못하면 깨진 유리조각에 불과한 것이다. 정치학에서 그런 개념적 틀의 역할을 담당하는 것이 바로 이론이다.

이 책은 현대의 정치연구에서 가장 보편적으로 사용되고 있는 대표적 이론들을 가능하면 쉽고 체계적으로 설명하고 있다. 행태주의로부터 신제도주의와 합리적 선택이론, 구조주의와 비판이론 그리고 심리학 및 여성학적 이론 등이 그것이다. 각각의 이론들은 과연 특정한 정치현상의 발생에 가장 영향을 미치는 행위자가 누구이며, 그 요인은 무엇인가 그리고 왜 그러한 현상이 발생하는가 등 정치연구의 핵심을 차지하는 질문들에 대해 각기 나름의 해답을 제시하고 있다.

아울러 이 책은 정치현상을 체계적으로 분석하기 위해 정치학에서 사용되고 있는 대표적 연구방법도 제시하고 있다. 질적 연구와 계량적 연구 그리고 비교연구 방법 등은 과학적이면서도 설득력 있게 정치현상에 접근하기 위한 매우 유용한 분석도구가 된다.

이 책에 제시된 이론들과 방법론적 지식을 습득하는 과정에서 학생들은 정치학 연구자들이 고민하는 바가 무엇인지를 깨달을 수 있을 것이며, 같은 정치현상을 이해하고 설명하는데도 다양한 방법이 존재한다는 점, 나아가서 왜 정치현상에 대한 연구자들의 설명이 저널리즘이나 일반인들의 설명보다 체계적이고 설득력을 가지는 지를 이해할 수 있게 될 것이라고 믿는다.

국제정치학은 국가 간의 전쟁과 평화를 연구하는 학문으로 다시 국제안보, 국제법, 국제기구, 국제정치경제 및 외교사 등의 분야로 분류되기도 한다. 국제정치학은 갈등과 협력, 분쟁과 평화의 원인을 분석하기 위한 이론들로 구성된다고 집약해 볼 수 있다. 국가 간의 갈등과 전쟁은 춘추전국시대와 고대희랍시대부터 현재에 이르기까지 점철되어온 인류역사의 한 단면이기 때문이다.

2008. 2. 27.
집필진을 대신하여
강원대학교 김기석

차　례

1 행태주의와 경험과학 연구: 전제, 영역과 설계

김 웅 진

Ⅰ. 행태주의와 정치행태

정치의 본질이 무엇인가에 대해서는 색다른 견해가 있을 수 있다. 그러나 정치가 고유한 목적과 동기를 지닌 인간과 인간, 집단과 집단의 상호작용이라는 점은 분명하다. 그렇다면 이러한 상호작용의 성격과 유형은 어떻게 결정되는가? 인간의 모든 사회적 상호작용은 어디까지나 제도적 질서(institutional arrangement) 속에서 이루어진다. 그렇다면 같은 교통법규에 따라 움직이는 자동차의 모습이 제각각인 이유는 무엇인가? 이는 인간이 제도의 테두리 속에서 자신의 목적을 효율적으로 달성하기 위한 전략을 세우고 그에 따라 행동하기 때문이다. 예컨대 서울에서 대전으로 가기 위해 경부고속도로를 달리는 운전자들은 제한속도 100km(제도적 질서)를 지키면서도 가장 빨리 갈 수 있는 방법이 무엇인가를 나름대로 선택하여 자주 차선을 바꾸거나 아예 주행선을 선택해 끝까지 달리기도 한다.

정치도 마찬가지다. 정치 역시 다른 사회적 상호작용과 마찬가지로 제도의 구속을 받지만 어떤 제도 속에서 나타나는 정치적 행위와 상호작용의 레퍼토리는 매우 다양하다. 즉, 정치가 '가치의 권위적 배분'이라는 이스튼(Easton 1971, 129)의 정의를 받아들일 때, 배분과정에 참여하는 사람들은 정치제도가 규정해 놓은 질서 속에서 보다 많은 몫을 얻기 위한 여러 가지 대안들을 세운 후, 그 가운데에서 가장 효율적이라 여겨지는 것을 선택한다고 볼 수 있다. 그리고 모든 선택은 그에 합당한 행동으로 구체화된다.

물론 인간의 행동과 상호작용이 반드시 어떤 실질적 목적을 달성하기 위한 것만은 아니다. 왜냐하면 인간은 또 한편으로 자신이 견지하고 있는 가치와 신념에 따라 행동하기 때문이다. 국회의원 총선거에 참여하는 유권자들은 어떤 후보자가 당선되었을 때 얻을 수 있는 이익을 면밀히 계산해 볼 뿐만 아니라, 그 후보자가 내세운 정책이나 견해가 자신의 정치적 신념과 어느 정도 일치하는지를 따져봄으로써 누구를 뽑을 것인가를 최종적으로 선택하게 된다. 물론 이러한 선택은 선거제도가 규정해 놓은 질서, 즉 지정된 투표장으로 가서 신분확인 절차를 거쳐 투표용지를 받은 후, 기표소로 들어가 후보자들의 이름 가운데 하나를 골라 그 아래 이미 마련된 대롱으로 표식을 하는 행동으로 표출된다. 요컨대 인간의 정치적 행동은 제도적 질서, 합리적 손익계산, 가치판단이 함께 어우러진 결과이며, 그 가운데에서도 특히 일정한 유형을 반복적으로 나타내는 정치적 행동을 정치행태(政治行態, political behavior)라 부른다.

20세기 초엽 미리엄(C. Merriam)을 중심으로 한 시카고 학파(the Chicago School)[1]에 의해 시작된 행태주의 운동(behavioralist movement)

1) 1930년대에 미국 시카고 대학(University of Chicago)에서 미리엄(Charles Merriam)을 중심으로 결성된 학파로서, 법·제도의 단순한 서술에 치중한 '전통적 정치학'을 '과학적 정치학'으로 대체하려는 행태주의 운동의 주축이 됨. 미리엄에

은 바로 이러한 인간의 합리적 선택과 가치판단, 그리고 그에 따른 정치적 행동에 연구의 초점을 맞춘다(Easton 1967, 28). 즉, 행태주의 연구는 정치제도의 모습이나 특징을 단순히 서술하는 작업을 넘어서서, '제도 속의 인간'의 정치행태가 형성되는 역동적 과정을 파악하려는 목적을 갖고 있다. 아이작(Isaak 1981, 40)에 따르면,

> ... 행태주의자들은 비록 제도가 정치의 중요한 국면이기는 하나 실체(the real stuff of politics)는 아니라고 주장한다. [따라서 이들은] 제도를 중심으로 전개되는 정치적 행동과 행태야말로 정치학 연구의 핵심적 대상이 되어야 한다고 본다. [예컨대] 행태주의자들은 상원(Senate)의 구조나 상원의원들의 법적 책임이라기보다는 상원의원들의 행태에 연구의 초점을 맞춤으로써 상원이 하나의 제도로서 어떻게 작동하는가를 서술하고 설명하려 한다.[2)]

그렇다면 행태주의자들은 정치제도의 중요성을 무시하는가? 어떤 행태주의자도 정치현상을 연구함에 있어서 제도를 가볍게 여기지 않는다. 왜냐하면 위에서 말했듯이 모든 정치행태는 그 레퍼토리가 제도적으로 규정되기 때문이다. 투표행태와 같은 시민의 정치참여 행태뿐만 아니라 정당이나 의회와 같은 정치조직의 행태 역시 제도적 질서를 벗어날 수 없다. 따라서 행태주의자들은 정치행태를 어디까지나 '제도에 귀속된 행태'로 간주하고 있다는 점을 잊어서는 안 된다. 행태주의자들이 정치행태에 관심을 두는 근본적인 이유는 알

뒤이어 라스웰(Harold Lasswell)과 이스튼(David Easton)에 의해 이끌어졌으며, 주로 경험과학의 분석논리, 특히 자연과학의 분석논리를 정치사회현상의 연구에 적용함으로써 정치행태의 인과적 생성경로에 관한 '거대이론(Grand Theory)'의 도출을 시도하였음.

2) [ ] 속의 말은 읽는 이들의 이해를 돕기 위해 필자가 추가한 것임.

먼드와 젠코(Almond and Genco 1977, 492)가 주장한 것처럼 인간의 '선택과 결정(choices and decisions)'이야말로 정치의 존재론적 본질(ontological property)이라 믿기 때문이다. 즉, 행태주의자들은 자신의 고유한 목표를 달성하기 위한 인간의 선택과 결정은 반드시 일정한 행태로 표출되기 마련이며, 따라서 행태연구는 곧 정치현상의 본질적 속성에 관한 연구가 될 수 있다고 주장한다.

그러나 행태주의 연구가 개인의 정치행태만을 다루는 것은 아니며, 개인을 넘어서서 조직과 집단, 더 나아가 정치체계(political system)의 움직임에 이르기까지 광범위한 정치적 역동을 연구대상으로 삼는다. 행태주의 운동의 선구자 가운데 한 사람인 율러(H. Eulau)에 따르면,

> ... 개인의 정치행태야말로 행태주의 연구의 핵심적인 경험적 근거이다. 그렇다고 해서 행태주의 연구의 이론적 초점이 개인에 제한된 것은 아니다. 기실 대부분의 행태주의자들은 한 개인으로서의 정치적 행위자에 별 관심을 두지 않는다. [그 보다는] 소집단, 조직, 사회, 정치 엘리트, 대중운동, 혹은 국가사회 자체가 행태주의 연구의 대상이 된다. 즉 구조, 기능, 과정이나 관계양상 등이 행태 연구의 카테고리에 포함된다...(Eulau 1963, 13-14)[3)]

물론 행태주의는 그 시발점으로부터 연구경계의 모호성, 경성과학(硬性科學, hard science)[4)]의 분석논리에 대한 맹목적 신뢰에서 야기된 '방법론의 신화(the myth of methodology)'[5)], 연구문제의 사회적 적

---

3) [ ] 속의 말은 읽는 이들의 이해를 돕기 위해 필자가 추가한 것임.

4) 자연과학과 같이 비교적 영속적인 연구대상, 치밀하고도 경험적인 분석논리, 강력한 설명력과 예측력을 가진 법칙으로 이루어진 과학체계.

5) 행태과학(behavioral science)이 당면한 가장 심각한 문제는 "방법론적" 문제

실성 상실 등으로 인해 수많은 비판을 받아왔으며, 최근에 이르러서는 행태주의라는 용어 자체가 거의 사용되지 않고 있는 실정이다. 즉, 행태주의라는 옛 유행어(jargon)는 이미 잊힌 이름일 따름이다.

그러나 행태주의는 지난 반세기에 걸쳐 전제와 분석논리를 끊임없이 수정・발전시키는 가운데 경험과학 연구(empirical research)라는 새로운 명칭[6]으로 때에 따라서는 근거가 희박한 '행태주의 비판'에 성공적으로 대응해 왔고, 결과적으로 현대 정치학을 떠받치고 있는 이론적・방법론적 주류의 한 갈래로서 그 위치를 확보하게 되었다. 즉, 20세기 전반부에 걸쳐 정치학 연구에 '과학적 시각(scientific outlook)'(Dahl 1969, 80)을 도입하려는 학문적 운동으로 시작된 행태주의는 오늘날에 이르러 치밀한 연구 프로그램(research programme)[7] 내지는 패러다임(paradigm)으로 전환됨으로써 현대 정치학에 있어서 '강한 과학(strong science)'[8]으로서의 안정된 위상을 누리고 있다.

이며, 따라서 "바른 방법을 사용하기만 한다면 과학적 진보가 신속히, 그리고 틀림없이 달성"되리라는 과학방법론에 대한 맹신과 무비판적 의존의 확산현상. Kaplan(1998), 24-27.

6) 이 글에서는 읽는 이들이 혼란에 빠지지 않도록 행태주의라는 옛 용어를 사용하기로 한다.

7) "부정되거나 수정될 수 없는 [존재론적·인식론적·이론적] 중핵(hard core)과 그를 둘러싸고 있는 보조가설의 방어환(protective belt)"을 중심으로 구성된 유리스틱(heuristic), 곧 "강력한 문제풀이 기제(a powerful problem-solving machinery)"를 갖춘 과학체계(Lakatos 1986, 4). 쿤(Kuhn 1970)의 패러다임이나 라우든(Laudan 1978)의 "연구전통(research tradition)"에 해당됨.

8) 공고하게 구축된 분석논리와 다수의 지지자, 추종자들을 성공적으로 확보함으로써 비단 과학사회 뿐만 아니라 범사회적으로 권위와 영향력을 인정받고 있는 과학체계를 지칭함. 김웅진(2001), 99-100 참조. 풀러(Fuller 2000, 45)는 이러한 강한 과학을 '거대과학(the Big Science)'이라 부르고 있다.

Ⅱ. 과학체계로서의 행태주의

그렇다면 행태주의 연구란 구체적으로 어떤 연구인가? 무엇을 목표로 두고 있으며 실제 연구는 어떻게 진행되는가? 또 연구의 소산은 어떤 정치학적 의미를 갖는가? 이러한 의문에 답하려면 일단 정치현상과 정치학 연구에 대한 행태주의의 전제를 살펴보고, 그러한 전제들이 행태과학(behavioral science)에 어떻게 반영되고 있는가를 명확히 파악할 필요가 있다.

1. 행태주의의 전제

행태주의는 정치현상의 본질과 그러한 본질에 다가갈 수 있는 경로에 관한 나름대로의 존재론적 · 인식론적 전제를 갖고 있고, 또한 과학적 운동을 표방하고 있다는 맥락에서 과학의 의미와 목표, 과학적 연구의 절차에 관한 입장을 명백히 밝히고 있다.9)

(1) 존재론적 · 인식론적 전제

• 모든 현상은 우연히 나타난 것이 아니라 규칙적 질서에 따라

9) 이와 같은 전제와 입장은 이스튼(Easton 1967, 16)이 정리한 행태과학 운동의 '지적 초석(intellectual foundation stones)'에 명확히 반영되어 있다. 즉, 행태과학 운동은 ①설명능력과 예측능력을 가진 통칙으로 일반화될 수 있는 정치행태의 규칙성, ②통칙의 경험적 검증가능성, ③정치행태의 관측과 분석에 있어서 엄정한 연구방법의 사용, ④자료축적과 분석에 있어서 정밀성과 객관성을 확보할 수 있는 계량화, ⑤윤리적 가치판단과 경험적 분석논리의 차별화, ⑥이론과 경험적 분석결과의 체계적 연계와 통합, ⑦순수과학으로서의 정치학 등 일곱 가지 전제에 기초하고 있다는 것이다.

생성된다. 즉 어떤 현상(P)은 그와 독립적으로 존재하는 다른 현상(Q)의 소산이며, 이들 간의 인과관계는 일정한 선행조건(C)들이 주어질 경우 안정성, 반복성과 재생성을 나타낸다[$Q \rightarrow P$, under C_1, $C_2 \ldots C_n$)]. 인간의 정치행태 역시 시계(clock)의 움직임과 비슷한 규칙성을 내포하고 있다.

- 실제 세계의 모습은 인간의 감각경험(感覺經驗, sensory experience)을 통해서만이 제대로 파악될 수 있다. 이러한 감각경험은 엄정한 관측방식과 관측매체, 예컨대 계량화(quantification)를 거쳐 일반화될 수 있고, 그렇게 처리된 감각경험 자료에 대한 논리적 추론(logical inference)을 통해 객관적 지식을 생산할 수 있다. 인간의 정치행태에 관한 연구 역시 경험적 관측과 그 결과로 얻어진 자료의 축적, 그리고 정밀한 계량적 척도와 통계 분석방법을 사용한 자료분석을 통해 가장 타당하고도 객관적인 지식을 생산할 수 있다.

이러한 두 가지 전제, 곧 기계론적 우주관과 경험적 인식론은 행태주의가 태어나고 성장한 미국의 지적 배경과 전통을 반영하는 것이다. 즉, 멀리는 제임스(W. James, 1842-1910)의 경험론과 피어스(C. Pierce 1839-1914)의 실용주의를 행태주의의 철학적 근원으로 볼 수 있고, 그 가운데에서도 특히 형이상학적 원리가 아니라 경험적 관측 결과를 진리(truth)의 근거로 삼은 듀이(J. Dewey 1859-1952)의 도구주의(instrumentalism)가 가장 큰 영향을 미쳤다고 말할 수 있다.

(2) 과학철학적 전제

또한 '정치학의 과학화' 내지는 '과학으로서의 정치학(political

science)'을 기치로 내세운 행태주의는 과학의 의미와 과학행위의 목표에 대해 아래와 같은 다섯 가지의 과학철학적 전제를 받아들이고 있다(McGaw and Watson 1976, 10-11).

- 과학은 흔히 생각하는 것처럼 지식의 덩어리가 아니라 지식을 생산하기 위한 분석논리이며, 이러한 분석논리와 협약(conventions)에 따라 만들어진 지식을 과학적 지식(scientific knowledge)이라 부른다.
- 인간은 어디까지나 자연의 일부이기 때문에 자연현상을 파악하기 위한 분석논리와 인간현상(사회현상)을 이해하기 위한 분석논리는 결코 다르지 않다. 과학 간의 차이, 예컨대 자연과학과 사회과학의 차이는 연구대상과 연구결과에 대한 의미해석(substantive interpretation)의 차이일 뿐이며, 모든 과학은 공통적인 분석논리를 갖고 있다.
- 과학행위의 궁극적 목표는 연구대상을 논리적으로 서술(description), 설명(explanation)하고 예측(prediction)하는데 놓여있으며, 이 가운데에서 가장 핵심적인 작업은 설명이다.
- 직접적 혹은 간접적인 경험적 관측이 불가능한 것들, 즉 추상적 · 형이상학적인 관념들은 과학연구의 대상이 될 수 없다.
- 과학행위는 객관적, 논리적이자 체계적이다. 어떤 과학적 주장이나 진술은 반드시 경험적 검증의 대상이 되어야 하고, 공통적인 검증결과는 상호주관성(intersubjectivity)[10]을 확보하고 있다는 측면에서 객관적이라 말할 수 있다. 바꾸어 말해서, 검증

10) 현상의 인지와 해석과정에 있어서 주관적 인식의 일치상태. 경험과학 연구에 있어서 객관성의 기준으로 널리 받아들여지고 있음. 김웅진 · 김지희(2005), 17-24를 볼 것.

> 될 수 없는 진술들은 결코 과학적 지식이 될 수 없다. 과학적 진술들은 지속적인 검증과 논박을 거쳐 수정, 보완되고, 서로 체계적으로 연결되어 하나의 네트워크를 만들 수 있어야 한다. 이와 같은 과학행위는 과학사회 속에서 타당성이 널리 인증된 분석절차들을 엄격히 준수해야 한다.

이러한 행태주의의 과학관은 유럽의 과학철학적 전통, 특히 그 가운데에서도 화이트헤드(A. Whitehead), 카르납(R. Carnap), 헴펠(C. Hempel) 등을 중심으로 한 논리실증주의(Logical Positivism)로부터 가장 큰 영향을 받았다.[11] 그러나 오늘날의 행태주의 과학관은 경직된 논리실증주의적 입장으로부터 상당히 벗어나 있다. 즉, 행태과학은 지난 80여 년간 혹독한 비판과 공격을 견디어내는 가운데 논리실증주의를 뒤이은 논리경험주의(Logical Empiricism), 과학적 지식을 도출함에 있어서 귀납적 추론의 한계를 지적하면서 "비판적 검증(critical test)"을 통한 "반증(falsification)"을 과학적 진보의 추동력으로 내세운 포퍼(Popper 1959, 1999)의 비판적 합리주의(Critical Rationalism)[12] 등, 다양한 과학철학적 입장을 수용하여 조금씩 변화하여 왔다. 그러나 초기 행태주의로부터 이른바 후기 행태주의(Post-Behavioralism)로의 전환은 '과학을 위한 과학'을 지양하고 연구문제의 선정에 있어서 사회적 적실성을 확보하기 위해 보다 큰 노력을 기울여야 한다는 점을 강조한 학문적 자세의 변화일 뿐, 행태과학의 기본전제는 그대로 유지되고 있다. 즉, 경험적 인식과 논리적 추론을 앞세우는 행태

11) 수많은 책과 논문들이 논리실증주의의 기본입장에 관해 논의하고 있으나, 대표적 논리실증주의자들의 글을 골라 편집한 Ayer(1959)의 책을 권한다.

12) 과학의 경계, 과학행위의 본질과 과학적 진보의 추동력으로서 "비파적 검증"과 "반증"에 대한 포퍼의 주장에 관해서는 Popper(1999) 참조.

과학의 기조는 결코 변화하지 않았다고 볼 수 있다. 굳이 눈에 두드러지는 변화를 찾아내자면 분석구도(analytic scheme)에 있어서 초기의 '시계 모형(clock model)'이 '메뚜기 모형(grasshopper model)'로 수정되었다는 점일 것이다. 그렇다면 시계 모형은 무엇이고 메뚜기 모형은 무엇인가? 이러한 모형들의 정체를 파악하기 위해서는 행태과학의 유리스틱(heuristic)을 해체해 보아야 한다.

2. 행태과학의 유리스틱: 과학적 설명의 논리 – '시계 모형'에서 '메뚜기 모형'으로

20세기의 대표적 과학철학자 가운데 한 사람인 라카토시(Lakatos 1986, 4)에 따르면, 안정된 과학체계는 ①고유한 연구목표와 연구문제(research puzzle), 그리고 ②"강력한 [연구]문제풀이 기제(a powerful problem-solving machinery)", 곧 유리스틱을 갖추고 있다. 다시 말해서, 유리스틱이란 연구문제를 풀기 위한 분석논리와 방법론(research methodology)을 포괄적으로 지칭하는 용어이다. 여기에서는 행태과학의 가장 중요한 목표로 상정되고 있는 설명의 유리스틱이 변화되는 과정, 즉 시계 모형으로부터 메뚜기 모형으로의 전환과정을 살펴보기로 한다.

행태주의자들은 위에서 말한 것처럼 논리실증주의, 논리경험주의에 기반을 둔 경험과학(empirical science)의 전제와 분석규준을 충실히 받아들이고 있다. 즉, 이들은 정치학 연구는 어디까지나 과학적 연구가 되어야 하며, 이를 위해서는 경험과학의 유리스틱을 철저하게 준수해야 한다고 주장한다. 예컨대 경험과학은 과학연구의 핵심적 목표가 연구대상의 설명과 예측에 놓여있다고 규정하고 있고, 이에 따라 행태주의자들 역시 과학으로서의 정치학은 정치현상이 역동적으로 전개되는 과정을 경험적으로 탐색하여 그 기본원리를 규명하는데 목표를 두어야 한다고 본다. 여기에서 경험적 탐색이란 앞서 살펴본 것처럼 수(數)와 같이 객관화된 감각경험 매체를 통해 얻은 관측정보(예로서 투표율, 어떤 정당이 의회 내에서 확보하고 있는 의석수, 반정부 시위의 발생회수 등)에 근거해서 논리적인 지식을 생산하는 작업을 뜻한다. 보다 구체적으로, 어떤 현상이 생성되는 원리를 경험적 관측정보를 통해 귀납적으로 일반화한 지식을 이론(theory), 혹은 법칙(law)이나 통칙(generalization)[13]이라 부르며, 이들은 설명의 전제로서 사용된다. 그렇다면 설명은 무엇이고 이론(법칙)이 어떻게 설명의 전제가 될 수 있는가?

우리는 두 명의 권투선수가 같은 샌드백을 때렸을 때 흔들리는 정도가 다른 이유를 고전적 뉴턴 물리학(Newtonian physics)이 만들어낸 "힘의 법칙", 곧 [F(힘)=M(질량) · A(가속도)]를 통해 쉽게 파악할 수 있다. 즉 힘의 법칙이 옳다면 두 선수 가운데 한 명이 때린 샌드백이 더 크게 흔들린 이유는 그 선수가 다른 선수에 비해 훨씬 크거나(질량이 크거나), 또는 더 빨리 때렸기 때문일 것이다(더 큰 가속도). 따라서 샌드백이 흔들리는 정도가 다른 것은 힘의 법칙에 비추어 볼 때 당연한 결과이다. 이처럼 구체적 사건(설명대상이 되는 사건/피설명항)을 법칙(설명전제/설명항)에 연역적으로 포괄시키는 작업, 또는 어떤 사건이 이미 잘 알려진 법칙의 필연적 결과라는 점을 논리적으로 밝히는 작업을 연역법칙적 설명(演繹法則的 說明, deductive-nomological explanation)이라 부른다. 초기 행태주의자들은 같은 논리로 다양한 정

13) 통칙이란 경험적으로 검증된 가설(hypothesis)로서, 단정적인 법칙과 달리 일정한 조건 아래에서만 설명능력을 갖는 확률적 법칙을 지칭한다. 대부분의 사회과학이론은 이러한 통칙들이다. 김웅진·김지희(2005), 36-50 참조.

치현상을 설명할 수 있다고 주장했다. 예컨대 옆집에 사는 김 씨는 지난 번 국회의원 총선거에서 왜 여당후보를 찍었는가(설명 모형-1 참조)?

연역법칙적 설명은 논리적으로 명쾌하지만 한 가지 조건을 충족시켜야 한다. 즉, 설명항으로서의 법칙이 '항상 옳다'는 조건이다. 그런데 어떤 설명항과 전혀 다른 사건이 일어나면 어떻게 되는가? 예컨대 김 씨처럼 소득이 높고 농촌에 사는 박 씨가 설명항과 달리 야당후보를 찍은 사건을 어떻게 설명할 수 있는가? 아래 예에서 사용한 설명항으로는 도저히 이러한 일탈사례(逸脫事例)를 설명할 수 없고, 따라서 설명항이 틀렸다는 결론을 내릴 수밖에 없다. 즉, 연역법칙적 설명에 있어서는 설명항과 다른 단 하나의 사례만 나타나도

【설명 모형 – 1: 연역법칙적 모형(시계 모형)14)】

◉ **피설명항**

- 김 씨가 지난 국회의원 총선거에서 여당후보를 찍은 개별적 사건.

◉ **설명항**

▶ 법칙: 소득수준에 따라 현 정권에 대한 지지도가 **변한다.**
즉 소득이 클수록 지지도가 **높아지고**, 적을수록 **낮아진다.**

▶ 선행조건: 농촌에서는.

◉ **논증** : - 김 씨의 연간수입은 8,000만 원에 달함. 따라서 그는 고소득층에 속함.
- 김 씨는 충남 청양군에 농업에 종사하고 있음. 즉, 그가 사는 곳은 농촌임.
- 여당후보에게 대한 투표는 정권에 대한 지지의 표출행위임.

☞ 충남 청양군에 살면서 농업에 종사하는 김 씨는 연 8,000만 원 이상을 버는 고소득자이기 때문에 여당후보에게 표를 줄 수밖에 없음.
왜냐하면 농촌에 살 경우 소득이 클수록 현 정권에 대한 지지도가 높아지기 때문임. ⇨ **설명항의 논리적 귀결.**

14) 김웅진 · 김지희(2006), 57에서 인용, 수정한 것임.

그 설명항은 무너져버린다. 왜냐하면 설명항이 예외를 두지 않는 단정적 법칙(deterministic law)의 성격을 갖고 있기 때문이다. 그렇다면 과연 인간의 정치행태를 예외 없이 설명할 수 있는 법칙(설명항)을 만들어낼 수 있는가? 마치 시계의 움직임처럼 정밀하고도 규칙적인 인간행태의 법칙이 존재할 수 있는가?

이와 같은 연역법칙적 설명 모형을 추구했던 초기 행태주의에 대한 비판은 주로 행태주의 연구가 과학적 분석논리에 얽매어 정치학을 현실로부터 유리시켰고, 통계분석방법과 같은 자연과학의 연구방법을 무비판적으로 받아들임으로써 정치현상의 모습을 왜곡시켰다는 점에 초점을 맞추고 있다. 그러나 이러한 비판은 행태주의가 기반을 두고 있는 전제에 대한 비판이기 때문에 설득력이 없다. 왜냐하면 전제나 가정을 비판하는 것은 굳이 쿤(Kuhn 1970, 92-110)의 "공약불가능성 명제(thesis of incommensurability)"[15]를 빌지 않더라도 분명 어리석은 일이기 때문이다. 어떤 전제나 가정, 즉 고유한 세계관의 옳고 그름을 따질 수는 없다. 세계관의 문제는 단지 그것을 받아들이느냐 받아들이지 않느냐 일 뿐이다. 따라서 행태주의에 대한 비판은 바로 행태주의자들 자신에 의해 이루어질 때 학문적 소득을 기대할 수 있다. 기실 행태주의는 다른 과학관으로부터의 비판이 아니라 바로 자기비판을 통해 유리스틱을 끊임없이 수정, 보완해 왔고, 그 결과 오늘날 행태주의에 대한 비판은 거의 자취를 감추었다. 즉 행태과학은 현대 정치학을 떠받치고 있는 강력한 지주로서의 위

15) 상이한, 혹은 경쟁적 패러다임들은 서로 완전히 다른 세계관에 기초하고 있기 때문에 연속성이나 상호연계성을 갖고 있지 않고, 따라서 그들 간의 수월성을 비교 평가할 수 있는 객관적 증거가 존재할 수 없다는 쿤의 주장. 이에 따라 패러다임은 누적적, 점진적으로 진보한다기 보다는 혁명적으로 변동할 수밖에 없다는 것이다.

상을 널리 인정받게 된 것이다.

이와 같은 자기비판과 그에 따른 유리스틱의 보정(補正)을 한 마디로 요약하면 바로 연역법칙적 설명이 기반을 두고 있는 인간의 정치행태에 대한 존재론적 입장의 변화이다. 즉, 연역법칙적 설명은 앞서 말한 것처럼 인간의 정치적 행동이 엄격한 법칙에 따라 나타난다는 전제에 기반을 두고 있다. 알먼드와 젠코(Almond and Genco 1977, 497-505)는 이러한 전제에 따른 설명 모형을 포퍼의 은유(Popper 1989, 206-255)의 은유를 빌어 '시계 모형(clock model)'이라 불렀다. 시계 모형이야말로 초기 행태주의 유리스틱의 가장 큰 특징으로서, 인간의 행동을 일정한 자극(조건)에 따라 나타나는 규칙적이자 반복적인 반응으로 보고 있다. 다시 말해서, 시계 모형이 상정하고 있는 인간은 '반응적 인간(responsive man)'인 것이다. 그러나 인간은 어떤 상황에 처할 때 자신이 지닌 창조성, 적응성과 문제해결능력을 발휘하여 다양한 행동을 취하게 된다. 즉,

> ... [단정적 포괄법칙(covering-law)을 상정하고 있는 행태주의의 연역법칙적 설명 모형에 따르면] 원인은 결과를 산출하고 결과의 존재는 원인을 설명한다. 이처럼 포괄법칙적 설명 모형에 따라 협소하게 규정된 원인 - 결과의 세계는 예외가 전혀 없는 세계이다...그러한 세계는 경이(驚異)와 혁신의 잠재성이 내재되어 있는 정치의 세계와는 완전히 동떨어진 세계이다...(Almond and Genco 1977, 502)[16]

김웅진(2001, 37) 역시 같은 맥락에서 행태주의 연구(경험과학 연구)의 한계를 아래와 같이 지적하고 있다.

---

16) [ ] 속의 말은 읽는 이들의 이해를 돕기 위해 필자가 추가한 것임.

...물론 행위주체로서의 인간이 지닌 창의성과 임기응변성만이 정치사회현상의 본질이라고 말할 수는 없다. 그러나 그와 같은 구체적이자 개별적인 속성들은 법칙이라는 뼈대에 생명력과 생동감을 부여한다. 생물표본실에 전시되어 있는 인체골격모형을 인간이라고 여길 수는 없다. 그러나 현대 경험사회과학[행태주의]은 골격만을 찾아 그것이 인간의 원형이라 간주하는 한계를 벗어나지 못하고 있다. 물론 골격은 보편적이고 여간해서는 변하지 않지만, 피부와 근육, 그리고 그것을 움직이는 심상이 없는 인간은 화석일 뿐이다. 우리는 화석을 통해 공룡이 운동하는 모습을 추론하는 것이 얼마나 위험하고도 무리가 따르는 일인가를 잘 알고 있다...[17]

요컨대 행태주의의 자기반성은 "제한 조건을 벗어나기 위한, 혹은 주어진 제한조건 속에서 문제를 해결할 수 있는 최적의 방식을 찾아내려는 인간의 노력이 빚어낸 고유속성"(Almond and Genco 1977, 518)을 행태연구에 반영해야 한다는 새로운 존재론적 인식을 낳았으며, 이에 따라 정치행태를 제대로 설명하기 위해서는 '수많은 예외 속의 규칙성'을 함의한 보다 유연한 모형, 곧 '메뚜기 모형(grasshopper model)'이 요구된다는 합의가 이루어졌다. 즉, 메뚜기가 이동하는 모습과 같이 한 무리로서의 규칙성(늘 같은 경로로 이동한다는 점)과 무리 속에서의 개별성과 독특성(무리에 속한 개별 메뚜기들이 제각기 나는 모습)을 동시에 반영한 귀납확률적 설명 모형이 시계 모형에 뒤이어 새로운 유리스틱으로 자리 잡게 되었다. 그렇다면 메뚜기 모형은 어떠한 것인가?

메뚜기 모형이 택하고 있는 귀납확률적 설명(inductive-statistical explanation)은 논증구조의 측면에서는 연역법칙적 설명과 다름없지

17) [ ] 속의 말은 읽는 이들의 이해를 돕기 위해 필자가 추가한 것임.

만, 설명항의 성격은 매우 다르다(아래 설명 모형-2 참조). 즉, 연역법칙적 설명의 설명항이 확정적 · 단정적 법칙으로 이루어졌음에 반해 귀납확률적 설명의 설명항은 확률적 통칙(probabilistic generalization)의 성격을 갖고 있다. 이에 따라 귀납확률적 설명에 있어서는 피설명항적 귀결이이 설명항의 필연 되지 않을 수도 있다. 다시 말해서 메뚜기 모형은 애당초 피설명항이 설명항으로 설명되지 않을 가능성을 인정하고 있다.

오늘날의 행태과학 연구는 위에서 말한 것처럼 거의 대부분 메

【설명 모형 – 2: 귀납확률적 모형(메뚜기 모형)18)】

◉ **피설명항**
- 김 씨가 지난 국회의원 총선거에서 여당후보를 찍은 개별적 사건.

◉ **설명항**
▶ 확률적 통칙: 소득수준에 따라 현 정권에 대한 지지도가 변할 **가능성이 크다.** 즉 소득이 클수록 지지도가 높아지고, 적을수록 낮아지는 **경향이 있다.**
▶ 선행조건: 농촌에서는.

◉ **논증** : - 김 씨의 연간수입은 8,000만 원에 달함. 따라서 그는 고소득층에 속함.
- 김 씨는 충남 청양군에 농업에 종사하고 있음. 즉, 그가 사는 곳은 농촌임.
- 여당후보에게 대한 투표는 정권에 대한 지지의 표출행위임.

☞ 충남 청양군에 살면서 농업에 종사하는 김 씨는 연 8,000만 원 이상을 버는 고소득자이기 때문에 여당후보에게 표를 줄 가능성이 높았고 실제로 그렇게 했음.
왜냐하면 농촌에 살 경우 소득이 클수록 현 정권에 대한 지지도가 높아지는 경향이 있기 때문임. ⇨ **설명항의 잠정적 귀결.**

18) 김웅진 · 김지희(2006), 57에서 인용, 수정한 것임.

뚜기 모형을 따르고 있다. 즉, 정치현상의 존재론적 속성에 대한 새로운 인식을 반영하는 메뚜기 모형은 정치행태의 법칙성이 역사문화적 조건과 환경, 행위주체로서의 인간이 지닌 창조성과 임기응변 능력에 따라 언제든지 바뀔 수 있다고 본다. 다시 알먼드와 젠코(Almond and Genco 1977, 492)의 말을 빌면,

> ...정치현상들 간의 관계는 자연현상처럼 작용-반작용적인 것이 아니다. 즉, 이들을 인과론적인 '시계모형[완벽한 법칙모형]'에 집어넣기란 결코 쉽지 않다. 왜냐하면 정치 엘리트와 시민들의 행위 레퍼토리는 고정된 것이 아니기 때문이다. 정치적 행위자들은 기억을 가지며 경험을 통해 학습한다. 또한 그들은 나름대로의 목적과 열망, 그리고 계산된 전략을 갖고 있다. 이와 같은 기억, 학습, 목표추구, 문제해결[의도]은 원인과 결과, 독립변인과 종속변인 간에 개입하는 간섭변인들인 것이다...[19]

요컨대 정치행태가 나타내는 규칙성은 "유연한(plastic)" 것이기 때문에 자연과학의 법칙과 같이 '예외 없는 보편법칙'의 형태로 표현될 수 없다는 것이다. 다시 말해서,

> ...정치적 실존현상의 속성은 물리적 세계의 속성과 다르기 때문에 정치행태의 규칙성 역시 자연현상의 규칙성과 다르다...우리가 발견한 정치행태의 규칙성은...유연한 것이라고 말할 수 있다. 이 규칙성은 역사 속에 깊이 내재되어 있으며 수많은 인간의 기억, 학습과정, 목표를 추구하려는 충동 혹은 여러 가지 대안의 선택과정 등을 반복적으로 거쳐 나온 것이다...또한 우리가 찾아낸 규칙성은 수명이 짧

---

19) [ ] 속의 말은 읽는 이들의 이해를 돕기 위해 필자가 추가한 것임.

> 은 것으로 여겨진다. 즉 이 규칙성은 그것을 뒷받침하는 기억, 창조적 탐구, 학습 때문에 빨리 소멸된다. 그리고 사회과학 자체가 이 규칙성의 소멸을 조장할 수 있는데, 그 이유는 인간이 경험뿐만 아니라 과학적 탐구를 통해서도 학습하기 때문이다...(Almond and Genco 1977, 493)

이에 따라 메뚜기 모형에 따른 설명은 경험적 자료에 입각해서 귀납적으로 도출된 확률적 통칙을 사용한다.[20] 즉, 설명항에 포함된 확률적 통칙과 선행조건을 각기 sG_1, sG_2, sG_3, ……, sG_n 및 C_1, C_2, C_3, ……, C_n으로 나타내었을 때, 이러한 전제의 귀결로서 E라는 구체적 사건이 발생할 가능성에 초점을 맞춘다. 앞의 설명모형-2의 설명항은 '소득이 클수록 현 정권에 대한 지지도가 높아진다'라는 단정적 법칙이 아니라 '높아지는 경향이 있다'는 확률적 통칙을 갖고 있다. 이는 소득이 큰 사람들 가운데에서도 현 정권을 지지하지 않는 이들이 얼마든지 있을 수 있다는 의미와 함께, 현 정권을 지지하게 만드는 데에는 소득수준 이외에 다른 요인들, 예컨대 교육수준 · 직업 · 성별 · 종교적 배경 등도 작용할 수 있다는 것을 암시하고 있다. 이처럼 귀납확률적 설명에 있어서는 피설명항이 설명항의 논리적 · 필연적 귀결이 되지 않음에 따라 설명이 실패할 가능성이 상당히 크다. 그러나 설명의 실패 가능성을 애당초 열어놓고 있는 메뚜기 모형의 한계와 정치행태의 본질적 속성에 대한 왜곡이라는 시계 모형의 한계를 견주어 볼 때, 과학적 정치학 연구에 있어서 어느 것이 더 위험하다고 말할 수 있는가? 물론 메뚜기 모형에 따른 설명은 부분적 설명(partial explanation) 또는 불완전한 설명

20) Nagel(1979), 502-509.

(imperfect explanation)에 불과하다. 그러나 이러한 설명의 불완전성이야말로 정치학의 과학적 발전을 위한 추동력으로 작용할 수 있다. 왜냐하면 메뚜기 모형의 설명항, 즉 불완전한 통칙은 끊임없는 오류 보정을 통해 보다 강력한 설명력을 지닌 이론으로 전환될 수 있는 가능성을 열어놓고 있기 때문이다(Popper 1985). 불완전한 이론은 결코 '틀린 이론'이 아니기 때문에 그에 대한 지속적 논박을 통해 이론적 전환과 진보를 기대할 수 있다.

3. 행태주의의 연구문제

그렇다면 이와 같은 설명의 유리스틱을 갖춘 행태과학은 구체적으로 어떤 연구문제를 풀려 하는가? 설명, 더 나아가 예측의 대상이 되는 정치현상들로서는 과연 어떠한 것들이 있는가? 서두에서 인용한 율러의 주장처럼 행태주의 연구가 결코 개인의 정치행태만을 대상으로 하는 것은 아니다. 행태주의 연구는 어떤 정치체계 속에 존재하는 개인이나 소집단의 행태로부터 시작하여 정치체계 자체의 움직임에 이르기까지 다양한 정치현상을 다루기 때문에, 흔히 말하듯 분석의 수준(level of analysis)이 미시적 수준에 고정되어 있지 않다. 이에 따라 행태주의 연구가 사용하는 이론적 모형들은 학습 모형(learning model), 사회화 모형(socialization model), 정책결정 모형(decision-making model), 합리적 선택 모형(rational choice model)과 같은 미시분석 모형(microanalytic models)으로부터 시작하여 구조기능 모형(structural-functional model) 등 거시분석 모형(macroanalytic models)에 이르기까지 매우 다양하다. 또 비단 어떤 국가나 정치체계 속에서 전개되는 정치현상 뿐만 아니라 국제정치경제 현상 역시 연구문제의 목록에 포함된다. 행태주의 연구의 영역은 대단히 포괄적이며, 따라서 행태주의 연구는 곧 미시적 개인행태 연구라는 생각은 크게 잘못된 것이다. 그러나 이처럼 연구영역, 분석의 수준과 단위가 지닌 스펙트럼이 광범위함에도 불구하고 그들은 모두 아래와 같은 기본적인 형태를 가진 연구문제로 환원될 수 있다.

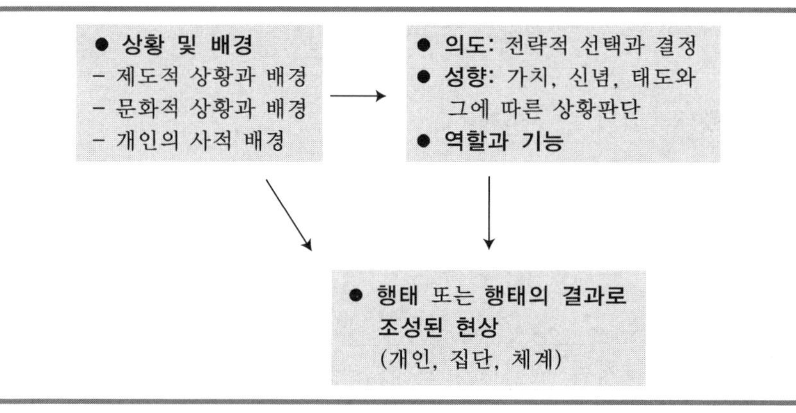

행태주의는 1970년대를 통해 우리 정치학계에 도입되었으며, 오늘날에 이르기까지 이론적·방법론적 세련화가 진행되는 가운데 상당한 연구성과를 축적하였다. 행태주의의 연구문제에 대한 이해를 돕기 위한 이러한 연구들 가운데 두 가지 모형을 예로 들면 아래와 같다.

● **행태주의 연구문제 사례-1:**
조진만·최준영·가상준(2006)의 재·보궐선거 결정요인 모형(Logistic 회귀모형)

$$V_1 = \alpha + \beta_1 X_1 + \beta_2 X_{2+} \beta_3 X_{3+} \beta_4 X_{4+} \beta_5 X_5 + \epsilon$$

V_1: 여당 후보 혹은 야당 후보의 승리
X_1: 대통령 지지율
X_2: 경제상황에 대한 평가(소비자 태도지수)
X_3: 선거구 특성(지역주의 존재여부와 여당의 현직여부를 고려한 선거구 경합도)
X_4: 선거 상황(여당과 야당의 선거공조 여부)
X_5: 투표율 차이

● **행태주의 연구문제 사례-2:**
김지희(1999)의 대통령제 내각안정성 결정 모형(OLS 회귀모형)

$$Y = \alpha + \beta_1 X_1 + \beta_2 X_{2+} \beta_3 X_{3+} \beta_4 X_{4+} \beta_5 X_5 + \epsilon$$

Y: 내각안정성(각료재임가능기간 평균점유율)
X_1: 의회분절도(Rae's F): $1-1/n(n-1)\sum fi(fi-1)$
n = 총 의석수, fi = 각 정당의 보유의석수
X_2: 대통령 선거경쟁도(낙선한 후보들의 득표율/당선된 후보의 득표율)
X_3: GDP 평균성장율
X_4: 소비자 물가지수 평균상승율
X_5: 평균실업율

위의 두 가지 예에서 볼 수 있듯이 행태주의 연구는 어떤 행태 내지는 행태로 야기된 현상을 연구대상으로 선택하여 그러한 현상의 원인을 규명하려는 연구문제를 세운다(설명). 그리고 다양한 상황

적 배경이나 행위주체의 의도 내지 성향을 원인으로 상정한 다음, 이들과 연구대상 현상 사이의 직접적 · 간접적 인과경로(direct/indirect causal path)를 상정한 가설모형을 구축하여 주로 계량통계적 방법을 통해 검증함으로써 연구문제를 풀어나간다.

4. 행태주의의 연구설계

앞서 살펴보았듯이 행태주의 연구는 경험과학의 분석논리에 입각해 연구문제를 풀어나가며, 이를 위해 정밀한 연구설계(research design)를 세우고 그에 따라 연구를 진행한다. 즉, 연구설계란 연구를 체계적으로 수행하기 위한 일단의 작업지침으로서 ①연구문제, ②분석모형(가설모형), ③분석의 시간적 · 공간적 범주, ④개념화와 조작정의, ⑤모집단과 표본, ⑥관측방법, ⑦가설모형의 검증방법 등 일곱 가지 구성요소로 이루어져 있다. 이러한 구성요소들을 간략히 요약해 보면 아래와 같다.

(1) 연구문제

앞서 여러 번 지적한 바와 같이 행태주의 연구의 목표는 어떤 정치행태의 생성과정을 체계적으로 서술, 설명하고 예측하는데 놓여 있으며, 이러한 세 가지 목표에 따라 연구문제를 상정한다. 예컨대 '국회의원 총선거에 있어서 후보자 선택을 결정하는 인자들은 무엇인가', 혹은 '정치체계의 안정과 불안정은 무엇에 따라 결정되는가'와 같이 구체적인 연구문제(설명형 연구문제)를 세운다.

(2) 분석모형

연구대상을 종속변인(dependent variable, 결과)으로, 그러한 대상을 초래한 것으로 여겨지는 다른 현상들을 독립변인(independent variable, 원인)으로 정하고 이들 사이에 일정한 유형의 인과경로가 존재하리라는 가설모형을 구축한다. 가설모형은 관련된 기존 이론이나 모형으로부터 연역적으로 도출되지만, 기존 이론이 없다면 연구자 나름의 고유한 인식과 판단을 따른다.

(3) 분석의 시간적·공간적 범주 확정

다음으로 가설모형을 그 속에서 검증할 시간적(역사적), 공간적(지리적) 범주를 확정한다. 예컨대 '2007년 10월'처럼 일정 시점에서 발생한 현상만을 검증의 범주로 택할 수도 있고, '문민정부 시대'와 같이 연속적인 역사적 구간을 택할 수도 있다.[21] 이와 아울러 '대도시 지역', '농촌지역', '동아시아'와 같이 어떤 공간적 범주 내에서 가설모형을 검증할 것인가를 결정해야 한다. 이 경우 '서울'처럼 하나의 사례만을 택하는 연구를 사례분석(case study), '서울-대구-부산'과 같이 여러 사례들을 대상으로 가설모형을 검증하는 연구를 교차사례분석(cross-cases study)[22]이라 부른다.

(4) 개념정의와 조작정의

다음으로 가설모형에 포함된 종속변인과 종속변인들, 곧 사용개념들이 각기 어떤 이론적 의미를 갖는지를 규정한 후(개념정의 conceptual definition), 다시 선택된 연구사례들 속에서 구체적으로 무엇을 지칭하

21) 동시적 분석(synchronic analysis)과 통시적 분석(diachronic analysis) 혹은 시계열 분석(time-series analysis).

22) 또는 비교분석(comparative analysis).

는지를 분명히 밝혀야 한다(조작정의 operational definition).[23] 예로서 정부에 대한 개인의 정치적 신뢰도(political trust)를 '정부가 자신의 이익과 합치하는 정책을 어느 정도 산출할 수 있느냐에 관한 판단'으로 개념정의 하였다면, 그러한 판단의 수준을 구체적으로 측정하기 위한 맥락을 설정한 다음 각 맥락에 해당되는 지표(measures/indicators)들을 구축해야 한다. 즉 정치적 신뢰도를 ①정책결정자들의 능력에 대한 신뢰, ②정책결정자들의 책임성에 대한 신뢰, 그리고 ③정책결정구조의 효율성에 대한 신뢰 등 세 가지 맥락으로 분류한 후, 각 맥락에 합당한 설문조사 문항(survey questionnaires)들을 만든다. 또 '경제발전'이라는 변인을 사용한다면 우선 이를 '경제체계의 수행도(performance)'로 개념정의하고, 수행의 각 맥락을 측정하기 위한 지표로서 GNP(경제체계의 산출량), 인플레이션이나 실업률(국민경제생활수준) 등의 측정척도(조작지표)를 채택한다.

(5) 모집단과 표본

행태주의 연구를 포함한 대부분의 과학적 연구는 표본(sample)을 사용한다. 왜냐하면 연구대상이 되는 모든 사례, 곧 모집단(population)을 대상으로 연구를 진행한다는 것은 실질적으로 불가능하기 때문이다. 예컨대 한국의 모든 유권자들을 대상으로 설문조사를 실시할 수는 없으며, 이에 따라 모집단의 성격을 잘 대표하는 소규모의 표본을 선정(표집)하여 가설모형을 검증할 수밖에 없다. 이러한 측면에서 행태주의 연구는 표본의 성격(sample statistic)을 통해 모집단의 성격(population parameter)을 추론하는 연구라고 말할 수 있고, 바로 이

23) 조작정의는 추상적 개념을 실증지표로 재구성하는 작업으로서, 개념정의를 통해 구축된 이론적 속성의 범주와 현실세계를 연결시키려는 목적을 갖고 있다. 김웅진 · 김지희(2005), 125-129.

때문에 모집단과 표본의 성격을 가능한 한 일치시킴으로써 표집오차(sampling error)를 최소화할 수 있는 방법, 예컨대 층화표집(stratified sampling)이나 군락표집(cluster sampling) 등 연구상황과 대상에 따라 적절한 방법을 선택해야 한다.

(6) 관측방법

일단 표집방법이 결정되면 모형을 구성하고 있는 변인들의 조작지표에 따라 실제로 자료를 모으는 방법(관측방법)을 택해야 한다. 정치행태 연구에 사용되는 관측방법은 설문조사(survey research)나 참여관측(participant observation)처럼 관측행위가 관측대상의 모습에 영향을 줄 수 있는 자극적 관측방법(obtrusive method)과, 이미 만들어진 각종 통계집 또는 데이터베이스로부터 자료를 획득하는 집적통계자료 추출과 내용분석(content analysis)과 같이 전혀 자극을 주지 않는 비자극적 관측방법(unobtrusive method)으로 나누어진다. 물론 이 가운데 어떤 관측방법을 선택하느냐는 연구문제와 가설모형에 따라 결정된다.

(7) 모형검증방법

관측과 측정을 통해 자료를 얻었다면 이들 사이에 과연 함수관계와 같은 수리적 공변관계(correlation)가 존재하는가를 회귀분석(regression)[24]과 같은 통계분석방법을 통해 확인함으로써 인과관계를 추론한다. 또 변인들이 비정량적인 분류지표(명목지표)나 구간지표(순위지표)로 조작정의되었을 때에는 이들 간의 상호관계(association)[25]

24) 회귀분석은 정량척도들 간의 함수적 공변관계를 추적하여 인과관계를 추론하는데 가장 널리 사용되는 통계분석방법이다.

25) 상호관계란 인과성을 명확히 확인할 수 없는 관계, 즉 무엇이 원인이고 무

를 교차분석표(crosstabulation)[26]로 만들어 살펴본 후, 그 깊이와 방향을 감마(γ), 람다(λ), 카이자승 검정법(χ^2) 등의 통계분석방법[27]을 통해 측정한다. 물론 통계분석방법만이 사용되는 것은 아니다. 순위

그림 1 행태주의 연구의 설계

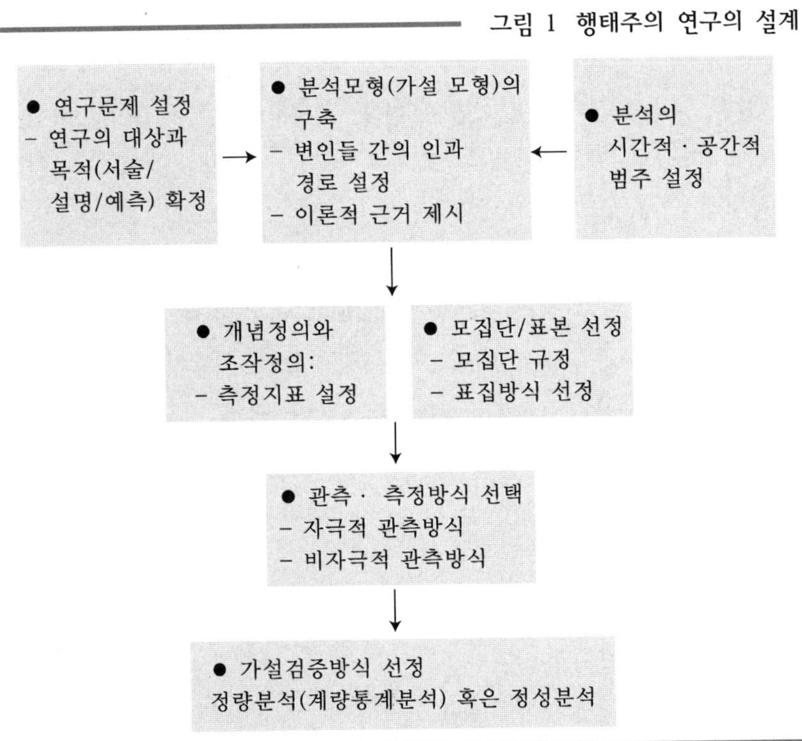

엇이 결과인지를 확정하기 어려운 관계를 뜻한다.

26) 교차분석표는 두 개의 명목척도나 순위척도가 갖고 있는 카테고리, 예로서 남자-여자와 보수-진보의 카테고리들을 서로 교차시킨 구간(cell)들을 만들고 각 구간에 들어가는 빈도수를 제시함으로써 카테고리 간의 결합양상을 표현한 표이다.

27) 감마(γ)는 순위척도로 이루어진 가설을, 그리고 람다(λ)와 카이자승 검정법(χ^2)은 명목척도로 이루어진 가설을 검증하는데 사용되는 통계분석방법이다. Lewis-Beck, Bryman, Liao(2004), 414-415 참조.

지표나 명목지표를 사용할 때에는 일치법(method of agreement) · 차이법(method of difference) · 혼합법(joint method of agreement and difference)이나 부울 대수(Boolean algorithms)와 같은 정성적(定性的, qualitative) 비교분석전략[28]을 사용하여 변인들 사이의 인과관계를 논리적으로 추적해 본다.

이제 이러한 연구설계의 구성요소가 행태주의 연구의 흐름에 있어서 어떻게 서로 연결되는가를 그림으로 표현해 보면 [그림 1]과 같다.

Ⅲ. 행태주의의 학문적, 실천적 함의

행태주의 연구는 어떠한 함의를 갖는가? 행태주의 연구의 가장 두드러진 소산인 경험과학적 설명 모형을 통해 얻을 수 있는 학문적 · 실천적 소득은 무엇인가? 만약 행태주의 연구가 단순히 정치현상의 인과적 생성경로를 파악하는데 그친다면 결코 사회적 효용성을 확보할 수 없을 것이다. 물론 모든 과학의 공통 목표가 연구대상의 체계적 · 객관적 · 경험적 설명과 예측에 놓여 있지만, 특히 정치학을 포함한 사회과학은 연구의 궁극적 목표를 '이상적 정치사회'의 기반을 구축하는데 필요한 지식을 공급하는데 두고 있다. 다시 말해서, 정치학 연구를 통해 얻어지는 과학적 지식들은 바람직한 정치, 이상적인 정치, 인간의 창조성이 극대화된 정치를 구현함에 있어서 반드시 요구되는 실천적 지식으로서의 의미와 가치를 지녀야 한다.

지난 역사를 살펴보면 사람들이 자신이 처해 있는 사회적 · 자연

28) 이와 같은 비교분석전략에 관해서는 김웅진· 김지희(2000), 26-69를 볼 것.

적 조건에 대해 명확히 알지 못함으로 인해 인간으로서의 존엄성을 훼손당한 사례들을 쉽게 발견할 수 있다. 예로서 천체의 움직임에 관한 과학적 지식을 갖고 있지 못했던 중세 암흑기의 사람들은 일식(日蝕)이나 월식(月蝕)이 그들 가운데 '악한 자'가 있기 때문에 나타났다는 정치적 조작에 넘어감으로써 죄 없는 이들이 마녀사냥(witch hunting)'의 희생자가 되는 현실을 방치했다. 그런데 희생된 '마녀'들의 대부분이 당시 정치권력의 정당성을 뒷받침해 주던 왕권신수설(王權神授說, Divine Rights of Kings)에 저항한 사람들이었다는 사실은 무엇을 말해 주는가? 사회현상이나 자연현상에 대한 무지는 정치적 조작을 초래했으며, 권력집단이 그러한 조작을 통해 무고한 저항자들을 처단하였다는 역사적 사실은 정치현상에 대한 과학적 지식이 비단 정치학자의 전유물이 아니라 사회구성원 모두가 인간다운 삶을 살아가는데 반드시 필요한 도구라는 점을 명백히 보여준다(김웅진 2007, 17).

요컨대 과학적 지식만으로는 결코 정치학의 실천성을 확보할 수 없기 때문에, 행태주의 연구가 사회적 효용성을 얻기 위해서는 과학적 지식을 통해 비추어진 정치적 현실을 평가하기 위한 가치판단의 잣대와 결합되어야 한다는 인식이 행태주의자들 사이에 서서히 확산되어 왔다. 이러한 사회적 효용성에 대한 인식은 비단 연구문제의 선정에 있어서뿐만 아니라 연구결과의 실질적 해석에 있어서도 상당한 영향을 미쳤다. 아울러 과거의 행태주의 비판은 비록 비판의 맥락이 적절히 설정되지는 못하였으나 인간의 정치행태, 더 나아가 인간의 존재론적 본질에 대한 행태주의자들의 재성찰을 유도하는데 성공했으며, 이에 따라 오늘날의 행태주의 연구는 인간의 원형으로서 법칙의 감옥에 갇힌 반응적·기계적 인간이 아니라 주어진 조건과 자극에 대해 나름대로의 방식으로 대응하는 유연하고도 창조적인 인간, 그러나 크게 보아서는 제도 속에서 일정한 행위유형을 따르는 인간의 모습을 상정하고 있다. 즉, 현대의 행태주의자들, 경험과학자들은 과학과 철학의 경계를 넘나들면서 가장 적실하고도 설득력 있는 정치행태의 모형을 끊임없이 탐색하고 있다고 볼 수 있다.

주요문헌 소개

Apter, D. 1977. *Introduction to Political Analysis.* Cambridge, Mass.: Winthrop. 행태주의를 제도주의(institutionalism), 다원주의(pluralism), 구조주의(structuralism,), 발전주의(Developmentalism)와 함께 현대 정치학의 대표적 패러다임으로 규정하여 그 전제와 발전과정, 연구영역을 여타 패러다임과 비교하여 소개한 입문서.

Almond, G. and Genco, S. 1977. "Clouds, Clocks, and the Study of Politics. *World Politics* 29, no. 4(July), 489-521. 정치현상의 존재론적 본질에 비추어 초기 행태주의의 설명논리, 곧 포괄법칙적 설명의 유리스틱을비판하고 그 대안으로서 인간의 정치행태에 대한 보다 '유연한 통제'의 필요성을 강조함으로써 행태주의 연구, 경험과학 연구의 존재론적 · 인식론적 · 방법론적 전환의 결정적 계기를 마련한 것으로 평가되는 논문.

Easton, D. 1967. "The Current Meaning of Behavioralism." J. Charlesworth, ed. *Contemporary Political Analysis*, 11-31. New York: Free Press. 초기 행태과학(behavioral science) 운동의 지적 기반, 기본 전제와 전개과정을 요약한 후 연구의 방향을 제시한 대표적 행태주의자의 논문.

Dahl, R. 1969. "The Behaviroal Approach in Political Science: Epitaph for a Monument to a Successful Protest." H. Eulau, ed. *Behavoralism in Political Science*, 68-92. New York: Atherton Press. 1960년대 중반까지 행태주의 연구의 역사적 전개과정을 요약하는 가운데, 제도의 서술에 머문 '옛 정치학'에 대한 '저항운동'으로서의 행태주의 연구가 정치학의 과학화를 모색함에 있어서 어떤 공헌을 할 수 있는가에 관해 대단히 낙관적인 견해를 피력한 대표적 행태주의자의 논문.

참고문헌

김웅진. 2001. 『신화와 성화: 과학방법론의 패권정치』. 서울: 전예원.

_____ 외. 2007. 『현대 정치학 강의』. 서울: 명지사.

김웅진 · 김지희. 2005. 『정치학연구방법론, 경험과학연구의 규준과 설계』. 서울: 명지사.

김지희. 1999. "내각안정성의 정치 · 경제적 인자에 관한 경험적 탐색: 21개 대통령제 국가를 중심으로." 『한국정치학회보』 33집 4호, 221-241.

조진만 · 최준영 · 가상준. 2006. "한국 재 · 보궐선거의 결정요인 분석." 『한국정치학회보』 40집 2호, 75-98.

Almond, G. and Genco, S. 1977. "Clouds, Clocks, and the Study of Politics." *World Politics* 29, no. 4(July), 489-521.

Apter, D. 1977. *Introduction to Political Analysis*. Cambridge, Mass.: Winthrop.

Ayer, A., ed. 1959. *Logical Positivism*. New York: Free Press.

Easton, D. 1967. "The Current Meaning of Behavioralism." J. Charlesworth, ed. *Contemporary Political Analysis*, 11-31. New York: Free Press.

_________. 1971. *The Political System. An Inquiry into the State of*

Political Science. Chicago: University of Chicago Press.

Eulau, H. 1963. *The Behavioral Persuasion in Politics*. New York: Random House.

Dahl, R. 1969. "The Behavioral Approach in Political Science: Epitaph for a Monument to a Successful Protest." H. Eulau, ed. *Behavoralism in Political Science*, 68-92.. New York: Atherton Press.

Fuller, S. 2000. *The Governance of Science*. Buckingham · Philadelphia: Open University Press.

Isaak, A. 1981. *Scope and Methods of Political Science*. Homewood, Ill.: Dorsey.

Kuhn, T. 1970. *The Structure of Scientific Revolutions*. Chicago: University of Chicago Press.

Lakatos, I. 1986. *The Methodology of Scientific Research Programmes*. Cambridge: Cambridge University Press.

Laudan, L. 1978. *Progress and Its Problems, Towards a Theory of Scientific Growth*. Berkeley, Calif.: University of California Press.

Lewis-Beck, M, Bryman, A., and Liao, T., eds. 2004. *The Sage Encyclopedia of Social Science Research Methods*, Vol. 2. Thousand Oaks, Calif.: Sage.

McGaw, D. and Watson, G. 1976. *Political and Social Inquiry*. New York: Wiley.

Nagel, E. 1979. *The Structure of Science, Problems in the Logic of Scientific Explanation*. Indianapolis · Cambridge: Hackett Publishing.

Kaplan, A. 1998. *The Conduct of Inquiry, Methodology for Behavioral Science*. New Brunswick, NJ: Transaction Publishers.

Popper, K. 1985. "The Aim of Science." D. Miller, ed. *Popper Selections*, 162-170. Princeton, NJ: Princeton University Press.

_________. 1999. *The Logic of Scientific Discovery*. London and New York: Routledge.

2 구조주의 : 정치적 해석과 전망

김 종 법

Ⅰ. 구조주의에 대한 새로운 정치적 해석의 필요성

전통적으로 정치학 이론에서 구조주의를 다룬다는 것은 사회분석틀로서 구조를 통해 하나의 현상이나 개념을 여러 관련 관계들 속에서 이론적으로 도출해 낸다는 것을 의미한다. 그러나 일반적으로 구조는 정치학의 영역에서보다는 사회학에서 주로 다루어지는 개념이다. 그런 이유 때문에 막스 베버를 비롯한 사회학자들에게서 구조주의의 기원을 찾고 있는 것이다. 구조주의가 철학이나 사회학적 영역이 아닌 정치학의 영역에서 이론적 본격적인 출발을 하게 된 것은 아무래도 마르크스로 거슬러 올라가야 할 것이다.

토대-상부구조 이론에 대한 경제주의적 해석, 즉 경제적 토대가 상부구조를 결정한다는 경제환원주의적 해석은 구조주의의 출발을 자본주의 사회 안에서 여러 사회관계를 경제적 관점에서 고착화하는 한계를 나타냈다. “인간의 사회적 관계가 인간의 의식을 결정한다”는 마르크스의 주장에는 결국 사회구조 안에서 작동하는 경제적

메커니즘이 인간의 의식까지 결정한다는 것을 주장하는 것을 의미했고, 이를 마르크스주의에서 말하는 구조주의로 해석하였다. 그러나 마르크스는 사회적 제생산관계의 '구조'보다는 이러한 물질적 토대를 통한 의식의 반영으로서 '이데올로기'에 더 깊은 주의를 기울였다.

실제로 마르크스는 "초기부터 '정신'은 물질이라는 '부담'을 져야만 하는 저주에 시달리게 되는데, 여기에서 말하는 물질이란 공기중에 생성되는 '층'-즉 소리-에 의해, 다시 말하면 언어의 형태로 나타나는 것이다"(Marx and Engels, C. Arthur(ed.) 1970, 50)라고 자신의 저서에서 밝히고 있다. 결국 이데올로기가 언어의 형태로 표출된다고 하는 마르크스의 주장에 근거하여 사회적 제반현상이나 사회의 구조 반영으로서 언어가 사회분석의 중요한 도구로 인식되었고, 이를 사회과학 방법론에 적용시킨 이들이 바로 언어학자들이었다.

구조주의가 마르크스주의로부터 학문적인 방향전환이 이루어진 것은 바로 이러한 언어학자들의 기여와 논리였다. 의식 반영의 결과로써 언어라는 수단을 통해 사회의 여러 영역과 관계들을 분석하여 일정한 법칙성을 찾아내고자 했다. 소쉬르(Sassure)와 롤랑 바르트(Barthes)의 기호학, 레비-스트라우스(Levi-Strauss)와 고델리에(Godelier)로 대표되는 인류학, 그리고 알튀세(Althusser)와 풀란차스(Poulantzas) 등의 여러 학문 영역으로 수렴되어 발전되었고, 다시 이어져 문학이나 정신분석학 같은 영역에서도 주요한 연구 주제가 되었다.

이와 같은 과정 전환에는 몇 가지 주요한 학문적 특징이 존재한다. 특히 언어학이나 기호학 등의 인문학 분야에서 언어나 기호 신화 등을 통해 분석 가능한 이데올로기의 문제가 중요한 연구의 목적이자 내용을 이루게 되었고, 이데올로기가 어떻게 생성되고 유지되며 표출되는 가의 문제가 마르크스 구조주의의 중심을 이루게 되었다. 의식의 반영으로서 이데올로기에 대한 연구는 결국 이데올로기의 총합으로서 헤게모니의 형성과 발전 그리고 대항 헤게모니의 등장으로 귀착되었다.

이데올로기와 헤게모니라는 상부구조로서 의식과 관련 개념 및 이론이 마르크스주의의 전면에 등장할 수 있었던 것은 아무래도 그람시(Gramsci)의 공헌이었다. 토대와 상부구조 사이의 정치적 물적이고 경제적 관계만큼이나 인간 의식의 반영과 실천에 대한 정치적 영역에서의 인과관계를 밝히는데 그람시의 이론과 개념은 중요한 기준과 토대를 제공했다. 20세기 초 전환기의 이탈리아에서 치열한 투쟁과 실천을 통해 남겼던 수많은 글들과 파시스트 정권에 의해 투옥되어 감옥에서 자신의 이론과 개념을 발전시키려 했던 『옥중수고; *Quaderni del Carcere*』는 마르크스 구조주의에 대한 그람시의 이론적 공헌을 보여주고 있다(Gramsci 1975).

다소 추상적이고 경제주의적인 관점이 실천적이고 정치적인 관점에 의해 채워지면서 사회를 분석하는 다양한 영역과 수단이 접목되었다. 인간생활의 사회적 특징을 언어를 비롯한 여러 학문적 분야에서 꽃을 피우게 되었고, 이를 토대로 보다 구체적인 실천과 분석의 틀을 마련했던 것은 1960년대에 들어서면서부터이다. 특히 68운동은 여러 모로 사상적으로나 이론적으로 중요한 기틀을 제공했다. 프랑크푸르트학파나 아날학파의 등장은 구조주의 이론적 발달의 정점을 알리는 것이었다. 전쟁 이후 경제발전에 매진하던 서구 사회를 분석하고 연구하던 이들에게 독일과 프랑스의 두 학파는 구조주의의 지평을 보다 확장시킬 수 있었고, 새로운 담론을 통한 전환을 모색할 수 있었다.

페미니즘, 환경주의, 대중문화 등의 문화적 영역에서의 담론이나 개인과 젠더 등을 강조하는 새로운 시각에서 아와 타자와의 관계를 모색하면서 전통적 구조주의를 탈피하는 탈구조주의가 등장하게 된 것도 이 시기였다. 이후의 탈구조주의 담론은 포스트모던 논쟁과 결합하면서 문학의 확장으로서 문화와 역사 및 철학의 영역으로까지 나아가게 되었다. 포스트모던 논쟁은 탈이데올로기라는 정치적 상황과도 깊은 연관을 맺으면서 전개되었는데, 1989년 베를린 장벽 해체는 문화의 영역에서 사회와 정치의 영역으로 나아가는 새로운 전기가 되었다. 새로운 전환기를 맞은 많은 사람들은 탈이데올로기 세계를 선언했고, 실제로 소련연방의 해체를 비롯한 동구 사회주의 국가들의 몰락은 선언이 아닌 현실이 되었다. 이후 세계는 유일한 초강대국 미국을 중심으로 하는 신자유주의적 세계질서 속으로 재편되었다.

냉전이라는 대결국면을 벗어나면서 향후 국제관계나 개별 국가들의 내적 관계들 역시 좀 더 단순하면서도 동시에 평화와 공존이라는 발전적인 국면을 지속하리라는 것이 일반적 예상이었다. 그러나 세계는 오히려 이데올로기를 대체하는 새로운 이념과 사상들이 국제적 긴장과 대결국면을 조장했고, 테러리즘이나 자원을 둘러싼 국제적 긴장의 끈을 더욱 조여 갔다. 국가 내부적으로도 국가와 개인, 젠더, 계층이나 직업 등과의 권력과 개별 구성요소들 간의 대립과 갈등이 첨예해지는 양상이 더욱 드러났다. 이는 변화된 국내외 질서와 환경에 대한 새로운 해석과 분석이 요구되는 수준에 이르게 되었다. 사회 토대로서 생성된 여러 관계들의 상관성에 깊은 영향을 주었던 구조에 대한 연구가 해체와 변형을 거쳐 정치적 영역 안에서의 새로운 구조로 탄생할 수밖에 없는 환원론적 시점으로 돌아오게 된 것이다.

세계화 시대의 지구를 이해하는데 다양한 이론적 시각이 필요함은 두말할 필요가 없겠지만, 구조주의 역시 개인과 집단 혹은 지역의 정체성과 근대성의 문제를 제시한다는 측면에서 구조주의에 대한 새로운 의미 정립이 필요하다. 또한 최근 학문적 논의의 중심이 되고 있는 학제 간 연구나 문화 영역이나 도구 간 소통 문제에서 '탈경계' 개념의 등장은 구조주의의 정치적 해석의 필요성을 증가시키고 있다. 사회와 사회, 사회와 개인, 개인과 개인, 분야와 분야의 측면에서 새로운 영역을 통한 구조주의 확장과 그리고 그 의미를 새로운 시각으로 전망해야 할 필요성이 있다. 따라서 이데올로기의 대립구도를 통한 구조주의 분석을 뛰어넘는 미래 사회의 현상과 비정치적인 것의 정치성을 복원하고, 정치학 연구 영역의 적용과 시도를 위한 이론적 초석으로 구조주의를 새롭게 해석하고 있는 시도들을 소개할 것이다.

여기서 제시하고 있는 구조주의는 미래지향적 의미에서 재해석과 재평가에 좀 더 초점을 맞춘 서술과 전개가 될 것이다. 특히 한국사회에서 구조주의가 갖는 이데올로기적 편향성을 뛰어넘어 개별적인 사회현상과 결합하고 있는 구조주의에 대한 정치적 해석과 전망에 초점을 두어 서술하도록 하겠다. 스포츠, 영화, 패션 등의 대중적인 일상의 현상들과 결합한 구조주의에 대한 언급을 통해 구조주의 연구에서의 영역확장 전망을 함께 다룰 것이다.

새로운 정치적 해석의 필요성이 어떻게 요구되는지에 대하여 앞으로 전개될 여러 장에서 다루어 볼 것이다. 그 출발은 구조주의와 관련된 개념들의 설명을 시작으로 구조주의와 탈구조주의 시대를 거치면서 바뀌었던 내용과 의미 등을 돌아보고, 동시에 이론적 쟁점의 대상이 되었던 사항들을 정치적인 시각에서 분석하며, 이러한 해석이 현재 진행되고 있는 구조주의 연구 분야에 어떻게 작용하고 있는가를 구체적인 실례를 통해 서술하고자 한다.

Ⅱ. 구조와 구조주의의 개념 분석

구조라는 개념을 사전적으로 해석한다면 그다지 긴 설명이 필요 없을 것이다. 어원적으로 '구조'라는 단어는 구성한다는 뜻의 라틴어 동사 'strure'와 그 명사형인 'structura'에서 유래하였다(Glucksman 1995, 33). 그러나 구조라는 단어가 주로 사용되는 분야는 건축이며, 골격이나 완성된 건축물을 떠받치는 의미로 사용되었다. 구조라는 단어가 학문적이고 이론적 의미를 갖기 위해서는 몇 가지 단어들이 함께 필요한데, 전체, 관계, 사회, 그리고 관계분석의 도구나 수단 등이 그것이다. 그러나 구조 혹은 구조주의를 정의하는 데 가장 중요한 요소는 '누가' '어떤 영역'에서 사용하느냐에 따라 다양하고 다의적인 개념이 존재한다는 것이다.

구조에 대한 학문적 연구의 시작은 과학적 규명의 필요성에 대한 필요에 의해 시작되었지만, 실제로 구조 개념을 학문적 수준으로 끌어 올리게 된 것은 언어학과 인류학이었다. 특히 소쉬르가 주장했던 언어의 구조적 구분, 즉 실제적으로 사용 가능한 언어학적 도구의 총체적 원천으로서 랑그(langue)와 그러한 언어가 실제 생활에서 구체적으로 표현되고 사용되는 형태로서의 파롤(parole)을 통하여 언어를 구조적으로 분석함으로써 구조주의의 중요한 진전을 이루었다(Sassure 1974).

구조주의자들이 구조라는 용어를 즐겨, 또 집착하여 사용하게 된 이유에는 여러 가지가 있다. 구조라는 개념이 단순히 하나의 체계 안에 존재하는 내적인 틀로서만 사용되지 않았다는 점이다. 이러한 내용상의 다변화가 초래된 데에는 첫째, 구조 개념이 사용된 영역의 다양성과 그 영역이 단순히 사회과학이라는 틀 안에만 머무르지 않았다는 측면이 강했다. 다시 말해 '구조'라는 것이 단순히 마르크스가 의미하는 '경제적 실천'에 국한한 것이 아니라 사회의 여러 영역과 주체들이 나타내는 의식의 반영이자 문화적 헤게모니의 구현체로서 사회현상이자 분석의 기준이 되었다는 점이다.

둘째, 구조주의는 일반적으로 마르크스주의에서 이야기하는 환원론이나 경제 결정론이 아니면서도 다른 시대가 아닌 자본주의·제국주의 체제가 갖는 모순점을 검토하고 있다는 점이다. 단순히 혁명이라는 폭력적 수단으로 전복 가능하지 않은 자본주의 체제의 내용을 구조의 반영으로서 경제적 영역의 모순을 찾아내기보다는 정치적인 영역에서 상부구조의 다양한 구조물과 구조의 반영물들을 통해 자본주의와 제국주의가 지향하고자 하는 내용을 그 체제 구조에 반영된 언어, 신화, 문학, 역사, 심리학 등을 통해 투영하고자 했다는 점이다.

셋째, 구조주의자들이 사용하는 분석틀은 전통적인 형식을 비판하면서, 정치적 이론과 실천과의 차이와 차별성을 구분하여 분석하고 있다는 점이다. 이는 기존 자본주의 체제에서의 분석틀이나 부르주아 사상가들이 주장하는 관념적이고 탈현실적 내용이나 분석틀과도 분명히 차이를 보이는 것으로, 정치적 이론을 통한 사회분석의 일치를 강조하고 있다는 점이다. 결국 이러한 내용적인 다양성으로 인해 구조주의의 이론적 발달이 영역과 영역간의 연계와 학문간 탈경계라는 현상을 수반했고, 이는 구조주의가 이론적인 출발과 동시에 탈구조주의라는 새로운 패러다임이 등장하게 된 이유라고 볼 수 있다.

이렇게 사용되는 구조 개념은 전체를 구성하는 부분으로서의 의미를 가지며, 관찰 가능한 부분으로 구성된 조직, 혹은 시스템이라는 뜻이 된다. 구조 개념에 대한 정의는 여러 학자들과 학파들에서 다소간의 차이를 나타내면서 사용되었는데, 문제는 내용상의 차별성이라기보다는 강조하고자 하는 대상이나 목적을 어떤 것을 선택하느냐에 따라 약간의 차이가 발생했다는 점이다. 이러한 관점에서 영국의 사회인류학에서 선택한 구조 개념은 구조주의의 본격적 사회과학적 개념 정리의 중요한 출발점이었다.

사회인류학의 대표적 학자인 레드클리프 브라운(Radcliff Brown)은 직접적으로 구조 개념을 정의했다. “우리가 사용하는 구조의 개념은 부분이나 구성요소 등이 일정하게 배열된 일종의 질서체계를 의미한다”(Radcliffe-Brown 1952, 194)라고 구조를 정의한 레드클리프 브라운은 이러한 사회구조의 단위로 개인을 설정하고 개인 상호간의 관계를 나타내기 위해 이를 다시 구조와 구조적 형태(structural form)로 구분하였다. 그는 시간의 연속성이라는 기준에 의해 끊임없이 변하는 구조와 개별적이고 특정한 사례를 통해 구축된 추상적 관계의 일반적 형식으로서의 구조적 형태를 나누었다. 그러나 그의 구조 개념은 이론적 엄밀함이나 보다 발전된 정교한 분석의 기준으로 발전되지 못했다. 더군다나 인류학이라는 영역에서 이론이 어떤 의미를 가질 수 있을 것인가의 문제와 개인을 중심에 둔 사회적 관계의 학문적 근거 부족 등을 이유로 불안한 출발점을 제공했다.

사회구조에 대한 유사한 생각은 ‘사회구조가 사회적 집단들의 관계'(Evans-Pritchard 2004, 262)라거나 '특정한 핵심적 관계체제'(Firth 1951, 31)로 구조 개념을 정의하는 영국의 사회인류학자들의 개념 정의와 커다란 차이를 나타내지 않았고, 이는 개별 연구와 분석 대상에 대한 경험적 실례를 통한 구조 개념의 정립이 갖는 한계를 여실히 보여주는 것이었다. 결국 이러한 한계는 구조적 형태를 새롭게 정립하면서 구조에 대한 질적인 측면과 양적인 측면을 모두 구분했던 포르츠(Fortes 1949)나 구조 개념의 보다 보편적인 일반화를 주창한 리치(Leach 1961) 등의 노력에도 불구하고 구조주의에 대한 이론적 발전은 프랑스 사회학자들에게로 넘어갔다.

프랑스에서는 사회분석의 특징을 연구하면서 오랫동안 분석철학을 활용하여 왔다. 프랑스 사회학의 전통에서 구조주의와 관련하여 가장 먼저 이야기할 수 있는 이는 뒤르껭(Durkheim)이다. 뒤르껭은 사회형태학(social morphology)의 구축을 위해 근본적 사회생활의 형태와 그들의 상호 연결된 방식에 대한 기능적이고 구조적인 분석을 통해 사회 전체를 구성하는 방식으로 구조적 분석의 토대를 구축하려고 했다. 뒤르껭은 이를 위해 '총체성'이라는 개념을 사용했는데, 총체성을 구성하는 사회적 제요소들 간의 상호연관성이라는 단순한 추상적 원리가 아닌 사회의 작용원리로 분석하였다. 이는 프랑스 구조주의 본격적 출발을 알렸던 레비스트로스와 연결해준다는 면에서 뒤르껭과 그의 제자들이 구조주의에 끼친 학문적 공헌이라 할 것이다.

레비스트로스는 자신의 거의 모든 저작에서 구조 개념을 사용했다. 그러나 레비스트로스는 구조를 정의하는데 혼란스러움과 애매모호함을 담긴 내용을 상황과 경우에 따라 사용했다. 그가 구조 개념을 정의한 가장 중요한 저작은 『구조인류학(Structural Anthropology)』이었다. 이 책에서 그는 구조가 갖는 필수적 요소에 대해 언급하면서, 구조가 갖는 체계의 특징, 구성요소들 간의 상호 변화 유발, 변화에 대한 대응 양상의 예측 등을 서술하고 있다(Lèvi-strauss 1968, 280). 또한 사회구조의 여러 유형들을 사회형태학이나 집단구조, 의사소통구조, 구조 안의 구조 등으로 분류하고 있다(Lèvi-strauss 1968, 281-284).

신화나 종족 등을 주제로 한 레비스트로스의 인류학 연구는 레드클리프 브라운이 사용한 비교론적 접근방법과는 다른 구조주의적 분석 행태를 보였다. 그는 두 가지 독립적인 연구단계를 거쳐 인류학을 연구해야 한다고 주장하는데, 첫째는 사회적 관계에 대한 고찰이며, 둘째는 그러한 관계 속에 관계 속에 내재된 구조적 특징을 이론화하는 것이라고 주장했다(Lèvi-strauss 1968, 280). 레비스트로스가 제기하는 구조 개념은 혼란스럽고 정리되지 않은 정의라는 한계에도 불구하고 추상적 수준의 구조 개념을 이론적 수준에서 사회의 조직과 운용의 원리 차원으로 구조 개념을 발전시켰다는 학문적 공헌을 한 것으로 평가받는다.

레비스트로스의 구조 개념은 68운동을 거치는 동안 당대 사회에서 표출되었던 여러 모순과 현상을 설명하는 중요한 이론적 분석 기준으로 활용되었다. 알튀세(Althusser), 발리바르(Balibar), 고들리에(Godelier) 등으로 대표되는 후기 마르크스주의자들이 자본주의 생산관계 안의 모순을 구조주의 방법론에 의해 설명했던 대표적인 이들이다. 후기마르크스주의자들은 산업사회와 자본주의 사회를 분석하는 기준으로 구조주의를 적용하면서 구조가 갖는 사회 안에서의 의미를 분명하게 전달하고, 인간과 사회의 관계를 경제적인 관점에서 해석하였다.

자본주의 사회 안에서 '구조'는 노동력, 노동시간, 잉여가치 등에 의해 정식화하고 이론화 할 수 있는 것인데, 이를 상호 연관성과 인과관계로 설명하고 있다. 특히 알튀세와 같은 이들은 이러한 구조적 요소들의 '분절된 결합(articulated combination)'에 관심을 기울여, 노동력, 생산수단, 잉여를 전유하는 비노동자, 생산과정, 소유관계라는 5가지 요소를 통해 각각의 체제와 생산양식을 이들 요소들의 결합방식과 결과로 설명하고 있다.

후기마르크스주의자들 외에도 구조 개념을 사용하여 구조주의에 일정한 공헌을 한 이들은 여럿 존재한다. 심리학을 원용한 프로이트(Freud)나 그 계보를 잇는 라캉(Lacan)과 라가쉐(Lagache) 등은 사회현상의 근저에 깔린 작용원리-심리학적인 용어와 개념을 빌어-를 통해 구조를 설명하고 있다. 프로이트는 '무의식(unconsciousness)'라는 개념을 통해 정신으로부터 실제에 반영되는 구조로 환원하는데 성공함으로써 인간의 의식세계란 실제 사회의 반영이라는 주장을 펼쳤다(Freud 1933, 88-91). 프로이트가 주장한 이드(id), 자아(ego), 초자아(superego)는 연구의 결과물들이고, 이는 라캉 등에 의해 정신분석학(psychoanalysis)으로 발전하였다.

또한 68운동 이후 문화에 대한 보다 심층적인 연구들도 구조 개념과 분석의 주요한 관심영역으로 발전하게 되었는데, 기호학(semiology)을 확립한 바르트(Barthes)가 대표적인 학자이다. 바르트는 구조주의적 활동의 특징을 분석하면서 구조를 구성하고 있는 요소들에 대한 분해와 재구성을 통해 의미와 현상 등을 해석하고 창조하는 것으로 귀결시켰다(Barthes 1966, 12). 언어를 뛰어 넘어 생활 속의 모든 기호들이 갖는 구조주의적 특징을 분석하고 있는 바르트는 구조주의와 탈구조주의의 경계를 넘나든 대표적 학자였다.

구조 개념을 사용하는 영역과 학자는 이들 이외에도 상당히 많고 다양하다. 촘스키의 변형문법 영역이나, 프롭(Prop)의 민담분석 영역, 삐아제(Piaget)의 발생론적 구조주의(genetic structuralism), 바슐라르와 깡디에(Canguilhem)로 대표되는 과학철학 영역에서도 구조 개념은 앞서 이야기한 영역과 학자들이 사용한 것과 유사하거나 응용되어 활용되었다. 그러나 보다 중요한 것은 구조에 대한 각각의 차이뿐만 아니라, 구조적 접근과 구조주의적 접근 방법 역시 우리가 이론적으로나 실질적으로 볼 때 차이가 있다는 점이며, 이는 구조주의와 탈구조주의 차이를 설명해 줄 수 있는 열쇠이기도 하다. 이제 우리는 구조주의와 탈구조주의에 대한 접근을 통해 보다 구체적인 차이와 내용을 다루어 볼 것이다.

Ⅲ. 기존연구동향과 이론적 쟁점들

1. 구조주의 시작과 쟁점들

구조주의의 근대적 시작을 누구로 할 것이냐의 문제는 그리 간단하지 않다. 사회과학의 범주 안에서 종교와는 다른 독립적 영역으로부터 그 기원을 찾는다면 앞서 이야기한 마르크스보다 좀 더 앞선 시대까지 거슬러 올라가야 한다. 그런 관점에서 보면 종교적 교리를 논하고 있는 신학으로부터 학문을 독립된 영역으로 끌어 올리고, '과학'이라는 단어를 세계의 형성 원리로 규정한다는 의미에서 아무래도 비코(Vico)에게 그 공을 돌려야 할 것이다. 비코의 '신과학(New Science)'은 바로 인간 사회에 대한 과학적 탐구의 시발점이었다는 면에서 구조주의의 출발로 볼 수 있다.

인간이 사회를 형성하고 유지하는 과정에서 세계를 있는 그대로 만들어 내면서 인간의 모습을 그 안에서 형상화시켰다고 보는 것이 비코가 이야기하는 '신과학'의 요체이다(Vico 1978). 결국 이는 인식 가능한 형식의 끊임없는 반복으로서의 창조 과정을 의미하며, 이를 구조주의적 표현을 빌려 사용한다면 '구조화(structuring)'의 과정이라고 말할 수 있는 것이다(Hawkes 1977, 13). 비코는 "인간제도의 본성에는 모든 국가에 공통된 '심적 언어'가 존재하는데, 이 심적 언어는 인간 사회생활을 구성하는 실체들을 일관성 있게 파악하고 그것들을 각각의 양상에 맞추어 수정하는 기능을 한다"라고 주장했다(Vico 1978, 161). 이 심적 구조라는 것이 모든 인간 생활의 특징이나 성격을 부여하는 원리가 된다는 것이며, 다시 말해 인간의 존재란 구조주의자라는 의미를 부여하는 것이다.

이렇게 시작된 구조주의는 정치학의 영역 안에서 사회를 분석하는 기준으로 중요한 의미를 갖게 되었고, 마르크스로 이어져 토대와 상부구조의 분석틀을 갖게 되었다. 그러나 실제로 구조주의를 분석하는데 있어 학문적 수준에서의 논의들은 몇 가지 적지 않은 문제들을 노정시켰다. 가장 먼저 지적되고 있는 문제는 구조주의 분석의 방법론적 접근의 유용성이다. 일반적으로 구조주의의 특징으로 규정되기도 하는 이러한 문제들은 탈구조주의와의 관계와 특징을 설명하는 주요한 준거 틀로 작용하기도 한다. 보통 6가지로 압축되는 구조주의의 특징은 다음과 같다(윤호병 외 1992, 13-14).

첫째, 구조주의는 개개 텍스트의 특성은 무시한 채 전체적인 '구조'만을 중시함으로써 개체를 전체에 종속시키는 전체주의적 독선을 보여주고 있다. 둘째, 구조주의는 보편적인 '구조', '문법', '구문' 또는 '법칙'을 찾아내는 과정에서 스스로 경직된 과학적 이론이 되었다. 셋째, 구조주의는 하나의 구조, 하나의 체계를 분리해 내는 과정에서 필연적으로 역사를 무시하는 비역사적 태도를 보이게 된다. 넷째, 구조주의자는 서술적 구조나 미학적 체계에만 관심을 가짐으로써 자연히 자아(self)나 주체(subject) 혹은 개인의 사유(cogito)를 인정하지 않고 모든 것을 객관화시키는 비인본주의적·비실존주의적 태도를 보여주고 있다. 다섯째, 구조주의에 의하면 '구조'는 모든 것의 기원으로 '개체'에 대해 특권적인 위치를 부여받은 존재가 된다. 여섯째, 구조주의자는 모든 것의 근본이 언어 체계로 설명될 수 있다고 믿었으며, 언어체계는 곧 기호체계이기 때문에 구조주의는 자연 기호학적 특성을 띠게 되었고, 더 나아가 기호의 재현능력을 결코 의심하지 않았다.

이러한 구조주의 특징을 가장 먼저 학문적으로 정립한 이는 스위스 언어학자인 소쉬르이다. 소쉬르가 구조주의에 끼친 공헌은 언어를 '실체적'인 것으로 보는 관점을 거부하고 '관계적'인 것으로 보는 관점을 취한 것이다(Hawkes 1977, 20). 소쉬르는 자신의 주요 저서 『일반언어학강의(Course in General Linguistics)』에서 '언어란 구조로서, 통일적인 장소로서, 자기 충족적인 체계로서, 우리들이 현재 실제로 경험하는 그대로 연구되어야 한다'라고 주장했다(Saussaure 1974). 이로부터 언어라는 것이 내용을 갖춘 항목의 집단이 아니라 양식을 갖춘 구조로 간주되는 것이다. 소쉬르의 언어학은 미국에서 일군의 학자들에게 수용되면서 구조언어학(Structural Linguistics)으로 발전되었다.

대표적인 학자들은 사피어(Sapir), 블룸필드(Bloomfield), 트레이거(Trager)와 스미드(Smith) 등이다. 사피어에 따르면 언어는 특유의 고유한 '구조화' 원칙에 의해 사용되어진다고 주장하면서 언어가 갖는 구조주의적 특징을 모국어와 이주민 간의 관계를 통해 규명하려고 했다(Sapir 1949). 사피어의 언어학을 계승한 블룸필드는 자신의 저서에서 미국의 언어학이 갖는 추상적이고 비과학적 요소를 제거하면서, 언어 사용의 구조주의적 접근과 분석을 통해 언어 이외의 새로운 요소들의 도입 가능성을 열어놓았다(Bloomfield 1935). 이러한 노력은 곧바로 문화와의 접목이란 인류학적 접근방식과 결합하게 되었는데, 보르포(Whorf)와 같은 이들은 언어가 갖는 문화적 상징체계를 사회의 여러 구성요소들과 주체들의 반영이라는 사고로 발전될 수 있는 계기를 주었다(Whorf 1956). 이러한 미국적 전통은 미국의 68운동 기간에 실체를 가진 문화운동과 현상으로 표출될 수 있었던 기반이 되었다.

그러나 영미권의 구조주의에 대한 연구의 시작과 전개는 프랑스를 중심으로 하는 유럽 대륙의 발전과 심화에는 미치지 못했다. 1950년대 이후부터 본격적으로 발전하기 시작한 프랑스의 구조주의적 인식론은 끌로드 레비스트로스가 초석을 놓았다. 이미 앞 장에서 레비스트로스의 구조 개념에 대한 것은 간략하게 언급했지만, 여기서는 구조주의자로서 그가 끼친 이론적이고 학문적인 공헌을 중심으로 탈구조주의와의 연속성과 단절성을 함께 다루면서 기술할 것이다.

레비스트로스의 구조주의자로서 학문적 성과와 업적을 쌓을 수 있었던 것은 그가 구조주의를 위한 여러 방법론들을 다양한 학문들에서 차용하여 독특한 방식으로 강조했다는 점이다. 경험적 관찰과 그 밑바탕을 이루는 구조를 구분하는 방법(정신분석학, 프랑스 사회학파, 언어학), 전혀 관계가 없는 문화적 현상 간의 유사성을 검토하는 방법(프롬, 뒤메질), 혹은 역사적이거나 순전히 기능적인 설명에 대립되는 공시적 설명을 시도하는 방법(래드클리프브라운, 마르크시즘, 구조언어학), 엄격하고 체계적인 접근을 요하는 상이한 요소들 사이에서 복잡한 상호관계 및 환류적 관계(feedback)를 주로 다루는 방법(정보이론, 수학의 사용, 헤겔), '다른 사람'(원시인이거나 정신병자)을 '우리'와 동질적으로 파악하려고 하는 철학적 시각(루소, 프로이트) 등이었다(Glucksman 1995, 93).

레비스트로스가 구조주의에 대한 방법론적 다양성을 통하여 이전에 각각의 영역에서 독립적으로 사용했던 구조 개념을 종합적이고 총체적인 수준에서 발전시킨 사실은 문화 형성의 구조주의적 설명을 가능하게 했다는 측면에서 충분한 학문적 공헌을 한 것으로 평가받는다. 실제로 그는 사회과학의 영역에서 사용할 수 있는 구조적 관계에 대한 다양한 설명을 여러 곳에서 밝히고 있다. 관계 구조는 우연적이며, 또한 각각의 사회는 어느 정도 우연에 의해서 특정한 구조적 제약의 틀을 발견하거나(Levi-strauss, 1966), 유사성은 심리적이거나 우연적인 것이 아니라 고대인들의 역사적이고 인구통계학적인 이동에 토대를 둔 실제관계이다(클로드 레비스트로스 1990, Lèvi-Strauss 1966, 1968).

그러나 레비스트로스의 주장은 문화의 영역을 지나치게 확장하고 사회를 분석하는 틀까지 문화 설명의 구조와 관계를 동원하여 확대·적용시킴으로써 사회 형성과정의 의식적 행동과 무의식적 구조 사이의 작용을 규명하는 데 소홀히 함으로써 사회에 대한 설명을 지나치게 이원화시켰다. 심리학적 환원론으로 명명되는 레비스트로스의 이론적 문제점은 그가 진정한 구조주의자로서 평가받기에는 다소 부족한 점이었다. 구조적 분석 혹은 구조에 대한 분명하고 정확한 규명을 위해서는 다양한 사회 유형들 속에 존재하는 보다 근본적인 공통요소들을 분리하여 요소들 사이에 가능한 상호관계에 대한 여러 유형들이 도식화되고 이론화 될 수 있도록 제시되어야 했다.

그럼에도 불구하고 레비스트로스는 기본 요소들을 사회 구성요소들의 전체 혹은 총합 속에 재구성하지도 않았으며, 어떤 방식으로 결합할 수 있는가에 대한 적절한 예시를 보여주지 못했다. 이러한 결점은 마르크스주의적 관점에서 볼 때, 하부구조에 대한 명확하고 과학적인 설명을 하지 못하는 한계를 보여주며 오히려 반마르크스주의적이자 반유물론적이라 할 수 있다. 레비스트로스는 마르크스와는 달리 지나치게 상부구조의 자율성을 강조함으로써 사회구성체와 그 사회로부터 파생된 문화적 산물들 간의 관계 규명이나 탐구의 필요성조차 간과해버리는 우를 범하게 된 것이다.

레비스트로스로부터 출발하게 된 구조주의는 기존 철학에서 주장하고 있는 인간 중심의 사고를 부정하면서, 인간 정신세계의 무의식과 환경 및 상징으로 표출되는 모든 사회적 작용에 대한 구조적 관계 분석을 가장 중요한 이론적·학문적 기준으로 상정하였다. 그러나 이러한 구조주의의 출발은 그 시작과 함께 "어째서 인간중심주의의 반대인가?"라는 질문에 부닥치게 되었고, 외부적 변화에 의해서가 아니라 내부적 동인과 고민이 얽히면서 구조주의를 넘어서는 구조주의, 다시 말해 포스트-구조주의(post-structuralism; 탈구조주의)가 등장하였다. 결국 구조주의는 1920년대부터 1960년대 초반까지 언어학, 역사학, 문학, 인류학 등의 여러 학문들에서 동시다발적으로 상호유기적인 관계와 영향을 통하여 형성된 사유 체계이자 이론으로 발전됨과 동시에 새로운 포스트(post) 이론들의 출발점이라는 이중적 성격을 갖게 되었다.

2. 탈구조주의와 이론적 쟁점들

언제부터 탈구조주의가 시작되었는지는 정확하지 않다.[1] 그러나 분명한 것은 구조주의가 시작하자마자 이미 내부적인 반성과 성찰에 의해 탈구조주의가 시작되었다는 점이다. 구조주의와 탈구조주의와의 차이를 명확하게 구별하기가 쉽지는 않지만, 적어도 탈구조주의의 특성은 앞 장에서 언급한 구조주의에 대한 6가지의 특징을 부정하면서 시작되었다고 볼 수 있다(윤호병 외 1992, 15-16). 첫째, 전체적인 구조보다는 개체의 존엄성과 자유를 인정한다. 둘째, 사고의 경직화 및 문학과 학문의 과학화를 배격하며 이성중심적 태도를 지양한다. 셋째, 역사의 중요성을 인정하고 역사에 대한 새로운 관심을 표명하며, 과거를 향수가 아닌 탐색의 대상으로 취급한다. 넷째, 자아와 주체를 중요시한다. 다섯째, 절대적인 진리나 센터 혹은 근원의 독선과 횡포를 거부하며 이분법적 사고방식으로부터 탈피하여 타자를 인정하고 포용한다. 여섯째, 모든 기호와 그것들의 재현(representation) 능력을 불신한다.

이렇게 시작된 탈구조주의는 구조주의와에 대한 부정과 해체를 통해 시작되었다. 이렇게 시작된 탈구조주의는 보다 확장된 학문의 영역에서 나타났고, 기호학에서의 전통을 이어 온 바르트를 그 기원

1) 구조주의와 탈구조주의를 정확하게 구분할 수 있는 시기를 정하는 것은 쉽지 않다. 다만 1966년에 자끄 데리다의 탈구조주의 선언문인 <Structure, Sign, and Play in the Discourse of the Human Science>가 미국의 존스 홉킨스 대학에서 열린 국제 심포지엄에서 발표되었다. '구조주의'를 미국의 학계에 소개하기 위해 열린 이 심포지엄이 아이러니컬하게도 오히려 '탈구조주의'를 미국에 소개하는 계기가 되고 말았다. 김성곤, 1992, "탈구조주의의 문학적 의의와 전망", 윤호병 외 지음 『후기 구조주의』(서울: 고려원) 14-15 각주 4) 인용.

으로 삼고 있다. 바르트는 구조주의의 불완전성과 기호와 대상 사이의 연계성을 부정하는 의식의 전환을 통하여 자신이 주창하던 구조주의를 폐기하고 탈구조주의 영역으로 진입하였다. 그의 초기 저작에서는 여타의 구조주의자들과 마찬가지로 구조주의적 접근방법이 모든 문화적·사회적 기호 체계를 설명할 수 있다고 주장했다(Barthes 1967, 1972). 그러나 60년대 후반으로 오면서 독자의 자율성과 해석의 독립성을 주장함으로써 작품의 텍스트가 내포하는 절대적인 근원이나 의미의 존재를 부인하고 있다(Barthes 1977). 바르트가 텍스트의 상대적 해석 가변성의 주체로 타자-즉 독자들-를 설정하면서 '읽는 텍스트'로부터 '쓰는 텍스트'로 발전시켰다.

바르트에 의해 본격적으로 시작된 탈구조주의는 주로 68운동 시기의 프랑스 철학에 대한 해석과 해체를 통해 발전하였다. 초기 탈구조주의가 프랑스적인 색채가 강했던 것은 이러한 영향 때문이었고, 초기 탈구조주의자들이 프랑스 학자들이 많았다는 사실은 이를 충분히 반영하고 있다. 바르트에 이어서 거론할 수 있는 이는 푸코(M. Foucault)이다. 푸코의 철학적 기반은 주로 니체주의와 하이데거주의였다. 물론 여러 저서에서 푸코는 자신의 철학적 기반이 전적으로 니체에 의한 것이라고 주장하지만, 데리다나 라캉 등과 같은 다른 사상가들처럼 하이데거, 마르크스, 사르트르 등의 영향 역시 적지 않았다.

푸코는 지식체계 방법을 고고학적인 것과 계보학적인 것으로 나누어서(Foucault 1970: 미셸 푸코 1992), 담론의 재편성과 통합 과정을 거쳐 분석하는 고고학적 비판과 지식 주체와 관련된 역사적 존재론과 도덕 주체와 관련된 윤리적 존재론 및 타인에 대한 영향력과 연관된 권력의 존재론으로 나누어 새로운 담론 형성을 주장하는 계보학적 방법론을 주장하고 있다(P. Rainbow 1984, 351-4). 이와 같은 방법론을 구성하는 네 가지 원리는 다음과 같다(미셸 푸코 2003a). 첫째는 진리 탐구에 대한 적극적인 작가의 경향을 탈피하고 배타적인 실천에 관심을 갖는 전도(renversement)의 원리이다. 둘째는 올바른 담론 이해를 위한 경계 불성정을 의미하는 불연속성(discontinuity)의 원리이다. 셋째는 시간과 공간이 갖는 제약이나 조건 등을 의미하는 특수성(speciality)의 원리이다. 넷째는 담론 탐구의 외부적 탐구를 의미하는 외재성(exteriority)의 원리이다. 이는 각각 사건, 계열, 규칙성, 가능성의 조건을 함축하고 있다.

푸코가 이러한 방법과 원리를 통해 추구하고자 했던 것은 인간이 권력을 제어하고자 하는 구조와 패러다임을 역사적 실증과 담론 분석을 통해 밝히고자 했다. 특히 그는 『광기의 역사』(2003a)와 『말과 사물』(1986)에서는 강제의 억압 체계를 담론의 구성이라는 수준에서 분석하고 있으며, 『감시와 처벌』(2004b) 및 『성의 역사 1: 앎의 의지』(2004)에서는 서구 사회에서 광기를 어떤 방식으로 취급하였는지를 고고학적 기술하면서 인간 이성이 '광기'라는 이성과는 다른 타자를 배제하고 억압함과 동시에 감금의 강제력을 동원하여 그것을 이성의 이중성과 다른 측면으로 구성되어 왔음을 밝히고 있다. 인간 이성의 숨겨진 일면과 이성을 구성하고 지배하는 강제적이고 억압적 성격을 지적하면서, 이성 안에 이질적으로 구성되어 있는 드러나지 않은 것(타자 혹은 생각하지 않았던 것 등으로 표현된다)과 주체 혹은 타자 간의 차이를 설명하고 있다.

푸코와 함께 탈구조주의의 방법론에서 주요한 공헌을 했던 이는 루이 알튀세이다. 알튀세는 사회구성체 논리를 다원결정방식에 의해 '이론적 실천 양식'이라는 개념을 사용하여 분석하고 있다(루이 알튀세 1993, 200-210 참조). 자본주의 사회의 구조적 측면에서 이론적 실천양식의 원료가 되는 이데올로기의 일반성과 생산수단이라는 통일적 이론을 거쳐, 사유의 구체적 성격을 나타내는 생산품이라는 '일반성 이론'을 설명하고 있다(루이 알튀세 1933, 211-222). 이를 위해 그는 마르크스의 헤겔적 요소를 배제하고, 초기 마르크스주의에서 나타나고 있는 인간주의와 역사주의적 관점을 거부하였다. 그의 이러한 주장과 논지는 문제틀(problematic), 증후발견적 읽기(symptomatic reading), 인식론적 단절(epistemological break) 등과 같은 새로운 개념을 통해 마르크스의 자본론을 과학적으로 해석하고 분석했다(루이 알튀세 1991). 다시 말해 알튀세는 텍스트의 이면에 숨겨진 인식의 구조와 내용을 다시 독해하려고 했다는 것이다.

알튀세의 마르크스주의에 대한 궁극적 목표는 이와 같은 사회구성체 논의와 그것으로의 이행에 대한 마르크스가 이야기하는 과학적 이론 정립을 위한 개념과 과학적 엄밀성 등을 제공하여 마르크스주의를 당대 자본주의 사회에서 강화하려는 것이었다. 이를 위해 헤겔과 마르크스의 모순론에 대한 차이를 밝힘으로써 모순분석의 구조이론으로 설명했다. 특히 총체성에 대한 헤겔식 설명(실제와 현상 혹은 이데아와 시민사회 간의 상호연관성과 비독립적 구조의 복합으로 설명)과 마르크스의 설명(본질과 외형의 구성이 아닌 독립적인 특정 수준들의 복합적인 결합체로서, 상대적 자율성을 유지하는 것으로 설명)에 대한 변별력에 대한 분석을 통해 '지배 내 구조'(structure in domination)로 총체성의 내용을 정리하였다(Althusser 1971). 다시 말해 마르크스주의적 총체성은 상부구조와 경제적 기초로 환원되는 경제주의적 변증법의 관계가 아니라, 사회적 심급(社會的審級 : 경제적인 것, 정치적인 것, 이데올로기, 과학)들이 '중층 결정'된 구조화된 복합적 총체성으로 이해되어야 한다는 것이다. 여기에서 의미하는 각 수준의 심급은 다른 심급에 환원되지 않고 나름의 자율성을 지니며 상호작용하는 구조를 가진 총합을 구성한다. 그리고 이 심급들은 경제라고 하는 '최종심급'에서 결정되며, 이것을 '지배 내 구조'로, 이러한 관계를 '구조적 인과성'이라고 한다는 것이다.

반인간주의를 주창한 또 다른 탈구조주의자는 자크 라캉이다. 라캉은 특히 프로이트를 구조주의적으로 재해석하면서 '무의식'이 언어적으로 구조화되어 있다고 주장한다. 라캉의 중요한 이론적 기여는 구조주의 내에서 프로이트를 비롯한 정신분석학적 전통을 소쉬르의 구조언어학과 결합시켜 현대적으로 재구성하였다는 점이다(숀호머 2006). 프로이트 사상에 대한 세 가지 해석(합리적인 해석, 니체-하이데거적 해석, 비판주의적 해석)을 통해 각각의 해석에 해당하는 주체(절대주체, 분열된 주체, 한계와 무한계 사이의 긴장으로서 주체)를 분류하였다(뤽 페리/알랭 르노 1995, 284-290). 이 과정에서 라캉은 존재와 사유의 완전한 일치를 의미하는 '코기토'(cogito : 나는 생각한다)의 데카르트적 명제에 대한 불투명성과 불일치에서 출발하였다. 라캉은 주체 형성의 과정을 다음과 같이 구분하여 설명하고 있다. 최초의 주체적 동일화 과정으로 주체 형성의 초기인 '거울의 단계', 구조적으로 자기 복사 등을 통해 자신을 확인하는 단계인 '이자(二者)적 단계'-이자적 관계의 총칭으로 라캉은 '상상적 관계'를 통한 단계로 규정하였다-를 거쳐, 제 3자와의 관계 개입을 의미하는 '상징적 관계'를 통해 언어활동의 질서가 정립되고 제 3자를 통한 주체 형성이 완성된다고 주장했다(베르트랑 오질비 2002).

라캉은 또한 전통적으로 설정되어 왔던 의식적이고 반성적인 주체로서 자아와 새로운 설정과 타자와의 관계 속에서 등장하는 무의식을 끄집어냄으로써 자아에 대한 새로운 규정을 시도했다. 라캉은 무의식이 언어처럼 은유와 환유의 체계로 구조화해 있다고 보았으며, 이 무의식은 한 개체 안에서 자신을 이끄는 타자(他者 l'Autre)인 것이다. 이 타자는 자아보다 먼저 이야기하며, 자아의 욕망을 통제하고, 구조 안에서 작용하게 하는 것이다. 결국 개인들이 '나는 행동하고 말한다'라고 생각하지만 실제는 자아와 타자 사이에 생긴 관계라고 하는 구조가 자신을 행동하게 하고, 말하게 하며, 욕망을 갖게 하는 것으로 라캉은 주장하였다(자크 라캉 1994). 라캉은 전통적 주체의 해체를 통한 새로운 자아 형성을 추구했던 반(反)주체의 탈구조주의자였다.

탈구조주의가 구조주의에 대한 해체로 시작되었다는 측면에서 '해체(deconstruction)'라는 개념이 탈구조주의에서 차지하는 비중은 상당히 높다. 레비스트로스나 라캉 역시 이러한 해체를 통해 탈구조주의를 전개했지만, 이들의 탈구조주의를 형이상학적이라 비판하면서 프랑스 탈구조주의를 해체주의로 전환시킨 이가 바로 데리다(Derrida)이다. 데리다는 구조주의에서 이야기하는 '구조'의 상정이란 곧 '중심(center; 모든 사물의 핵심이자 주체이며 근본이라는 의미)'의 부정과 해체라고 주장하면서 자신의 해체주의를 시작하였다(R. Macksey and E. Donato, ed. 1982).

데리다는 우선 서구 형이상학에서 중시하는 '말중심주의'(logocentrism)를 비판하면서 '문자학'(Grammatology)을 통한 새로운 시도를 하였다(Derrida 1974). 데리다는 말이 갖는 현존성을 부정하면서 동시에 글이 갖는 재현 능력에도 의구심을 표시했다. 글, 언어, 기호 등의 순위를 제거하면서 글이 갖는 의미화를 '본원적 글쓰기'라고 표현함으로써 기존의 말중심주의를 뒤집어버렸다. 이를 위해 데리다가 사용한 차연(difference)이라는 용어는 말과 글이 표기 시 나타나는 차이를 나타내기 위한 것이었다. 말이 글로 표현되는 순간 나타나는 의미상의 차이를 뜻하는 '차연'을 통해 데리다의 주요 이론인 상호텍스트성(inter-textuality)으로 발전시켰고, 텍스트 안에 담긴 서로 다른 요소들의 언급(refer)으로 텍스트의 요소들을 해석하였다. 데리다는 이와 같은 해체를 통해 기존의 구조적인 것을 파괴가 아닌 해체 과정을 거쳐 다시 구성하는 기틀을 제공했고, 이는 탈구조주의의 중요한 이론적 공헌으로 평가되고 있다.

이와 같은 유럽, 특히 프랑스의 탈구조주의는 미국을 비롯한 영미계열의 학자들에게도 중요한 영향을 미쳤다. 이미 앞서 이야기한 탈구조주의의 시작이 미국의 존스 홉킨스 대학이었다는 사실에서도 영미 계열 학자들에 의한 탈구조주의는 유럽과는 또 다른 학문적 의의를 지닌다. 더군다나 미국을 중심으로 등장한 포스트모더니즘 논쟁은 이러한 탈구조주의와의 상관성을 어느 정도 연결해볼 수 있다는 측면에서도 영미권의 탈구조주의 논쟁은 현대의 탈구조주의를 이해하는데 중요하다. 이러한 영미계열 탈구조주의자들 중에서 가장 먼저 거론 할 수 있는 이는 에드워드 사이드이다.

에드워드 사이드는 문학 텍스트의 세속성(worldliness)을 강조하면서 세계를 하나의 텍스트로 보고 텍스트 안에서의 일이 곧 현실이 된다는 의미에서 비평의 현실화, 즉 새로운 문학 비평 이론의 시작이라는 관점에서 시작이론을 출발시켰다. 이는 구조주의에서 상정된 절대적 '근원(혹은 원리)'의 개념을 부정하면서, 그것을 대신하는 새로운 '시작(beginning)' 개념을 제시하고 있다(Said 1975). 사이드의 시작이론이 갖는 중요성은 그동안 인류역사를 주도해왔던 언술행위에 저항하여, 새로운 대항 언술행의를 인정하고 창조한다는데 있다. 사이드가 이야기하는 '시작' 개념은 인간적이면서 가변적이고 해방적이기도 하며 저항적이자 평등적이고 상대적이면서 주기적이자 혁신적인 것이다. 따라서 사이드는 지배 이데올로기와 헤게모니 간에는 실제로 존재하는 동의나 합의에 의해 만들어진 것이 아니라, 단지 담합에 의해 만들어진 허구가 존재한다고 보았다.

지배문화가 여전히 헤게모니를 유지할 수 있는 것은 '타자의 차별', 다시 말해 타자를 열등한 것으로 배제시키는 차별에 의한 것이었다고 사이드는 주장하면서, 이를 개인과 사회의 특별한 관계 속에서 재정립하였다. 이 과정에서 사이드는 '파생(filiation)과 제휴(affiliation)'이론으로 발전시켰으며, 자연에서 문화로 전이하는 과정을 설명하면서 헤게모니의 전환 과정 역시 이를 통해 설명함으로써 지배 문화의 영속성에 대한 해석의 기준으로 삼았다. 사이드의 시작이론 및 파생과 제휴 이론은 서구 사회를 서구적 시각이 아닌 오리엔탈리즘이라고 하는 동양적 시각으로 재구성하는 계기를 부여했다.

사이드의 학문적 영향력만큼 주요한 미국의 탈구조주의 학파는 예일학파이다. 예일학파는 데리다의 해체이론을 토대로 미국의 탈구조주의를 발전시켰다. 조나단 컬러(J. Culler), 힐러스 밀러(H. Miller), 폴 드만(Paul De Man) 해롤드 블룸(H. Bloom), 제프리 하트만(G. Hartman) 등으로 대표되는 예일학파는 전통적으로 내려오던 작가와 텍스트 중심주의에서 벗어나 모든 기호와 의미를 불확실한 것으로 주장하고 읽기가 갖는 오류 가능성을 제기하면서 미국의 해체주의를 전개시켰다(Jonathan Arac et al. 1973). 이들 이외에도 문예비평이라는 영역에서 포스트모더니즘과 관련된 탈구조주의적 비평이론과 권력이론과 연계된 탈구조주의의 움직임들이 활발하게 전개되었다.

Ⅳ. 새로운 정치적 구조주의 시도와 새로운 지평

1990년대 이후 구조주의에 대한 해석이나 탈구조주의에 대한 재해석의 문제는 이전보다 그 열기가 사그라졌다. 여기에는 베를린 장벽 해체 이후 탈이데올로기의 정치가 대두되면서 이데올로기에 대한 분석이나 마르크스주의적인 해석이 그다지 학문적인 공감이나 필요성을 만들어 내지 못하던 국제정치적 환경변화 요인에 따른 것이다. 특히 인문학 분야에서 근대성, 자아, 타자 등 개념 설명에 사용되면서 포스트모던과 정체성 등의 규범적 정의를 위해서 구조주의가 사용되었던 사실은 바로 이러한 탈이데올로기적 분위기가 학문적 영역에서도 광범위한 영향력을 끼쳤다는 반증이기도 했다.

지금까지도 여전히 진행형이라 할 수 있는 이러한 구조주의에 대한 새로운 분석과 연구 방향은 여러 차원에서 진행되고 있다. 그 중 주요한 방향의 하나는 탈구조주의에 대한 재해석과 재비판이었으며, 이는 탈구조주의와 포스트모더니즘을 넘어서면서 진행되었다(T. 이글턴 1994: M. 라이언 1994: J. 리스 1995: J. 배닝턴/R. 영 1994: Ch. 하먼 1995: P. 앤더슨 1994 등등). 이외에 또 다른 주요한 방향의 하나가 지구촌이라고 명명되는 보다 확장된 개념의 세계화 속에서 서구 이외의 지역에 대한 연구 혹은 권력과 국가론과 연결된 체제 연구로서 세계화의 구조와 여러 관계들에 대한 분석을 통해 진행되고 있는 것이다(Barry 2002: Dosse 1998: Caws 2000: Harrison 2006 etc.).

또한 구조주의 확장된 영역 중에서 교육학과 같은 부문에서도 랄프 타일러(R. Tyler)를 시작으로 쉬왑(Schwab) 및 블룸(Bloom) 등이 주축이 되어 지식 교육의 주체를 둘러싸고 교육자와 피교육자의 관계를 분석하고 있는 탈구조주의적 연구 역시 이러한 새로운 지평과 해석의 좋은 예일 것이다(김영천 2006). 그밖에도 인간의 문화라는 큰 틀보다는 문화의 수단과 향유라는 측면에서 보다 세세한 분야에서의 구조주의의적 시도들이 최근에는 인간 생활과 밀접한 영역에서 나타나고 있는데, 가장 대표적인 것이 스포츠와 건축과 같은 예술의 영역에서이다. 세계인의 가장 사랑받는 스포츠인 축구에 대한 구조주의적 분석의 시도(줄리아노티 2005)나 농구, 야구, 배구, 하키 등의 스포츠를 분석하고 있는 연구들도 자연스럽게 전개되고 있다. 문화인류학자인 마샬 살린스는 구조주의 방법론을 토대로 미국인의 의복 체계와 실제 생활에서 나타나고 있는 여러 문화현상을 분석한 것이나(Sahlins 1978, 2005), 영화에 대한 분석 혹은 예술 장르에 대한 개별적 분석 역시 인문학적 탈경계의 구조주의적 접근의 예라 할 것이다. 또한 폴 해리슨은 탈구조주의자들의 이론을 일목요연하게 정리함으로써 탈구조주의가 여전히 현재진행형이라는 주장을 하고 있다(Harrison P. 2006).

탈냉전의 해체와 함께 퇴색하고 있기는 해도 마르크스주의를 비롯한 좌파 사상의 영역에서의 구조주의 연구 역시 국가와 권력이라는 정치의 속성을 중심으로 끊임없이 연구되고 있다(F. Jameson 1984: S. Lash and J. Urry 1984, 1987: S. Lash 1990, 1995: S. Lukes 1986, 1991). 이들 연구의 일반적인 특징은 비판적 시각에서 사회와 정치의 주요 요소를 탈구조주의 혹은 구조주의의 연장선에서 분석하고 있다는 것이다. 자본주의 사회 안에서의 문화적이고 정치적인 요소들에 대한 분석틀은 20세기 초의 그람시로 회귀하는 것이 아닌가 하는 의구심을 갖기도 하지만, 자본주의 사회 안에서 자본에 기초한 권력을 해석하는데 현대적 의미에서 그람시적 시각은 중요한 시사점을 제공할 것이다. 또한 유럽통합과 같은 지역정치체제의 출현이나 세계적인 차원에서의 NGO나 UN과 같은 국제기구의 중요성이 증대되면서 새로운 구조주의적 패러다임의 설정이 대두되고 있다.

따라서 여전히 학문적 유용성을 인정받고 있는 영역이 권력과 국가의 문제이기 때문에, 미래의 지배적 사상이 어떤 것이 되었든 간에 인간과 권력 그리고 제도 간의 유용성은 중요할 것이다. 이는 지구촌이라는 확장된 개념으로서 국제기구나 국제 레짐의 구성 요소로서 개인을 뛰어 넘는 집단과 지역사회 그리고 국가를 포함하는 NGO 등도 새로운 구조주의적 분석의 대상으로서 충분한 학문적 유용성을 갖고 있다는 것을 말해준다. 21세기기의 시대적 조류가 신자유주의와 세계화의 정착이라면 그 세계화 속에서 살아가야 하는 수많은 개체들과 단위들에 대한 새로운 관계 규명은 구조주의의 지평 확장이 여전히 가능하다는 사실뿐만 아니라 당연한 학문적 귀결이 될 수 있으리라는 점도 분명히 전달하고 있다.

주요문헌 소개

M. 글룩스만 지음/정수복 옮김, 1995, 『구조주의와 현대 마르크시즘』, 한울.
이 책은 현대의 지배적 사유양식으로서의 구조주의와 그로부터 파생된 문제 틀을 독특한 자신의 관점에서 분석하고 평가한 책이다. 한국에 소개된 구조주의 관련 서적 중에서도 아직까지는 가장 중요한 입문서이자 필독서라 할 수 있다. 구조주의 전개와 구조 개념에 대한 학자들의 사용 예들도 비교적 많이 담고 있으며, 특히 레비스트로스와 알튀세를 중심으로 현대 구조주의를 분석한 연구서이다.

뤽 페리 · 알랭 르노 지음/구교찬 외 옮김, 1995, 『68사상과 현대프랑스 철학』, 인간사랑. 이 책은 68운동 당시 프랑스를 지배하고 있던 주요 사상가들에 대한 개요서이다. 탈구조주의 시작이 프랑스 68운동의 사상 및 철학과 밀접한 관계를 맺고 있기에 당대의 주요 사상가들의 탈구조주의적 관점과 주장들이 중요하다. 이 책은 탈구조주의자로 분류되는 프랑스의 사상가들을 거의 망라하고 있기에 구조주의와 탈구조주의를 연결하여 볼 수 있으며, 구조주의의 유럽적 경향에 대한 입문서이라 할 수 있다.

Caws, P. 2000 Structuralism: *A Philosophy for the Human Sciences.* New York: Humanity Books. 코스는 구조주의에 대한 개론서를 1960년대부터 발표하고 있는 학자이다. 이 책은 구조주의의 출발과 본격적인 시작에 있어 철학적이고 사상적인 기원과 내용을 다루고 있다. 구조주의에서 사용되는 구조 개념과 그에서 파생된 여러 개념들에 대한 설명 역시 대비시켜서 설명하고 있는 연구서로서 구조주의를 학문의 주제로 삼고자 하는 이에게는 필독서라 할 것이다.

Francois Dosse. *History of Structuralism (two volumes).* University of Minnesota Press, 1998. 이 책은 두 권으로 구성된 구조주의의 역사를 다루고 있는 책이다. 다른 연구서들과 달리 구조주의의 시작과 현재를 통사적 접근을 통해 다루고 있다는 점에서 구조주의의 역사와 학자들을 일목요연하게 정리하고 있는 책이라 볼 수 있다. 구조주의를 처음 접하는 이들에게는 유용한 길잡이 역할을 할 수 있는 구조주의 역사서이자 입문서이다.

참고문헌

강신표 편저, 1983, 『레비스트로스의 인류학과 한국학』, 한국정신문화연구원.
김영천, 2006, 『AFTER TYLER: 교육과정 이론화 1970년-2000년』, 문음사.
루이 알튀세르 지음/오덕근 외 옮김, 2001, 『마키아벨리의 가면』, 이후.
루이 알튀세르 지음/서관모 외 옮김, 1997, 『철학에 대하여』, 동문선.
루이 알뛰세르 지음/고길환 외 옮김, 1993, 『마르크스를 위하여』, 백의.
루이 알튀세르 지음/김진엽 옮김, 1991, 『자본론을 읽는다』, 두레.
미셸 푸코 지음/이규현 옮김, 2004, 『성의 역사 1 : 앎의 의지』, 나남.
미셸 푸코 지음/이규현 옮김, 2003a, 『광기의 역사』, 나남.
미셸 푸코 지음/오생근 옮김, 2003b, 『감시와 처벌』, 나남.
미셸 푸코 지음/이정우 옮김, 1992, 『지식의 고고학』, 민음사.
미셸 푸코 지음/이광래 옮김, 1986, 『말과 사물』, 민음사.
베르트랑 오질비 지음/김석 옮김, 2002, 『라캉 주체 개념의 형성』, 동문선.
숀 호머 지음/김서영 옮김, 2006, 『라캉 읽기』, 은행나무.
윤호병 외, 1992, 『후기구조주의』, 고려원.
자크 데리다, 1988, "인문학의 연습행위에 있어서 구조와 기호 그리고 유희", 『탈구조주의의 이해』, 김성곤 편역, 민음사.
자크 데리다 지음/진태원 옮김, 2007, 『마르크스의 유령들』, 이제이북스.
자크 데리다 지음/진태원 옮김, 2004, 『법의 힘』, 문학과지성사.
자크 데리다 지음/강우성 옮김, 2007, 『이론 이후 삶: 데리다와 현대이론을 말하다』, 민음사.
자크 데리다 지음/남수인 옮김, 2001, 『 글쓰기와 차이』, 동문선.
자크 데리다 지음/김다은 외 옮김, 1998, 『에쁘롱』, 동문선.
자크 라캉 지음/민승기 외 옮김, 1994, 『욕망 이론』, 문예출판사.
조오지 샤르보니에 지음/김봉영 옮김, 1984, 『레비스트로스와의 대화』, 현

암사.
클로드 레비스트로스 지음/윤학로 옮김, 1994, 『레비스트로스의 미학 에세이』, 동아출판사.
클로드 레비스트로스 지음/박옥줄 옮김, 1990, 『슬픈 열대』, 삼성출판사.
클로드 레비스트로스 지음/송태현 옮김, 2003, 『가까이 그리고 멀리서』, 강.
클로드 레비스트로스 지음/이동호 옮김, 1994, 『신화를 찾아서』, 동인.
한상철 지음, 2001, 『데리다의 해체주의에 대한 비판적 이해』, 철학과현실사.
홍준기, 1999, 『라캉과 현대철학』, 문학과지성사.
휴 J. 실버만 지음/윤호병 옮김, 1998, 『데리다와 해체주의 철학과 사상』, 현대미학사.

D'Andrade, R. 1995. *The development of cognitive anthropology*. Cambridge: Cambridge University Press.
Barry, P. 2002. *Beginning theory: an introduction to literary and cultural theory*. Manchester University Press, Manchester.
Barthes Roland. 1967. *Elements of Semiology*. New York: Hill and Wang.
Barthes Roland. 1966. 'Structuralist Activity', *Form*, I, Summer.
Barthes R. 1977. "The Death of the Author", in *Image, Music, Text,* trans. Stephen Heath. New York: Hill and Wang.
Beth, E.W., and Piaget, J. 1966. *Mathematical Epistemology and Psychology*. Dordrecht: D. Reidel.
Bloomfield L. 1935. *Language*. London, Allen and Unwin.
Cuddon, J. A. 1998. *Dictionary of Literary Terms & Literary Theory*. London: Penguin.
Derrida, Jacques. 1983. "Letter to a Japanese Friend"; pp. 271-276 in Derrida, Jacques; Kamuf, Peggy (ed.) 1991. *A Derrida Reader: Between the Blinds*; Harverster Wheatsheaf; Hemel Hempstead.
Derrida, Jacques. 1974. *Of Grammatology*, trans. Gayatri Spivak. Johns Hopkins University Press, Baltimore.

Eagleton, T. 1983. *Literary theory: an introduction*. Basil Blackwell, Oxford.

Evans-Pritchard, E. 2004. *Social Anthropology*(Reprint). London, Routledge.

Firth R. 1951. *Elements of Social Organization*. London, Watts.

Fortes M. 1949. 'Time and Social Structure' in *Social Structure*. Oxford, Clarendon Press.

Foucault, M. 2003. *Society Must be Defended*(Trans. David Macey). Bertani, Mauro & Fontana, Alessandro (eds.). Picador, NY

Foucault M. 1970. *The Order of Things*. London, Tavistock.

Freud S. 1933. *The New Introductory Lectures on Psychoanalysis*. London Hogarth Press.

Gramsci A. 1975. *Qauderni del Carcere*. Torino, Eianudi.

Harrison, Paul. 2006. "Post-structuralist Theories"; pp. 122-135 in Aitken, S. and Valentine, G. (eds). 2006. *Approaches to Human Geography*; Sage, London

Hawkes T., 1977. *Structuralism and Semiotics*, London, Methuen.

Jameson F. 1984. 'Postmodernism or the Cultural Logic of Late Capitalism', in *New Left Review* 146.

Jonathan Arac et al., 1973. *The Yale Critics: Deconstruction in Amenrica*, Univ. of Minnesota Press. Minneapolis.

Julien, Philippe/Simiu, Devra Beck (trn.). 1996. *Jacques Lacan's Return to Freud*. Lightning Source Inc.

Kuper, A. 1988. *The Invention of Primitive Society*: Transformations of an Illusion. London: Routledge.

Lacan, Jacques/Fink, Bruce (trn.). 2007. *Ecrits*. W W Norton & Co Inc.

Lash S. and Urry J. 1984. 'The New Marxism of Collective Action: a critical analysis'. in *Sociology* 18(1)

Lash S. and Urry J. 1987. *The End of Organized Capitalism*. Cambridge, Polity.

Lash S. 1990. *Sociology of Postmodernism*. London, Allen & Unwin.

Lash S. 1995. 'Traditio and the Limits of Difference'. Paul Heelas, Scott Lash, and Paul Morris (ed.). *Detraditionalization. Critical Reflection on Authority and Identity*. Backwell Pubblishers.

Laughlin, Charles D. and Eugene G. d'Aquili. 1974. *Biogenetic Structuralism*. New York: Columbia University Press.

Leach, E. R. 1954. *Political Systems of Highland Burma*. London: Bell.

Leach, E. R. 1966. *Rethinking Anthropology*. Northampton: Dickens.

Leach, E. R. 1961. *Pul Eliya*. Cambridge, Cambridge University Press.

Lèvi-Strauss C. 1969. *The Elementary Structures of Kinship*. London: Eyre and Spottis-woode.

Lèvi-Strauss C. 1968. *Structural Anthropology*, trans. C. Jakobson and B. G. Schoepf. London, Allen Lane, The Penguin Press.

Lèvi-Strauss C. 1966. The Savage Mind. London, Weidenfeld & Nicolson.

Lévinas, Emmanuel. 2003. *Humanism of the Other*. Chicago: University of Illinois Press.

Lukes S.(ed.). 1986. *Power*. New York, University P.

Lukes S. 1991. *Moral Conflict and Politics*. Oxford, Oxford University Press.

Macksey R. and Donato E. ed. 1982. *The Structuralist Controversy: The Language of Criticism & the Science of Man*. Johns Hopkins University Press, Baltimore.

Matthews, E. 1996. *Twentieth-Century French Philosophy*. Oxford, Oxford University Press.,

Marx K. and Engels F. 1970. *The German Ideology*, C. Arthur(ed.), Lawrence and Wishart.

Piaget J. ed. Chaninah Maschler. 1971. *Structuralism*, London, Routledge.

Radcliffe-Brown. A. R. 1952.

Rainbow P. ed. 1984. *The Foucault Reader*. London. Penguin.

Ryan, M. 1999. *Literary theory: a practical introduction*, Blackwell Publishers Inc, Massachusetts.

Sahlins, Marshall David. 1978. *Culture and Practical Reason*. Univ of Chicago Pr. Chicago.

Sahlins, Marshall David. 2002. *Waiting for Foucault, Still*. Univ of Chicago Pr. Chicago.

Sahlins, Marshall David. 2005. *Culture in Practice*. Massachusetts, Mit Press.

Said E. W. 1975. *Beginning: Intention and Method*, Baltimore; the Jones Hopkins U.P.

Sapir E. 1949. *Selected Writings in Language, Culture and Personality*, ed. David G. Mandelbaum. Berkeley, University of California Press.

Saussaure F. De. 1974. *Course in General Linguistics*. London, Fomtana.

Vico G. 1978. *La Scienza Nuova*, Roma-Bari, Universale Laterza.

Wolfreys, J & Baker, W (eds), 1996. *Literary theories: a case study in critical performance*. Macmillan Press, Hong Kong.

Whorf Benjamin L. 1956. *Language, Thought and Reality*, ed. John B. Carroll. Massachusetts, Mit Press.

3 합리적 선택이론: 과학관, 인간관과 방법론을 중심으로

문 우 진

I. 서 론

합리적 선택이론은 1950년대부터 정치와 경제의 구조적 유사성에 대한 인식과 함께 정치학에서 중요한 학문적·방법론적 조류로 자리 잡기 시작했다. 경제행위는 교환을 통해 희소한 자원을 재분배하는 과정이라면 정치행위는 권력을 통해 자원을 재분배하는 과정이다. 정치현상과 경제현상의 이와 같은 유사성에 대한 인식은 정치현상 분석에 경제학적 방법론의 유용성에 대한 인식으로 연결되었다. 경제학의 방법론적 개인주의와 연역주의적 시각은 해석적·구조주의적·기능주의적 설명의 비엄밀성에 대한 자각을 불러일으켰다. 특히 애로우(Arrow 1951), 다운스(Downs 1957), 뷰캐넌과 튤락(Buchanan and Tullock 1962), 올슨(Olson 1965)의 저작들은 정치현상 연구에 대한 인식론적 전환에 중요한 기여를 하였다.

정치에서는 단순다수나 과반수를 통해 집합적 의사결정을 하고 이와 같은 민주적 절차를 통해 얻어진 결과가 공공의 이익이 최대한 반영된 결과라 간주한다. 하지만 애로우는 『사회적 선택과 개인적 가치』(*Social Choice and Individual Values*)에서 만약 세 명 이상이 셋 이상의 대상 중 하나를 선택할 때 민주적 의사결정에 필요한 최소한의 조건들을 만족시킬 수 있는 사회복지 함수(social welfare function)가 존재하지 않는다는 "불가능성 원리"(impossibility theorem)를 제시하였다. 이는 개인들의 선호를 통합해서 발생하는 사회적(집합적) 선호에 대한 순위를 일관되게 결정할 수 있는 민주적 의사결정 방식이 없다는 것을 의미한다. 애로우의 이와 같은 발견은 민주주의 절차를 통해 얻어진 결과를 사회적으로 최적한 결과로 간주하는 기존 정치학의 비엄밀성에 대한 자각을 불러 일으켰다. 애로우의 이론은 이 뿐만 아니라 민주적 절차에 의해 산출되는 집합적 의사결정의 결과가 투표방식에 따라 달라진다는 점을 보여주었고 이는 민주적 의사결정의 결과물에 대한 정당성을 재고하게 하는 분석적 기초를 제공하였다. 애로우의 이와 같은 발견은 정치학에서 선거이론과 입법이론의 분석적 연구에 대한 시금석을 제시하였다.[1)]

다운스(Downs 1957)는 『민주주의의 경제학 이론』(*An Economic Theory of Democracy*)에서 두 정당 또는 두 후보가 유권자들의 이념에 대한 완전한 지식을 가지고 선거에 이기기 위해서 일차원적 공간에서 경쟁한다면, 이들 모두 중위투표자(median voter)의 입장을 선택한다는 점을 발견하였다. 기존의 선거 연구가 여론, 정당, 이익단체와 같은 사회적·집단적 변수를 통해 선거경쟁을 이해하려고 했

1) 애로우의 이와 같은 발견은 의제 설정(agenda setting)이 투표결과에 미치는 영향에 대한 연구들로 이어졌고 이와 같은 연구는 의회의 입법이론에 중요한 영역을 차지하게 되었다. 의제설정이 투표결과에 미치는 영향에 대한 구체적인 예는 Ⅳ장 참조. 의제설정과 관련된 의회연구에 대한 정리는 (Loewenberg et al. 2002) 참고.

던 반면 다운스는 유권자와 후보의 효용에 대한 가정을 구체적으로 명시하고 이로부터 결론을 도출하는 논리적 정연성(logical elegance)을 선거이론에 도입하는 기념비적인 공헌을 하였다. 다운스의 이러한 공헌에도 불구하고 다운스의 중위투표자 이론은 경험적 사실과 부합하지 않았다. 하지만 다운스의 분석적 방법론은 후속 공간이론가들이 다운스 가정들의 재검토를 통해 다운스 이론을 발전시킬 수 있게 하는 중요한 기초를 마련하였다.[2)]

뷰캐넌과 튤락(Buchanan and Tullock 1962)은 『동의의 산술』(*The Calculus of Consent*)에서 정치제도 설계에 대한 분석적 기초를 마련하였다. 기존의 법해석적 방법과는 달리 이들은 제도설계의 문제를 의사결정비용(decision making cost)과 외부비용(external cost)이라는 분석적 개념을 통해 이해하려 하였다.[3)] 애로우가 집합적 의사결정이 최적의 결과를 산출해낼 수 있는가라는 질문을 던진 반면 뷰캐넌과 튤락은 최적한 제도가 무엇인가라는 질문을 던졌다. 이들에 의하면, 최적한 제도의 문제는 최적한 결과의 도출문제가 아니라 집합적 의사결정이 수반하는 비용을 최소화하는 문제라는 시각을 제공하였다. 뷰캐넌과 튤락의 이러한 시각은 헌법과 정치제도에 대한 후속 연구에 대한 분석적 기초를 마련하였다.[4)]

올슨(Olson 1965)의 『집합적 행동의 논리』(*The Logic of Collective Action*)는 집단의 구성(group membership)과 집단적 참여(participation)에

---

2) 공간이론가(spatial theorist)의 후속 선거연구에 대한 정리는 문우진 (2005) 참고. 선거제도에 대한 합리적 선택 이론 연구는 (Cox 1990, 2000) 참고.

3) 전자는 최종적 의사결정을 도출해내는데 필요한 거래비용(transaction cost)을 의미하며 후자는 최종결정이 이상적인 결정이 아님에도 불구하고 준수해야 되기 때문에 발생하는 순응비용(conformity cost)을 의미한다.

4) 뷰캐넌과 튤락의 시각이 헌법설계에 대한 후속연구에 어떻게 접목될 수 있는가에 대한 논의는 문우진(2007) 참고. 뷰캐넌과 튤락의 시각을 거부권행사자라는 개념을 통해 입법효율성에 적용시킨 연구는 (Tsebelis 2002) 참고.

대한 분석적 기초를 제공하였다. 기존의 정치이론이 이익단체나 정당과 같은 집단을 연구의 기본 단위로 설정하고 이들의 작동원리를 집단전체의 이익이나 집단적 규범으로 이해하려 한 반면 올슨은 집단의 작동원리를 개개인의 이해관계에서 찾으려 하였다. 예를 들면, 올슨은 노동자들이 파업에 적극적으로 참가하지 않는 이유를 집합적 행동문제(collective action problem)라는 작동원리를 통해 설명한다.[5] 즉 개별 노동자는 자신이 스스로 파업에 참가하기보다는 파업에 참가한 동료 노동자들이 획득한 결과물에 편승하려는 동기(free-riding)가 있기 때문에 파업을 통한 임금상승이라는 공공선을 창출하기가 어렵다는 것이다. 올슨의 설명에 의하면 집단 구성원은 자신의 이해를 추구하므로 제도적 장치를 통해 공공선을 창출할 수 있는 선택적 동기를 제공하는 것이 필요하다. 올슨의 설명은 집합적 행동문제를 야기하는 많은 정치현상에 대한 분석적 기초를 제공하였다. 예를 들면, 투표 같은 정치참여는 더 이상 당연한 정치현상이 아니라 정치참여의 동기와 조건이 분석되어야 하는 연구대상이 되었다.[6] 또한 정당조직과 의회에서의 의제통제(agenda control) 방식을 집합적 행동문제 해결을 위한 제도로 이해할 수 있게 하는 기초를 제공하였다.[7]

전술한 고전적 연구를 바탕으로 합리적 선택 이론은 정치행위(집합적 의사결정) 분석을 위한 이론적 기초를 제공했을 뿐 아니라 선거경쟁, 정당과 의회, 정치제도와 같은 비교정치의 영역과 국제정치의 영역에서도 영향력을 확산시켜나갔다. 1950년대에 정치학 최고의 권

5) 이에 대한 자세한 설명은 Ⅱ장 참조.

6) 합리적 선택이론의 정치참여 연구에 대한 비판적 검토는 (Green and Shapiro 1994)참고.

7) Cox and McCubbins (1993) Aldrich and Rohdes (2001)

위를 자랑하는 미국정치학회보(American Political Science Review)에 5%도 차지하지 않던 합리적 선택이론 논문의 비중은 1970년대 20%대에서 1990년대에 40%에 육박하게 되었다(Green and Shapiro 1994: 3). 이와 같은 합리적 선택이론의 성과를 라이커는 "정치학의 유일한 진정한 진보"라고까지 평가하였다(Riker 1990, 177-178). 그러나 그린과 샤피로(Green and Shapiro 1994)는 합리적 선택이론의 이와 같은 성과에 대해 회의적인 입장을 제시하였다. 합리적 선택이론에 대한 기존 논의가 합리성에 대한 가정의 적실성에 대한 논쟁(Coleman and Fararo 1992)에 집중된 반면 그린과 샤피로는 합리적 선택이론을 적용한 경험 연구들의 설명력의 부재를 지적하였고 이는 합리적 선택이론 논쟁에 큰 반향을 불러 일으켰다.[8)]

한국 정치학계에서 합리적 선택이론의 영향력은 거의 미미한 수준이다. 『한국정치학회보』에 1991년에서 2006년 사이에 게재된 1200여개의 논문 중 합리적 선택이론과 관련된 논문은 10여개에 이른다.[9)] 이 논문들의 대부분은 합리적 선택 연구들의 개념을 적용한 경험분석을 제시하거나 한국 정치 현상을 합리적 행위로 해석하는 접근 방법을 취했다는 점에서 이론적 모형을 통해 작동원리를 설명하는 엄밀한 의미의 합리적 선택이론이라고 부르기 어렵다.[10)] 한국에서의 합리적 선택이론의 부재는 합리적 선택이론을 연구하는 다양한 학자 층이 형성되지 않았기 때문이기도 하나 합리적 선택이론

8) 그린과 샤피로의 합리적 선택이론 비판에 대한 합리적 선택이론가들의 반론과 이에 대한 그린과 샤피로의 재반론은 (Friedman 1996) 참고.

9) 이와 같은 관찰은 『한국정치학회보』에 게재된 연구에 국한되었으므로 다른 국내학술지나 외국 학술지에 게재한 국내학자의 연구로 일반화 될 수는 없다. 『한국정치학회보』에 게재된 합리적 선택이론 관련 논문은 <참고문헌> 참고.

10) 합리적 선택이론 모형을 제시한 국내 논문은 문돈(2004), 문우진(2005a, 2005b, 2006), 차동욱(2006)

이 한국 정치 분석에 유용하게 적용되기 어렵다는 현실을 반영하기 때문이기도 하다. 다시 말하면 합리적 선택이론이 유용하게 적용될 수 있는 민주적 선거행태와 제도적 입법 활동, 그리고 제도 존중의 시민사회가 한국사회에 아직 정착되지 않았기 때문이다. 이뿐만 아니라 합리적 선택이론에 대한 오해와 이로부터 비롯되는 정서적 거부감도 합리적 선택이론에 대한 불신을 초래한 이유 중에 하나로 볼 수 있다. 따라서 합리적 선택이론의 유용성을 평가하기 위해 합리적 선택이론이 취하고 있는 과학관과 인간관에 대한 입장을 근본적으로 검토해 보는 것이 필요하다.[11]

본 논문의 목적은 합리적 선택이론의 과학관, 인간관, 합리성에 대한 가정, 방법론과 같은 근본적인 입장들을 검토함으로써 합리적 선택에 대한 균형 잡힌 시각을 제시하는 것이다. 이를 위해 먼저 II절에서 합리적 선택이론이 취하는 과학적 설명관에 대해서 논의한다. III절에서는 합리적 선택이론의 인간관에 대해서 논의하고 IV절에서는 합리적 선택이론의 합리성 가정에 대해서 논의한다. V절과 VI절에서는 각각 합리적 선택이론의 방법론과 경험연구에서의 유용성에 대해서 논의한다.

II. 합리적 선택이론과 과학적 설명

합리적 선택 이론은 다른 과학적인 설명과 마찬가지로 어떤 사건이 왜 일어났는가를 설명하는 것, 즉 일어난 사건에 대한 인과적

11) 본 논문은 과학적인 설명이 참된 지식(true knowledge)을 제공하는가라는 질문에 대한 논의, 즉 초과학(meta-scientific)적 논의를 제공하지 않는다.

설명(causal explanation)을 제시하는 것을 목표로 한다. 엘스터(Elster 1989)는 인과적 설명은 두 가지 단계로 구성되어있다. 먼저 설명하려고 하는 사건에 선행하는 사건이 요인으로 제시되어야 하고 다음 단계에서 두 사건을 연결하는 인과적 작동기제(causal mechanism)를 제시한다. 자연 현상을 예로 들면, 끓는 물에 대한 인과적 설명은 물에 열이 가해졌다는 사실과 열이 가해질수록 물을 구성하는 분자들의 밀어내는 힘이 강해진다는 인과적 작동기제를 제시하는 것이다.

사회현상을 예로 들어 근무기간(work tenure)의 단축이라는 현상에 대한 인과적 설명이 어떻게 구성되는가를 살펴보자.[12)] 인과적 설명을 위해서 근무기간 단축이라는 현상에 선행하는 사건(예를 들어 2년 이상 근무한 비정규직 노동자에게 정규직을 보장해야 된다는 정규직 권고 법안)을 제시하는 것 뿐 아니라 이러한 법안이 어떻게 작동하여 근무기간의 단축이라는 현상을 초래했는가에 대한 작동기제를 제시해야 한다. 전술한 끓는 물의 경우 두 사건을 구성하는 요소 즉 분자의 운동으로 작동기제를 설명했던 것과 마찬가지로 근무기간 단축의 예에서 인과적 작동기제는 이 현상을 구성하는 요소를 살펴볼 때 분명해진다. 합리적 선택이론에서 사회현상의 구성요소는 관련 행위자들이며 이들의 동기 분석이 작동기제를 이해하는 기초를 제공한다. 전술한 예에서 고용주가 비정규직 노동자들이 2년이 되기 전에 해고할 동기를 가졌다는 된다는 사실이 인과적 작동기제로 제시될 수 있다.

합리적 선택이론을 다른 설명 방식들과 비교해보면 합리적 선택이론이 가지고 있는 과학적 설명관에 대한 차별성(인과적 작동기제에

12) 비정규직 고용문제가 쟁점으로 떠오르는 한국의 현 시점에서 이와 동일한 예를 엘스터의 1989년 저작에서 발견된다는 점은 흥미롭다(Elster 1989).

대한 강조)을 알 수 있다. 엘스터에 의하면 인과적 설명은 사실적 인과진술(true causal statement)과 구분되어야 한다(1989: 4). 사실적 인과진술은 설명하고자 하는 사건과 관련된 다른 사건들을 인과적 변수로 서술하는 것이다. 예를 들어 직장에 자주 지각하는 회사원이 교통사고가 났기 때문에, 차의 시동이 안 걸렸기 때문에, 또는 출근길에 어떤 사람을 마주쳤기 때문에 지각했다는 사실적 인과진술을 살펴보자. 이와 같은 우연한 사건들이 실제로 벌어졌다면 이 회사원의 진술은 사실적 진술이다. 하지만 이 회사원이 항상 집에서 늦게 출발하는 경향이 있다면, 이와 같은 사건들이 일어나지 않았어도 이 회사원은 지각을 했었을 것이다. 따라서 이와 같은 사실을 아는 상사는 이 회사원이 제시한 우연적인 사건들이 실제로 일어났더라도 지각을 유발하는 체계적 인과요인으로 받아들이지 않을 것이다. 이와 같은 예는 역사적·해석적 설명 방식에서 사용되는 비체계적 변수들이 특정한 사건을 초래하는 이유로 기술(describe)될 수는 있어도 일반론적 설명을 추구하는 과학적 설명의 체계적 변수로 제시될 수 없음을 보여준다.

이와 같은 사실적 인과진술은 일상생활 뿐 아니라 구술적 설명(narrative explanation), 신문지상(journalistic) 진술, 역사적 해석, 그리고 많은 사회과학 설명에 자주 사용된다. 일상생활 또는 신문지상에서 자주 "분석"이라는 잘못된 표현으로 제시되는 이와 같은 진술의 예로 17대 대통령 선거 한나라당 후보 경선 결과에 대한 다음과 같은 주장을 살펴보자. "한마디로 요약하면 유권자들이 '도덕성'보다는 경제를 살릴 수 있는 '능력'을 선택한 것으로 봐야 한다. 대기업 사장과 서울시장 직을 성공적으로 수행하면서 검증받은 [이명박 후보의] 능력이 유권자들에게 어필했다" (중앙일보 07/08/20). 이와 같은 진술은 만약 한나라당 경선 방식이 일반여론을 반영하지 않았거나, 경선이 며칠 늦게 치루어졌거나, 또는 검찰에서 이명박 후보에 치명적인 증거를 제시하여 이명박 후보가 패했다면 정반대의 해석이 가능하다.[13] 만약 이와 같은 상황들이 실제로 일어나서 이명박 후보가 박근혜 후보에게 패했다면 유권자들이 경제를 살릴 수 있는 능력보다 도덕성을 중요시 했다는 정반대의 해석을 제시하게 될 것이다. 따라서 이와 같은 진술은 인과적 변수에 대한 과학적 분석이 아니라 결과론적 해석이라고 보는 것이 정확하다.

이와 같은 진술의 특징은 설명하고자 하는 사건 주변에 산재하는 여러 사건 또는 사실들을 사후 해석적으로 인과적 변수로 제시하는 것이다. 이와 같은 진술방식은 상관관계에 대한 주장(assertion about correlation)의 일종으로 인과적 설명과 구분되어야 한다. 이는 왜냐하면 설명하려고 하는 변수(종속변수)와 설명을 위해 사용된 변수(독립변수)와의 경험적 연관성(empirical association)이 인과적인 관계를 의미하지 않기 때문이다. 사회현상에서는 피상적으로 서로 인과성이 있는 것처럼 보이는 두 변수간의 관계가 사실은 아무런 관련이 없음에도 불구하고 이 둘을 매개하는 다른 변수들 때문에 인과성이 있는 것처럼 보이는 경우가 많다.

예를 들면, 흑인이 백인보다 성적이 낮다는 사실은 인종이 학업능력에 인과적인 영향력을 가지고 있다는 점을 반드시 의미하지는 않는다. 예를 들면 흑인 학생이 경제적·사회적으로 불리한 교육환경을 제공받기 때문에 백인보다 학업능력이 떨어질 수 있다. 인종

13) 한나라당 대통령 후보 경선에서 박근혜 후보가 대의원, 당원, 국민참여선거인단 선거에서 300여 표를 더 많이 얻었으나 총 유권자의 20%를 차지하는 여론조사에서 8.8% 앞서 총 득표수에서 1.5%(2,452표)를 더 얻어 승리하였다. 이와 같은 박빙의 승부는 이와 같은 변수에 의해서 뒤집힐 수도 있는 결과였다.

자체가 학업능력에 영향을 미친다는 점을 보여 주기위한 분석은 학생의 인종과 학업능력을 매개하는 수많은 변수들을 통제(같은 수준으로 고정)하는 것이다. 한나라당 경선 결과에 대한 분석을 예로 들면, 경제를 살릴 수 있는 능력이 도덕성보다 더 중요한 변수로 작용했다는 진술은 이들 두 변수와 이들 사이에 매개하는 변수들을 서로 통제한 후 도덕성의 영향력과 경제 회생 능력에 대한 변수의 상대적인 영향력을 비교했을 때 과학적 설명의 첫 번째 조건을 충족시키게 되는 것이다. 구체적으로 개별 유권자의 도덕성과 경제회생 능력에 대한 선호정도를 측정하고 다른 변수들(예를 들면 전략적 투표 여부, 유권자의 인구 통계학적 변수 등)을 통제했을 때 도덕성과 경제회생 능력이 유권자의 투표결정에 어떠한 영향력을 가지고 있는가를 판별할 수 있을 것이다. 합리적 선택이론은 이와 같은 분석을 제공하는 것 뿐 만 아니라 경제회생 능력에 대한 기대와 유권자의 투표결정과의 구체적인 작동기제를 제시하는 것을 과학적 설명의 필요조건으로 요구한다.[14]

일반인의 구술적 설명 뿐 아니라 많은 학술적 사회과학 연구에서도 상관관계를 인과관계로 제시하기도 한다. 정성적(qualitative) 연구의 예를 들면 존슨(Johnson 1989)은 약한 노동조합이 경제발전에 기여한다는 주장을 제시하였다. 그러나 게디스(Geddes 2003)는 존슨의 이와 같은 주장은 주로 소수 아시아 국가들만의 관찰에서 비롯된 것으로 그 외 지역의 국가들을 분석에 포함시키면 노동조합의

14) 즉, 유권자의 효용함수와 한나라당 경선에서의 투표 결정 모형에 대한 설정(model specification)과 이에 대한 분석이 필요하다. 이와 같은 경선 모형에서는 후보자의 경제회생 능력보다 도덕성을 더 중요시하는 유권자도 본선에서의 당선 가능성을 고려하여 이명박 후보에 전략적으로 투표할 수도 있다는 사실을 선거경쟁의 작동기제에 포함시켜야 할 것이다.

힘과 경제발전은 역관계에 있다는 점을 보여주었다. 존슨의 설명방식은 성공적인 경제발전의 요인을 이해하기 위해 경제발전을 성취한 나라들을 먼저 관찰하고 경제발전과 서로 상응할 수 있다고 믿어지는 특성(약한 노동조합)을 찾아 이 둘의 관계를 인과적 관계로 제시한 것이다. 합리적 선택 이론에 의하면 노동조합의 힘과 경제발전 사이의 인과적 관계는 이 관계의 구성요소 즉 노동자, 자본가, 정치인들의 동기에 대한 분석을 필요로 한다.

경험적 상관관계를 인과관계로 치환하는 오류는 정성적인 방법뿐 아니라 정량적(quantitative) 분석에서도 발견될 수 있다. 학술지에서 발견되는 적지 않은 통계 분석은 "망라적 방법"(kitchen-sink method)이라 불리는 통계기법을 사용한다.[15] 이 방법은 변수 간의 작동기제에 대한 이론의 제시 없이 측정가능한 모든 변수들을 통계모형에 포함시키는 방법이다. 이와 같은 방법에서는 이론적 설명이 제시되지 않기 때문에 어떠한 변수가 종속변수에 이론적으로 중요한 영향을 미치는지를 알 수가 없다. 따라서 이 방법은 인과적인 설명을 연구자가 이론적으로 제시하는 것이 아니라 통계패키지가 제공하는 기계적인 방법(예를 들면 stepwise regression)으로 중요한 변수를 찾아내어 이 변수가 인과적 변수라는 사후적 해석을 제시한다.

이와 같은 통계 분석 방법은 전술한 정성적 방법과 동일한 인식론을 기초로 한다. 즉 경험적으로 관찰된 사실을 관찰대상의 본질로 믿거나 경험적인 상관관계를 실재하는 인과관계로 믿는 경험주의적 입장을 취하는 것이다. 예를 들어, 경험주의에서 백호를 관찰하기 전

15) 합리적 선택이론과 통계적 방법이 계량적 방법을 이용한다는 점에서 동일한 방법으로 오해되기도 하나 합리주의(rationalism)에 기초한 합리적 선택이론은 데이터 마이닝(data mining)같은 경험주의적 통계방법과 정반대의 인식론적 기초를 지니고 있다.

까지 호랑이의 본질적 특성을 노란줄과 검은줄로 믿듯이 경험적으로 보이는 피상적 관계를 실재하는 인과적 관계로 믿는 것이다.

사회현상을 설명할 때 합리적 선택이론과 대비되는 접근방법의 하나로 기능주의적 설명방식이 있다. 엘스터(Elster 1979, 28-35; 1989, 99-100)에 따르면, 기능주의적 설명은 결과에 의한 설명(consequence explanation)의 일종이다. 인과적 설명(causal explanation)과 의도적 설명(intentional explanation)은 각기 설명하려고 하는 사건(explanandum)보다 시간적으로 앞서는 원인(cause)과 의도(intension)로 설명하는 데 비해, 기능적 설명은 설명하고자 하는 사건을 그 사건의 결과(effect)로써 설명한다.16) 기능주의자들에게는 설명항(explanans)에 해당하는 사건이 "누군가(혹은 무엇인가)에 이득이 되는(beneficial) 결과를 초래한다"는 사실이며 이러한 결과를 야기하려는 의도가 있었는가 여부는 중요하지 않다(Elster 1985, 27). 예를 들어, 기능주의적 설명에서는 고립되어서 사는 작은 부족들의 독특한 결혼 규칙을 (의도적 이유로) 환원(reduce) 불가능한 사회적 사실로 간주한다. 그리고 이런 규칙이 왜 존재하는가에 대한 답은 그 규칙이 그 사회의 유지에 가장 적합한 것임을 (그러므로 선택되었음을) 보여주면 되는 것으로 충분하다.

기능주의적 설명에서 해결해야 될 문제점은 어떻게 시간적으로 뒤에 오는 설명항(독특한 결혼규칙이 널리 채택되었고 유지된다는 사실)이 시간적으로 앞선 피설명항(독특한 결혼규칙)을 설명할 수 있느냐이다. 이 문제는 설명되어야 할 사건이 일회적 사건이 아니라 지속적인 일정한 '유형'의 행위일 경우에는 해결 가능할 수도 있다(Elster

16) 설명항(explanans)은 어떤 문제를 설명하는 것이나 사건이고 피설명항(explanandum)은 설명을 필요로 하는 것이나 문제이다. 예를 들어, "갑의 성적이 좋은 이유는 공부를 열심히 하기 때문이다"라는 문장에서 "갑이 공부를 열심히 한다"는 설명항이고 "갑의 성적이 좋다"는 피설명항이다.

1985, 28). 이럴 경우에는 한 시점의 행위가 어떻게 나중 시점에 그와 유사한 행위를 유지하도록 하는 효과를 갖는 그런 결과를 야기하는가를 밝힘으로써 그 행위 유형을 설명할 수 있기 때문이다(Elster 1985, 28). 이런 종류의 기능적 설명에는 항상 이러한 피드백 기제(feedback mechanism)가 논리적으로 전제될 수 밖에 없으며 기능주의 설명은 이와 같은 피드백 기제에 대한 설명을 제공해야 한다.

예를 들어 떼쓰는 아이의 떼라는 행동이 부모의 관심을 끌기 위한 것이라는 (또는 아이의 떼가 관심을 끄는 기능을 가졌다는) 기능주의적 설명을 생각해보자. 여기에서 시간적으로 뒤에 오는 부모의 관심이 시간적으로 앞에 오는 한 아이의 떼(explanandum)를 설명하는 설명항(explanans)이 된다. 이와 같은 기능주의적 설명에 대해 다음과 같은 피드백 기제가 제시될 수 있다. 처음에는 부모의 반응에 대해서 어떤 기대 없이 아이가 떼를 썼는데 부모가 아이에게 주의를 집중한다면 아이는 떼를 쓰는 것이 부모의 관심을 가져다준다는 사실을 자각하게 되고 부모의 관심은 아이에게 지속적으로 떼를 쓸 동기를 부여할 것이다. 이럴 경우 아이는 부모의 주의를 끌기 위해 반복적으로 떼를 쓰게 되고 이와 같은 반복적인 행동이 관찰될 때 아이의 떼는 부모의 관심으로 설명될 수 있을 것이다.[17] 즉 떼의 효과인 부모의 관심이 아이의 떼의 원인으로 설명될 수 있는 피드백 기제가 완성되는 것이다. 강화(reinforcement)라고 불리는 개인의 반복적인 행동은 이처럼 의도하지 않은 행동이 초래하는 피드백 기제로 설명될 수 있다.

그러나 사회현상에 대한 기능주의적 설명은 이와 같은 피드백

17) 강화(reinforcement)라 불리는 이와 같은 예에 대한 자세한 설명은 엘스터(Elster 1989, 82-88) 참조.

기제로 설명될 수 없거나 설명하려고 하는 현상에 적합한 피드백 기제를 제공하지 않는다. 예를 들어, 문화에 의한 기능주의적 접근을 살펴보자. 타오(Tao 1989)는 한국, 일본, 대만의 유교적 문화가 경제발전에 기여하는 기능을 가졌다고 주장한다. 이와 같은 입장에 따르면 가족적이고 정서적인 작업환경, 권위에 대한 순응적 태도, 교육적 성취를 중요시하는 유교적 문화는 경제발전에 기여하는 기능을 지녔다는 것이다. 즉 유교 문화가 초래했다고 믿는 결과(경제발전)가 유교문화의 기능으로 설명되는 경우이다. 그러나 전술한 유교문화의 특성은 경제발전에 부정적인 영향을 끼칠 수 있다는 해석도 가능하다. 예를 들어 정서적인 작업환경은 능력보다 친분을 중요시하여 작업의 합리성을 저해할 수도 있고 권위에 대한 순응적인 태도는 불합리한 결정을 견제할 수 없게 한다. 또한 교육을 중요시하는 문화는 기술경시 풍조와 교육에 대한 과수요에 따른 사회적, 경제적 외부효과(externalities)라는 부정적인 효과를 초래할 수 있다.

엘스터(Elster 1989)의 논의를 따르면 기능주의적 설명에서 "기능"의 작동기제는 많은 경우 의도하지 않은 결과(unattended Consequences)로 설명할 수 있는 경우가 많다. 전술한 아이의 예에서 아이의 떼는 부모의 관심이라는 처음에 의도하지 않았던 결과를 초래하였다. 마찬가지로, 전술한 경제발전의 예에서 유교문화의 어떤 요소들이 경제발전이라는 결과를 초래했을 수도 있다. 하지만 아이에게 적용되었던 기능주의적 설명은 경제발전에 동일하게 적용될 수 없다. 이는 왜냐하면 전술한 아이의 예에서는 처음에는 의도하지 않았던 부모의 관심이 아이에게 떼를 쓰게 하는 동기(motive)를 부여했고 이와 같은 아이의 행동은 강화라는 작동기제에 의해 설명될 수 있다. 반면 경제발전의 경우는 의도하지 않은 결과인 경제발전이 무생물인

문화에 동기를 부여할 수는 없기 때문이다. 전자의 경우에서는 아이가 떼의 효과(부모의 관심)를 자각하고 이와 같은 자각이 지속적인 떼를 유발했다면 떼가 부모의 관심을 끄는 기능을 지녔다고 이야기할 수 있지만 후자의 경우에서는 이와 같은 인과적인 작동기제를 제공할 수 없기 때문에 문화가 경제발전의 기능을 가졌다고 말하기는 어렵다.

문화적·역사적 해석방법의 또 다른 문제점은 사회현상을 사후적(post hoc)으로 해석한다는 점인데 이와 같은 방법은 동의반복적(tautological) 설명구조를 지닐 수 있다.[18] 예를 들면, 갑이 왜 영리한가라는 질문에 대해 갑은 갑이기 때문에 영리하다고 대답하는 것과 마찬가지로 문화적·역사적 해석방법은 어떤 나라의 경제발전을 설명하기 위해 그 나라의 문화가 그러하기 때문에 또는 그 나라의 특수한 역사적인 경험 때문에 경제가 발전했다고 해석한다. 이와 같은 문화적·역사적 설명방식은 정반대의 현상도 같은 문화 또는 역사의 결과물로 해석할 수 있다. 전술한 바와 같이 유교문화의 특성을 경제발전에 긍정적인 영향 뿐 아니라 부정적인 영향을 가진 것으로 해석될 수도 있다. 다시 말하면 한 나라의 어떤 현상을 설명하기 위해 그 나라의 특성(그 특성이 문화이건 역사이건) 때문이라는 동의반복적인 해석을 제시한다. 이와 같은 방법에서는 모든 현상을 문화와 역사로 설명할 수 있다.

사회현상을 문화적·역사적 특수성(uniqueness)으로 해석하는 방법

18) 여기서 역사적 해석방법은 역사적 설명방식 특히 비교역사분석 방법을 의미하지 않는다. 후자는 사례비교를 통해 외생변수를 통제한다는 점에서 분석적인 방법이다. 비교역사분석 방법을 이용한 중요한 저작은 Skocpol(1979). 반면 행위자의 합리적 선택을 통해 사회현상을 이해하려고 하는 방법이 모두 분석적인 것은 아니다. 다음 장에서 기술하는 합리적 선택 해석방법은 역사적·문화적 해석방법과 같은 동의반복적인 설명구조를 가진다.

은 어떤 현상도 문화적·역사적의 특수성으로 해석할 수 있기 때문에 사실은 아무것도 설명하지 못한다.[19] 일반적으로 설명하려고 하는 대상이 "특이하다"라는 설명은 그 대상에 대해 이해를 하지 못한다는 말과 동일하다. 어떤 대상이 이해되기 위해서는 그 대상의 특성이 일반적인 개념의 연속성 속에 위치해야 한다.[20] 어떤 대상을 이해한다면 이 대상이 평균적 또는 정상적인 입장과 동떨어진 극한적(extreme) 입장에 있다고는 할 수 있어도 특이하다고 할 수는 없다. 즉 한국의 어떤 현상이 문화적 특수성 때문에 기인했다고 이야기 하는 것은 그 현상을 이해하지 못한다고 이야기하는 것과 동일하다. 마찬가지로, 이해하려고 하는 행위자를 비합리적이라고 이야기 하는 것은 그 행위자의 행동을 이해하지 못한다고 이야기하는 것과 마찬가지이다. 어떤 행위자의 행위를 이해한다면 일반적으로 이해될 수 있는 합리적인 행동과 얼마나 어떻게 다른가를 설명해야 할 것이다.

구조주의적 방법은 기능주의적 방법과 더불어 사회현상을 이해하기 위해 자주 사용되는 방법이다. 예를 들면, 자본주의의 모순이 노동자 혁명으로 귀결된다는 구조적 맑시스트 입장은 전형적인 구조주의적 설명방식이다. 이와 같은 설명 방식은 노동자들 간의 관계와 노동자와 고용인의 전략적 상호관계에 대한 작동기제를 개별 노동자와 고용인의 이해관계를 통해 설명하기 보다는 자본주의의 구

19) 이와 같은 입장은 문화가 중요한 변수가 아니라는 것을 의미하지 않는다. 문화는 사회적 규범과 제도와 마찬가지로 인간의 행동을 조건지우는 중요한 변수이다. 하지만 많은 문화적 해석에서는 인간의 행동에 미치는 영향에 대한 작동기제에 대한 분석적인 설명을 제시하기 보다는 저자가 해석적으로 제시하는 문화의 영향을 당연한 것으로 받아들인다. 사회적 규범과 제도의 작동원리를 합리적 선택이론으로 설명한 연구는 엘스터의 저작들을 참고 (Elster 1979, 1989).

20) 즉 개별적인 것들(the particular)은 일반적 존재(the general)가 구성되었을 때 이해될 수 있다.

조적 모순 때문에 노동자들이 계급으로서 혁명에 참가하리라 가정한다. 마지막으로 목적론적 방법은 사회현상을 어떤 목적의 실현을 위한 과정으로 설명한다. 관념론에서는 역사를 신의 섭리나 절대정신의 구현을 위한 발전과정으로 이해하고 변증법적 유물론은 사회주의의 구현을 통한 인간의 해방을 역사의 정점으로 해석한다.

전술한 구조주의, 기능주의, 목적론적 설명방식들은 합리적 선택이론과 중요한 방법론적 차이가 있다. 방법론적 집합주의(methodological collectivism)로 구분되는 이들 설명방식들은 조직, 계급, 사회구조 같은 집합적 존재(collective entities)가 인과적인 능력(causal power)이 있다고 가정하여 집합적 개체의 저변에서 작동하는 행동주체(human agents)들의 상호작용에 대한 설명을 제공하지 않는다(Hayak, 1952). 예를 들면, 자본주의의 모순이 노동자들을 혁명에 참가하게 하는 인과적인 능력이 있다고 암묵적으로 가정하나 이 가정에 대한 적실성을 행동주체의 동기를 통해서 설명하지 않는다.

반면 합리적 선택이론은 방법론적 개인주의(methodological individualism)를 채택한다. 방법론적 개인주의는 "모든 사회현상(이들의 구조와 변화)은 원칙적으로 개인들 즉, 이들의 특성, 목적, 믿음, 그리고 행동만으로도 설명할 수 있다는 원칙이다"(Elster 1985, 5). 엘스터에 의하면 구조주의(structuralism), 기능주의(functionalism)와 같은 거시적인(holistic) 설명은 설명으로서 설득력이 없으며, 모든 집합적 사회현상은 개인의 목적활동으로 환원(reduction)시킬 때에만 설명이 되는 것으로 간주한다. 전술한 바와 같이 거시적인 방법은 인과관계와 상관관계를 혼돈하는 경우가 많으며 이와 같은 위험은 "원인과 결과의 연속적인 연결고리(chain)"에 대한 이해를 추구할 때 줄어들 수 있다(Elster 1989, 5). 즉 "설명한다는 것은 작동기제를 밝혀내는 것, 즉 암상자(black box)속에 숨어있는 암나사와 숫나사(nuts and bolts), 그리고 톱니와 바퀴(cogs and wheels), 다시 말하면 총체적인 결과를 초래시킨 욕구와 믿음을 보여주는 것이다"(Elster 1985, 5).

합리적 선택이론은 "노조설립, 농민봉기, 도시파업"같은 집단적 행동을 이해하기 위해서 개인의 동기에 분석의 초점을 맞춘다(Elster 1989, 16). 이는 합리적 선택이론이 집단적 이해가 존재한다는 것을 부인한다는 의미는 아니며 개인의 이해와 상충되지 않을 때만 집단적 이해가 실현될 수 있다는 것을 의미한다(Elster 1989, 16). 예를 들면, 올슨은 노동자 파업이 일어나기 어려운 이유를 집합적 행동문제(collective action problem)이라는 작동기제를 통해 설명한다(Olson 1965). 올슨은 개별 노동자 개개인의 이해관계를 살펴보면 개별 노동자는 계급의 이해라는 공공선(public goods)을 창출할 동기가 없다. 개별 노동자는 노동자들은 자신이 스스로 파업에 참가하기보다는 파업에 참가한 동료 노동자들이 획득한 결과에 편승할 동기(free-riding)가 있다. 올슨의 노동자들이 혁명에 참가하지 않는 작동기제에 대한 설명은 일반적으로 죄수의 딜레마(prisoner's dilemma) 게임을 통해 설명될 수 있다.

죄수의 번민 게임은 〈표 1〉에서 보여준 상황에서 발생한다. 범죄현장을 배회하는 두 용의자를 체포했으나 이들을 살인죄로 기소하

〈표 1〉 죄수의 번민게임(Cyclical social preference)

		을	
		자백	함구
갑	자백	(갑: 7년, 을: 7년)	(갑: 석방, 을: 10년)
	함구	(갑: 10년, 을: 석방)	(갑: 1년, 을: 1년)

기 위해서는 이들의 자백이 필요하다. 검사는 갑과 을이라 불리는 두 용의자를 격리해서 취조를 하면서 다음과 같은 제안을 한다. 둘 중에 한 명만 자백하면 자백하지 않은 범인은 중형(10년)을 받고, 자백한 범인은 석방되게 된다. 두 사람 모두 자백하면 각각 중형보다는 덜 무거운 형(7년)을 받는다. 두 용의자로부터 자백을 얻어내는데 실패하면 검사는 경범죄에 해당하는 가벼운 처벌(1년) 밖에 할 수 없다.

이와 같은 상황에서 갑은 만약 을이 자백을 했다고 가정할 경우 자신이 함구하면 중형을 받게 될 것이므로 갑은 자백 하는 것이 낫다. 만약 을이 함구했다고 가정해도 갑이 자백하면 석방되게 되므로 갑은 자백하는 것이 낫다. 따라서 을이 어떠한 결정을 내려도 갑은 자백하는 것이 지배적 전략(dominant strategy)이다. 을의 입장은 갑의 입장과 마찬가지이므로 을도 자백을 하게 되어 두 용의자 모두 7년 형을 받게 된다. 죄수의 번민게임이 시사하는 바는 용의자들이 서로 함구(협조)했으면 이 둘 모두 가벼운 처벌을 받을 수 있었으나 자신의 이익을 추구하다가 더 무거운 처벌을 받는다는 점이다. 노동자의 파업의 경우 역시 마찬가지로 개별노동자들이 서로 협조하면 요구하는 바를 성취할 수 있었으나 개인들은 자신의 이익을 추구하기 때문에 공공의 이익을 실현할 수 없다는 결과를 초래하게 된다.

죄수의 번민게임이 보여주는 집합적 행동문제는 자신의 이해를 추구하는 개인을 처벌할 수 있는 다양한 환경과 제도적 장치에 의해서 해결될 수 있다. 소규모 집단 환경에서는 집합적 행동문제가 일어나기 어려운데 그 이유는 집단의 규모가 작을 경우 서로의 행동을 인지하거나 감시하기 쉽고 개인의 이익을 추구할 경우 소속집단에서 축출, 따돌림 같은 방법으로 개인의 이익을 추구하는 행위자를 처벌하기 용이하기 때문이다(Olson 1965). 또 하나의 유용한 방법은 제도적 장치를 통해 공공의 이익을 추구할 수 있는 강제적 조치를 마련하는 것이다. 기업들이 자신의 이윤을 극대화하기 위해 자신이 배출하는 공해물질을 정화하지 않는 경우, 공공의 이익을 창출할 수 있는 공원이나 가로등 같은 시설에 개별 시민들이 자신의 사비를 조달할 동기가 없는 경우, 국가라는 공공기관이 조세라는 제도를 통해 해결할 수 있다.

전술한 예가 보여주듯이 합리적 선택이론은 피상적으로는 다른 것처럼 보이는 많은 사회현상이 동일한 작동원리에 의해서 설명될 수 있다는 것을 보여준다. 따라서 피상적으로 다르게 보이는 많은 경험적인 현상들은 그 현상들만의 고유한 또는 특수한 현상이 아니라 본질적으로 동질적이고(generic) 일반적인 현상들이라는 점을 이론적 모형을 통해 보여줄 수 있다. 이뿐만 아니라 사회현상이 가지고 있는 문제점에 대한 작동원리를 명확히 규명하기 때문에 문제해결을 위한 대안을 제시할 수 있다. 반면에 거시적인 방법들은 사회현상을 총체적으로 설명하기 때문에 총체적인 결과가 초래하는 문제해결을 위한 미시적인 해결방안을 제시하기 어렵다.

합리적 선택이론과 거시적 이론과의 차이는 단지 방법론의 차이일 뿐 아니라 궁극적으로 이 두 이론이 암묵적으로 가지고 있는 인간관에 대한 차이에서 기인한다. 엘스터는 합리적 선택이론이 의도적 설명(intentional explanation)을 취하는 이유를 인간과 동물과의 차이점에 대한 합리적 선택이론의 인식에서 찾는다(Elster 1979, 18-28). 다음 장에서는 인간과 동물과의 차이점에 대한 엘스터의 설명과 이와 같은 차이점이 왜 다른 방법론으로 귀결되는가에 대한 논의를 전개한다.

Ⅲ. 합리적 선택이론의 인간관

합리적 선택이론은 일관되게 유지되는(consistent) 사회현상이 발생하게 된 이유와 조건을 행위자의 동기, 믿음 그리고 이들을 조건짓는 환경으로 설명한다. 이처럼 일관되게 유지되는 현상을 균형점(equilibrium)이라고 부른다. 균형점의 예를 들면, 자동차의 좌측통행, 사회에 진출하기 위해 교육을 받는 것, 일부일처제, 시장가격 등이 있다. 균형점이 발생하게 되는 이유는 형성된 균형점에서 일방적으로 이탈할 동기가 없기 때문이다. 엘스터에 의하면 인간과 동물은 균형점에 도달하게 되는 작동기제에 있어서 중요한 차이점을 지닌다. 동물은 자연선택(natural selection)에 의해서 균형점에 도달하게 되며 인간은 의식적이고 전략적인 행동을 통해서 균형점에 도달하게 된다(Elster 1979, 4-18; 1989, 71-81).

동물의 세계에서는 우연에 의한 돌연변이 과정을 통해 성공적인 재생산을 최대화할 수 있는 유기체들이 선택된다. 돌연변이 과정은 대부분 환경에 불리한 돌연변이를 산출하지만 소수의 우월한 유기체를 산출한다. 이처럼 형성된 돌연변이가 기존의 유기체에 비해 기존 환경에서 더 살아남을 가능성이 높다면 다음 세대에서 이들이 더 많이 번식하게 된다. 예를 들면, 매연을 산출하는 지역에서 어두운 색의 나방이 천적으로부터 스스로를 더 효과적으로 은폐할 수 있어 이들의 자손이 더 번창하게 되고 반대로 밝은 색의 나방은 점차 소멸되게 된다. 하지만 이와 같은 자연선택 과정은 의도적인 것이 아니라 우연에 의한 것이고 도달된 균형점은 항상 최상의 상태

또는 최고의 정점은 아니다.

엘스터는 이를 설명하기 위해 균형점을 국지적 최고점(local maximum)과 포괄적 최고점(global maximum)으로 구분한다(Elster 1979; 1989). 자연선택에서는 우연에 의해 포괄적 최고점에 도달할 수도 있고 국지적 최고점에 도달할 수도 있다. 하지만 자연선택에서는 한 번 국지적인 최고점에 도달하면 더 높은 전체적인 최고점에 도달할 수가 없다. 이는 왜냐하면 자연선택에서 진화과정은 더 우월한 상태를 찾아가는 과정인데 국지적 최고점에서 포괄적 최고점으로 이동하기 위해서는 더 열등한 상태를 거쳐야 되기 때문이다.[21] 자연선택 과정에서는 국지적 최고점에서 이탈한 유기체는 자연선택에 의해 소멸되므로 일단 국지적 최고점에 도달하면 이점이 균형상태가 된다. 즉 자연선택에서는 "국지적 최고점의 덫에 한번 걸리면 빠져나올 수 없게 되는 것이다"(Elster 1989, 73)

반면 인간의 경우 국지적 최고점에서 포괄적 최고점으로 이동할 수도 있고 의도적으로 국지적 최고점을 거치지 않고 포괄적 최고점에 도달할 수 있다. 인간은 대부분의 동물처럼 "경직되고(rigid) 틀에 박힌(stereotyped)" 행동을 하지도 않고 "유전자적 지시에 회로로 접속되어 판단하는 것이 아니다"(Elster 1989, 78). 인간은 현재에 만족하기보다 미래에서의 가능성을 생각할 수 있는 능력이 있기 때문에 대기(waiting)할 줄 알고 우회적인 전략(indirect strategy)을 구사한다(Elster 1979, 9-10). 예를 들어, 주어진 예산으로 현재의 효용을 극대화 할 수도 있지만 저축을 하거나 교육에 투자함으로써 더 큰 효용을 창출하고자 한다.

---

21) 두 종류의 최고점을 높이가 다른 두개의 봉우리로 비유했을 때 자연선택에서는 더 높은 봉우리에 가기위해 골짜기로 내려올 수 없다.

동물이 이와 같은 우회전략을 전혀 구사하지 않는 것은 아니다. 피식자(prey)는 대기전략을, 포식자(predator)는 대기전략과 우회전략을 동시에 구사할 줄 안다(Edmunds 1974; Curio 1976: Elster 1979에서 인용). 피식자는 포식자의 공격을 감지했을 때도 즉각적으로 도망치기 보다는 자신의 존재를 눈치 채지 못하게 기다릴 줄 안다. 사자는 피식자를 발견했을 때 즉각적으로 추격하기 보다는 눈치를 못 채도록 숨어서 기다리거나 우회로를 선택하기도 한다. 하지만 동물의 이와 같은 간접적 전략의 구사는 매우 특별하고 틀에 박힌 상황에서만 발견된다(Elster 1979, 15). 반면 인간은 특정한 상황에서만 예정된 계획대로(programmed) 간접적인 전략을 구사하는 것이 아니라 새로운 상황에서도 포괄적 최고점을 추구할 수 있는 일반화된 능력(generalized capacity)을 지닌다(Elster 1979, 15-16).

엘스터에 의하면 인간은 자연선택의 산물이면서도 자연선택에 의해 스스로 자연선택 자체를 초월할 수 있는 능력을 부여받았다(Elster 1979). "이와 같은 도약은 비의도적인 적응(non-intentional adaptation) 능력에서, 이것이 국지적 적응이건 또는 우연에 의한 포괄적 적응이건 상관없이, 의도적이고 고찰을 통한 적응 능력을 지니게 되었음을 의미한다"(Elster1979, 16). "상황에 한정된(situation-specific) 간접전략은 의도적인 또는 정신적인 구조에 호소할 필요"가 없었으나 인간이 포괄적 최고점에 대한 일반화된 추구능력을 가지게 되면서 진화의 영역에 정신(mind)이 진입하게 되었다(Elster 1979).

이와 같은 인간관에 근거한 합리적 선택이론에 따르면 인간의 전략적 행동은 사회현상을 이해하기위한 미시적 기초(micro-foundation)를 제공한다. 자연선택에서는 환경이 인간의 행동을 제한하는 고정적인(constant) 대상이지만 인간은 환경을 전략적인 맥락 속에서 이해할 수 있다(Elster 1979, 18). 자연선택 이론에서 상정하는 "외부변수적 합리적 행위자"(parametrically rational actor)는 타인의 행동을 자신의 의사결정 문제에 외적인 조건을 제공하는 외부변수로 간주할 뿐이다. 이들에게 있어서 타인의 행동은 행위자의 자신의 행동에 대해 전략적으로 변하는 것들이 아니다. 행동을 자발적으로 선택할 수 있는 주체는 자신 뿐 이며 타인의 행동은 자신의 선택에 외부적인 변수로 제공될 뿐이다.

반면 합리적 선택이론에서 "전략적 합리적 행위자"(strategically rational actor)는 모든 다른 행위자들의 의도 뿐 아니라 행위자 자신의 의도에 대해 다른 행위자들이 어떠한 예측을 하는가를 고려한다(Elster1979, 18). 즉 인간은 미래에 대한 예측 뿐 아니라 타인의 예측에 대한 자신의 예측(expectations about the expectations of others)을 근거로 판단을 한다(Elster1979, 18). 인간은 단순한 믿음, 욕구, 다른 여러 의도를 지닌 존재일 뿐 아니라 믿음, 욕구, 다른 여러 의도에 대한 믿음, 욕구, 다른 여러 의도를 지닌 "주체"(agent)로 이해되어야 한다(Elster 1979, 17).

인간이 전략적으로 합리적인 행동을 한다는 사실은 일상생활에서 자주 발견된다. 사람들은 타인들에게 자신을 강하게 보이기 위해 노력하고 상대편이 자신을 어떻게 생각하는가에 따라 다르게 행동한다. 사람들은 자신을 과시하기 위해 고가의 의류나 자동차를 구입한다. 두 명의 하숙생이 한 방을 같이 쓸 때 상대편이 방청소를 하는가에 따라 다른 하숙생도 청소를 한다. 축구에서 승부차기를 할 때 오른쪽으로 차는 것처럼 행동하여 상대 골키퍼를 오른쪽으로 유도한 뒤 왼쪽으로 찬다. 전술한 죄수의 번민게임을 예로 들면, 자백이 지배적 전략이라고 해서 전략적 사고를 않는 것은 아니다. 죄수의 번민게임에서도 갑은 을의 선택을 생각해보고 이에 상응하는 자신의 전략을 생각한다. 즉 상대의 선택에 대한 최선의 대응(best response)이 모두 자백을 하는 전략인 것이다. 이와 같은 예는 인간은 다른 사람의 조건에 따라 행동할 뿐 아니라 다른 사람이 자신을 어떻게 생각하는가를 고려해서 행동한다는 합리적 선택이론의 인간관이 현실과 크게 괴리되지 않는 다는 점을 보여준다. 이와 같은 맥락에서 엘스터는 인간의 행동을 설명하는데 있어서 주장에 대한 정당성을 "입증해야 되는 책임(burden of proof)"은 전략적 행동을 가정하는 사람보다 이를 부정하는 사람들에 놓여 있다고 주장한다(Elster 1979, 17).

합리적 선택이론의 이와 같은 인간관은 거시적 방법론이 가정하는 인간관과 대비된다. 거시적 방법론에서는 사회적 환경을 외부변수적으로 이해한다. 이들은 개인들의 전략적 행위로 환원 불가능한 사회적 사실의 존재 여부와 이러한 사회적 사실들이 설명력을 갖는가에 대한 질문에 긍정적인 입장을 취한다. 예를 들어 일부일처제나 사회계층(social stratification)과 같은 사회적 제도에 대한 설명은 이와 같은 제도에 대한 환원론적 설명이 없어도 사회의 유지에 가장 적합한 것임을(그러므로 선택되었음을) 보여주면 되는 것으로 간주한다. 즉 가장 적합한 유기체들이 자연선택을 통해 살아남듯이 현존하는 사회현상은 그 사회를 위해서 좋다는 점을 보여주면 설명이 끝나는 것으로 생각한다. 하지만 이와 같은 설명은 사회현상은 그러한 결과를 갖기 '때문에' 등장했다고 주장하는 동의반복적인 설명이다. 엘스터는 이와 같은 거시적 설명을 비판하며 사회적 구조와 기능들을 인간의 전략적 행동으로 환원시켜 인과적 작동기제를 설명하는 것이 과학적 설명이라는 입장을 제시한다(Elster 1979, 1985, 1989).

마지막으로 지적할 점은 합리적 선택이론의 방법론적 개인주의와 사회현상을 인간의 의지의 산물로 보는 의지주의(voluntarism)는 서로 구분되어야 한다는 점이다. 의지주의는 사회현상과 역사적 결과를 자유로운 인간의 의지로 설명하기 때문에 사회적 구조의 중요성을 간과하는 경향이 있다. 반면 합리적 선택이론은 의지주의와 달리 사회적 구조가 행위자의 믿음과 선택에 중요한 영향을 미치는 중요한 속박물(constraints)로 이해하며, 구조적인 변수가 균형점에 미치는 영향에 대한 비교정태 연구(comparative statics)를 제시한다. 특히 합리적 선택 제도주의자들은 제도들의 변화가 균형점에 미치는 영향을 분석한다.

Ⅳ. 합리적 선택이론의 합리성 가정

합리적 선택이론에 대한 평가 중 많은 비판은 합리적 선택이론이 채택하는 합리성에 대한 가정의 적실성에 집중되었다. 하지만 이와 같은 비판 중 일부 비판은 합리적 선택이론이 가정하는 합리성에 대한 그릇된 이해에서 비롯된 경우가 많다. 따라서 본 장에서는 합리적 선택이론의 합리성 가정에 대해서 살펴본다.

합리적 선택이란 “여러 행동에 당면했을 때 최선의 결과를 가져다주리라고 믿는 행동을 하는 것이다”(Elster 1989, 22). 합리적 선택에서 합리성이란 수단적(instrumental) 합리성을 의미한다. 이는 합리적 행위자가 어떤 선택을 한다면 이는 행위 자체를 추구하기 때문이 아니라 추구하는 목표를 달성하기 위한 수단으로 그 행위를 선택한다는 의미이다(Elster 1989, 22). 예를 들면, 구두쇠가 장래를 위해 현재 궁핍한 생활을 선택한다면 궁핍한 생활이 좋아서라기보다 궁핍한 생활이 미래의 윤택한 결과를 초래한다고 믿기 때문이다. 또는 전략적 유권자가 자신이 가장 선호하지만 당선가능성이 없는 A라는 후보 대신 차선으로 좋아하는 B에 투표했다면 B를 더 선호해서가 아니라 B가 유권자 자신이 원하는 정치적 목표에 더 근접한 결과를 가져다주기 때문이다.

합리적 행위자는 자신의 효용(utility)을 극대화할 수 있는 선택을 한다. "어떤 사람이 자신의 효용을 극대화하는 행동을 한다"는 의미는 단지 이 사람은 다양한 선택 대상에서 가장 선호하는 것을 선택한다는 지극히 당연한 사실을 의미한다(Elster 1989, 22). 합리적 선택이론은 이기적이거나 자신만의 쾌락을 추구한다는 행위자만을 합리적인 행위자로 가정하지 않는다(Elster 1985, 9). 합리적인 행위자는 다른 사람에게 기쁨을 줄 수 있는 선택 즉 이타적인 선택을 할 수도 있다(Elster 1989, 23). 합리적 행위자는 또한 자신에게 경제적인 이익만을 추구하지 않으며 미학적인 가치나 사회 규범적인 가치를 추구할 수도 있다. 문제의 핵심은 합리적인 행위자가 사회 규범적 가치를 추구할 때 사회 규범적 가치가 합리적인 행위자 개인의 선호도와 부합하는가이다.

합리적인 행위자는 자신의 목적을 달성하기 위해 최선의 방법을 찾기 위해 노력한다. 하지만 이는 합리적인 행위자가 언제나 틀림이 없는 선택을 한다는 뜻은 아니다(Elster 1989, 22). 이는 왜냐하면 "합리적인 행위자는 단지 자신이 최선의 방법이라고 믿는 선택을 하기 때문이다"(Elster 1989, 22). 합리적 행위자는 중요한 기회를 놓칠 수도 있고 실수를 저지를 수도 있다. 오히려 자신이 습득한 정보가 잘못된 방향을 제시한다면 실수를 하는 것이 합리적인 행위자이다

(Elster 1989, 22). 합리적 행위자가 불확실한 상황에 직면했을 때 기대효용(expected utility)의 극대화를 추구한다. 여기에서 기대효용이란 "주관적인 확률" 또는 자신이 가지고 있는 정보에 근거한 자기 나름대로의 직감(informed hunch)에 의해 예측되는 효용을 의미한다 (Elster 1989, 22).

전술한 합리성에 대한 논의를 살펴보면 합리적 선택이론에서의 합리적인 사람이란 단지 정상적인 사람을 의미하는 것이다. 합리적 선택이론이 기본적으로 행위자가 계산적이고 자신의 경제적인 이익만을 추구하며 실수 없는 선택을 한다는 주장은 잘못된 이해에 근거한 것이다. 새츠와 페러존(Satz and Ferejohn, 1993)은 "엷은 합리성 설명"(thin rationality account)과 "진한 합리성 설명" (thick rationality account)을 구분하였다. 엷은 합리성 설명은 행위자의 합리성의 내용 자체에 대해 어떠한 가정도 하지 않기 때문에 가정의 비현실성에 대한 비판이 제기될 수 없다. 예를 들어, 한 행위자가 가, 나, 다를 차례로 좋아한다면 선호도를 형성하는 기준이 경제적인 것일 수도 있고, 미학적, 문화적인 것일 수도 있다. 반면 진한 합리성 설명은 행위자의 합리성에 대한 구체적인 내용을 연구자가 제시한다.

엷은 합리성 설명에서는 행위자의 선호도의 내용에 대한 구체적인 가정을 전제하지 않기 때문에 가정의 경험적 적실성의 문제와 무관한 일반적인 이론을 제시할 수 있다. 예를 들어, 경쟁하는 두 안 중 하나를 과반수를 통해서 선택하는 일상적인 의사결정 방식을 생각해보자. 만약 투표자의 선호도가 〈표 2〉와 같고 갑, 을, 병 모두 자신의 선호도에 의해서 투표한다고(sincere voting) 가정해보자. 이럴 경우, 만약 A안과 B안이 먼저 경쟁하고 이 중 승리한 안이 C안과 경쟁한다면 C안이 선택될 것이다. 하지만 A안과 C안이 먼저 경쟁하고 이 중 승리한 안이 B안과 경쟁한다면 B안이 선택될 것이다. B안과 C안이 먼저 경쟁하고 이 중 승리한 안이 A안과 경쟁한다면 마찬가지로 가장 나중에 경합하는 A안이 선택될 것이다. 아래의 예처럼 투표자의 선호도가 순환적 사회선호(cyclical social preference)를 가진 경우 의사결정 방식(agenda setting)에 따라 사회적 선호가 좌지우지 될 수 있다는 점을 보여준다. 콘도세이의 역설(condorcet's pardox)라고 불리는 이와 같은 결과는 과반수에 의해 창출되는 "사회적 합의"라는 비분석적 개념들이 사실은 전략적이고 인위적으로 창출될 수 있다는 중요한 시사점을 민주주의 이론에 던져준다.

〈표 2〉의 예는 콘도세이의 역설이 성립하기 위해 행위자의 선호도의 내용 대한 어떠한 구체적인 가정도 필요로 하지 않는다는 점을 보여준다. 반면 진한 합리성 설명은 분석자가 행위자의 선호도의 내용과 정보의 정도에 대한 구체적인 가정을 필요로 한다. 예를 들어, 어떤 이론이 사회현상을 설명하기 위해 계산적이고 자신의 경제적인 이익만을 추구하며 착오 없는 선택을 하는 행위자를 가정했다면, 이 이론은 행위자의 선호도를 결정짓는 기준이 경제적이라는 점과 행위자가 완전한 정보(complete information)를 가지고 있다는 추가적 가정들(auxiliary assumptions)을 한 것이다. 이와 같은 진한(구체

〈표 2〉 순환적 사회선호 (Cyclical social preference)

갑	을	병
A	B	C
B	C	A
C	A	B

적인) 합리성 가정은 합리적 선택이론의 기본가정에는 포함되어 있지 않고 진한 합리성 가정의 타당성 여부는 경험적인 문제이다. 따라서 인간이 경제적인 이익을 철저한 셈에 의해서 추구하는가라는 문제는 합리적 선택이론의 고유한 문제라기보다는 연구자가 제시한 진한 합리성의 가정이 분석하려고 하는 대상에 부합하는가의 문제이며 이는 계산적 합리성이라는 가정을 제시한 연구자의 문제이다. 만약 계산적인 합리성에 근거한 이론이 현실과 부합하지 않는다면 이는 합리적 선택이론의 일반적론인 문제가 아니라 현실과 부합하지 않은 진한 가정을 제시한 특정 연구의 문제인 것이다. 따라서 합리적 선택이론에 대한 일반적론적인 비판은 계산적 합리성에 대한 비판이 아니라 합리적 선택이론의 기본적인 가정에 대한 논의를 통해 제시되어야 한다.

엘스터는 합리적 선택이론의 기본 가정이 위배되는 경우를 제시하면서 이와 같은 경우 합리적 선택이론은 성공적인 설명을 제시할 수 없다는 점을 분명히 하였다(Elster 1989, 30-41). 첫째, 행위자가 추구하는 목표를 달성하기 위해 특정한 행위를 선택하기 어려운 경우(indeterminacy) 합리성 가정은 위배된다. 이와 같은 경우는 여러 행동이 동일하게 최적한 경우에 발생하거나 다른 모든 행동보다 최소한 더 좋은 행동이 없을 경우에 발생한다. 예를 들어 회사가 여러 경로를 통해 이윤의 극대화를 동일하게 추구할 수 있는 경우, 합리적 선택이론은 이 회사가 다수의 균형점(multiple-optima) 중 왜 특정의 균형점을 선택하는가에 대한 설명을 제시할 수 없다(Elster 1989, 32). 또는 행위자가 생소하거나 갑작스런 상황에 봉착하여 충분한 정보를 수집할 수 없는 경우, 행위자는 최선의 선택을 하기보다는 "이정도면 충분하다고"(good enough) 생각하고 스스로를 만족시키는

(satisfying) 결정을 할 수도 있다(Elster 1989, 32). 둘째, 행위자가 선택할 행동들을 동일한 척도로 비교할 수 없어(incommensurable) 행동에 대한 우선순위를 매길 수 없는 경우 합리성 가정은 위배된다. 예를 들어, 정치학과 사회학을 비교할 수 있는 척도가 없는 입시생이 지원 장소에서 우연히 만난 친구를 따라 정치학을 선택했다면 이와 같은 선택은 우연적인 사건에 의해서 설명될 수 있다. 합리적 선택은 이와 같이 주변적인 고려(peripheral consideration)에 의한 결정은 설명할 수 없다. 셋째, 행위자의 욕망(desire)이 행위자의 믿음에 영향을 미치는 경우이다. 하지만 욕망에 의해 자신에게 가장 큰 효용을 가져다주는 행동을 실수로 선택하지 않는 경우는 비합리적인 결정이라고 하지 않는다. 비합리적인 결정은 행위자가 자신에게 최선의 선택의 선택이 무엇인지 알면서도 욕망 때문에 지속적으로 포기하는 경우이다. 또한 행위자의 욕망이 믿음에 영향을 미쳐 희망적 사고(wishful thinking)를 하게 할 수도 있다. 인간은 자신이 희망하는 상태를 사실이라고 믿고 싶어 하는 경향이 있어서 최선의 선택이 아닌 선택을 하고 최선이라고 믿을 수도 있다.[22] 인간이 욕망이 자신의 믿음에 영향을 미치는 경우는 적지 않으며 이럴 경우 합리적 선택이론보다 심리적 설명이 더 유용할 수 있다.

설명하고자 하는 사회현상의 주체가 기본적인 합리성 가정에 이처럼 위배될 경우 합리적 선택이론의 유용성은 감소한다. 따라서 특

---

22) 욕망이 행위자의 믿음에 영향을 미치는 경우의 한 예는 금연을 결심한 행위자가 지속적으로 담배를 피우는 경우이다. 엘스터는 이와 같은 경우를 약한 의지(weakness of will)라 불렀으며 약한 의지에 지배된 행위를 비합리적 행위로 해석하였다. 이와 같은 경우는 흡연을 지속해도 건강을 해치지 않을 것이라는 희망적 사고로도 설명될 수 있다. 하지만 금연을 지키지 못하는 흡연자를 비합리적이라고 해석할 수도 있지만 이들이 실제로 선호하는 행위가 금연이 아니라 흡연이라고 해석할 수도 있다.

정한 합리적 선택이론의 경험적 적실성은 설명하려고 하는 현상에 참가한 행위자들이 얼마나 합리성의 가정을 따르는가에 있다. 합리적 선택이론에서는 이론의 단순화를 위해 모든 행위자가 동일하다고 가정한다(homogeneity). 하지만 합리적 선택이론에서 행위자가 합리적이라는 가정은 실제로 모든 행위자들이 한 명도 예외 없이 합리적이라는 의미는 아니다. 예를 들어, 정치인은 선거에서 승리하기 위한 정책입장을 선택한다는 가정을 한다면 이는 경험적인 세계에서 모든 정치인이 예외 없이 이와 같은 선택을 한다고 믿는 것은 아니다. 실제의 세계에서는 선거 당락과 상관없이 자신의 정치적 신념과 부합하는 정책입장을 선택하는 정치인도 있을 것이다. 합리적 선택 이론가들은 이와 같은 사실을 주지하고 있으며 자신들이 제시하는 가정이 확률적으로 경험세계를 더 잘 설명할 수 있다고 믿는 것이다. 즉 합리적 선택이론에서 행위자의 합리성에 대한 가정은 결정론적인 것이 아니라 확률적인 것이다.

연구대상의 동일성에 대한 가정은 합리적 선택이론만의 고유한 방법은 아니며 모든 이론적 연구가 이론적 간결성(parsimony)을 추구하기 위해 선택하는 방법이다.[23] 이론적인 연구는 경험적인 세계에 대해 보다 사실적인(realistic) 설명을 추구하는 역사적 해석 방법과 대비된다. 예를 들어, 어떤 운전자가 교통사고를 냈다면 역사적 해석방법에서는 이 운전자가 사고를 낼 때까지 발생했던 모든 사건들

23) 사회구조적 이론 역시 어떤 사회적 구조가 특정한 사회적 집단에 소속된 행위자에 동일한 영향을 미친다는 가정을 한다. 예를 들면, 결정론적 구조주의로 비판받는 자본주의의 모순이 노동자의 혁명으로 귀결된다는 명제 역시 노동자들이 계급의 일원으로써 혁명에 참가할 같은 동기를 가지게 된다는 암묵적인 가정이 전제되어야 한다. 하지만 이와 같은 가정은 모든 노동자가 구조에 의해서 한 명도 빠짐없이 계급의식을 가지게 될 것이라는 결정론적 가정이라기보다는 대부분의 노동자들이 이러할 것이라는 확률적인 가정으로 보아야 할 것이다.

이 요인으로 제시된다. 이는 왜냐하면 이 모든 사건 중 하나라도 발생하지 않았다면 교통사고라는 결과가 초래되지 않았을 것이기 때문이다. 만약 운전자가 출발점에서 1분만 늦게 출발했거나, 신호등이 10초만 늦게 바뀌었거나, 또는 앞차의 운전자가 맘에 안 들어 차선을 바꾸지만 않았어도 사고는 안 났을 수도 있다. 사고 전에 발생한 모든 사건들이 사건을 유발하는데 공헌한 요인들인 것이다. 반면 이론적 연구는 특정한 사건의 모든 발생요인에 관심이 있는 것이 아니라 시간과 공간을 초월하는 인과적인 규칙성을 찾는 것을 목적으로 한다. 예를 들어, 어떤 운전자가 자주 사고를 낸다면 전술한 이유들은 인과적인 변수로써 이론적인 중요성이 없는 것들이다. 이론적 연구는 운전자의 운전행태, 또는 운전자의 교통경로의 교통량 등 체계적인 변수에 관심이 있다. 따라서 이론적 연구에서는 연구하려고 하는 인과관계와 체계적인 연관성이 없다고 고려되는 변수는 모두 동일하거나 가정하거나(ceteris peribus 가정) 무작위적으로 작동한다는 가정을 함으로써 이론적 간결성을 추구한다.

V. 합리적 선택이론과 방법론

그린과 샤피로(Green and Shapiro 1994)는 합리적 선택 연구들이 이론적 예측을 사전적으로(ex ante) 제시하고 이론에 대한 타당성을 검증을 통해 판별하기보다는 "알려진 사실들을 사후적으로 설명"(post hoc accounts of known facts)한다고 비판한다. 그린과 샤피로가 지적한 이와 같은 사후적 설명방식의 문제점은 합리적 선택이론을 오용하고 있는 합리적 선택연구에서 자주 발견된다. 그러나 그린과 샤피로의 비판을 합리적 선택이론에 고유한 방법론적 문제로 일반화시키는 것은 타당하지 않다. 그린과 샤피로의 주장과는 달리 합리적 선택이론의 장점은 방법론적 엄밀성에서 찾을 수 있으며 본 장에서는 이에 대한 근거를 제시한다.

Ⅱ절에서 기술한 바와 같이 사후적 설명은 관찰된 현상을 설명하기 위해 주변에 산재하는 여러 사건 또는 현상들을 사후 해석적으로 인과적 변수로 연결하는 것이다. 먼저 특정한 사건에 대한 사후적 설명을 살펴보자. 예를 들어, 노무현 후보가 부산에서 국회의원 선거에서 승리할 가능성이 없음에도 부산에서 출마한 사례를 생각해보면 이 사례를 사후적으로 해석할 방법은 수 없이 많다. 노무현 후보가 눈앞의 이익보다는 원칙을 추구하는 모습을 보여 장기적으로 대선을 준비한 합리적 전략을 구사했다고 해석할 수 있다. 또는 당시 노후보의 부산에서의 출마를 전략적 선택이 아니라 지역투표 타파를 위한 가치추구로 해석할 수도 있고 무모한 성격의 발현으로 해석할 수도 있다. 하지만 합리적 선택이론은 위의 어떠한 경우도 합리적인 것으로 해석할 수도 있다. 예를 들면, 노후보가 자신의 도덕적 원칙에 충실하는 것이 선거에서 승리하는 것보다 더 큰 효용을 느끼기 때문에 부산에서의 출마했다고 해석할 수도 있다. 또는 노후보는 투표결과에 대한 충분한 지식을 가지고 있지 않았으며(incomplete information), 유권자들이 자신에 투표할 가능성에 대한 주관적 확률(subjective probability)이 매우 높았다고 해석할 수도 있다. 합리적 선택이론에서는 이와 같은 주관적 믿음에 의한 선택을 부정확한 정보와 높은 주관적 확률에 의한 기대효용(expected utility)으로 설명한다. 그러나 이와 같은 사후적 해석의 문제점은 그 해석이 심리적 해석이던 아니면 합리적 선택해석이던 그 타당성을 검증할 수

가 없다는 점이다. 즉 이와 같은 특정사건에 대한 사후해석은 분석적 가치가 없는 것들이다.

다음은 일반적인 현상에 대한 사후적 설명을 살펴보자. 합리적 선택이론의 투표의 역설(paradox of voting)에 의하면 유권자는 투표하지 않는 것이 합리적이다(Riker and Ordeshook 1968). 이는 왜냐하면 개별 유권자는 투표결과를 바꿀 능력이 없고 투표결과로부터 얻을 수 있는 몫이 거의 미미하므로 투표로부터 얻는 보상이 투표를 하는 비용보다 크지 않기 때문이다. 그러나 이와 같은 합리적 선택 설명은 경험세계에 의해 뒷받침되지 않았고 많은 합리적 선택이론가들이 이론과 경험세계와의 괴리를 설명하기 위한 모형들을 제시하였다. 예를 들어, 라이커와 올더슉은 투표행위는 비용을 수반하기보다는 시민의식의 실현으로부터 보상을 얻는 행위라는 입장을 제시하였다. 쉬월츠(Schwartz 1987)에 의하면, 정당조직이나 지도부가 투표결과에 따라 특정 선거구에 보상과 처벌을 가할 수 있으므로 투표행위는 완전하게 비밀을 보장하는 것은 아니다. 따라서 보상과 처벌을 예상하는 유권자들은 투표를 할 동기가 있다. 쉬월츠의 입장과 부합하는 한국의 예를 들면 민주화 이전 농촌에서 면장 또는 이장이 여당에 대한 투표를 독려하는 것도 정당지도부가 투표결과에 따라 다른 보상과 처벌을 할 수 있기 때문이다.

그린과 샤피로에 의하면, 합리적 선택이론가들은 투표 역설 자체가 이론적 오류를 가지고 있다는 점을 인정하기 보다는 사후적인 설명을 덧붙여 이론적 타탕성을 정당화하려 한다. 전술한 바와 같이, 라이커와 올더슉은 투표역설에 대한 근본적인 문제점을 제기하기 보다는 투표역설의 기본 모형은 유지한 채 시민의식이라는 변수(D-term)를 기본 모형에 사후적으로 덧붙였다(Green and Shapiro 1994).

그린과 샤피로는 라이커와 올더슉의 주장대로 시민의식이 중요한 변수라면 지역과 시기에 따른 투표율의 차이를 시민의식의 차이로 설명해야 하나 이에 대한 검증이 제공되지 않았다고 비판한다(1994, 52). 그린과 샤피로는 합리적 선택이론은 일반적으로 검증이 어렵거나 합리적 선택이론가들이 검증을 등한시한다는 비판을 한다. 이와 같은 그린과 샤피로의 지적은 합리적 선택이론도 현실적인 설명을 제공해야 된다는 점에서 타당하다. 라이커와 올더슉의 모형의 경우 시민의식에 대한 설문조사를 통해 조사하여 시민의식 정도와 투표 여부의 관계를 검증할 수 있을 것이다. 쉬월츠 모형의 경우 유권자의 투표환경과 투표율의 관계를 검증할 수도 있을 것이다. 특정한 사건에 대한 사후해석과는 달리 일반적인 현상에 대한 사후적 설명은 검증이 가능한 경우가 많다.

그러나 그린과 샤피로의 합리적 선택이론에 대한 방법론적 비판은 여러 가지 문제점을 안고 있다. 첫째, 그린과 샤피로가 주장하는 것과 같이 사후적 설명방식은 합리적 선택이론의 고유한 문제가 아니라 해석적 설명방식이 가지고 있는 문제이다. 전술한 바와 같이 사후적 설명은 관찰된 현상을 설명하기 위해 현상 주변의 여러 현상들에 인과성을 사후적으로 부여하는 것이다. 합리적 선택 해석방식은 인과관계를 행위자의 합리적 선택으로 사후 해석하는 것이고 심리적·역사적·사회적·문화적 해석방법은 심리적·역사적·사회경제적·문화적 요인으로 사후 해석한다. 예를 들어, 심리적·역사적·사회적·문화적 해석방법에서는 한국의 경제성장을 설명하기 위해 근면성, 권위주의의 경험, 풍부한 노동력, 교육중시 유교문화가 경제성장에 기여했다고 하는 결과론적 해석을 제시한다. 또는 지역주의를 설명하기 위해 지역간 심리적 거부감, 신라-백제의 갈등, 경제적 차별, 문화적 정체감이 지역주의를 초래했다고 하는 사후 해석을 제시한다. 그러나 이와 같은 해석방법의 문제점은 이들 변수들이 종속변수에 미치는 영향력과 서로에게 미치는 영향력을 통제하기 전에는 이들 해석의 타당성은 검증되지 않는다. 한국의 경제성장 예의 경우 권위주의가 경제성장에 긍정적인 영향을 미치는가를 보기 위해서는 다른 모든 매개 변수들을 통제 하고 권위주의가 존재하는 경우와 없는 경우를 비교할 때 그 인과성을 판별할 수 있을 것이다. 그렇지 않을 경우, 종속변수에 영향을 미치는 다른 변수들의 영향력이 독립변수의 영향력과 서로 섞여 있어서 각 변수가 독립적인 영향력이 있는지 없는지, 또는 각자의 독립적인 영향력이 어느 정도인지 판별하기가 불가능하다.

둘째, 합리적 선택이론의 사후적 설명은 다른 사후적 설명방식과 달리 분석적 엄밀성(analytical rigor)을 중요시하므로 가정의 사실성과 논리의 일관성에 대한 재검토를 통해 이론의 문제점을 파악할 수 있는 이점이 있다. 예를 들어, 경쟁하는 두 정당이 균형점에서 중위투표자의 입장을 선택한다는 다운스(Downs 1957)의 이론을 살펴보자. 다운스가 중위투표자(median voter) 이론에서 명시한 몇 가지 중요한 가정은 다음과 같다. 첫째, 두 정당(또는 후보)들이 선거에서 이기기 위해 경쟁한다. 둘째, 이들은 유권자의 정책입장 선호도에 대한 완전한 지식을 가지고 있다. 셋째, 모든 유권자가 투표한다. 넷째, 정당들은 일차원적 이념공간에서 경쟁한다. 다섯째, 정당들은 자신의 정책입장을 자유롭게 바꿀 수 있다. 합리적 선택이론은 이처럼 가정들을 명시하므로 이론과 현실이 다를 경우, 사용된 가정들이 현실세계와 얼마나 부합하는가를 살펴보고 이들의 수정이 다른 결론을 도출해내는가를 검토함으로써 선거 경쟁의 작동원리를 이해할 수 있다.

그린과 샤피로는 이와 같은 가정에 대한 재검토를 사후적 설명이라고 비판하지만 이를 긍정적인 시각에서 보면 대안이론을 찾는 발전적 과정으로 볼 수 있다. 합리적 선택이론을 사용하지 않는 접근방법 역시 이론과 현실의 괴리에 처했을 때 이론의 사후적 수정을 필요로 한다. 이와 같은 이론의 수정과정에서 합리적 선택이론의 차별적인 이점은 합리적 선택이론은 가정을 명확하게 제시하고 이 가정들로부터 결론을 연역적으로 도출하기 때문에 이론의 오류를 다른 방법에 비해 더 엄밀하게 찾아낼 수 있고 그 과정에서 설명하려고 하는 현상에 대한 작동원리를 더 상세하게 이해하게 된다. 반면 직관적 사고나 해석에 의존하는 방법은 가정을 명확하게 제시하지 않으므로 오류의 근원을 찾기 어렵고 결론의 논리적 도출과정에 대한 엄밀성을 기하기 어렵다.

예를 들어, 위트만(Witmman, 1983)과 캘버트(Calvert, 1985)는 다운스의 정당의 목표에 대한 가정(첫 번째 가정)의 현실성에 대한 의문을 던졌다. 이들은 다운스와 달리 후보의 목적은 자신들이 추구하는 정책 입장을 실현시키는 것이라 가정한다. 직관적으로 생각하면 진보적인 후보는 진보적인 입장을 보수적인 후보는 보수적인 입장을 선호하므로 두 후보는 각각 자신들의 이상적 정책에 근접한 입장을 취할 것이라 예측할 수 있다. 위트만은 그러나 후보의 유권자들에 대한 완전한 정보를 가지고 있다는 가정(두 번째 가정)을 수정하지 않고 후보의 목적에 대한 가정만 수정할 경우 중위투표자 결과가 유지된다는 점을 발견하였다. 우선, 후보가 유권자들의 이념에 대한 완전한 정보를 가지고 있다면 자신의 승리를 보장할 수 있는 정책이 어떤 정책인지를 알 수 있다. 그럼에도 불구하고 후보가 자신의 승리를 보장하는 정책보다 자신이 선호하는 정책을 선택할 경우 선거에서 패배하기 때문에 자신이 원하는 정책을 수행할 가능성이 전혀 없게 된다. 따라서 유권자들의 이념에 대한 완전한 정보를 가지고 있다면 일단 승리를 보장하는 정책을 취하는 것이 자신들이 선호하는 정책을 취하는 것보다 더 중요하기 때문에 결국 중위자의 입장을 취하게 된다는 것이다. 이는 곧 후보들의 목적에 대한 가정을 수정하더라도 중위투표자 결과는 그대로 유지된다는 것을 의미한다. 이와 같은 논리는 위트만의 공식모형(formal model)에 의해서 확인되었고, 이를 기초로 위트만은 첫 번째 가정과 두 번째 가정을 동시에 수정할 때, 경쟁하는 두 후보자가 서로 상이한 입장을 취한다는 결론이 도출된다는 점을 발견하였다. 즉 직관적 사고에 의한 결론도출은 정확하지 않을 가능성이 높고 합리적 선택은 이론의 공식화(formalization)를 통해 분석적 엄밀성(analytical rigor)을 추구하는 것이다.

다음은 모든 유권자가 투표한다는 세 번째 가정을 더 현실적인 가정으로 수정해보자. 유권자들이 두 정당 간의 입장이 별 차이가 없을 경우 투표하지 않는 경우를 생각해 보자. 직관적인 사고에 의하면, 정당들은 자신을 지지하는 유권자들의 기권을 방지하기 위해 다른 정당과 차별적인 입장을 취할 것이다. 그러나 합리적 선택이론은 이와 같은 직관적 사고와 다른 결과를 도출한다. 데이비스, 히닉, 올더슉(Davis, Hinich and Ordeshook 1970)은 유권자가 정책의 비차별성 때문에 기권을 할 수 있다는 가정을 할 때에도 정당은 중간으로 수렴한다.[24] 이는 왜냐하면 한 정당이 중간으로 수렴할 때 두 정당

24) 유권자가 정당간의 비차별성 때문에 기권한다는 가정은 급진적인 유권자가 온건한 정당입장으로부터 소외되 기권한다는 가정과 다른 것이다. 후자의 경우 급진적인 유권자가 많아질수록 정당들은 균형점에서 차별적인 입장을 취하게

의 입장 차이를 못 느끼는 유권자들이 기권하지만 기권하는 유권자들은 수렴하는 정당의 지지자일 뿐 아니라 상대정당의 지지자도 포함한다. 따라서 한 정당이 온건한 입장을 취하면 자신의 급진적 지지자를 잃는 대신, 상대정당 역시 급진적 지지자를 잃게 되고 자신은 온건한 유권자를 추가적으로 얻을 수 있다. 따라서 자신을 지지하는 급진적 지지자가 상대정당의 급진적 지지자보다 수적인 우위에 있지 않다면 온건한 정책을 취할 때 더 많은 표를 얻을 수 있다. 합리적 선택이론이 사용하는 모형의 공식화는 직관적 사고로는 찾아내기 어려운 작동원리를 발견할 수 있게 한다.

셋째 사후적 설명은 합리적 선택이론의 고유한 설명방법이 아니며 많은 합리적 선택 연구는 사전적 설명(ex ante account)을 제시한다. 예를 들어, 써벨리스(Tsebelis 2002)는 집합적 의사결정을 도출하는데 동의가 필요한 구성원 즉, 거부권행사자(veto players)라는 개념을 통해 입법효율성을 분석하였다. 써벨리스는 거부권행사자의 증가는 정책 안정성의 필요조건이라는 이론을 사전적으로(ex ante) 제시하고 이를 검증하였다. 거부권행사자의 수가 증가하면 기존 정책을 바꾸기 어렵다는 발견은 직관적으로 당연한 것 같지만 거부권행사자의 수가 충분조건이 아니라 필요조건이라는 발견은 쩨벨리스의 공식모형에 대한 분석에서 비롯된 것이다.

그린과 샤피로의 비판과는 달리 합리적 선택이론은 다음과 같은 방법론적 이점을 제시한다(Tsebelis 1990, 33-38). 첫째, 추상화된 일반적인 가정을 통해 이론의 간단명료성(theoretical parsimony and clarity)을 꾀할 수 있다. 둘째, 이와 같은 이유 때문에 합리적 선택이론은 각기 다른 분석대상들의 역사적 또는 상황적 특수성에도 불구하고

된다.

상호교환적(interchangeable) 설명을 할 수 있다. 셋째, 기본가정들을 분명히 명시하고 결론을 연역적으로 도출하기 때문에, 결론이 경험적 사실과 다르면 비현실적인 결론이 어떠한 명시된 가정에서 기인하는지 또는 명시되지 않은 가정들이 결론에 어떠한 결과를 미치는지를 검토할 수 있게 한다. 넷째, 균형점분석(equilibrium analysis)을 통해 균형점을 도출하고 모형 속에서 제시된 변수들이 균형점에 어떻게 영향을 미치는지를 이해할 수 있게 하는 비교정태(comparative statics)분석을 가능하게 한다.

Ⅵ. 합리적 선택이론과 경험연구

경험연구에 있어서 과학적 설명은 이론적 간결성(parsimony)과 동시에 경험적 사실성(reality)이 수반되어야 한다. 그린과 샤피로(Green and Shapiro 1994)는 합리적 선택이론이 이론적 간결성을 추구한다는 명목 하에 경험적으로 사실적인(realistic) 정치이론을 제시하는데 실패했다고 주장한다. 합리적 선택이론가들은 이론의 경험적 사실성에 대해 두 가지 입장을 취한다. 첫째 입장에 따르면, 합리적 선택 이론의 핵심은 특정한 역사적 조건에 구속되는 귀납적(inductive) 설명이 아니라 어떠한 조건적 상황에서도 불변하는 연역적인(deductive) 규칙을 발견하는 것이다(Riker 1990, Lohmann 1996). 엷은 합리성 설명은 이와 같은 입장에서 의도적으로 경험적 세계로부터 자유로운 일반이론을 추구한다. 두 번째 입장은 합리적 선택 이론은 경험적 사실을 설명해야 된다는 입장이다(Satz and Ferejohn, 1993). 본 장에서는 합리적 선택이론의 경험적 사실성에 대한 논쟁을 살펴보고 합리적 선택이론의 경험적 사실성 문제를 Ⅲ절에서 제시한 합리적 선택이론의 인간관과 연관지어 논의한다.

전술한 바와 같이 옳은 합리성 설명의 목적은 연연적인 규칙의 발견이기 때문에 이론의 경험적 사실성 문제를 미연에 방지할 수 있다. 이와 같은 입장을 취하는 학자들은 경험적인 사실성을 제공하지 않는 이론도 논리적 엄밀성(logical rigor)을 통해서 작동기제를 파악할 수 있게 하는 학습적(heuristic) 가치를 지닌다고 주장한다(Lohmann 1996). 연역적 이론은 가정들을 분명히 명시하고 이들로부터 결론을 논리적으로 도출하므로 어떤 가정이 결론에 어떻게 공헌하는가를 알 수 있게 도와준다. 이와 같은 입장은 타당성이 있으나 이론의 유용성을 연역적 규칙의 발견에 국한시킬 필요는 없으며 이론의 유용성은 가능한 많은 경험적 사례를 설명할 수 있을 때 증가한다.

이뿐만 아니라 이론의 타당성 문제는 결국 경험적인 문제로 귀착된다. 예를 들어, Ⅳ절에서 제시한 의사결정 예를 생각해보자. 〈표 2〉와는 달리 아래와 같은 투표자의 선호도를 가정해보자. 투표자의 선호도가 〈표 3〉과 같다면 의사일정(agenda)과 상관없이 항상 A가 선택된다. 이처럼 양자대결에서 과반수를 통해 항상 승리할 수 있는 후보 또는 안건을 콘도세이 승자(Condorcet winner)라고 부른다.

〈표 3〉 비순환적 사회선호 (Acyclical social preference)

갑	을	병
A	B	C
B	A	A
C	C	B

이와 같은 발견은 중요한 연역적인 규칙을 제시하였으나 경험적인 현상이 실제로 이와 같은 작동기제에 의해서 발생했는가를 판별하기 위해서는 결국 경험적으로 행위자에 대한 진한 가정을 해야 한다. 즉 세 행위자의 선호도가 〈표 3〉와 같다는 것을 보여주기 위해 A, B, C안에 대한 갑, 을, 병의 선호에 대한 구체적인 가정이 필요로 한다. 이 뿐만 아니라 A가 경험적인 투표결과에서 콘도세이 승자로 판명되었다고 할지라도 이와 같은 결과가 〈표 3〉에서 제시한 선호구조 때문에 발생한 것인지, 아니면 A를 선호하는 행위자가 다른 행위자를 매수해서인지 또는 막강한 정치적인 영향력을 발휘할 수 있어서인지 알 수가 없다. 따라서 엷은 합리성 설명을 경험세계에 적용시키기 위해서는 결국 합리성에 대한 진한 가정이 요구된다.

진한 합리성 가정을 하는 합리적 선택이론가들은 연구의 목적을 연역적 규칙의 발견에 국한시키지는 않는다. 이들은 또한 경험연구에 있어서 합리적 선택이론의 한계를 지적한다. 특히 합리적 선택이론이 다수의 균형점을 산출한다면 이들 중 특정한 균형점이 선택되는 이유를 문화나 의미의 영역에서 찾을 수 있다(Satz and Ferejohn, 1993). 이들은 합리적 선택이론이 모든 정치 현상을 설명할 수 있는 것은 아니고 일부 영역에서 유용하게 사용될 수 있다는 입장을 취한다. 합리적 선택이론이 경제적 영역에서 소비자보다는 기업의 행위를 더 잘 설명할 수 있듯이 정치 영역에서는 유권자보다 정당의 행위를 더 잘 설명할 수 있다(Satz and Ferejohn, 1993). 일반적으로 행위자의 선택이 행위자의 이해에 중요한 영향을 미칠 때 합리적 선택이론의 설명력은 증가한다(Aldrich 1993). 같은 맥락에서 써벨리스는 합리적 선택이론이 사실적인 설명을 제시할 수 있는 조건을 제시하였다(Tsebelis 1990, 33-38). 첫째, 행위자의 정보와 쟁점이 분명

(salient)한 경우이다. 둘째, 행위자들이 시행착오에 의해 반복된 학습과정 통해 선택을 교정할 수 있을 경우이다.

써벨리스는 또한 합리적 선택이론이 사실적인 설명을 제공할 수 있는 몇 가지 일반적인 이유를 제시한다(Tsebelis 1990: 33-38). 첫째, 다양한 개개인의 행위는 합리적 선택이론의 예측을 따르는 행위자들의 선택에 수렴한다. 예를 들면 주위의 상황이 바뀌었을 때 완전한 정보를 가진 행위자들은 합리적 선택이론의 예측에 근접한 선택을 할 것이고 결국 다른 행위자들의 선택도 이 같은 행위자의 선택에 근접할 것이다. 둘째, 합리적 선택이론의 예측에 근접하지 않는 선택을 하는 행위자는 결국 자연 도태된다. 예를 들면, 정치인들이 스스로의 당선가능성을 최대화하기 위한 선택을 할 때 그렇지 않은 정치인들은 경쟁에서 도태될 것이다. 셋째, 합리적 선택이론의 설명이 모든 다양한 행위를 설명할 수는 없지만 통계적으로 신뢰할 수 있는 설명을 제시할 수 있다. 예를 들면, 당선가능성을 최대화한다고 가정하는 합리적 선택이론이 자신의 이념이나 명예를 위해 정치하는 정치인의 행위를 설명할 수는 없지만 합리적 선택이론이 예측하는 결과에 대한 확률적 검증이 가능하다.

합리적 선택이론이 사실적인 설명을 제공하기 위한 조건들은 합리적 선택이론이 전제하는 인간관과 밀접한 관계에 있다. III장에서 살펴보았듯이, 합리적 선택이론에서는 인간을 "전략적 합리적 행위자"라고 이해한다. 이와 같은 관점에서는 인간 외의 생물은 "외부변수적"(parametrically)으로 주위 환경에 대처하는 반면 인간은 자신의 행동을 예측하는 주위환경(타 행위자)에 대한 전략적 선택을 한다. 이와 같은 전략적 행동은 상대편의 예측능력과 예측내용에 대한 정보와 판단을 요구한다. 하지만 이와 같은 전략적 행동은 전략적 행동에 요구되는 정보 수집을 위한 시간, 돈, 노력과 같은 비용을 수반한다. 예를 들면, 선거과정에서 유권자가 전략적 투표를 할 경우 다른 모든 개별 유권자의 투표결정에 대한 정보를 수집하는데 드는 비용은 막대할 것이다. 하지만 유권자는 다른 유권자들의 투표결정을 예측하기 위한 모든 유권자의 개별적 정보를 수집할 수도 없고 수집할 필요도 없다. 이는 왜냐하면 투표율과 접전정도에 관련된 미디어 정보를 저비용으로 활용할 수 있기 때문이다. 이와 같은 경우, 유권자의 투표 행태는 전략적이기보다는 외부변수적이다.

일반적으로 합리적인 행위자는 전략적 선택에 요구되는 정보를 수집하기 위한 비용이 전략적 선택으로부터 기대할 수 있는 보상보다 더 크다면 전략적 행위를 할 필요가 없다.[25] 이는 합리적인 행위자가 항상 전략적 선택을 할 필요가 있는 것은 아니라는 점을 의미한다. 즉 외부변수적 행위도 상황에 따라서 합리적일 수 있는 것이다. 앞에서 합리적 선택이론은 행위자의 선택이 행위자의 손익에 결정적인 영향을 미칠 때, 행위자의 정보와 쟁점이 분명할 때 합리적 선택이론의 설명력은 증가한다는 점을 지적하였다. 이는 달리 말하면, 이와 같은 상황에서 행위자들이 전략적 행위를 할 동기가 증가하고 따라서 전략적 행위를 가정하는 합리적 선택이론의 설명력은 증가하는 것이다. 반면 외부변수적 행위를 하는 행위자의 선택을 전략적 행위로 설명할 경우 또는 전략적 행위를 하는 행위자의 선택을 외부변수적으로 설명할 경우 합리적 선택의 설명력은 감소할 것

25) 저자는 인간이 전략적 행위자라는 엘스터의 주장은 강한 가정이라고 생각한다. 인간은 동물과 달리 전략적 행위를 하나 인간 역시 동물의 일부이므로 상황에 따라 외부변수적 행위를 할 수 밖에 없는 경우도 많다고 생각한다. 인간은 자신이 처한 상황, 능력, 필요에 따라 전략적 행위와 외부변수적 행위의 연속선상에서 실행가능한(feasible) 행위를 선택한다고 생각한다.

이다.

Ⅳ절에서 합리적 선택이론은 모든 행위자가 동일하다고 가정하나 이는 이론의 단순화를 위한 것이고 합리적 선택이론의 경험세계에 대한 사실성 여부는 확률적인 것으로 이해해야 된다는 점을 지적했다. 합리적 선택의 설명력은 합리적 선택이론의 가정과 부합하는 경험적 사례가 많을수록 사실적일 확률이 높다.[26] 예를 들어, 예를 들어, 기업인은 이윤을 극대화하고 정치인은 선거승리의 가능성을 극대화 한다는 가정이 다른 가정보다 확률적으로 더 사실에 가깝다면(즉 이와 같은 기업인과 정치인이 그렇지 않은 기업인과 정치인보다 더 많다면), 이와 같은 가정으로부터 도출되는 결론은 설명하고자 하는 경험적 세계와 부합할 가능성이 높다. 또는 합리적 선택 선거이론이 전략적 투표를 하는 유권자를 가정했다면 이와 같은 가정에 부합하는 유권자가 많을수록 설명력이 높아질 것이다.

합리적 선택이론에서 가정하는 전략적 선택은 때로는 복잡한 셈을 요구한다. 때문에 합리적 선택이론에서는 행위자가 균형점을 찾기 위한 복잡한 계산을 해야 한다는 가정이 비현실적이라는 비판이 제기된다. 일부 합리적 선택 모형은 실제로 행위자 자신이 복잡한 계산을 해야 하나 모든 합리적 선택 모형에서 행위자가 균형점을 찾기 위한 계산을 할 필요는 없다. 외부에서 날아오는 공을 잡기위해 운동선수가 공과 바람 등에 관련된 역할을 계산할 필요가 없듯이 균형점은 경험적으로 습득될 수도 있다. 예를 들어, 가위, 바위, 보에서 어린이들은 가위, 바위, 보를 1/3의 확률로 섞어서 내는 전략

26) 물론 가정의 현실성이 결론의 사실성을 의미하는 것이 아니다. 이론은 수 없이 많은 가정과 전제의 논리적 결과물이므로 다른 가정들 때문에 비현실적인 가정이 사실적인 결론으로 귀결될 수도 있고 현실적인 가정이 비사실적인 결론으로 귀결될 수도 있다.

을 복잡한 계산 없이 구사한다. 이는 자신이 가위, 바위, 보중 어느 하나를 지속적으로 낼 경우 자신이 게임에서 진다는 사실을 반복적인 학습과정을 통해 인지하게 되는 것이다. 합리적 선택이론은 가위, 바위, 보를 1/3의 확률로 섞어서 내는 혼합전략(mixed strategy)이 왜 균형점이 되는가를 이론적으로 설명한다. 또는 행위자가 지속적인 관계에서 널리 사용하는 맞대응 전략(tit-for-tat)은 다른 전략들을 구사했을 때 얻을 수 있는 보상값에 대한 복잡한 계산을 통해 선택된 것은 아니다. 이와 같은 균형점 전략은 행위자에 의해 경험에 의해 체득된 것이나 합리적 선택은 이들 전략이 선택되는 이유에 대한 이론적 설명을 반복게임(repreated game) 모형을 통해 제시할 수 있다.

Ⅶ. 결 론

전술한 내용을 종합하면 합리적 선택이론은 사회현상을 행위자 개개인의 동기, 믿음, 환경에 대한 가정과 분석을 통해 사회현상에 대한 인과적 작동원리를 이해하려는 연구방법이라 할 수 있다. 사회현상에 대한 이와 같은 접근방법은 인간은 동물과 달리 전략적인 사고를 하며 사회적 환경 역시 전략적인 사고를 하는 인간으로 구성되어 있다는 인식에 기초한다. 그러나 어떤 연구의 설명력은 이 연구가 합리적 선택이론을 채택했다는 이유로 향상될 수는 없다. 합리적 선택 연구의 설명력은 이를 위해 사용된 가정들의 현실성과 일반성에 좌우된다. 예를 들면, 정치인의 행태를 설명하기 위해 이용된 정치인의 목적, 효용, 믿음에 대한 가정이 현실세계와 확률적으로 더 부합할수록 합리적 선택 연구는 설명력을 더 할 것이다. 이와 동시에 행위자의 전략적 행위에 대한 가정도 합리적 선택이론의 설명력과 직결된다. 행위자가 외부변수적 선택을 할 확률이 높은 상황에서 전략적 선택을 한다고 가정하거나 반대의 상황에서 외부변수적 선택을 한다고 가정하면 합리적 선택이론은 설명력이 떨어질 것이다.

사회과학 연구의 성공여부는 어떤 연구가 어떠한 방법을 선택했느냐에 따라서 결정되는 것이 아니라 그 연구가 가능한 많은 경험적 현상을 현실과 부합하게 설명할 수 있는가에 달려 있다. 따라서 합리적 선택연구들의 성공의 근원을 이들 연구가 합리적 선택이론을 이용했다는 점 자체에서 찾아서는 안 될 것이다. 피상적인 경험세계 저변에 내재하는 작동원리(mechanism)에 대한 자각, 인간의 직관적 사고력의 한계에 대한 반성, 이를 보완하기 위한 방법론적 도구(methodological tools)의 유용성에 대한 인식 등이 합리적 선택이론의 성공을 설명할 수 있는 요인들이라 생각된다. 이와 같은 인식이 전제되어 있다면, 형언하기 어려울 정도로 복잡한 경험세계에 대한 경외심과 두려움이 분석적으로 엄밀하지 않은 설명을 제시하는 것을 허용하지 않을 것이기 때문이다.

주요문헌 소개

Arrow, Kenneth J. 1951. ***Social Choice and Individual Values.*** **New Haven: Yale University Press.** 애로우는 개인들의 선호를 통합해서 발생하는 사회적(집합적) 선호에 대한 순위를 일관되게 결정할 수 있는 민주적 의사결정

방식이 없다는 불가능성 원리를 제시하였다. 이와 같은 발견은 민주주의 절차를 통해 얻어진 결과를 사회적으로 최적한 결과로 간주하는 기존 정치학의 비엄밀성에 대한 자각을 불러 일으켰다. 애로우의 이론은 민주적 절차에 의해 산출되는 집합적 의사결정의 결과가 투표방식에 따라 달라진다는 점을 보여주었고 이는 민주적 의사결정의 결과물에 대한 정당성을 재고하게 하는 분석적 기초를 제공하였다. 애로우의 이와 같은 발견은 정치학에서 선거이론과 입법이론의 분석적 연구에 대한 시금석을 제시하였다.

Buchanan, James M. and Gordon Tullock. 1962. *The Calculus of Consent: Logical Foundation of Constitutional Democracy*. Ann Arbor: The University of Michigan Press. 애로우가 집합적 의사결정이 최적의 결과를 산출해낼 수 있는가라는 질문을 던진 반면 뷰캐넌과 튤락은 최적한 제도가 무엇인가라는 질문을 던져 정치제도 설계에 대한 분석적 기초를 마련하였다. 기존의 법해석적 방법과는 달리 뷰캐넌과 튤락은 제도설계의 문제를 의사결정비용과 외부비용이라는 분석적 개념을 통해 이해하려 하였다. 이들에 의하면, 최적한 제도의 문제는 최적한 결과의 도출문제가 아니라 집합적 의사결정이 수반하는 비용을 최소화하는 문제라는 시각을 제공하였다. 뷰캐넌과 튤락의 이러한 시각은 헌법과 정치제도에 대한 후속 연구에 대한 분석적 기초를 마련하였다.

Downs, Anthony. 1957. *An Economic Theory of Democracy*. New York: Harper and Row. 다운스는 두 정당 또는 두 후보가 유권자들의 이념에 대한 완전한 지식을 가지고 선거에 이기기 위해서 일차원적 공간에서 경쟁한다면, 이들 모두 중위투표자의 입장을 선택한다는 점을 발견하였다. 기존의 선거 연구가 여론, 정당, 이익단체와 같은 사회적·집단적 변수를 통해 선거경쟁을 이해하려고 했던 반면 다운스는 유권자와 후보의 효용에 대한 가정을 구체적으로 명시하고 이로부터 결론을 도출하는 논리적 정연성을 선거이론에 도입하는 기념비적인 공헌을 하였다. 다운스의 분석적 방법론은 후속 공간이론가들이 다운스 가정들의 재검토를 통해 다운스 이론을 발전시킬 수 있게 하는 중요한 기초를 마련하였다.

Elster, Jon. 1989. *Nuts and Bolts for the Social Science*. Cambridge: Cambridge University Press. 엘스터는 이 책에서 합리적 선택이론에 대한 과학관, 인간관, 방법론, 그리고 합리적 선택이론의 기본 가정들에 대해서 논의한다. 엘스터는 합리적 선택이론의 과학관과 방법론을 사회현상의 구성체인 개개인의 동기, 믿음, 지식을 통해 사회현상에 대한 인과적 작동기제를 설명하는 방법론적 개인주의로 규정한다. 또한 합리적 선택이론을 다른 접근방식과 구분 짓는 특징의 하나로 전략적 행위자로서의 인간관을 제시한다. 합리적 선택이론뿐만 아니라 사회과학 방법에 대한 전반적 지식을 제공하는 유익한 책이라 볼 수 있다.

Green, Donald P. and Ian Shapiro. 1994. *Pathologies of Rational Choice Theory: A Critique of Applications in Political Science*. New Haven: Yale University Press. 합리적 선택이론에 대한 기존 논의가 합리성에 대한 가정의 적실성에 대한 논쟁에 집중된 반면 그린과 샤피로는 합리적 선택이론을 적용한 경험 연구들의 설명력의 부재를 지적하였다. 이들은 합리적 선택 연구들이 이론적 오류를 가지고 있다는 점을 인정하기 보다는 사후적인 설명을 덧붙여 이론적 타당성을 정당화하려 한다. 이들은 또한 합리적 선택이론이 일반적으로 검증이 어렵거나 합리적 선택이론가들이 검증을 등한시한다는 비판을 한다. 이와 같은 비판이 정확한 것은 아니나 많은 합리적 선택이론가들이 이와 같은 비판에 귀를 기울여야 되는 것은 사실이다. 또한 이 책에서 제시된 합리적 선택이론 입장을 적용하는 주요연구에 대한 소개와 비판은 합리적 선택연구 뿐 아니라 정치학 일반에 대한 중요한 지침 내용을 제공한다. 이 책과 동시에 읽어야 될 책은 그린과 샤피로의 비판에 대한 합리적 선택이론가들의 반론과 이 같은 반론에 대한 그린과 샤피로의 재반론을 정리한 아래 참고문헌의 Jeffrey Friedman (1996)이다.

Olson, Mancur, Jr. 1965. *The Logic of Collective Action*. Cambridge:

Harvard University Press. 집단구성과 집단적 참여에 대한 분석적 기초를 제공하였다. 기존의 정치이론이 이익단체나 정당과 같은 집단을 연구의 기본 단위로 설정하고 이들의 작동원리를 집단전체의 이익이나 집단적 규범으로 이해하려 한 반면 올슨은 집단의 작동원리를 개개인의 이해관계에서 찾으려 하였다. 예를 들면, 올슨은 노동자들이 파업에 적극적으로 참가하지 않는 이유를 집합적 행동문제이라는 작동원리를 통해 설명한다. 올슨의 설명에 의하면 집단 구성원은 자신의 이해를 추구하므로 제도적 장치를 통해 공공선을 창출할 수 있는 선택적 동기를 제공하는 것이 필요하다. 올슨의 설명은 집합적 행동문제를 야기하는 많은 정치현상에 대한 분석적 기초를 제공하였다. 예를 들면, 투표 같은 정치참여는 더 이상 당연한 정치현상이 아니라 정치참여의 동기와 조건이 분석되어야 하는 연구대상이 되었다. 또한 정당조직과 의회에서의 의제통제 방식을 집합적 행동문제 해결을 위한 제도로 이해할 수 있게 하는 기초를 제공하였다.

참고문헌

문 돈. 2004. “WTO 분쟁 해결제도 변화의 정치협상 분석.” 『한국정치학회보』 38집 5호. 253-276.

문우진. 2005a. “정책중심 대 가치중심의 선거경쟁: 정치거래이론." 『국가전략』 11권 2호. 169-207.

______. 2005b. “지역본위투표와 합리적 선택이론: 공간모형 분석.” 『한국과 국제정치』 21권 3호. 151-186.

______. 2006. “선거운동, 선거자원, 민주주의 선거: 공간모형 분석.” 『국가전략』 12권 2호. 31-62.

______. 2007. “대의민주주의의 최적화 문제와 헌법설계: 정치거래 이론과 적용.” 『한국정치학회보』 41집 3호. 5-31.

박효종. 1994. “민주화와 합리적 선택.” 『한국정치학회보』 28집 1호. 297-330.

안순철. 1996. "한국 유권자의 전략적 투표행태." 『한국정치학회보』 30집 2호. 165-186.

안순철. 2001. "한국정치의 이데올로기적 예측공간 분석." 『한국정치학회보』 35집 3호. 153-171.

장원익, 김우상, 이상훈. 2007. "극 체제와 강대국 전쟁." 『한국정치학회보』 41집 1호. 255-274.

조기숙. 1994. "여촌야도의 합리성." 『한국정치학회보』 27집 2호. 53-75.

______. 1997. "지역주의 논쟁: 비판이론적 시각에 대한 비판." 『한국정치학회보『31집 2호. 203-232.

조성대. 2005. "공간이론과 미국 다수후보 대통령선거: 1968, 1980, 1992, 1966년 사례." 『한국정치학회보』, 39집 1호. 311-336.

______. 2006. "투표참여와 기권의 정치학: 합리적 선택이론의 수리모형과 17대 총선." 『한국정치학회보』, 40집 2호. 51-74.

차동욱. 2006. "공간분석 모델을 통해 본 헌법재판소의 전략적 판결과정." 『한국정치학회보』, 40집 5호. 111-137.

Aldrich, John H. 1993. "Rational Choice and Turnout." *American Journal of Political Science* 37: 246-78.

Aldrich, John H., and David Rohdes. 2001. "The Logic of Conditional Party Government: Revisiting the Electoral Connection," Lawrence C. Dodd and Bruce I. Oppenheimer, eds. *Congress Reconsidered*. Washington, DC: CQ Press.

Calvert, Randall L. 1985. "Robustness of the Multidimensional Voting Model: Candidates' Motivations, Uncertainty, and Convergence," *American Journal of Political Science* 29: 69-95.

Coleman, James S. 1986. *Individual Interests and Collective Choice Theory: Selected Essays*. Cambridge: Cambridge University Press.

Cox, Gary W. 1990. "Centripetal and Centrifugal Incentives in Electoral Systems." *American Journal of Political Science* 34, 4. 903-935.

Cox, Gary W. 2000. "On the Effects of Legislative Rules," *Legislative Studies Quarterly* 25, 2. 169-92.

Cox, Gary W. and Mathew D. McCubbins. 1993. *Legislative Leviathan: Party Government in the House*. Berkeley: University of California Press.

Davis, Otto A. Melvin J. Hinich, and Peter Ordeshook. 1970. "An Expository Development of a Mathematical Model of the Electoral Process." *American Political Science Review* 64, 426-448.

Elster, Jon. 1979. *Ulysses and the Sirens: Studies in Rationality and Irrationality*. Cambridge: Cambridge University Press.

______ 1985. *Making Sense of Marx*. Cambridge: Cambridge University Press.

Satz, Debra and John Ferejohn. 1993. "Rational Choice and Social Theory." Manuscript, Stanford University.

Friedman, Jeffrey, ed. 1996. *The Rational Choice Controversy*. New Haven: Yale University Press.

Geddes, Barbara. 2003. *Paradigms and Sand Castles: Theory Building and Research Design in Comparative Politics*. Ann Arbor: The University of Michigan Press.

Loewenberge, Gerhard, Peverill Squire, and D. R. Kiewiet. 2002. *Legislatures: Comparative Perspectives on Representative Assemblies*. An Arbor: The University of Michigan Press.

Lohmann Susanne. 1996. "The Poverty of Green and Shapiro." Jeffrey Friedman, ed. *The Rational Choice Controversy*, 127-154. New Haven: Yale University Press.

Hayek, F.A. 1952. *The Counter Revolution of Science*. Chicago: University of Chicago Press.

Hempel, C.G. & Oppenheim, P. (1948). "Studies in the Logic of Explanation." *Philosophy of Science* 15: 135-175.

Olson, Mancur, Jr. 1965. *The Logic of Collective Action.* Cambridge: Harvard University Press.

Riker, William H. 1990. "Political Science and Rational Choice." James E. Alt and Kenneth A. Shepsle, eds. *Perspective on Positive Political Economy*. Cambridge: Cambridge University Press.

Riker, William H., and Peter C. Ordeshook. 1968. "A Theory of the Calculus of Voting." *American Political Science Review* 62, 1. 25-42.

Skocpol, Theda. 1979. *States and Social Revolutions*. Cambridge: Cambridge University Press.

Schwartz, Thomas. 1987. "Your Vote Counts on Account of the Way It is Counted." *Public Choice* 54: 101-21.

Tao, Hung-Chao. 1989. *Confucianism and Economic Development: An Oriental Alternative?* Washington, D.C.: The Washington Institute Press.

Tsebelis, George. 1990. *Nested Games: Rational Choice in Comparative Politics*. Berkeley: University of California Press.

______. 2002. Veto Players: *How Political Institutions Work.* New York and Princeton: Russell Sage Foundation and Princeton University Press.

Wittman, Donald. 1983. "Candidates Motivation: A Synthesis of Alternative Theories," *American Political Science Review* 77: 142-157.

4 신제도주의 정치학의 이해

김 기 석

Ⅰ. 들어가는 말

본 논문의 목적은 정치학 분야 신제도주의[1]의 기본 이론구조를 설명하고 신제도주의 분파들의 이론적 주장을 살펴본 뒤 그 최근 연구동향을 소개하는 것이다. 일반적으로 신제도주의에 관심을 가지면서 가장 먼저 직면하는 문제는 그 이론의 다양성으로부터 초래되는 분파의 분류문제이다. 똑같이 신제도주의라는 제목을 달고 있지만 내용적으로는 판이하게 다른 주제를 다루는 문헌들을 접한 경험을 누구든 하게 마련이기 때문이다. 이는 신제도주의가 다양한 학문영역에서 매우 광범위하게 나타났기 때문이며 따라서 신제도주의 이론분파의 분류방법은 다양하다. 10여년 전, 홀과 테일러가 제시하

1) 신제도주의란 기존에 이미 제도주의가 존재하고 있었다는 것을 암시하며 이를 신제도주의자들은 구제도주의라고 부른다. 구제도주의와 신제도주의가 어떤 측면에서 다른가 하는 문제는 신제도주의에 대한 초창기 문헌에서 많이 다루었다. 구제도주의는 규범적인 입장에서 당시 국가들의 서로 다른 제도적 구성을 헌법을 중심으로 한 공식적 제도에 초점을 맞추어 평면적으로 서술하거나 비교하는 것이 대부분이었다.

여 보편화된 분류는 역사적 신제도주의(Historical New Institutionalism: HI), 합리적 선택 신제도주의(Rational Choice New Institutionalism: RCI), 그리고 사회학적 신제도주의(Sociological New Institutionalism)의 3분법이다(Hall and Taylor 1996). 여기에 경우에 따라 신제도주의 경제학 혹은 신조직이론을 포함하여 4분법을 제시하거나 혹은 규범적 제도론, 합리적선택론, 역사적 제도론, 사회적 제도론, 그리고 구조적 제도론의 다섯 가지 분류방법을 제시하는 경우도 있었다(Immergut 1998; Peters 2006 등 참조).

본 논문은 신제도주의를 소개하되 제한된 지면을 고려하여 정치현상의 분석에 가장 많이 사용된 두 분파, 즉 HI와 RCI에 초점[2)]을 맞추어 그 기본 논리를 비교의 관점에서 설명하고자 한다. 그런 서술방법을 채택하는 이유는 신제도주의 내 각 분파의 이론적 특성이나 신제도주의라는 이론적 프로젝트의 전체상은 그를 구성하는 각 분파의 특성들에 대한 비교를 통해서 가장 잘 이해될 수 있다는 판단 때문이다. 말하자면 신제도주의는 한 위대한 사상가의 원대한 사색의 결과라기보다는 다양한 학문영역들에서 기존 이론에 대한 비판이라는 형태로 동시다발적으로 발전되기 시작하였으며, 각 분파의 이론은 서로 간의 학문적 대화나 상호작용 없이도 유사한 이론적 주장들을 발전시켜 오면서도 자신들이 직면한 문제나 다루려는 연구의 테마에 따라 조금씩 다른 인식적, 논리적 구조를 발전시켜 왔기 때문이다. 물론 기본적으로는 신제도주의와 관련한 문헌들이 너무도 방대하기 때문에 이 짧은 논문에서 모두 다룰 수 없다는 이유

2) 사회학적 신제도주의는 HI 혹은 RCI에 비해 덜 중요해서가 아니라 정치현상의 설명에는 상대적으로 덜 사용되었다고 판단되어 분석에서 제외하였다. 사회학적 신제도주의에 대해서는 Powell and DiMaggio(1991)나 Brinton and Nee(1998)의 잘 알려진 문헌비평 논문들을 참조할 것.

도 있다.

본 논문은 다음과 같이 구성된다. 우선 전체적인 관점에서 1980년대 이후 제도에 대한 이론적 관심이 나타나게 되는 배경을 간략히 설명한다. 그런 다음 HI와 RCI의 이론구조를 그 발생 배경, 제도에 대한 정의, 그리고 중심적인 이론적 주장 등 세 부분으로 나누어 분석한다. 그런 다음 정치학 분야 신제도주의론의 최근 연구경향을 가장 두드러지는 것들을 중심으로 간략히 살펴본다.

Ⅱ. 왜 제도인가? 신제도주의 등장의 배경

앞서도 언급한 것처럼 1980년대 제도에 대한 관심은 정치학, 경제학, 사회학을 비롯한 여러 학문분야 뿐 아니라 각 분야의 하위분야들에서도 동시다발적으로 나타났는데 이들은 기존 이론들, 즉 정치학의 다원주의, 경제학의 신고전주의, 그리고 사회학의 구조기능주의 등이 가졌던 인간상 및 인간사회의 작동원리에 대한 기본인식이 내포한 몰제도적(institution-free) 성향에 대한 비판[3)]을 출발점으로 하고 있다는 점에서 공통적이었다. 정치학의 경우 전통적인 마르크스주의나 행태주의 혁명과 함께 주류이론으로 자리잡은 다원주의의 집단(혹은 계급)의 정책선호, 집단 간 권력분포, 그리고 그 상호작용이 공공정책과 정치경제적 결과를 결정한다는 주장에 대한 비판이 핵심이었다(Immergut 1996; Weingast 1996; Shepsle 1996; Steinmo 1993: Rothstein 1996). 경제학에서는 경제제도의 역할과 거래비용을 무시한

3) 마치와 올슨은 그들의 선구적인 논문에서 신제도론은 "정확한 일련의 이론적 개념의 대안을 통해서 보다는 현존하는 이론들에 대한 비판의 형태로서 제기"되었다고 지적하고 있다(March and Olsen 1984, 742-743).

채 다수의 수요자와 공급자의 이익극대화 행위가 시장에서 보이지 않는 손의 역할을 통해 매개되어 균형점에 도달한다는 신고전파 경제학자들의 비제도적 시장개념이 비판의 대상이었다(Coase 1937; Williamson 1985). 또한 외적으로 주어지는 안정적 선호, 완전정보 및 합리적 계산능력 같은 기본가정들도 비판되었다. 사회학의 경우는 기존의 구조기능주의 이론이 상정하는 과대사회화 된(즉 사회구조에 의해 행위유형이 규정되는) 인간형과 경제학의 과소사회화 된 (개인의 합리적 선택에 의해 자유롭게 선택하는) 인간형에 대한 이중적 비판을 중심으로 개인의 행위가 발생하는 사회적 맥락, 관계 및 기제들의 중요성에 착목하였다(Granovetter 1985). 말하자면 기존이론들은 정치, 경제, 사회, 문화적 영역에 존재하는 제도의 역할과 영향에 대해 일종의 결정론적 입장을 취하거나 아니면 전혀 주의를 기울이지 않아 적실성과 설명력의 한계에 직면하게 되었다는 이론적 문제의식이 다양한 영역에서 나타난 신제도론들이 공유한 인식적 출발점이었던 것이다(김기석 2003). 마치와 올슨은 "우리가 세상에서 보는 것들은 현존 이론이 우리에게 말하는 것과 일치하지 않는다"고 문제의 본질을 지적하였다(March and Olsen 1984, 747).

제도의 중요성에 대한 인식은 정치학 내부의 여러 하위분야에서도 나타났다. 마치와 올슨이 기존정치학의 문제들을 종합적으로 비판하면서 정치의 조직적 측면에 대한 관심을 환기하고 나선(March and Olsen 1984) 거의 같은 시점에, 비교역사학 성향의 연구자들은 '국가를 원래의 위치에 되돌려놓자'고 외쳤다(Evans, Rueschemeyer and Skocpol 1985). 토대와 상부구조의 인식틀 속에서 상부구조를 구성하는 정치의 중요성을 상대적으로 경시하던 마르크스주의자들조차 국가의 조직형태에 주목하였다(Therbon 1978). 또 국제정치학자들이 국제레짐에 착목하고(Krasner 1983), 경제학자들이 조직에 대한 새로운 인식을 통해 "게임의 법칙"의 중요성을 발견하며(Williamson 1975; Levi 1988; North 1990), 미국정치 연구자들이 왜 이론적 예측과 달리 미국의회가 안정적으로 결정을 내리는가의 문제에 대한 해답을 찾아낸 것도 유사한 계기와 시기였다(Shepsle 1979).

정치학자들이 새삼스럽게 제도에 주목한 구체적인 이유는 영역에 따라 다양하지만 공통된 부분도 있었다. 1980년대에 접어들면서 다원주의나 마르크시즘 등 기존이론의 거대담론과 일반이론화 노력은 더 이상 적실성을 지닌 연구가설들을 생산하지 못했다. 사회주의 혁명에 대한 마르크시즘의 예언은 중소대립이나 동서데탕트 그리고 다양한 제 3세계의 발전경로 등이 나타나면서 점차 현실정치와 유리되었다. 다원주의나 근대화이론은 자유주의적 민주주의와 사회민주주의로 양분된 자본주의국가들은 물론 제 3세계 국가들까지 서구국가들과 유사한 근대화의 경로를 밟게 될 것(수렴화 가설)이라고 예언하였지만 1970년대부터 이들 국가들 사이에 수렴보다는 오히려 차별성의 지속 내지 확산경향이 두드러졌다. 석유위기라는 공통의 외부적 압력에 대한 국가들의 차별적인 대응방식, 성과의 차이 등은 수렴화가설의 오류를 경험적으로 증명하였다(Katzenstein 1978 참조). 제 3세계 내부에서도 성공적으로 경제성장과 민주주의를 이룩해가는 국가들과 여전히 군사쿠데타와 경제위기를 반복하는 국가 등 서로 다른 유형으로 분화된 데다 그나마 성공적인 동아시아 사례들은 서구형이 아닌 일본형 발전국가 모델로 성과를 이루었음이 밝혀졌다(Johnson 1982; Deyo ed. 1987). 이런 다양한 발전경로를 설명할 수 있는 이론틀의 필요성이 점차 커지고 있었던 것이다.

신제도주의자들의 테마는 다양했지만 이들은 정치적 결과나 공공정책은 개인 혹은 집단의 이익을 단순히 결집하여 산출되는 것이 아니라 정치제도를 통해서 매개되어 나타난다는 기본인식을 공유하고 있었다. 여기서 제도는 행위자들의 행위를 결정하기 보다는 특정한 형태의 선택을 하게 하는 행위의 맥락을 제공해 준다. 말하자면 대부분의 초기 신제도주의 연구들은 제도를 독립변인이나 종속변인보다는 매개변인으로 상정하고 있었던 것이다. 물론 신제도주의 연구가 점차 발전되면서 최근에는 종속변인으로서의 제도에 대한 관심도 매우 높아져가고 있다.

Ⅲ. 신제도주의 정치학의 두 분파와 연구테마

앞서도 지적한 바와 같이 신제도주의적 연구경향은 다양한 분야에서 동시다발적으로 생겨났으므로 많은 분파들이 존재한다. 여기서는 역사사회학적 접근법을 사용하고 있는 HI, 경제학적 접근법을 사용하고 있는 RCI 그리고 사회학적 접근법에 입각한 사회학적 신제도주의 3분법을 채택하되 정치학에서 가장 많이 사용하고 있는 HI와 RCI의 두 이론에 초점을 맞추어 설명한다.

1. 역사적 신제도주의(HI)[4]

(1) 배경

역사적 신제도론은 스타인모와 그의 동료들이 '정치의 구조화'(Structuring Politics)라는 제목으로 자신들의 이론적 관심에 입각한

4) 이 부분의 논의는 김기석(2006)의 내용을 수정·축약한 것임.

사례연구들을 묶어 내면서 그에 대해 역사적 신제도론으로 명명하고[5] 그 기본성격들을 정리해냄으로써 하나의 이론체계로 부각되었다(김기석 2006). HI의 등장은 이미 다양한 연구를 통해 제도주의적 사고가 공감대를 이루고 있었다는 사실을 배경으로 한 것이었다. 즉 1970년대 이후 정치경제학적 입장에서 공공정책의 국가별 차이에 대한 연구가 활발해지면서 많은 연구들은 각기 다른 사회체제의 발전경로가 갖는 차이를 이해하는 가장 중요한 설명요인이 사회-경제 구조적 변인이 아닌 정치제도라고 지적하게 된 것이다. 1970년대 중반부터 1980년대를 풍미하였던 슈미터의 코포라티즘 연구, 카첸스타인, 홀, 자이스만 등의 경제정책 분석에 대한 제도적 접근, 스카치폴, 아이켄베리, 크래스너 등의 국가 중심적 분석[6] 등은 모두 신제도주의적 문제의식을 반영한 것들이었으며 정치학 내에서 상당한 반향을 불러일으킴으로써 제도주의적 사고의 보편화에 기여하였다.

그런 토대 위에 '정치의 구조화'에 수록된 연구들은 이제 제도의 중요성에 대한 인식이 역사적 방법과 결합됨으로써 하나의 이론적 분파(즉 역사적 신제도론)로 정착하였음을 보였다. 제도변인의 설명적 잠재력을 다양한 국가, 시기, 정책영역에 대한 비교연구를 통해 체

---

5) 스타인모에 따르면 'HI'라는 표현은 이를 RCI로부터 구별하기 위해 스카치폴이 사용한 것을 빌려온 것이라고 한다(Steinmo and Thelen 1992, 각주 4 참조)

6) 국가론적 전통에 입각한 1980년대의 연구들은 제도와 국가의 개념을 뚜렷이 구별하지 않고 있기 때문에 신제도론과는 다른 연구경향을 가지고 있다고 주장할 수도 있다. 그러나 이들 문헌들은 신제도론과 많은 부분을 공유한다. 우선 이 연구들은 행태주의에 대한 비판을 바탕으로 연구가 시작되었으며 국가를 매개변수로 상정하고 국가와 사회의 관계를 중요시하면서 개인에 대한 공식적, 비공식적인 제도적 제약에 강조점을 둔다. 즉 스카치폴이 적절하게 지적하고 있듯이 사회중심적인 이론들에 대한 비판을 기반으로 나타난 국가중심이론이 국가와 사회세력간의 상호관계에 적절한 관심을 표한다는 사실은 이들을 신제도론의 범주에 넣을 수 있는 근거인 것이다. (Skocpol 1987; Krasner 1984, 224-225 참조; 김기석 2003, 각주 6에서 재인용)

계적으로 예시해낸 것이다. 예컨대 스타인모는 영국, 스웨덴, 미국을 비교하면서 각 사회계급들의 조직 강도보다 헌법이 더 조세부담의 분배에 영향을 미쳤음을 보였다(Steinmo 1993). 이머것은 프랑스, 스웨덴, 스위스의 건강증진정책에 대한 비교연구에서 이익집단의 힘보다 거부권의 정치적 제도화가 이익집단들이 정책에 영향을 미치는 방법들을 더 잘 설명함을 보였고, 하탐은 20세기로 진입할 무렵 영국과 미국의 노동조합운동에 있어 입법부에 대한 사법부의 정치적 입지가 조직과 전략선택의 중요한 차별성을 설명하는 요인임을 보였다(Immergut 1993; Hattam 1993). 이외에도 정부의 행정능력이 사회정책 및 노동시장정책의 경로를 설명하는데 핵심적임을 보인 위어와 스카치폴(Weir and Skocpol; Weir 1992) 그리고 18개국을 비교하면서 정부 실업정책의 제도적 구조가 전국적 규모의 노동조합운동의 힘의 차이를 상당부분 설명하며 이것은 다시 사회보장 및 노동시장 정책의 차이를 상당 부분 설명함을 보인 로스스타인의 연구 등은 HI의 잠재력을 보여주는 연구들이었다(Rothstein 1992).

(2) 제도의 정의

HI의 제도개념은 다양[7]하지만 대체로 "정체 혹은 정치경제의 조직구조에 내재한 공식적 비공식적 과정, 통상적인 절차, 규범과 관습"을 의미하는 것으로 정의된다(Hall and Taylor 1996). 말하자면 법적 구조, 정치제도, 행정조직 같은 가시적이고 실체적인 제도인식을 넘어서서 비공식적 규칙이나 규범은 물론 문화까지 포함한, 행위를 구조짓는 거의 모든 과정과 절차 등을 포괄하는 것이다. 이런 HI의 제도에 대한 인식은 다음과 같은 몇 가지 특징을 갖는다.

7) 제도개념의 다양성과 관련한 논의는 김기석 2003을 참조

우선 그것은 제도의 공식적이고 정태적인 모습을 서술하는데 주로 관심을 가졌던 구제도론에 비해 제도의 "관계적 성격"을 강조한다(Hall 1986, 19). 즉 국가나 사회제도 자체의 공식구성이나 성격보다, 어떻게 주어진 제도의 형태가 행위자들 사이의 권력을 배분하고 나아가 정치적 상호작용을 구성하는가의 문제가 더 중요하다고 보는 것이다. 따라서 HI는 제도의 효과를 분석하되 공식적·비공식적 제도, 조직구조 및 정책의 특성 등 다양한 요소를 갖는 제도의 구성요소 간 상호작용, 전체 구성, 혹은 맥락을 중심으로 분석하며 따라서 제도가 행위자나 정책에 미치는 효과는 특정한(혹은 가장 중요한) 제도에 의해서가 아니라 이런 다양한 제도들의 상호작용에 의해 나타난다고 본다.

이런 인식은 "중간수준"의 제도[8]에 대한 강조와 연계된다. 특히 HI가 강조하는 것은 어떻게 중간수준의 제도가 거시적인 구조를 매개함으로써 개별적 혹은 집단적 행위자들의 행위에 영향을 미치고 궁극적으로 정치적/정책적 결과를 산출하는가인 것이다. 이런 문제의식을 토대로 HI는 개별 정치체제에 대한 연구보다 국가 간 비교연구를 중시한다. 그리고 특히 HI는 아래에서 언급할 경로의존성 개념과 함께 이런 이론적, 방법론적 특성들이 적절히 조합됨으로써 하나의 이론체계로서 구성되는 것이다.

나아가 HI를 채택한 연구들은 제도에 대해 보다 적극적인 의미를 부여한다. 그들은 다원주의나 마르크시즘이 가정하는 것과는 반대로 제도는 집단(계급)들이 자신의 정치적 이익을 정의하는 방법에도 영향을 미치며, 나아가 행위자들의 전략뿐 아니라 그들의 협력 및 갈등관계를 매개함으로써 정치상황을 구조화하고 정치적 결과에

8) 제도의 수준(Level) 문제에 대해서는 김기석(2003)을 참조할 것.

자취를 남기는, 말하자면 정치현상을 생산하는 핵심변인이라고 인식한다(Thelen and Steinmo 1992, 9; Koelble 1995, 239 참조). 특히 그들은 정치투쟁이 제도 내에서 발생하기도 하고 미래의 특정한 제도적 유형을 놓고 발생하기도 하기 때문에 제도는 정치투쟁 자체의 유형과 성격에 커다란 영향을 미치는 '구조'로도 작용한다고 본다. 홀과 테일러의 지적처럼 계산적 모형(calsulus model)과 문화적 모형(cultural model)의 절충적 제도개념을 채택하고 있는 것이다(Hall and Taylor 1996).

(3) 중심주장

역사적 신제도주의를 특징짓는 중요한 방법론적 특징은 연역적 방법 보다 귀납적 방법을 사용하며 역사를 연구대상으로 한다는 점이다. 역사를 연구대상으로 함으로써 HI는 다음과 같은 이론적 특성을 보인다.

첫째 HI는 거시적이면서도 현실세계의 구체적인 문제, 즉 역사 속에서 관찰되는 현실세계의 특정한 문제들을 구체적으로 이해하고 설명하는데 관심을 갖는다(Steinmo 2001, 2-3). 특히 이들은 역사적으로 매우 중요하거나 놀라운 유형, 사건, 제도적 모습 등이 국가마다 서로 다르게 나타나는 것을 설명하는데 흥미를 가진다. 따라서 이들이 제기하는 이론적 질문은 예컨대, 왜 역사적으로 중요한 사건이 발생하였는가 또는 발생하지 않았는가? 혹은 왜 특정한 구조나 유형이 특정한 시간이나 장소에서는 생겨났는데 다른 시간이나 장소에서는 생겨나지 않았는가? 왜 혁명은 특정한 시기에 특정한 사회에서는 발생하고 다른 시기나 사회에서는 발생하지 않는가? 왜 복지국가의 발전경로는 국가들마다 다른가? 왜 그리고 어떠한 조건에서 체제는 변화하는가? 공공정책은 왜 국가마다 다른가? 같은 것이다(Pierson and Skocpol 2002, 696-697). 이처럼 현실세계의 사건들에 대한 거시적 조망은 인간이 속해있고 그들 삶의 역정을 구조짓는 사회구조적 문제들에 대한 근본적인 지식을 제공한다. 미시적인 문제들에 얽매여 보다 중요한 문제들을 도외시하는, 말하자면 나무에 몰입하다 숲을 보지 못하는 우를 범하지 않는 것이다.

둘째 HI는 시간의 분석적 중요성에 주목하며 역사로 투영된 시간이 사회현상에 미치는 영향을 다양한 방법으로 연구과정 및 결과에 반영하려 한다. 이들이 주목하는 역사는 과거의 특정 시점에 존재했던 경험적 사실보다는 시간이 경과하면서 진행하는 과정이다. 왜냐하면 역사적 사건은 활동사진(moving pictures)의 형태로 볼 때 올바른 이해와 해석이 가능하며 정지된 사진(snap shot)의 형태로는 그 풍부한 함의와 과정이 포착되기 어렵기 때문이다(Pierson 2000a).

HI가 시간의 분석적 중요성을 분석에 포함시키는 것은 경로의존성(path dependence) 개념을 통해서이다. 사실 경로의존성은 역사적 신제도론의 핵심개념이지만 학자들 간에 그 언어적 정의에 대한 합의는 별로 없고 정치제도가 가지고 있는 자기강화적(self-reinforcing) 경향[9)]을 의미하는 정도였다(Pierson 2000a, 75-76; Greener 2005, 62-63). 일견 단순해 보이는 경로의존성은 사실 HI 이론체계에서 복합적이고 중심적인 함의를 가진다. 우선 경로의존성은 정치현상의 시간적(temporal) 혹은 순서적(sequencing) 분석의 중요성을 의미한다(Pierson 2000a). 이는 제기된 경험적 문제들에 대한 인과적 설명을 추구하는 과정에서 현상 발생의 시간적 순위나 순서가 실질적인 정치적 결과

9) 피어슨은 경로의존성 개념을 경제학자들의 이익점증(increasing returns)과 긍정적 환류(positive feedback)의 개념을 이용하여 체계적으로 이론화하였다. 이에 대해서는 뒤에서 자세하게 논의할 것이다.

에 심대한 영향을 미친다는 의미이다. 시간 및 역사로 연계되는 인과성(historical causation)이 형성되는 것이다. 예컨대 경로의존적인 역사 진행과정에서 T1 시점에 사건 A가 T2 시점의 사건 B보다 먼저 발생한다면 A는 B의 선택지를 제한하는 효과를 가진다. 그 역의 경우라면 B는 A의 선택지를 제한하게 된다. 말하자면 T1 시점에 발생하느냐 T2 시점에 발생하느냐에 따라 A(혹은 B)의 선택지의 숫자나 종류는 달라지며 이것이 결과에 영향을 미치는 것이다.

연장선상에서 경로의존성은 서로 다른 역사적 배경과 특성을 가진 나라들의 제도적 구성이 현실적으로 다를 수밖에 없다는 것을 암시한다(Hall and Taylor 1996). 말하자면 여러 정치체제를 관통하는 공통의 작동원리를 추구하는 행태주의나 합리적 선택이론으로부터 HI가 구별되는 출발점이 되는 것이다. 또 경로의존성 개념은 일단 형성된 제도는 변화하기 어려움을 암시하므로 제도적 안정성을 설명하기도 한다.

세 번째, HI는 맥락(context)과 구성(configuration)을 중시한다. 다양한 제도적 구성 그리고 제도 간 복합적 상호작용 속에서 나타나는 정치적 효과 혹은 제도 자체의 변화는 행위자의 계산에 의해 예상된 형태로 나타나기 어렵다. 복잡한 제도들의 복합적 결과를 계산하는 과정에서 행위자들은 곧잘 잘못된 판단을 하거나 실수를 저지르는 것이다. 이는 역사적으로 흔한 현상이다. 또 제도변화는 경로의존적이기 때문에 새로운 제도가 생겨나기보다 기존 제도에 덧붙여서 나타나는 경우가 훨씬 흔하다. 조건에 따라서는 같은 제도를 새로운 행위자들이 전혀 다른 형태로 이용하기도 한다. 따라서 HI는 기능적 필요에 따라 정해진 경로 혹은 행위자들의 전략적 선택에 따라 정해지는 결과보다는 특정 시점의 제도적 맥락 속에서 나타나는 우연적이거나 의도하지 않은 정치적 결과도 중요시한다(Rothstein 1996; Pierson and Skocpol 2002; Thelen and Steinmo 1992). 이는 현실정치상황의 복잡성을 반영하는 다양한 변인들 사이의 관계와 상호작용을 이론적 설명의 토대로 삼고자 하는 것이다.

2. 합리적 선택 신제도론

(1) 배경

RCI는 신고전파 경제학의 기본가정에 입각한 합리적 선택이론의 문제점에 대한 문제의식[10]과 대응과정을 통해서 나타났는데 미국의회연구자들이 중심이 되어 이론적 논의를 전개하였다. 합리적 선택이론은 개인을 분석단위로 하는 방법론적 개인주의에 토대를 두면서 완전정보 및 완전한 계산능력을 가진 합리적 인간형, 외부로부터 주어지는 안정적인 선호, 효용극대화의 가정, 효율성에 대한 관심, 최적성과 균형점의 추구, 그리고 이론건설을 위한 수학적 모형화 등에 관심을 둔다. 정치학의 영역에 도입된 합리적 선택이론은 정치현상을 개인의 이익추구 극대화 행위의 결과가 집합되어 나타나는 결과로 이해하는, 말하자면 정치의 영역 역시 시장 메카니즘과

---

10) 예컨대 셉슬리의 다음과 같은 회상은 합리적 선택신제도론자들의 문제의식을 보여준다. "1970년대 후반 필자 스스로를 포함한 많은 합리적 선택이론가들은 기존의 사회선택이론, 게임이론, 정책결정이론 등에서 발견되는 정치적 삶의 지나치게 분자화 된 개념화에 대해 불만을 느끼게 되었다. 정치란 일반적으로 공식적/공적(입법, 사법, 행정과정과 같이) 과정은 물론 비공식적(클럽이나 교수회의 등) 맥락에서 발생한다. ... 우리는 오직 극대화 행위에 기초한 설명은 이제 너무 취약하다고 느꼈다. 필자 자신도 미국의회의 입법과정에서 발생하는 사회선택을 연구하면서 그런 신념을 갖게 되었다"(Shepsle 1989). 이런 셉슬리의 생각은 마치 와 올슨이 1984년 논문에서 보여준 문제의식과 유사하다. March and Olsen(1984) 참조. 합리적 선택이론에 대해서는 이 책의 제3장을 참조할 것.

유사한 작동원리를 가진다는 인식을 토대로 한다. 그리고 튤록의 잘 알려진 표현처럼 "유권자와 소비자는 결국 같은 사람"이라고 보는 것이다(Green and Shapiro 1994, 1에서 재인용). 따라서 이들은 경제학과 마찬가지로 기본적으로 사회적 균형점(equilibrium)을 찾아내는 것을 이론적 목표로 한다.

합리적 선택이론은 전략적 상호작용 즉 한 행위자의 선택은 상대방의 행위 혹은 상대방의 행위에 대한 예측에 의해 영향을 받게 된다는 개념을 정치분석에 도입하였다는 점에서 정치학의 발전에 크게 공헌한 것으로 평가된다(Hall and Taylor 1996). 그럼에도 불구하고 이 이론은 문제점을 가지고 있었는데 그 본질은 이론의 예측과 현실세계의 관찰 사이에 나타난 괴리였다. 예컨대 합리적 선택이론가들은 합리적 효용극대화 행위의 가정 하에서 개인들은 공통의 문제해결을 위해 협력하는 것이 불가능하다는 논리를 제시하였다(집단행위의 딜레마). 합리적/이기적인 개인은 "공공재," 즉 재화의 생산에 드는 비용을 지불한 사람이나 그렇지 않은 사람 모두에게 똑같이 혜택이 돌아가는 특성을 가진 공공재 생산이라는 사회적 목적을 위해 협력할 이유가 없다는 것이다(Olson 1965; Hardin 1982). 그러나 현실세계에서 사람들은 집단행동의 딜레마를 해결하고 집단행위를 조직화한다(이익집단, 정당, 국가, 초국가적 기구 등). 즉 합리적 선택이론에 의해 제기된 의문은 정치조직에 대한 일상적 관찰과 일치하지 않는 것이다.

나아가 합리적 선택이론은 효용극대화를 추구하는 개인이 전략적으로 상호작용 하는 사회체제에서는 행위자들의 사회적 행위가 하나의 균형점에서 안정될 것임을 예측하였다[11]. 그러나 실제 이 이

11) 이는 어떤 행위자나 연합체도 특정한 행위유형에서 이탈함으로써 자신들

론은 그런 균형점이 다수 존재한다는 것을 보일 뿐 그 균형점 중 특정한 체제에 적합한 것이 무엇인가를 예측하지 못했다. 말하자면 현실세계에서는 "대부분의 결과가 가능하다"는 식의 유용성 낮은 함의를 제시하는데 그친 것이다(Ferejohn 1991, 284).

정치학 분야의 합리적 선택이론가들 사이에 제도의 분석적 중요성이 부각된 계기는 미국의회가 안정적 다수를 구축하기 어려운 곳이라는 이론적 주장을 해결하는 노력을 통해서였다. 이는 만약 모든 의원들이 자신의 제 1 선호에 따라 투표한다면 한 법안에 대한 다수의 결정이 곧바로 다른 법안에 대한 또 다른 다수의 결정에 의해 번복될 수 있는 "순환적" 결과를 가져온다는 주장(불가능성의 공리)인데 정교한 수학공식으로 증명된 이 공리에 따르면 미국 의회는 집단적 비합리성과 정치적 무질서가 만연한 곳이어야 한다(Arrow 1951 참조). 그러나 현실의 미국 의회는 오히려 안정적 다수와 장기적 합리성이 지배적이었다(Tullock 1981).

이런 문제들에 대한 해답은 바로 제도였다. 집단행위의 딜레마는 집단적 목표에 공헌한 행위자들에게만 다양한 유형의 "선택적 유인"(selective incentive)을 제공하는 정치제도와 지도자가 해결책이었다(Olson 1965; North 1990). 다수의 균형점 중 한 사회에서 가장 가능성이 높은 균형점에 대한 예측은 행위자들의 전략선택을 제약하는 제도적 여건, 즉 게임의 규칙을 통해 가능하다고 보았으며(Shepsle 1986), 불가능성의 공리에 대한 해답은 의회제도의 과정적 규칙이었다(Riker 1980; Shepsle and Weingast 1981). 말하자면 정치적 결과에 대한 적실성 있는 설명을 위해 제도로 표현되는 구조와 과정을 행

의 위치를 증진시킬 수 없기 때문에 사회세력 간의 균형이 이루어진 상태로 정의된다(Green and Shapiro 1994, 25).

위자의 선호와 연계시킨 것이다.

(2) 제도의 정의

정치학의 RCI는 재산권(property right), 지대추구(rent-seeking), 거래비용(transaction costs) 등을 중심으로 하는 신조직이론의 분석도구들을 적극 채택하는데 신조직이론의 분석적 출발점은 신고전파이론이 채택하였던 기본 기본가정들이 내포한 비현실적 요인들을 완화함으로써 그 문제점을 보완하는 것이었다(Moe 1984 참조). 예컨대 인간의 합리성 가설은 제한적 합리성(bounded rationality)가설로 대체함으로써, 완전정보의 가정은 거래비용 개념을 도입함으로써, 그리고 시장과 보이지 않는 손의 신화는 조직개념을 도입하여 보완함으로써 분석적 적실성을 높인 것이다. 즉 RCI는 행위자의 행위를 선호와 동기뿐 아니라 환경적 요인들과 함께 분석함으로써 경제학의 환원주의적 한계를 극복하려 한 것이며 그 환경요인들을 제도로 인식한 것이다.

언어적으로 RCI 정치학자들은 제도를 "선호의 응집"(congealed tastes), "규칙, 과정, 그리고 제도적 배열의 틀"로서 "행위자들을 규제하는 게임의 규칙" 혹은 "어떠한 행위가 필요하고, 금지되며 허용되는지에 대한 처방," "인간이 고안한 행위에 대한 제약" 등으로 정의한다(Riker 1980; Shepsle 1986; Ostrom 1986; North 1990). 따라서 제도는 각 개인들에게 가용한 선택지의 종류, 그 진행과정, 그리고 각 의사결정자에게 가용한 정보의 종류나 구조, 개인 및 집단에 대한 보상 등에 영향을 미치는 것이다(Weingast 2002, 661). 이런 개념정의는 RCI가 제도를 개인의 선호와 정치적/정책적 결과를 매개하는 매개변인으로 인식함을 암시한다. 그런 제도 형성에 대한 기본논리는 똑같은 행위가 시장에서 발생하였을 때 보다 제도(조직) 내에서 이루어짐으로써 거래비용을 줄일 수 있다는 윌리암슨의 기능주의적 주장에서 유추된다(Hall and Taylor 1996, 943). 말하자면 제도는 그것이 부재할 경우 발생할 수 있는 사회적 딜레마를 해결하고 행위자들의 협력적 행위를 담보하기 위한 기제인 것이다.

미국의회 연구자들을 중심으로 발전되어 온 합리적선택 신제도론자들의 경험적 연구들 속에서 제도는 주로 대통령제나 의원내각제, 권력분립, 단일정부와 연방제, 거부권(veto power) 같은 변인들을 포함하는 헌법질서, 입법부, 사법부, 행정부(특히 관료)의 정치적 권한 및 각각의 상호관계, 선거법, 의회의 위원회 제도 및 의사결정 규칙 등으로 간주되었다(Weaver and Rockman 1993, ch.1과 Weingast 1996 등 참조). 하지만 최근에는 발전도상국들의 발전과 민주적 안정을 방해하는 인종갈등 등의 문제로 적용의 범위가 확장되는 추세를 보인다(Weingast 2002).

(3) 중심주장

RCI의 핵심논리는 "의안발의자 모델"(setter model) 내지 "구조로 유인된 균형(structure-induced equilibrium)" 모형이 잘 보여주며 간략히 말한다면 의안발의권(agenda power)이나 의회의 정책결정절차 같은 제도적 요인들이 의회에서 채택되는 법안의 성격에 의미있는 영향을 미친다는 것이다. 말하자면 이들은 정책결정 규칙으로서의 의안발의권을 제도로 상정하고, 현실세계에서 안정적인 정책결정이 가능한 이유는 의안발의권의 설정방식[12]을 통해 순수 다수결원칙의 순

12) 미국정치의 맥락에서 이러한 의안발의권은 주로 의회의 위원회제도(committee system)를 통해 구체화되었다. 말하자면 결정의 규칙이라는 추상적인 개념은 위원회제도라는 현실적 제도를 통해 말 그대로 제도로서 기능하게 되는 것이다.

환적 구조를 극복할 수 있기 때문이라고 설명한 것이다(Shepsle and Weingast 1981 참조).

이 모형을 실제 제도적, 정책적 맥락에 적용한 초기 연구들은 흥미로운 결과를 생산해냈다. 예컨대 덴짜우와 맥케이(Denzau and McKay 1983)나 쉡슬리와 와인개스트의 의회 연구는 정책이슈에 대한 입법권을 가지고 있는 의회의 위원회를 의안발의자로 가정하고, 의안의 내용 및 과정을 통제하는 규칙들이 의회의 정책선택에 실제로 영향을 미치는지를 분석하였다. 그 결과 두 연구는 위원회제도가 그 위원회에 의해 대표되는 이익을 선호하는 방향으로 치우친다는 것을 보였다. 즉 이 접근법은 의회 위원회의 이해관계 구성이 변화하면 정책 역시 변화한다는 예측을 가능하게 해 주는 것이다. 의회가 관료에 대해 갖는 영향에 관한 연구도 있었다. 예를 들면 와인개스트와 모란은 연방무역위원회(Federal Trade Commission)를 연구하여 위원회에 의해 개설된 일련의 사례들은 의회의 선호에 상당히 민감하였다는 것을 보였다(Weingast and Moran 1983). 그들 주장의 핵심은, 의회는 그 감시위원회를 통해 규제적 관료정책에 직접 영향을 미치므로 관계된 위원회의 이해관계가 변화하게 되면 관료의 규제정책에도 그것이 반영된다는 것이다.

정치영역에 도입된 위임자-대리인 모형도 마찬가지였다. 원래 기업의 주주와 전문경영인 사이의 관계에 대한 관찰로부터 발전된 이 모형에서 위임자-대리인 관계는 묵시적 계약(implicit contract)을 통해 "한 당사자(위임자)가 다른 당사자(대리인)에게 결정권한을 위임함으로써 자기 대신 서비스를 제공하도록 맺는 계약"이라고 정의된다(Jensen and Meckling 1976). 권한을 위임하는 이유는 두 가지이다. 하나는 양자간 정보량의 차이이다(Eggertsson 1990, 40-45; Moe 1984,

756). 대부분의 위임자-대리인 관계에서 대리인은 위임자가 가지지 못하거나 혹은 획득하기에 비싼 정보를 소유한다. 다른 하나는 위임자가 집단일 경우 공공재 제공을 위한 의사결정 과정에 직면하는 집단행위의 딜레마(collective action dilemma)문제이다(Olson 1965; Kiewiet and McCubbins 1991, ch. 1). 대리인에게 문제 해결에 대한 권한을 위임함으로써 그들은 내부적으로 해결하기 어려운 문제에 대처하고 그 과정에서 발생하는 거래비용을 절약하는 것이다.

일단 두 당사자가 계약관계에 이르면 양자 사이에는 이익의 상충이 나타난다. 자신의 이익의 극대화를 추구하는 합리적 행위자로서의 대리인은 책임의 회피(shirking), 속임수(cheating), 혹은 기회주의적 행위(opportunism) 등을 통해 서비스 제공에 드는 비용을 최소화하려 한다. 경우에 따라서는 위임자를 위해 위임된 자원과 권한이 오히려 대리인 자신의 이익을 위해 사용될 수도 있다(Kiewiet and McCubbins 1991, 26-27). 역선택(adverse selection)과 도덕적 해이(moral hazard) 문제를 최소화하고 대리인을 위임자의 통제 하에 두기 위해 위임자는 대리인의 작업성과를 감시하고 통제하여야 하며 이를 위해 제도를 만들게 된다. 예컨대 위임자는 대리인의 활동을 직접 감시하고 대리인의 업무수행에 대해 보고하도록 규칙을 정한다. 또한 대리인의 활동과 업무수행에 긍정적 혹은 부정적 동기를 부여하기 위해 계약상 여러 가지 제약을 두기도 한다. 마찬가지로 대리인들 사이의 견제와 균형을 위한 장치를 마련하기도 한다. 나아가 대리인의 업무수행에 대해 간접적 형태의 정보수집을 하고 직간접적으로 감시할 수 있도록 소위 "화재경보"(fire alarm)를 설치하기도 한다(Kieweit and McCubbins 1991).

위임자와 대리인 사이의 대립적 선호구조 하에서 과연 어느 정도로 유권자의 정책선호가 공공정책의 결정과 실행에 반영될 수 있는가는 대리인의 동기와 업무수행을 감시 내지 통제할 수 있는 제도의 성격과 기능에 달려있다. 예컨대 유권자와 정치인 사이에는 선거법, 정치인과 관료 사이에는 정부 내 입법부와 행정부 사이의 권력 분포 및 공식·비공식적 관계의 성격, 그리고 당원과 당 지도부 간에는 정당의 공식·비공식 조직형태 및 당 지도부의 선거규칙 등이 대리인의 행위자에게 특정한 형태의 유인을 제공하고 위임자의 대리인에 대한 통제의 효율성을 결정하며 따라서 정책결과에 영향을 미친다.

수동적인 유권자 집단과 상호 작용하는 단일한 행위자에 초점을 맞추는 의안발의자 모형이나 위임자-대리인 모형은 복잡한 현실을 매우 단순화시킨다. 그럼에도 불구하고 그것은 정책선택 과정에 내재하는 본질적 기제에 기초하여 다양한 여건 변화에 따라 어떻게 결과가 변하는지 등을 보임으로써 합리적선택 신제도론의 이론적 잠재력을 규명해 보인다. 말하자면 이 이론들은 적용범위가 매우 넓은 단순한 모형을 통해 복잡한 역사적 연구나 행태주의적 계량분석들이 내린 결론들과 거의 유사한 결론을 얻어냄으로써 정치적 결과에 대한 예측력을 높인다는 장점을 가진 것이다.

Ⅳ. 신제도주의 정치학의 최근 동향

이제까지 살펴본 바와 같이 유사한 문제의식과 기본구조를 가지고 있으면서도 정치학 분야의 두 신제도주의 분파는 여러 측면에서 대조적이다. 예컨대 RCI는 정치를 일련의 '집단행위의 딜레마'로 이해하지만, HI는 구체적인 역사적 과정의 산물 혹은 유산으로 본다. 제도개념도 전자는 집단행위의 딜레마를 해소하는 기제로 보고 그 기능에 초점을 맞추지만 후자는 권력투쟁 과정으로 이해하고 그 기원에 관심을 가진다(Thelen 1999, 382). 방법론적으로도 연역적 방법에 입각한 엄밀한 가설검증과 일반화 가능한 이론건설을 지향하는 RCI에 비해 HI는 귀납적 방법을 사용해 구체적인 역사적 사실을 설명한다. 이런 이론적 차별성은 양 분파 사이에 첨예한 이론적 대립과 상호비판을 야기시켜 왔다. 하지만 1990년대 중반에 접어들면서 양 분파는 서로에게 가해진 이론적 비판에 적극 대응하여 문제점을 보완하고자 노력하고 있다.

일반적으로 RCI의 HI에 대한 가장 중요한 비판은 이론적 엄밀성 내지 이론화 노력의 부족이다. 말하자면 복잡한 역사적 현실에 대한 구체적인 분석을 강조하다 보면 각 사례의 독특한 측면들을 강조하게 되고 따라서 일반화가 가능한 이론화의 가능성은 낮아지게 된다는 것이다. 반면 HI는 RCI에 대해 비록 제도에 의해 매개되기는 하지만 여전히 선호가 어떻게 결정되는지를 설명하려는 노력이 부족하고 제도가 너무도 좁게 정의됨으로써 복잡한 정치현상에 대한 깊이 있는 설명을 하지 못한다는 것이다.

양 분파의 이론보완 노력은 두 가지 유형을 보인다. 하나는 각 분파별로 기존의 신제도론이 가진 이론적 문제점, 예컨대 제도의 생성 및 변화에 대한 연구, 또 아이디어나 문화 같은 새로운 변인들을 연구에 포함시키려는 노력[13] 등으로 나타난다. 다른 하나는 두 이론

13) 이는 본 논문에서 다루지 않는 사회학적 신제도론과의 절충시도라고 할 수 있다. 사회학적 신제도주의에 대해서는 유명한 Powell and Di Maggio의 리뷰 논문이 여전히 가장 좋은 설명을 해 준다. 또 사회학적 신제론과의 절충을 시도하는 연구들에 대해서는 김기석(2006), 119-123을 참조할 것.

분파가 서로에게 가해진 이론적 비판을 상대방의 장점을 수용함으로써 보완하려는 노력, 즉 보다 명확한 상호절충의 노력이다. 물론 현실적으로 두 유형의 이론적 시도들은 밀접히 상호 연관되어 있으며 이러한 움직임들은 "신제도주의의 제 2의 경향"으로 불리고 있다(Campbell and Pedersen 2001).

1. 제도의 생성과 변화에 대한 연구: 분파 내 시도

이제까지의 논의에서 나타난 바처럼 초창기 제도주의적 사고의 핵심은 제도를 행위자의 선호와 정치적 결과 사이의 매개변인으로 상정하고 "제도의 효과"(effects of institution)를 연구하는 것이었다. 그러나 제도 연구가 점차 진화하면서 제도 자체의 생성, 변화, 그리고 생존에 대한 이론적 설명이 과제로 떠올랐다(Thelen and Steinmo 1992, 15). 따라서 각 분파는 나름의 이론적 논리와 분석방법에 입각하여 제도의 생성과 변화에 대한 연구를 시도하였다.

(1) 합리적 선택 신제도주의

RCI의 시도는 외생적(exogenous) 혹은 주어진 것으로 간주해왔던 제도를 내생적(endogenous) 변인으로 간주하여 분석하는 것이다. 그들은 왜 제도란 존재하는가라는 문제로부터 왜 제도는 다른 형태가 아닌 현재의 형태를 띠게 되는가? 왜 제도는 변화되는가? 등의 질문에 대한 해답을 추구하였다. 제도의 존재 이유를 RCI는 바로 "협력의 이점을 확보하기 위한 기제"라는 측면에서 찾았다. 말하자면 제도는 "신뢰성 있는 약속"(credible commitment)을 제공하여 그것이 없을 때 발생할 불확실성(거래비용)과 사회적 딜레마를 해소하는 '기능' 때문에 존재한다는 것이다(Weingast 2002, 670).

그리고 그런 제도는 제도 내부의 변인들에 의해서 그 발생이나 형태가 설명된다. 예를 들면 사법부의 독립성이라는 정치제도의 수준을 결정하는 핵심요인은 판사들의 가치 같은 사법부 내의 특성이 아니라, 사법부 및 정부의 다른 부문, 즉 입법부나 행정부와의 관계라는 것이다. 말하자면 대통령제 하에서 입법부와 행정부가 하나의 정당에 의해 지배되는 단일정부의 경우 사법부의 독립성은 낮아지게 되는 반면 분점정부가 형성되면 그것은 높아진다(Weingast 2002, 675-679). 또 인종갈등 같이 커다란 사회적 변화를 수반하는 '중대한 기로'에 직면하는 이유는 사회 내 소수그룹의 권리를 지켜줄 수 있는 믿을만한 제도적 장치를 결여하기 때문이라는 것이다. 민주주의 제도의 공고화가 이루어지려면 권력에 걸린 이해관계를 가능한 한 줄이도록 제도를 구성함으로써 사회 내의 행위자들이 헌법질서에 역행하고자 하는 동기를 줄일 필요가 있다는 것이다. 이같은 연구들에서 제도는 내생적 변인으로 다루어진다.

(2) 역사적 신제도주의

HI 역시 제도가 생성되는 역사적 과정과 그를 촉진하는 요인, 그리고 제도변화를 이론화하려는 시도들을 활성화하였다. HI가 제도변화 이론에 소홀하였던 원인은 경로의존성 개념을 토대로 변화보다 지속성에 무게 중심을 두었기 때문이다. 그러면서 현실세계에서는 중대한 국면에서 단절적 형태로 제도변화가 실현된다고 설명하였다. 말하자면 서로 모순적인 두 개념이 이론적 연계가 취약한 상태로 병렬되어 제시된 것이다. 그렇다면 HI의 제도변화에 대한 설명은 경로의존성과 중대한 기로에서의 단절적 변화 양자의 경험적·

논리적 타당성을 어떻게 연계시킬 것인가가 핵심과제일 수밖에 없다(김기석 2007, 115).

이와 관련한 주목할 만한 시도는 경로의존성 개념의 이론화이다. 특히 피어슨이 시도한 제도연구의 "시간적 및 순서적" 측면의 이론화가 가장 눈에 띤다. 그는 단순히 "역사란 중요하다"고 주장하는 것으로는 불충분하고 왜, 어디서, 그리고 어떻게 특정한 정치적 결과가 산출되었는지를 설명할 필요가 있다면서 그것은 변인 중심적인(variable-centered) 정치학 분석에 "언제", 즉 시간과 순서라는 요인을 가미함으로써 가능성이 커진다고 주장한다(Pierson 2000a, 72-73). 피어슨이 시도한 이론화의 핵심은 제도의 "자기강화적" 경향과 "긍정적 환류"의 효과를 경제학자들의 "이익점증"의 개념을 통해 체계화하고 그것이 정치현상 연구에 적용가능함을 보이는 것이다(Pierson 2000b). 즉 이익점증의 메카니즘은 한 번 선택된 제도를 계속 유지하는 선택지와 그로부터 이탈하는 선택지 사이의 상대적 비용을 전자에게 유리하게 함으로써 실현되며 그런 경향은 소위 긍정적 환류과정(positive feedback)을 거쳐 점차 강화된다는 것이다. 그런데 집단적 행위, 조직행위, 행위자간 권력의 비대칭성 및 정치적 권위의 역할 그리고 복잡성과 불투명성 등의 특징을 가지고 있는 정치현상에는 이런 이익점증의 과정이 보편적이며 따라서 이 개념은 정치현상의 설명에 적용가능하다는 것이다(Pierson 2000b). 또 그는 중대한 기로와 경로의존성을 연계된 과정으로 파악한다. 말하자면 결정적 계기를 통해 만들어진 제도는 경로의존적 과정을 통해 일정기간 동안 재생산되며 어느 정도 시간이 경과하면 다시 이 제도에 새로운 변화의 압력이 가해지고 이것이 결정적 계기를 낳는 형태이다. 그러나 그가 보이는 이론적 관심의 대부분은 여전히 중대한 기로보다는 경로의존적 변화에 쏠려있다.

독일, 영국, 미국 및 일본의 기술자 훈련 시스템의 생성 및 변화 과정을 비교 분석한 텔렌은 특정한 역사적 사건이나 중요한 계기가 각 국가들의 기술자 훈련시스템을 각기 다른 발전 경로 위에 올려놓았음을 보였다. 그러나 보다 중요한 점은 기존 제도가 항상 경제적 혹은 정치적 갈등의 일부분을 미해결인 상태로 남겨둠으로써 그것이 끊임없는 변화과정을 겪게 된다는 점이다. 제도변화의 과정은 "기존의 안정적인 제도에 새로운 정책적 요소를 보태는" 층화(layering)나 "새로운 정책목표를 채택하거나 제도가 수행하는 역할에 변화를 가져올 새로운 행위자를 받아들이는" 전환(conversion)을 통해서 일어나며 이런 변화들은 제도발전의 전반적인 경로를 바꿀 수도 있다고 본다(Thelen 2004, 35). 비록 결정적 계기의 중요성을 부정하지는 않으나 그것이 제도변화의 주된 형태는 아니라는 것이다(김기석 2007, 117-118).

2. 양 분파 간 절충적 연구

(1) 선호에 대한 절충적 접근

이론적 측면에서 HI와 RCI 사이의 가장 첨예한 견해차는 바로 행위자의 선호에 대한 해석이었다(Rothstein 1996). HI는 RCI가 행위자의 선호를 주어진 것으로 가정하며 그것이 어떻게 생성되는가에 대한 이론화에 주의를 기울이지 않는다고 비판해 왔다. RCI는 관찰된 행위로부터 선호를 추론한 후 그를 토대로 행위를 설명하는 순환론적 오류에 빠져 있다는 것이다(Blyth 1997, 233). 반면 RCI는 HI가 선호란 단순히 주어지는 것이 아니라 행위자가 처한 맥락 혹은 구조의 산물이라는 주장을 할 뿐 구체적으로 어떻게 선호가 생성되는가를 설득력 있게 설명하지는 못한다고 비판한다. 즉 역사적 과정이 어떻게 선호를 "생성"시키는가에 대한 HI의 설명은 이론화의 수준이 낮고 실상 선호에 대한 이론적 무관심에 불과했다는 것이다. 이런 상호 비판에 대해 RCI는 주어진 선호로부터 제도로 인해 생성된 선호로 관심을 넓힘으로써, 그리고 HI는 선호에 대한 상대적 무관심 혹은 어떻게 역사발전이 선호를 만들어내는가 같은 막연한 관심에서 보다 구체적으로 "유인된 선호"(induced preference)에 초점을 맞추어 대응하였다.

그 결과 연구자들은 사례연구를 통해 서로의 관점을 절충한 소위 "상황적 선호"(situationally-induced preferences) 개념을 도출해 냈다(Katznelson and Weingast 2005, 4-6). 예를 들면 양 분파의 연구자들이 함께 참여한 저술에서 연구자들은 주어진 역사적 상황과 제도적 조건 하에서 어떻게 특정 선호가 형성되는지, 혹은 왜 행위자의 선호가 변화되는지 등의 이론적 의문에 대한 해답을 탐색하였다(Katznelson and Weingast 2005). 1896년 미국 민주당 전당대회 연구(Bensel 2005), 20세기 중반 미의원들의 시민권에 대한 인식변화 연구(Brady, Ferejohn and Pope 2005), 그리고 1290년 에드워드 1세의 유태인 추방결정 연구(Katznelson 2007) 등은 다양한 시기의 정책결정자들이 각각 후보자의 연설같은 구체적인 계기, 유권자의 인식변화, 그리고 대헌장(Magna Carta)이나 의회의 성장 같은 제도변화를 계기로 자신들의 선호를 형성하고 바꾸어 나가는 과정을 추적한다.

또 구체적 계기보다 전반적인 과정을 중요시하는 연구도 포함되어 있다. 홀은 1980년대 영국, 독일, 프랑스 정부의 유럽통화동맹(EMU) 가입결정 연구를 통해 어떤 행위자도 단일한 관심과 정체성을 가지지는 않으며, 따라서 구체적 행위와 관련한 선호의 형성을 이해하기 위해서는 행위자들이 불확실성 하의 일련의 과정 속에서 자신의 아이디어를 펼치고 다른 행위자들을 설득함으로써 각기 다른 관심과 정체성의 상대적 중요성을 비교하고 판단하는 과정을 이해할 필요가 있다고 주장한다(Hall 2005). 와인개스트는 식민지 시대 미국 온건론자들의 급격한 선호변화, 즉 영국성에 대한 무비판적 수용으로부터 혁명적 사고로의 전환을 분석하면서 합리적 선택이론의 도구를 사용하여 HI의 '중대한 고비'(critical juncture)개념을 모형화하였다. 말하자면 미국에서의 중대한 고비는 미국인, 특히 온건론자들이 점차 여러 가지 사태의 진전 속에 나타난 영국의 행위로부터 식민모국의 자비로움에 대한 신념을 바꿈으로서 나타났다는 것이다(Weingast 2005).

이외에도 노조지도자들의 선호를 연구한 레비나 권위주의체제로부터 민주주의 체제로의 전환과정에서 이행기의 질서가 어떻게 형성되는지를 연구한 엘스터 그리고 보통선거권의 확대를 연구한 존슨 등의 연구는 합리적 선택 신제도론의 방법론을 적용하면서도 깊이 있는 역사적 서술과 맥락의 중요성을 놓치지 않음으로써 두 분파의 이론을 절충하는 작업이 행위자의 선호형성 및 변화를 이론화하는데 상당한 잠재력을 가지고 있음을 보인다(Levi 2005; Elster 2005; Johnson 2005).

(2) 분석적 서술(analytic narrative) 접근법

베이츠와 그의 동료들이 1998년 "분석적 서술"(Analytic Narratives)이라는 제목의 책을 펴냄으로써 알려지게 된 이 접근법은 제도의 기원과 변화에 대한 이해라는 목적을 가지고 합리적 선택이론 혹은 게임이론의 모형화 기법과 깊이 있는 역사적 지식을 결합하는 절충적 시도를 하고 있다(Bates 1998). 이 책에서 정치학자와 경제학자들로 구성된 다섯 저자들은 시공을 뛰어넘는 다양한 사례연구를 수행함으로써 이 접근법의 폭넓은 적용가능성을 주장함과 동시에 역설적으로 시간과 공간의 제약을 이론의 핵심 요소로 인정하고 있기도 하다. 말하자면 다양한 장소와 시대에서 발생하는 제도적 변화를 연구하고자 한 것이다.

그리프는 12세기 이탈리아 제노아의 행정관(podestá), 즉 군사력을 가지지 않은 통치자가 어떻게 부족 간 갈등을 해소하고 경제성장과 정치안정을 가져올 수 있었는가라는 의문에 대한 해답을 찾기 위해 그 기원을 분석한다. 로젠탈은 17세기와 18세기의 영국과 프랑스 사례를 통해 세수를 확보하고 전쟁을 일으키는 통치자의 능력을 비교하면서, 재정에 대한 권위가 양국의 장기적 제도변화 양상의 차별성을 설명한다고 주장하였다. 레비는 19세기의 프랑스, 미국, 그리고 프러시아의 사례들에 대한 비교연구를 통해서 징집에 대한 정부의 정책과 시민들의 대응이 보여주는 차별성을 분석하였는데 특히 징집권을 살 수 있는 권리가 소멸해가는 과정을 설명하였다. 와인개스트는 19세기 미국에서 노예제도를 가진 주들을 연방에 받아들이는 정치적 타협으로서의 소위 균형규칙(balance rule)이 어떻게 남북전쟁 이전의 미국에 평화를 가져왔으며 그 붕괴가 남북전쟁을 촉진하는 중요한 요인이 되었음을 분석하였다. 베이츠는 커피생산자인 여러 나라들을 다루면서도 하나의 구체적인 국제기구, 즉 국제커피협약(International Coffee Agreement)에 관심을 가진다. 그는 왜 그것이 생성되고 쇠퇴하였으며 왜 커피의 최대 소비국인 미국은 제 2차 세계대전 및 냉전기 그 카르텔과 협력했는가를 설명하였다(Bates et. al.

1998의 논문들 참조).

이 연구들은 공통적으로 분석의 전략으로써 합리적 선택이론, 특히 확장형 게임이론을 사용하여 분석모형을 만들면서 주요 행위자, 그들의 목표, 선호 그리고 행위자의 행태에 영향을 미치는 효과적인 규칙 등을 추출해 내고 그 토대 위에서 어떤 행위에는 제약을 가하고 다른 행위들은 부추기는 균형점(제도)을 형성하는 전략적 상호작용의 과정을 역사적 사례들을 통해서 밝혀나가는 방식을 사용함으로써 HI와 RCI 두 접근법을 접목시켰던 것이다. 여기서 강조점은 하나의 시점에 한 가지 제도적 균형점으로부터 다른 시기에 다른 제도적 균형점으로 옮겨가게 되는 원인을 밝혀내는 것에 놓이게 된다(Levi 2001, 4).

V. 나오는 말

이제까지 정치학 분야의 신제도주의 이론, 즉 HI와 RCI의 핵심 주장들을 살펴보고 그 최근 연구경향에 대해 개괄적으로 소개하였다. 각 분파의 이론들은 분파 내부적으로 혹은 분파 간 절충의 시도를 통해 끊임없이 제도연구에 이론적 생명력을 불어넣기 위해 노력하고 있다. 지면관계상 본문에서 본격적으로 거론하지 못했지만 대개 선진국 연구에 초점을 맞추었던 신제도론의 연구 범위가 최근 점차 제 3 세계들 국가로 확대되는 경향도 있다.

그렇지만 제도주의 정치학은 여전히 많은 숙제를 안고 있다. “신제도주의의 제 2의 경향”이 성공적인 성과를 낳을지도 더 지켜봐야 한다. 아직 시작단계에 불과하기 때문이다. 적어도 이전의 경험에 비추어 봤을 때, 철학적 배경과 기본가정, 방법론 등 모든 면에 있어 다른 두 접근법을 하나로 결합하는 작업이 그리 쉬운 일은 아니라는 것은 분명하다. 하지만 최소한 그 간 이루어진 활발한 연구의 성과로 이제 제도가 정치행위의 중심변인이라는 사실에 대한 이견은 별로 없다. 시대와 장소를 막론하고 제도는 인간행위에 대해 제약과 촉진요인으로 작용하며 따라서 제도는 지속적으로 정치학 연구의 대상일 필요가 있는 것이다. 신제도주의 정치학의 보다 나은 접근법으로의 진화는 그래서 여전히 가능성의 영역에 있다.

주요문헌 소개

Williamson, Oliver E., 1975. ***Markets and Hierarchies: Analysis and Antitrust Implications*** **(New York: Free Press)** 경제학의 기본원리와 조직이론을 결합함으로써 신제도주의적 사고의 이론적 토대를 정립한 저술이다. 특히 이 책은 비교제도분석의 시각에서 거래비용, 법, 그리고 조직의 문제 등을 체계화함으로써 소위 거래비용의 경제학(transaction costs economics)을 제공하였고 이는 정치학 분야의 신제도주의자들에게도 커다란 영향을 미쳤다.

March, James G., and Johan P. Olsen. 1989. ***Rediscovering Institutions: The Organizational Basis of Politics*** **(New York: Free Press)** 이 책은 동 저자들이 1984년 미국정치학회보에 발표하여 커다란 반향을 일으켰던, 기존의 몰제도론적(institution-free) 정치학 연구의 문제점을 날카롭게 지적하고 새로운 연구의 방향성으로서 제도에 주목할 것을 역설하였던 유명한 논문을 보완하여 책으로 발전시킨 성과물이다.

Sven Steinmo, et al., eds., 1992. *Structuring Politics: Historical Institutionalism in Comparative Perspective* (Cambridge: Cambridge University Press) 이 책은 1970년대와 1980년대를 통해서 정치학 영역에서 다양한 형태로 제기되어 왔던 제도주의적 사고를 역사연구라는 방법론과 접목시켜 역사적 제도주의라는 신제도주의의 한 영역을 학문적 분파로 정립시킨 대표적 저술이다.

Hall, Peter A., and Rosemary C. R. Taylor. 1996. "Political Science and the Three New Institutionalisms." *Political Studies* 44:4. 비록 심오한 이론을 만든 것도 아니고 그다지 길지도 않은 논문이지만 신제도주의 저작들에서 가장 광범위하게 인용되는 논문이다. 그 이유는 신제도주의의 세 가지 분파, 즉 역사적 신제도주의, 합리적 선택 신제도주의, 그리고 사회학적 신제도주의라는 분류방법을 제시하면서 각각의 이론적 특성을 비교의 관점에서 제시함으로써 신제도주의 이론의 보편화에 크게 공헌하였기 때문이다.

참고문헌

김기석. 2003. "신제도론의 이론적 쟁점: 제도개념의 다양성과 관련하여," 『한국과 국제정치』 제 19권 3호(가을)

김기석. 2006. "역사적 신제도주의와 현대정치학 연구: 1990년대 이후의 연구동향," 한국정치학회 편, 『현대정치학 이론의 발전』 (인간사랑)

염재호. 1994. "국가정책과 신제도주의," 『사회평론』 제 11권 (7월호)

정용덕 외. 1998. 『합리적 선택과 신제도주의』 (대영문화사)

Bates, Robert H. et.al. 1998. *Analytic Narratives* (Princeton N.J.: Princeton University Press)

Béland, Daniel. 2005. "Framing the Ownership Society: Ideas, Institutions, and Neo-Liberal Social Policy," Paper presented for the Annual Meeting of the International Sociological Association, Chicago, September.

Blyth, Mark. 1997. "Any More Bright Ideas? The Ideational Turn of Comparative Political Economy," *Comparative Politics* 29:2.

Brinton, Mary C. and Victor Nee. eds. 1998. *The New Institutionalism in Sociology* (New York: Russell Sage Foundation)

Campbell, John L. 1998. "Institutional Analysis and the Role of Ideas in Political Economy," *Theory and Society* 27.

Campbell, John L. 2004. *Institutional Change and Globalization* (Princeton: Princeton University Press)

Campbell, John L., and Ove K. Pedersen. 2001. "The Second Movement in Institutional Analysis," in John L. Campbell and Ove K. Pedersen, eds., *The Rise of Neoliberalism and Institutional Analysis* (Princeton: Princeton University Press)

Deyo, Frederic C. ed. 1987. *The Political Economy of the New Asian Industrialism* (Ithaca and London: Cornell University Press)

Dunlavy, Colleen A. 1992. Political Structure, State Policy, and Industrial Change: Early Railroad Policy in the United States and Prussia. in Sven Steinmo, Kathleen Thelen, and Frank Longstreth, eds., *Structuring Politics: Historical Institutionalism in Comparative Perspective* (Cambridge: Cambridge University Press)

Evans, Peter, Dietrich Rueschemeyer, and Theda Skocpol. 1985. *Bringing the State Back In* (Cambridge: Cambridge University Press)

Goodin, Robert E. ed. 1996. *The Theory of Institutional Design* (Cambridge: Cambridge University Press)

Granovetter, Mark. 1985. "Economic Action and Social Structure: The Problem of Embeddedness." *American Journal of Sociology* 91:3. (November)

Hall, Peter A., and Rosemary C. R. Taylor. 1996. "Political Science and the Three New Institutionalisms." *Political Studies* 44:4.

Hall, Peter. 1992. "The Movement from Keynesianism to Monetarism: Institutional Analysis and British Economic Policy in the 1970s," in Sven Steinmo, et al., eds., *Structuring Politics: Historical Institutionalism in Comparative Perspective* (Cambridge: Cambridge University Press)

Hay, Colin, and Daniel Wincott. 1998. "Structure, Agency, and Historical Institutionalism," *Political Studies* 46:5.

Immergut, Ellen M. 1998. "The Theoretical Core of the New Institutionalism," *Politics and Society* 26:1. (March)

Katznelson, Ira, and Barry R. Weingast. 2005. "Intersections Between Historical and Rational Choice Institutionalism," in Ira Katznelson and Barry R. Weingast, eds., *Preference and Situation: Points of Intersections Between Historical and Rational Choice Institutionalisms* (Russel Sage Foundation Publications)

Koelble, Thomas A. 1995. "The New Institutionalism in Political Science and Sociology," *Comparative Politics* 27:2.

Krasner, Stephen. 1984. "Approaches to the State: Alternative Conceptions and Historical Dynamics," Comparative Politics 16.

Levi, Margaret. 1990. A Logic of Institutional Change. in Karen Schweers Cook and Margaret Levi, eds., *The Limits of Rationality* (Chicago and London: University of Chicago Press)

Levi, Margaret. 2001. "Modeling Complex Historical Processes with Analytic Narratives," http://www.yale.edu/probmeth/papers.htm

March, James G., and Johan P. Olsen. 1989. *Rediscovering Institutions: The Organizational Basis of Politics* (New York: Free Press)

Moe, Terry. 1984. "The New Economics of Organization" *American Journal of Political Science* 28.

North, Douglas. 1987. *Institutions, Institutional Change and Economic Performance* (Cambridge: Cambridge University Press)

Peters, Guy B. 1996. "Political Institutions, Old and New," in Goodin and Hans-Dieter Klingermann, eds., *A New Handbook of Political Science* (Oxford: Oxford University Press)

Pierson, Paul, and Theda Skocpol. 2002. "Historical Institutionalism in Contemporary Political Science," in Ira Katznelson and Helen V. Milner, eds., *Political Science: The State of the Discipline* (N.Y.: American Political Science Association)

Pierson, Paul. 2000a. "Not Just What, but When: Timing and Sequence in Political Processes," *Studies in American Political Development* 14(Spring).

Powell, Walter W., and Paul J. DiMaggio. 1991. *The New Institutionalism in Organizational Analysis* (Chicago and London: University of Chicago Press)

Rothstein, Bo. 1996. "Political Institutions: An Overview," in Robert E. Goodin and Hans-Dieter Klingemann, eds., *A New Handbook of Political Science* (Oxford: Oxford University Press)

Schneiberg, Marc. 2005. "Combining New Institutionalisms: Explaining Institutional Change in American Property Insurance," *Sociological Forum* 20:1. (March)

Shepsle, Kenneth. 1989. "Studying Institutions: Some Lessons from the Rational Choice Approach," *Journal of Theoretical Politics* 1:2.

Steinmo, Sven. 2001. "The New Institutionalism," in Barry Clark, and Joe Foweraker, eds., *The Encyclopedia of Democratic Thought* (London: Routledge)

Thelen, Kathleen, and Sven Steinmo. 1992. "Historical Institutionalism in Comparative Perspective," in Sven Steinmo, et al., eds., *Structuring Politics: Historical Institutionalism in Comparative Perspective*

(Cambridge: Cambridge University Press)

Thelen, Kathleen. 1999. "Historical Institutionalism in Comparative Politics," *Annual Review of Political Science* 2.

Thelen, Kathleen. 2004. *How Institutions Evolve: The Political Economy of Skills in Germany, Britain, the United States, and Japan* (Cambridge: Cambridge University Press)

Tsebelis, George. 1995. "Decision-Making in Political Systems: Veto Players in Presidentialism, Parliamentarism, Multicameralism, and Multipartyism" *British Journal of Political Science* 25.

Tsebelis, George. 1999. "Veto Players and Law Production in Parliamentary Democracies: An Empirical Analysis" *American Political Science Review* 93.

Tullock, Gordon. 1981. "Why So Much Stability?" *Public Choice* 37.

Weaver, R. Kent, and Bert A. Rockman, eds. 1993. Do Institutions Matter? *Government Capabilities in the United States and Abroad* (Washington: Brookings Institute)

Weingast, Barry R. 1993. "Constitutions as Governance Structures: The Political Foundations of Secure Markets" *Journal of Institutional and Theoretical Economics* 149:1.

Weingast, Barry R. 1996. "Political Institutions: Rational Choice Perspective," in Goodin and Hans-Dieter Klingermann, eds., *A New Handbook of Political Science* (Oxford: Oxford University Press)

Weingast, Barry R. 2002. "Rational-Choice Institutionalism," in Ira Katznelson and Helen V. Milner, eds., *Political Science: The State of the Discipline* (N.Y.: American Political Science Association)

Wier, Margaret. 1992. "Ideas and the Politics of Bounded Rationality," in Sven Steinmo, et al., eds., *Structuring Politics: Historical Institutionalism in Comparative Analysis* (N.Y.: Cambridge University Press)

Williamson, Oliver E. 1975. *The Markets and Hierarchies: Analysis and Antitrust Implications* (New York: Free Press)

5 비판이론

서 규 환

Ⅰ. 계몽의 변증법

비판이론은 독일 프랑크푸르트학파의 이론을 중심으로 그 외연을 넓혀왔다. 호르크하이머(M. Horkheimer), 아도르노(Th. Adorno), 마르쿠제(H. Marcuse), 프롬(E. Fromm), 벤야민(W. Benjamin), 쉬미트(A. Schmidt), 킬히하이머(O. Kirchheimer), 노이만(F. Neumann), 폴록(F. Pollock), 비트포겔(K. A. Wittfogel), 뢰벤탈(R. Löwenthal), 하버마스(J. Habermas), 오페(C. Offe), 벨머(A. Wellmer), 혼네트(A. Honneth), 듀비엘(H. Dubiel), 브룬크호르스트(H. Brunkhorst) 등등 말하자면 학제적 연구진들이 이 학파의 연구소 사회조사연구소를 중심으로 연구했으며 국제적으로 영향력을 여전히 강력하게 발휘하고 있다. 이 학파에서 박사학위를 받은 한국인 학자도 있다. 아도르노의 지도 아래 임석진, 하버마스의 지도 아래 송두율, 오페의 지도 아래 서규환이 그러하다. 지배와 억압이 없는 사회를 지향하는 비판이론을 제약된 지면에 요약하기는 실로 매우 어렵다. 프랑크푸르트학파의 비판이론

(들)을 연구하려면, 또 하나의 비판이론학파가 필요하다는 말이 있을 정도로 광범위한 주제들을 그들은 학제적으로 연구해온 것이다. 여기에서는 아도르노, 마르쿠제, 하버마스, 오페의 주요 주장들에 대해 논의하고, 비판이론의 미래와 관련하여 주요 쟁점과 과제를 짚는 것에 국한할 수밖에 없다.

비판이론의 정전 호르크하이머와 아도르노의 책『계몽의 변증법』은 사회사를 직접 다루지 않고, 오딧세이, 드 사드, 칸트, 니체 등등의 문헌을 독해하는 방식을 통해 간접적으로 유럽 문명사를 조망한다. 문명사적 억압의 기원과 그 동태적 전개에 주목하고 있다. 비판이론의 열쇠는 객체화시키는 사유로 축소된 그 '합리성'을 넘어서는 사유이다. 이는 시민사회(부르주아사회)의 의식형태가 자본주의의 논리 속에서 어떻게 흡수, 왜곡되는지를 분석해 온 마르크스로부터 깊은 영향을 받았음을 시사한다. 하지만『계몽의 변증법』에서 '합리성'비판은 마르크스의 그것보다 더 철저하다.

자연(본질) 지배 테제가 도입되면서 비판이론은 방법론적으로도 전형되어야 했다. 학문전체의 위기를 진단했기 때문이다. 따라서 방법론 그 자체의 비판적 재구성이 불가피했다.

『계몽의 변증법』에서는 사이렌을 만날 수밖에 없는 오디세우스를 다룬다. 저자들은「오디세이」를 계몽의 변증법을 이해하는 알레고리로 읽는다.「오디세이」12장은 사이렌과의 만남에서 시간의식이 문명(문화), 계몽의 구성요소임을 알레고리화하고 있다. 시간의식은 과거, 현재, 미래라는 구조를 띠고 있다(호르크하이머 외 1995, 63). 요정들은 과거나/와 미래를 담보로 요구한다.

시간의식의 구성요소 가운데 어느 하나가 빠지면, 그 '불완전한' 시간의식은 이제 시간의식이 아니다. 미래가 없는 과거는 이미 과거도 아닌 것이다. '즐겁게' 오디세우스는 과거로 돌아갈 수 없다는 점에서 그것은 기만이다. 머물러야 하는 과거는 순수한 자연 그 자체가 이미 아닌 까닭이다. 호르크하이머와 아도르노가 오디세우스의 사이렌과의 만남에서 우선 자연에로의 되돌아감을 비판한다. 자연에로 돌아갈 수는 없기 때문이다. '사이렌과의 만남'은 신화와 계몽의 대립성이 농축된 암시들로 나타난다.

『계몽의 변증법』 역시 분화의 문제를 근본문제로 본다. 그렇지만 분화 이전 상태로 회귀할 수 있는 것으로도 보지 않는다. 『계몽의 변증법』에서는 분화의 결과, 예술작품의 자율성이 나타남을 주장한다. 호르크하이머와 아도르노는 이 자율성에서 그들의 희망을 일단 정지시키고 있다. '계몽의 변증법'은 프랑크푸르트학파의 비판이론사에서 이 심미적 경험을 '역사'철학적으로 새롭게 이해하는 최초의 본격논술이었는데, 다른 인식양식들보다 예술작품에서 새로운 가능성을 엿보았던 이 모티브는 그 뒤 호르크하이머의 대중문화론, 뢰벤탈의 소설에 관한 이데올로기 비판적 연구, 벤야민의 문예이론, 마르쿠제의 미학이론 등에서 나타난다(Honneth 1985, 77-78). 예술작품에서 이론적 반성을 담는 자격을 부여하는 이같은 비판이론 방법론은 미궁에 빠진다. 개념적 사유를 개념적으로 구성하여 비판하려는 것이 비판이론이라면 이 미궁을 벗어날 수는 없다. 아도르노는 전후의 그의 글들 속에서도 근본적으로는 철학적 반성과 심미적 경험사이를 미묘하게 움직이고 있음을 볼 수 있다. 그 사이는 우리에게 쉽게 포착될 수 있는 것이 아니다. 그것이 사이에 있었기 때문이다.

계몽은 유년기를 거쳐 성숙한 인간으로 발전하기도 하는 과정이기도 하다. 호르크하이머와 아도르노는 이 인지발달과정을 얘기한다(호르크하이머 외 1995, 64). 계몽은 유년기를 거쳐 성숙한 인간으로 발전하는 과정이기도 하다.

호르크하이머와 아도르노는 계몽의 변증법을 이성의 변증법으로 축소시킨다. 계몽의 전체상은 문예적 경험을 포함한다. 호르크하이머와 아도르노는 문화산업적으로만 감각을 이해하고 있다.

'계몽의 변증법'은 이성개념 속에 인간들의 자유로운 공생이라는 이념을 뜻하는 일반성의 관심이 들어있다고 전제했다. 이성의 실천은, 시민들의 폭력관계들과 다양한 이해관심들을 진정한 일반적 이해관심이라는 이성적(합리적) 개념으로 지양할 수 있는 능력을 전제한다.

호르크하이머와 아도르노가 말하는 '계몽'의 핵에는 이성이 자리잡고 있다. '계몽의 변증법'은 자연을 기술적으로 통제하는 능력의 발전이 인간자신의 고유한 자연의 실증적 경험에 대해 무력할 정도로 인간의 자연을 편성시킨다는 통찰을 보여준다(호르크하이머 외 1995, 20).

아도르노는 비판이론가 프리드리히 폴록이 사용한 국가자본주의 개념을 수용한다. 이것은 원래 민족사회주의적 경제질서를 정치학적으로 분석하는 개념장치였으나, 『계몽의 변증법』에서 후기자유주의(Post-liberalism)시대의 자본주의 시대 일반을 규명할 때 수단으로 사용된다. 자본주의 경제질서가 관료제적 '명령경제'로 넘어가는 경향에서 이 개념을 주목하고 있는데, 비판이론 연구소 내 강한 비판이 없지 않다(노이만과 킬히하이머가 그러했다).

학파내의 세부적인 차이를 일단 접어둔다면, 아도르노에서 '국가자본주의'개념은 자본주의의 조직화 방식을 이해하는 데 결정적이다. 전체 경제과정의 조정중심이 개별자본들 사이의 '자유로운' 경쟁에서 행정적 지배기구의 중앙집권화된 행정활동으로 넘어갔다는 통찰이다. 모든 사회적 행위영역들은 기술적 합리성 아래 두도록 국가기관의 계획잠재력이 발휘해 나간다는 것이다.

아도르노는 파시즘을 비판하는 관점에서, 자유시장경제와 국가자본주의적 중앙집중행정을 대조시킨다. 그는 자유주의시대를 경제 밖의 지배가 행사해온 역사에서 소박한 하나의 에피소드로만 이해했다. 파시즘을 정치경제학적으로 분석하려는 원래의 목적이 강하였고 자본주의와 후기자본주의의 차이는 상대적으로 간과된다.[1] 더구나 아도르노가 이른바 '총체적으로 관리되는 사회'라는 테제를 사회과학적인 논증을 갖추어 정초지우지는 않는다(Honneth 1985, 88). (가) 국가조직관리에 의해서만 목적합리적 지배가 행사되는지, 아니면 국가 밖의 행정제도들에 의해서도 그렇게 되는 부분이 있는지, (나) 중앙집중제적 지배기관의 행정조치가 자본주의적 경제시스템의 명령을 곧게 반응하는지, 아니면 정치권력의 자율성이 살아있는지에 따라 현재의 행정적 지배가 (다) 자본주의적 산업화 속에서야 발전되어온 목적합리성이 국가행정력차원에서도 실현되는 것인지, 아니면 문명과정 처음부터 행사되어온 합리성이 시대에 걸맞게 나타난 것인지, 이러한 문제의미들에 대하여 아도르노는 명백하게 논의하지 않는다. 오히려 그가 주목하는 것은, 사회가 행정적으로 철저하게 조직화되어가는 과정이다. 그가 이 과정을 통찰하면서 얻은 결론은 "매개의 종말"이다. 이 "매개의 종말"은 『계몽의 변증법』에서부터 1960년대의 사회과학적 논술들에 이르기까지 연구주제의 주 모티브

1) 아도르노의 생애사에서 사상과 이론, 개념구성이 어떻게 바뀌는가를 여기에서 세세하게 추적할 수는 없다. 1968년 아도르노는 독일사회학대회 개최 강연논고 "후기자본주의냐, 산업사회냐"에서 역사철학적 기본톤에서 처음이자 유일하게 벗어나는 모습을 보인다. 하지만 그 속에서도 국가자본주의의 논리는 이어진다(Honneth 1985, 87 참조).

가 된다.

아도르노는 자유주의 자본주의 시장경제와 후기자본주의를 강하게 대조시킨다. 아도르노는 자유주의 자본주의를 이해할 때, 이념형적으로 접근한다. 매체로서 시장은 자본주의에서 사회적 매개의 전형적 형상이다. 시장이라는 매체는 국가행정개입이 없는 한에서, 통일성을 보증하는 행위의 고유한 사회적 영역으로 나타난다.

자유주의 자본주의의 사회적 하부구조를 그려낼 때, 아도르노는 지나치게 추상적이어서 시민적 공론영역, 노동자계급의 자구조직체, 민중적 하부문화 등에서 자본주의적 산업화의 길을 넘어서려는 사회적 소통의 장들을, 또한 갖가지 사회적 집단들이 자신의 경제적 요구를 관철시키려는 사회적 소통의 장들을 간과해가는 경향을 보인다. 그는 시장영역이 정치·행정에 의하여 침해당하는 과정에서 경제적 재생산과 개인적 행위주체 사이의 사회적 결속이 해체되는 것을 연역하는 것이다.

아도르노는 자유주의 자본주의를 파악할 때 사회적 공론의 본질적인 여러 차원들을 사소하게 다루었고, 따라서 경제적 결정과정이 국가행정에 집중되어 간다는 통찰이 지나치게 확장되었던 것이다. 그는 자본주의 사회를 움직이는 다양한 사회적 결속관계 전체가 위협되는 것으로 과장했다. 아도르노의 "매개의 종말" 명제는, 후기자본주의를 경험적으로 분석한 결과가 아니었고, 논리적 귀결이었다. 중앙집중적으로 조직화되면서, 자본주의는 사회내부의 사회성을 상실한다는 이 명제는, 자유주의 자본주의를 오로지 시장이라는 매체에 의해서만 조직화되는 식의 "환원주의적"으로 이해한 논리적 귀결이었다(Honneth 1985, 90).

Ⅱ. 마르쿠제

1. 기억의 정치학

마르쿠제는 '계몽의 변증법' 명제를 비판적으로 발전시켰다(서규환 1994a). "현대산업사회는 자신의 테크놀로지적 토대를 조직한 그 방식에 의하여 전체주의화하는 경향이 있다. '전체주의화'는 사회를 테러리즘 정치에 따라 욕구를 조작함으로써 작용하는 비테러리즘적인, 경제적 · 기술적인 편재화에도 일어난다. 이렇게 되어 그것은 전체에 반대하는 효과 있는 저항이 등장하지 못하게 미리 개입한다." 이렇게 '계몽의 야만성'을 비판하면서도, 그는 아도르노식 비관주의로 나아가지는 않는다. '뉴레프트(New Left)'와의 연대가 그것을 막은 것이다. 그는 부정성(negation)의 철학에 깊이 빠져들면서도 끝까지 긍정적 해결안을 망각하지 않았다.

계몽의 변증법에서 기억이론은 아주 결정적인 역할을 한다. 제임슨(F. Jameson)도 지적하듯이, 마르쿠제의 비판이론에서 기억은 부정성과 총체성의 근원과 같은 지위를 차지하고 있다(제임슨 1984). "마르쿠제에게서 기억의 여신 므네모시네(Mnemosyne)는 프로이트의 메타 심리학에서 에로스와 타나토스(죽음의 신 또는 죽음의 본능)가 차지하는 위상만큼이나 핵심적인 위치를 차지한다." 마르쿠제의 기억이론에는 네 가지 요소가 있다. 첫째, 초기의 마르쿠제는 하이데거의 실존철학으로부터 영향을 받았는데, 하이데거의 '존재의 망각'이 그 예이다. 둘째, 비판이론과의 전목으로, 특히 벤야민의 영향을 받았다. 그 예로 벤야민은 문화 개념을 기억(또는 망각)의 맥락에서 논술했다. 셋째, 마르쿠제의 지적 관심이 미학을 포함한 문화 분석에 있었다. 넷째, 프로이트의 정신분석학을 사용하여 비판이론을 구성하고 있다.

마르쿠제는 기억 범주를 탈근대화하는 데 철저하지는 못했다. 선사시대의 행복을 기억함으로써 혁명은 일차적 에너지를 얻는데, 혁명이란 사회 전체를 재구성함으로써 가능하다는 것이다. 그는 잃어버린 시간을 찾아나서는 식의 복구 태도를 경계하면서도, 다른 한편으로는 존재론적 기억이론으로 되돌아가는 모습을 보였다.

마르쿠제가 볼 때 기억은 상징적으로 또 상상적으로 일어나는데, 그의 이론에서는 '기억 환각'과 진정한 기억을 구분할 이론적 장치가 허약한 것으로 보인다. 마르쿠제의 회상 개념(anamnesis)을 블로흐(E. Bloch)의 아나그노리시스(anagnorisis) 개념과 비교해 보면, 그 관계가 잘 드러난다. 블로흐의 이 아나그노리시스는 미래의 형상적 흔적을 인식할 수는 있으나, 과거 그 자체는 시원에서 출발하지 않는다.

마르쿠제의 반헤겔주의 사유 양식은 로고스와 에로스의 관계에서 출발하는 그의 태도에서도 알 수 있지만, 피아제의 발생론적 인식론을 논평하는 곳에서도, 또한 후설의 생활 세계론을 논의하는 맥락에서도 확인할 수 있다. 양자의 차이는 부정의 존재 양식에 있다. 섹스 작품들에서 부정은 어디에나 있다. 마르쿠제는 『에로스와 문명』, 『일차원적 인간』 등에서 탈에로스화 견해를 비판하며 유기체 전체의 충동인 에로스 대신에 특수한 부분적 충동인 섹슈얼리티(sexuality)가 일상을 지배하고 있다고 한다.

"예술과 일상 욕구 간의 이러한 본질적인 균열은 예술적 소외

속에서는 열려 있었다. 테크놀로지적 사회로 진행해 가면서 이는 더욱 닫혀지고 있다. 이렇게 폐쇄되면서 위대한 거부가 부정되고 있다." 마르쿠제는 문화의 부정, 즉 '위대한 거부'의 부정을 비판하고 있다. 그는 호르크하이머와 아도르노의 '문화산업 비판'을 반복한다. 그는 문화의 본래적 성격인 부정과 비판을 상실해 가고 있는 선진산업사회를 분석한다. "예술은 제식화되거나 그렇지 않거나 간에 부정의 합리성을 내포한다. 그것의 진정한 입장은 위대한 거부 — 현존한 것에 대한 저항 — 이다."

마르쿠제가 '인민'을 사회 변동 주체와 관련하여 어떻게 이해했는가 살펴보는 것은, 그의 비판이론을 이해하는 데 중요하다. 마르쿠제는 '인민' 대신에 이른바 주변 집단들에 기대를 걸고 있다. "보수적인 인민의 토대 아래에서는 추방된 자와 아웃사이더 층이 있다. 즉, 인종이나 피부색이 다르다는 이유로 박해받고 착취받는 자들, 실업자들, 노동력 상실자들, 이들은 민주주의 과정 밖에서 실재하고 있다. 또 이들은 자신의 삶을 견딜 수 없게 하는 사회관계와 제도를 종식할 것을 가장 급박하고 가장 절실하게 요청하고 있다. 따라서 이들의 저항은 설사 그들의 의식을 그렇지 않더라도 혁명적이다."

마르쿠제는 존재론적으로 합리성의 토대로서 작용하는 것을 상상력이라 부르고, 이 예를 "미학적 차원"에서 확인한다(Marcuse 1978). 이 맥락에서 마르쿠제가 유물론적 지평 위에서 환상, 가상, 상상의 세계를 기억하려 한다.

"판타지는 문화 과정에 대한 저항 면역력이 없는 상태에 놓여 있다. 우리는 이미지들에 갇혀 있으며 그것들 아래서 고통받고 있다. 정신 분석은 이 점을 깨달았으며 그 귀결을 알았다. 하지만 판타지에 모든 표현 수단을 보증하면 오히려 퇴행이 일어날 것이다.

병든 — 그들의 상상력 속에서도 병든 — 개인들은 지금 그들에게 허용되어 있는 이상으로 많은 것을 조작하여 파괴할 것이며, 그렇게 풀어 놓는다면 순화되지 못한 끔직한 일이 일어날 것이다. 문화의 격변이 아니라 문화의 억압적 경향이 자유롭게 날뛸 것이다. 판타지가 합리적이려면 생산 기구를 개조하고 평화스러운 현존재, 공포 없는 삶의 방향으로 선회하는 목표를 아프리오리(a priori)로 삼아야 한다. 그리고 이는 지배와 죽음의 이미지에 사로잡혀 있는 자들의 판타지일 수는 결코 없을 것이다."

마르쿠제는 합리성의 경계 유지를 잊지 않고 있으며, 그 기초를 삶은 물질적 조건을 재구성하는 데서 찾고 있다. 이러한 맥락에서 그는 몇 가지 기준이나 방향을 제시하고 있다. 첫째, 제도의 재구성을 목표로 하는 정치적 실천이다. 아마도 이 강조는 상상력을 부각할 때 으레 붙어 오는 개인적 수준에서의 의식 또는 심미주의 형태를 부정하려는 의도 때문일 것이다. 둘째, 정치적 제도화의 재구성은 자유주의와 마르크스주의를 넘어서는 지성의 길을 가리킨다. 이 제3의 길은 총체성의 재구성을 겨냥하고 있다. 여기에서 마르쿠제는 생필품의 생산과 배분에 관해서는 (착취적 준거를 배제한) '테크놀로지적 합리성'을 기준으로 삼고, 이에 따라 중앙집권화된 권위를 인정한다. 마르쿠제가 강조한 자결은 그 테두리가 제한한 것이다. 요컨대 마르쿠제는 집중화한 정치와 탈집중화한 정치의 결합 양식에 주목하고 있다. 셋째, 이 결합 방식에 하나의 지평을 구성하는 자결을 이해할 때, 그는 주로 주체의 의식 및 행동에 작용하는 맥락을 비판하고 있다. 그가 말하는 '새로운 주체의 형성'은 일차적으로 이러한 비판의 맥락에서이다. 사회과학의 수준에서 이 새로운 주체의 실체가 누구이며, 어떻게 형성되는가를 논의할 때 그의 이론은 매우 허약하다.

마르쿠제는 로고스 중심주의를 비판하면서도 '로고스와 에로스의 화해'를 그 대안으로 제시한다. 이 점에서 마르쿠제는 포이에르바흐(L. Feuerbach)의 인간학에 가까이 서 있다고 말할 수 있다. "이론적 직관은 시원적으로 미학적인 직관이며, 미학이 제1의 철학이다." 마르쿠제의 억압 없는 문화란 감각적 이성과 결합하는 문화를 가리키는데, 특히 그는 청년 마르크스에 흐르고 있는 인간학(미학적 유물론)을 달리 조명했다.

2. 욕구의 비판이론

마르쿠제가 욕구 문제에 관심을 보이고 있는 맥락은 흥미롭다. 생태론적 사유와 친화성을 보이는 마르쿠제의 사상에서 사회 해방은 주관성의 차원을 배제하고서는 실현될 수 없다는 점이 명백하다.

"우리는 참 욕구와 허위 욕구를 구별할 수 있다. 개인을 억압하는 데 관심을 두는 특수한 사회적 세력들이 개인에게 부과하는 욕구는 '허위' 욕구다. 즉 강한 노동, 공격성, 빈곤, 불의 등을 영속화하는 욕구다. 이런 욕구가 충족된다면 그 개인에게는 대단한 즐거움일지는 모르겠으나, 이 즐거움이 전체의 질병을 인식하고 이 질병 치유의 기회를 포착할 그런 능력(그 자신의 능력과 다른 능력)의 발전을 저해하는 것이라면 유지, 보호받을 수 없다."

마르쿠제가 허위 욕구의 문제를 제기하는 배경에는 도구적 이성의 확산을 비판하는 기본 의도가 흐르고 있다. 사회과학적으로 특히 주목해 볼 맥락은, 후기자본주의의 자본 축적 논리가 욕구의 허위성을 증폭하는 메커니즘이라는 것이다. 마르쿠제의 도구적 이성 비판은 자본주를 넘어서는 문명사적 비판의 것이지만, 자본주의를 수용하려는 의도는 결코 없다.

마르쿠제는 초기 자본주의와 후기 자본주의를 구별한다. 그는 『일차원적 인간』 앞부분에서 다음과 같이 말한다. "결핍으로부터의 자유, 즉 모든 자유와 구체적 본제가 실재적 가능성이 되는 만큼, 생산력이 낮았던 이전 단계의 자유들은 그 내용을 상실한다. 사유의 독립성, 자율성, 정치적 저항권은 개인의 욕구를 개인에 대한 조직 방식을 통해 충족하지만, 현 사회에 들어와서는 점차 자신의 근본적인 비판 기능을 잃어 가고 있다." 마르쿠제는 후기 자본주의 사회를 일차원적 사회로 특징짓는데, 일차원성의 역사적 성격을 밝히고 그 극복 가능성을 시사하려는 의도 때문으로 보인다. 마르쿠제가 선진 산업 사회 또는 후기 자본주의 사회를 분석할 때 부정적인 측면을 과장하는 인상을 짙게 주는 것은 사실이지만, 결코 기술결정론에 빠져 있다고 해석하기는 어렵다.

현대의 정치 테크놀로지가 사회를 지배하는 방식은 급진적으로 내면화하기 때문에 그는 사회의 급진적인 세력에 호소하였다. 이 사회세력은 '민주적 절차 밖에 존재하는 집단'이다. 여기에서 '민주적 절차'라는 용어가 시사하는 내용은 자유주의 질서이다. 그렇지만 이 문맥에서 급진적 초월을 지향하는 사회 세력이 민주주의의 절차성 그 자체를 전혀 인정하지 않아야 한다고 해석하는 것은 소박한 독해이다.

마르쿠제는 프랑크푸르트 구성원들과는 달리 도구적 이성의 확산에 저항하여 그 대안으로 심미적 에로스적 지평을 제시했다. 이미 『에로스와 문명』 이후 그의 비판이론에 중심을 차지한다.

마르쿠제는 새로운 양식의 욕망과 새로운 감수성, 그리고 상상력의 정치학을 주장하면서도 이성의 비판이론을 잊은 적은 없다. 새로운 에로스는 억압적인 도구적 합리성과 투쟁을 벌이지만 "본능적 저항이 정치적 세력으로 발전하려면 이성의 저항에 의해 수행되고 그에 따라 안내받아야만 한다."고 그는 주장했다. "의식의 해방이 여전이 일차원적인 과제다. 이것 없이는 감각의 모든 해방, 모든 급진 행동주의도 여전히 눈먼 것이며 자기 파괴적이다. … 정치적 실천은 여전히 이론과 교육과 설득에 달려 있다."

엄밀히 말해, 마르쿠제가 자연 또는 테크놀로지에 대해 일관성을 유지하고 있다고 보기는 힘들다. 적어도 두 관점은 종합되지 못한 채 병렬되어 있다. 그 하나는 마르쿠제를 블로흐와 비슷하게 볼 수 있다는 것이다. 블로흐는 자연을 잠재적 주체로 보며 반동의 단순한 대상으로 파악하지는 않는다. 마르쿠제는 '타락한 자연의 복구'라는 이념을 제기하고 있다.

마르쿠제의 『일차원적 인간』은 냉전 사고가 지배했던 시점에서 집필되어 그것에 대한 반응도 담고 있다. 그리하여 마르쿠제는 실천 의도의 역사적 역할을 과소평가했다. 그의 일차원성 명제는 산업사회를 순수 테크놀로지의 시각에서 분석하여 실천 의도가 일차원적으로 완전히 통합된 것으로 과장했다. 말하자면 마르쿠제는 경험적 수준에서의 진단, 처방이 예리하지 못했다. 산업사회의 시스템이 안정되어 있다면 이를 구성하는 이익이 무엇인지, 또 이 이익에 반대하는 저항 이익을 억누르는 논리가 무엇인지를 밝혀내는 이론적 장치가 없었던 것이다. 결론적으로 마르쿠제의 사회사상은 다음과 같이 압축될 수 있다. 첫째, 과학적 합리성 그 자체가 지배의 조직 원리가 되었다는 것이다. 마르쿠제의 급진성은 과학적 합리성을 응용하는 단계 이전, 즉 테크놀로지를 생산하는 자연과학적 연구 단계에서 이미 비인간적 관리와 조작의 사유가 지배했다고 보는 데 있다. 둘째, 자연을 합리성에 따라 지배하고 노동 과정을 관료주의의 합리성에 따라 통제하게 되어 거의 새로운 선택지가 없는 사회에 도달했다는 '허위의식'이 오늘날 범람하고 있다는 것이다.

마르쿠제의 한계를 지적할 때, 오페의 마르쿠제에 대한 논평 끝부분은 지금도 여전히 생기를 가지고 있다.

"오늘날의 역사는 전통적인 계급투쟁의 역사가 아님은 분명하다. 하지만 그 때문에 인간학적 범주를 선호하여 계급투쟁에 대한 분석을 해체해야 한다는 것은 아니다. 계급투쟁의 오늘의 형태가 역사의 조건으로 남아 있는 것은 아니다"(Offe 1968, 88).

Ⅲ. 오 페

1. 자본축적과 정당성의 모순

후기자본주의에서 정치와 경제의 관계는 이전의 자본주의에서의 그것과는 다르다. 위기문제성이 전이되었다. 과학과 테크놀로지가 생산력의 중심이 되는 정도가 증대되고 있다는 점에서, 시스템의 안정을 위해서 개입주의적 국가활동이 증대하고 있다는 점에서 그 맹아를 식별할 수 있다. 비판이론의 제3세대 오페는 후기자본주의의 구체적 내용이 무엇인지를 검토하기 이전에 후기자본주의도 자본주의인 한에서 자본주의가 무엇인지를 밝히는 과제를 항상 짊는다. 그것은 그가 자본주의의 논리적 지평이라 불렀던 것을 말한다. 그것은 다음의 네 가지이다. (가) 생산의 사유화: 객관사실적 생산수단 가운데 가장 중요한 거대한 부분이 사적 통제력에 있다는 것이다. (나) 조세의존성: 공권력이 사적 축적의 규모와 양, 곧 조세메커니즘에 의존해 있다는 것이다. (다) 준거점으로서의 축적: 국가권력은 준거점으로서 축적에 관련된다는 것이다. (라) 민주주의적 정당성: 국가의 활동은 국민들로부터 지지를 받아야 한다는 것이다. 이 네 가지 구성 원칙은 자본축적과 민주적 정당성의 모순으로 요약된다. 자본축적과 정당성, 이 모순을 내재적으로 가진 요청 속에서 국가는 탈정당화과정에 빠지는 경험을 하게 된다. 그것은 다음과 같은 과정모델로 그려볼 수 있다. (가) 갈등집단의 일탈행태가 일어난다. (나) 이 일탈행태를 제재한다. (다) 그렇지만 갈등의 당면성을 종식시키지는 못한다. 갈등집단 밖에서도 연대를 얻어야 하는 테마의 반향공간이 존재하는 것이다. 제재조치가 포섭할 수 없는 여백이 항상 남아 있게 된다. (라) 이 여백은 정치시스템의 아젠다로서 쟁점으로 다시 부상한다. (마) 그렇게 부상한 테마는 정치시스템에 의해 개혁조치를 단행하는 것으로 전개되지만 온전하게 해결되지는 않는다. 그것들은 다른 집단이나 그와 관련된 다른 관점 속에서 갈등을 일으키는 자원이 되기 때문이다. (바) 그 결과 또 다른 정책이 아니라 정책을 정식화하는 다른 양식을 지향하는 요청이 표명된다. 그리하여 결단(결정)의 합리화가 아니라 오히려 결단에 대한 제도화된 정치행정시스템의 항존이 논의된다. 이 경우 정치의 사회화(Vergesellschaftung), 곧 국가적 영역의 특별화(Besonderung)를 확고히 하는 구조(예컨대, 대표)를 지양하는 것이 목표로 설정된다.

오페에 의하면, 국가적으로 매개되는 가운데 경제적 시스템이 생성시키는 문제들을 해결하기 위해서 정치시스템은 시장을 조직화하고, 기술적 진보를 제도화하며, 자본주의적 전체시스템을 조정해가는 양상을 보인다. 후기자본주의사회들에서는 전체사회생활영역이 국가적으로 매개되고 있다. 특히 정치 시스템의 관점에서 오페는 문제복합체를 다음 세 가지로 확인한다.

첫째, 오페에 따르면, 후기자본주의에서 정치와 경제는 단순하게 분리되어 있는 것은 아니다. 국가기구 자체가 자본주의적 생산 그리고 그 조건의 유지와 함께 뒤섞여 있다. 국가기구의 간접성, 곧 국가는 개별자본의 동태성에 대해서는 단지 부정적으로만 관련된다는 가정이 도전받고 있다. 자본의 배분, 노동의 배분, 수익의 배분, 대외경제관계 등에 국가는 깊이 관련되어 있다는 것이다. 그러므로 국가의 개입은 후기자본주의에서 중요한 조절메커니즘이다.

둘째, 국가는 경제적 시스템의 결함을 보완하려 하지만 모든 이해관계를 균등하게 고려하지 못한다. 국가가 불균등의 담지체가 된다. 그 실체는 전통적인 계급이론에 따라 온전히 분석될 수 없다.2)

셋째, 오페는 정치행정시스템이 시스템의 모순에서 일어나는 혼란을 넘어서는 가능성을 검토한다. 정치행정시스템의 조정원천은 재정적 수단, 행정적 합리성, 국민지지이다. 그렇지만 이들 조정원천들이 완벽하지 않다. (가) 국가의 과제가 증대함에 따라 재정적인 수단을 증대시켜야 하는 일이 일어난다. 그것은 자본주의적 축적과정에 위협을 가하는 것으로 나타난다. (나) 정치행정시스템은 정보를 처리하고 예견력을 높이고 상이한 아젠다들을 체계적으로 편성하는 능력을 증대시키고 계획능력을 증대하는 등이 요청되고 있지만, 질적으로, 양적으로 그리고 시간적으로 그러한 과제들을 수행하지 못하게 한다. (다) 국가적 정치에 대해서 정당성 요구는 증대하지만

2) 이 맥락을 오페는 영향이론과 제재이론간의 논쟁을 논의하면서 정치하게 밝힌다. 이 맥락에서 그의 선택성논의를 참조하라. 오페(1998).

국가의 능력은 오히려 감퇴하는 문제가 발생한다.

후기자본주의에서 핵심적인 갈등영역으로 부상하는 것은 정치적 규범적 영역에 연계되는 종류의 것이다. 경제적 영역에만 배타적으로 국한되는 것이 아니다. 갈등의 담지체는 잉여가치 범주에서 설명될 수 있는 것이 아니다. 정치적 지배를 둘러싼 메커니즘이 쟁점이 된다. 그리고 그는 잉여가치생산과정에서 사회화되지 못하는 범주들이 첨가되어야 하는 것으로 이해한다. 예컨대 비영리적인 범주들(학생, 실업자, 주부 등등), 행정과정에서 그 활동이 관련되는 범주들(서비스영역, 국가관료, 기업행정 등등) 그러므로 위기를 극복하려는 실천적 의지는 이제 정치적 위기이론으로서 표현된다. 국가는 이 정치적 위기이론의 중심범주로 나타난다(Esser 1975; Kopp 외 1980).

오페에 의하면 국가는 한편에 있어서는 자본의 이해관계에 조응하여 수미일관된 프로그램을 발전시킬 수 있도록 내재적으로 구조화되어 있어야 하며, 또한 체제적으로 반자본주의적 세력들의 요구와 이해관계를 배제시킬 수 있어야 하며, 그러한 요구와 이해관계가 정책결정에 결정적인 영향을 미치지 못하도록 저지할 수 있어야 한다. 그렇지만 동시에 다른 한편에서는 국가는 국민들의 지지를 받도록 구조화되어 있어야 한다. 자본주의국가는 축적과 정당성 이 둘을 유지할 수 있는 기능적 요구를 받고 있다는 것이다.

오페가 전통적인 시장경제이론들이 가정하고 있는 바와는 달리, 후기자본주의 현실에서는 탈상품화 형식이 증대되고 있다는 점에 주목한다. (가) 대등교환원리에서 벗어나는 비생산적 노동이 점차 확대되고 있다는 것이다. 공적이든 사적이든 제3부문이 확대되고 있다. 노동시장에서 완전히, 혹은 일부분이 벗어나는 부문들이 늘어나고 있다는 것이다. (나) 경제외적인 국가의 역할이 확대되고 있다는 것이다. 후기자본주의에서는 이와 같이 경제가 정치화되고 있다. 탈상품화 형식의 확대는 정치시스템의 정당성에 새로운 도전을 던지고 있는 셈이다.

정당성문제는 그의 정치적 비판이론에서 기초적인 것이다. 그것은 민주주의의 본질적 내용을 실현하려 할 때 기존의 정착되어 있는 제도의 기초에 대해 다시 반성하게 한다. 오페는 1975년 독일 두이스부르크(Duisburg)에서 개최되었던 서독정치학대회에서 발표한 자신의 논문 "정치적 정당화문제에 대한 숙고와 가정"(Offe 1976, 80-105)에서 상호인정에 관한 다음 두 관점을 말하고 있다. 첫째, 정당성은 지배를 받는 자들 편에서 상호인정하는 타당성 기준에 근거하는, 지배구조를 받아들이는 기반형성화라는 관점을 그는 제시한다. 상호인정이 더 이상 지속되지 못하게 되는 가능성을 그는 묻고 있는 것이다. 둘째, 지배시스템은 정당성을 준거한다는 점, 다시 말해서 상호인정을 위한 타당성 근거는 특정한 구조와 전략에 의해 능동적으로 제기된다는 관점을 그는 제안한다. 정당성은 지배시스템이 능동적으로 타당성을 확신시키는 국가적 기구와 권력의 문제로 나타난다는 것이다(하버마스 역시 "후기자본주의에서의 정당화문제들"에서 정당성문제를 상호인정의 관점에서 지적한 바 있다).

후기자본주의에서 정치시스템의 주기능은 포괄적인 위기관리와 장기적인 예방전략이다. 그의 선택성 명제는 자본주의 시스템이 구조화하는, 제도화되어 있는 우선순위도식에 주목할 것을 상기시킨다. 생활영역들의 불균등명제는, 가장 현대적인 생산기구와 군사기구, 그리고 교통, 의료, 교육 시스템 등이 불균등하지 않다는 것을 겨냥하고 있다. 합리적 계획을 추구하지만 예컨대 지방과 중앙간의 불균등문제는 방치되고 있는 등의 모습으로 나타나는 것을 그는 비판한다. 이 불균등명제는 정통마르크스주의자들이 말하고 있는 계급간 대립론과는 다른 것이다. 국가가 전면적으로 개입하고 있는 후기자본주의에서는 계급간 갈등은 사회적 변동의 핵심적 중심을 더 이상 표현하지 않는다.

국가의 상대적 자율성 명제가 오페에게서는 선택성명제로 표현되고 있다. "자본주의적 국가를 표현한다는 것은 이것이다. 곧 자본주의적 국가가 그 구조조건에 의해서, 즉 간접적으로 경제적 시스템과의 관계 속에서 그 속에서 있으며 따라서 사회적 이해관계를 제도화된 모음중복(Hiatus)에 의해서 직접적으로 정치행정시스템에 전달시키는 것을 제한시킨다는 것이다"(Offe 외 1973, 12). 이와 같이 선택성의 정도와 규모 속에서 국가적 실행은 사회적 불평등의 객관적 조건을 변화시키고, 사회적 불평등의 차원과 관련되어 있는 개인들의 상황을 변화시킨다. 사회적 불평등의 문제는 국가적 구조 변화에 따라 정치적으로 관련되는 형식을 띈다.

후기자본주의적 사회에서는 생활상황들이 서로 상이하고 상반되기까지 하여서, 전체사회적으로 갈등의 적실성 있는 조직의 문제지평으로 등장하게 된다. 갈등의 경계선은 이제 계급들 사이에서가 아니라 집단과 집단의 개별적 생활영역들 사이에서 설정되고 있다. 생활영역들은 생산과정에 의해서 직접적으로 규정되는 것이 아니라, 정치적으로 조직되는 배분 및 분배 결정에 의해서 규정되고 있다. 이와 같이 오페는 자본주의적 국가의 구조변화를 확인하고서, 인간노동에서도 역시 구조변동을 확인하는 과제의 중요성을 논증한다.

오페의 위기론에서 후기자본주의라는 용어는 단순하게 한 시대를 특징짓는 것은 아니라, 자본주의가 전체적으로 자기적응하는 메커니즘에 따른 패러다임적으로 설정되어 있다. 그것은 국가가 모순적인 관계 속에서 시스템의 한계를 스스로 적응해 나가는 가능성의 관점에서 논의된다. 한편에서는 후기자본주의에서 정치행정시스템은 경제시스템에 부정적으로 포섭되어가는 과정이 분석된다. 그는 이 관계에서 국가의 상대적 자율성 명제를 제안한다. 그것은 자본주의의 내재적 모순의 산물이다.

2. 복지국가의 구조문제

오페에 의하면, 복지국가는 이제 되돌릴 수 없는 실적이 되었으며, 그런 만큼 정부는 노동력과 자본 모두를 재생산시키는 데 이바지할 수 있는 정책과 서비스를 제공하지 않을 수 없게 되었다. 복지국가는 노동자와 자본가 양자를 보다 높은 경제적인 방식으로 보호해야 한다. 그렇지만 그러한 과정에서 일어날 수 있는 갈등들에 대해서 복지국가가 충분하게 처리할 수 있는 메커니즘을 갖추고 있는 것은 아니다. 복지국가는 심각한 문제를 안고 있지만, 구조적으로 결함 있는 제도적 편성을 내재적으로 가지고 있지만, 그렇다고 복지국가를 배제한다면 그보다 더 심각한 문제들이 발생하여 자본주의적 시스템의 위기를 발생시킬 수 있다는 데 근본적 문제가 있다. 여기에 복지국가의 딜레마가 있다. 이런 한에서 복지국가적 후기자본주의적 사회는 순수시장사회를 다시 복원하는 것으로 재모델화 될 수는 없다.

오페에서는 자본주의적 민주주의 국가의 모순은 자본주의가 복지국가와 함께 공존할 수도 없지만, 복지국가가 없어도 존재할 수 없다는 것을 가리키고 있다. 이 자본주의적 복지국가의 기본적 모순은, 이 두 구성요인들의 신중한 균형에 의해서만 해결책을 관리해야만 하는 질곡을 지시하고 있다는 것이다. 이 질곡을 인정하면서 그는 다음과 같은 두 가지 사실을 대단히 불확정적이기는 하지만 보완적 해결책으로 제시하고 있다. (가) 질서를 유지하려는 복지국가의 기능이 지탱될 수 있는 반면에, 그 방해적 결과가 피해질 수 있는 어떤 최대점(Optimum point)과 같은 것이 존재하고 있다는 것이다. (나) 이 (가)의 가정 아래 정치적 절차와 행정적 실체는 이 조심스러운 균형을 수행하는 데 충분히 "합리적"일 것이라는 것이다.

3. 노동사회모델의 위기와 비판

노동사회와 그 모델에 대한 비판적 재검토를 오페는 주장해 왔다. 그는 노동중심적 사회과학적 이론을 비판하는데, 그 근거를 다음 세 가지 관점에서 요약하고 있다. (가) 발전과 구조를 결정하는 데 있어서 노동범주의 중심성은, 노동하고 있는 것의 경험적으로 다양해지고 있는 형상들을 분석하는 것과 일치하지 않는다. (나) 노동하고 있는 자에게 노동이 차지하고 있는 주관적인 핵심적인 가치(Valenz)와 중심성이 이제 문제시되고 있다. (다) '노동중심적' 사회모델이 — 자본주의와 산업사회 등 차이들이 있기는 하지만 공통적인 개념을 기초 짓고자 할 때 — 사회학적 개념형성과 이론형성의 기초로서 적합하고 충분한 것으로 검토될 수 있는지에 대해서 의문이 제기되고 있다.

오페의 위기론은 탈노동중심주의로 표현될 수 있다. 부르주아사회학이나 마르크스주의적 사회학에서 고전적 전통은 노동이 바로 사회적 사실구성요건이었다는 점에서 노동중심주의적 파악을 기초로 하고 있었다. 그런 한에서 노동사회로 구상될 수 있었다. "마르크스,

베버, 뒤르켐에서도 노동 중심적 모델이 사회이론분석의 중점에 있었다는 것은 상당히 설득력 있는 해석이다. 물론 마르크스의 경우 노동개념이 탈노동중심주의적 사유에서 보는 노동개념의 협의를 넘는 분화되지 못한 복합성을 띄고 있다는 깊이있게 해부한 반박이 있을 수는 있다. 그렇지만 마르크스조차 부르주아적(시민적) 영리사회를 노동으로써 파악하였다는 것은 대체로 부인할 수 없을 것이다"(Offe 1984). 오늘날에는 노동과 노동하고 있는 자들이 생산과정에서 차지하는 위치가 사회적 구조들의 조직화원리에서 최상의 원리로서 취급되고 있지 않다. 사회적 발전 동학은 순수경제적 영리적 지배갈등에서 선제점을 두고 개념구상되고 있지 않다. 기술적, 조직적 수단과 목적, 그리고 경제적 수단과 목적의 관계를 극대화하는 자본주의적 산업적 합리성유형은 앞으로의 사회발전에 길을 예시해주는 합리성형식으로서는 지지되고 있지 않다(Offe 1984, 16-17). (임금)노동의 사회적 사실이 지니고 있었던 포괄적이고 거시사회학적인 결정력은 오늘날 이러한 구조변화에서 사회학적으로 의문시되었다.

1950년대 산업사회학과 노동사회학은 노동하고 있는 자들의 순수경제적(영리적) 상황을 분석하는 것을 중심으로 삼았다. 노동의 조직화와 노동하고 있는 자들의 의식과 사회정치적 행위정향이 앞으로 전개될 것을 예시하려 모색했던 것이다. 하지만 오늘날 연구들은 노동상황을, 특히 국가적 인간화정책, 사회정책, 노동정책, 그리고 기업의 자율성전략과 합리화전략에 의존해 있는 변수로 파악하고 있다. 노동부문들은 무엇인가 제3의 것에 의해 구성되고 있는 것으로서 취급되고 있다. 산업사회학은 상당한 부분에서 정책연구나 지원보충연구의 특수한 한 분야가 되어가고 있다.

오늘날 자본주의적 산업사회에서 나타나는 사회적 정치적 갈등들은 사회적 노동의 기본양상과 노동과 자본의 대립, 그리고 이러한 것에서 결과하는 배분관계에 의해 선제적으로 밝혀져 있는 전선을 가로질러 가고 있다고 오페는 주장한다. 사회적 실재의 노동중심적 이미지는 수정되고 다른 것으로 대체되고 보완되어야 한다는 것이다. 노동, 생산, 영리 등의 사실 요건들은 사회기초 양상과 사회발전을 결정하는 객관적인 힘이 상대적으로 감소하고 있다. 사회가 노동에 의해 주조되는 정도는 감소하고 있다는 것이다. 생산과 노동의 영역들은 구조와 발전을 결정하는 잠재력을 잃어가고 있다. 노동은 개인적으로나 집단적으로 거의 중심적이지 않게 되었다. 노동범주의 음향이 정치하고 있다.

오페에 의하면, 모든 정치이론은 다음 두 물음에 답하지 않으면 안 된다. (가) 수미일관된 모델, 전형의 목표를 규정하는 문제이다. 바람직한 사회와 국가의 조직 형태가 무엇인가? 그리고 사회생활에 관한 우리의 기본적인, 규범적인, 사실적인 가정과 그것이 작업할 수 있다는 것, 곧 그것과 상호일관 된다는 것을 어떻게 우리가 현실화해 낼 수 있는가? (나) 전형시킬 수 있는 동태적 힘과 그 전략을 확인하는 문제이다. 곧 어떻게 그곳에 우리가 도달할 수 있는가?

후기자본주의 조건 아래 관료제적 계획화과정은 정당화될 수 있는가? 이 관료제적 계획화는 탈정치화를 조건으로 하지만, 그것이 계속 지속되려면 이 탈정치화과정을 약화시켜야만 한다.

Ⅳ. 하버마스

1. "공론의 구조변동"과 논박

하버마스는 『공론의 구조변동』에서 본격적인 질문을 던진다. 공론은 과연 얼마나 다원적인가, 그리고 그것은 민주주의적 발전을 위해 존재하는 것인가? 이 물음은 오늘날 더욱 중요해지고 있다. 민주주의로 이행하면서 국가의 통치방식이 국민들과 시민들의 "정신적인" 차원을 중심으로 전개되는 양상이 강화되고 있기 때문이다. 이 맥락에서 나는 "공론의 구조변동"(Habermas 1962)과 이 논술에 대한 자기비판을 고려하여 그의 공론의 정치이론을 논의하고자 한다.

하버마스는 그의 책 『사실성과 타당성』(Habermas 1992, 435-443)에서 공론을 국가와 경제로부터 분리된 독립된 영역으로 규정한다. 그것은 넓은 의미에서 오늘날 시민사회영역으로 부르는 것이기도 하다. 의문은, 하버마스에서 공론개념과 시민사회개념은 현실적으로 잘 조응되고 있는가 하는 것이다. 국가와 경제로부터 분리된 시민사회에서 공론이 구성된다면, 적어도 프랑크푸르트학파의 문화산업테제가 말하는 언론의 상업화 현상과 정치권력에 의해 조작되는 사례를 철저하게 분석하지는 못할 것이다. 여기에서 하버마스는 최근 자신의 비판력을 약화시키고 있는 모습을 읽을 수 있다.

하버마스의 자기비판은 물론 그동안 "공론의 구조변동"에 대한 비판적 논의를 수용한 것이다. 하버마스는 새로운 공론이론을 주장하고 있는데, 그 내용은 다음과 같다. (가) 언론은 경쟁적인 이해관계에 있으며, 따라서 경제적 관점, 정치이데올로기적 관점, 전문적 관점, 매체미학적 관점 등을 하나로 통합시킬 수 있는 것이 아니다. (나) 대중매체는 통상 저널리즘적 위탁에 부과되는 의무를 아무런 갈등 없이 저버릴 수 있는 것이 아니다. (다) 언론은 단순히 대중문화의 수준에 조응하는 것이 아니다. 예컨대 진지하지 않은 대중적 오락의 경우에도 비판적 사실보도를 내포하기도 한다. (라) 이데올로기적으로 보도하는 경우 일정한 하부문화적 배경을 가진 시청 조건 아래에서는 의도했던 것과는 정반대로 그 의미가 전달될 수 있다. 허위보도, 과장보도, 왜곡보도 등은 일상적 소통과정에서 대중들의 신뢰를 상실하고, 마침내 그러한 보도와는 정반대로 해석하는 태도가 늘어나고, 그러한 보도를 하는 언론사를 멀리한다는 것이다. (마) 소통적 실천은 일상적 대화에서 일어나고, 고유한 동태성을 지니고 있어서, 대중매체의 직접적인 조작적 공세에 대해 저항할 수 있다. (바) 전자매체가 발전하여 호르크하이머와 아도르노의 "문화산업 테제"가 상정하는 것과는 달리 중앙집중화 된 방식이 해체되고 있다. 소자본으로도 전자매체를 이용하여 언론사를 설립할 수 있고, 공론의 다원화에 기여할 수 있는 길이 열려 있다. 현대(modern)사회에서 공론(영역)은 재봉건화되었다는, "공론의 구조변동"에서의 주장은 이렇게 근본적으로 수정되었다.

하버마스가 "부르주아 공론장"을 이해하는 방식에 대해 진지한 비판이 가해졌다(Thompson 1995, 71-75). 우선, 하버마스는 이 부르주아 공론장 이외의 의미있는 다른 공론장을 간과하고 있다는 것이다. 톰슨(E. P. Thompson), 크리스토퍼 힐(Christopher Hill) 등등이 근대 초기 유럽에서 다양한 형태의 민중적인 사회적 · 정치적 운동을 부각시키면서, 이들 운동이 결코 부르주아 공론장에서 도출된 것이거나 그것과 유사한 형태의 것이 아님을 밝히고 있다. 이들 운동의 공론과 그 장은, 부르주아 공론과 그 장이 궁정권력의 전통적인 권위에 대한 저항에서 자신의 정체성을 가졌다면, 이 전통적인 권위에 대한 저항을 부르주아 공론 양식과는 다른 양식으로 발전시켜 나갔던 것이다. 그리고 그것은 부르주아 공론과 그 장 못지않게 중요하다는 것이다.

둘째, 하버마스는 부르주아 공론장을 지나치게 이상화하고 있다는 비판이다. 부르주아 공론장이 보편적인 접근을 이론적으로는 열어놓고 있었지만, 실제에서는 제한된 공론 형태를 가지고 있었다는 것이다. 여기에서 두 가지 비판이 있다. 그 하나는 부르주아와 공론장을 구성하는 인물들이 실제에서는 재산과 교양을 소유한 엘리트들이었다는 것이다. 다른 하나는 유럽 근대초기의 공론장이 남성중심의 가부장적이었다는 것이다. 여성이 배제된 사실을 하버마스는 간과하고 있다는 비판이다. 공론장에서 여성의 배제는 공론장을 이해하는 방식을 구성하는 본질적 요소였다. 공적인 장으로서 공론장은 이성과 보편성의 영역으로서 일반적으로 이해되었고, 이 영역 속에서 남성들은 참여하는 것이 당연시되었으나, 여성들은 특수성으로 이해되었으며 사적인 가사 영역에 귀속되어 있었다. 젠더의 차이를 이해하는 방식이 공론장에서 여성을 배제하는 것과 연관되어 있었다.

셋째, 하버마스가 "공론의 구조변동"에서 공론장은 유럽에서 18세기에 발전했으나 그후 점차 국가개입주의가 강화되면서 이른바 공론의 재봉건화가 일어났다는 주장을 전개하고 있는데, 이 재봉건화 주장에 대해서도 비판이 제기되었다. 우선 하버마스는 살롱과 커피하우스에서의 자유롭고 비판적인 토의의 공론문화를 지나치게 과장하여 그 비중을 높게 평가했다는 점에서 비판받는다. 하버마스는 18세기의 다니엘 디포(D. Defoe)의 리뷰(Review)와 조나단 스위프트(J. Swift)의 이그재미너(Examiner)와 같은 정치적 정기간행물은 강조하고 있으나 그 이전에도, 17세기에도, 책과 팜플렛에서부터 소식지와 플래카드 형태의 다양한 인쇄 형태의 "언론"들이 있었다. 만약 하버마스가 이들 언론들에 주목했었다면 커피하우스나 살롱에서의 공론 형성에 그렇게 많은 비중을 두지 않았을 것이라 추측된다. 그런데 이 공론의 위상을 허물어뜨리는 점차 거대해지는 상업적인 언론사들이 등장함으로써 공론의 구조가 변동되어 왔다는 것이다. 즉, 이 매체들이 비판적 공론 대신에 문화를 소비하는 대중을 양산하고 있다는 것이다. 그런데, 이 공론의 재봉건화 테제는 공론의 수용 주체들의 능동적 역할을 무시하고 있다. 하버마스의 자기비판은 "공론의 구조변동" 이후 소통행위이론을 발전시키면서 서로 비판적으로 토의하는 시민들의 발달에 주목하게 된다. 또한 새로운 형식의 소통과 정보가 전개되는 오늘날 하버마스식으로 이해하는 공론성이 어떠한 의미를 가지는가 하는 근본적인 의문도 있다.

2. 소통행위이론의 비판이론

(1) 하버마스는 형이상학의 잔재를 청산하면서도 실천주체의 반성력과 비판력을 높이는 공간을 열어주려 한다. 하버마스는 현대성의 핵심으로 '지배로부터 자유로운 대화'의 원리를 주장한다. 그는 이 원리를 특수한 개별 이익이나 욕구를 억압으로 통합하려는 절차라고 이해하지는 않는다. 오히려 공통된 사회생활관계 내에서 서로 다른 이익, 관심, 욕구 등을 실현시킬 수 있게 하는 사회규범에 관

해 상호주관적으로 합의를 얻어내는 것에 그 요점이 있다. 원칙적으로 말해서, 논술의 다원성과 동의는 서로 배타적이지 않고, 오히려 상호 유화적이기까지 하다.

하버마스가 지배로부터 자유로운 대화, 폭력없는 논술을 이론화하면서, 이론의 불일치를 근본적으로 배제하는 것이 아니다. 오히려 동의 그 자체는 '논전'의 현실을 지양하지 않을 뿐만 아니라 논박의 전제이기도 하다. 그의 진리동의론은 갈등을 부정적으로 보는 것이 아니다. 서로 말하는 경우 상호양해(Verständigung)에 대한 비전을 가지고 있다는 사실을 강조할 뿐이다. 논박은 논박에 참여하는 것을 전제로 하기 때문이다. 그의 진리동의이론은 초대화적 진리기준을 인정하지 않기 때문에 대화 내에서 인정한다. 사실, 논전을 극복하려는 관점을 취하지 않고서는 언어적 논전이 우선 일어날 수도 없다. 그리고 그의 진리동의이론은 곧바로 다양성을 하나로 축소(환원)시키는 형이상학을 의미하지 않는다.

하버마스는, 비언어적인 것에 작용하는 사회적인 것을 비판할 수 있는 이론을 발전시키려고 시도한다. 보편실용론의 경험분석력을 주장하는 것이다. 특히, 합리성 문제를 사회이론의 비판적 시각에 연결시키면서 생활세계 개념을 도입한다. 이 개념으로써 그는 설의 화행이론에 나타난 일종의 딜레마를 극복할 수 있다고 본다. 그 딜레마는 문장과 발화의 '절대적' 의미를 주장하면서도 그것이 암묵적 지식의 배경에 상대적임을 지적하는 그 맥락을 말한다.

하버마스가 '총체론적으로 구조화된 지식'을 주장하고 있는 것을 잊어서는 안된다. 상호양해는 진리, 정당성, 진실로 구성되어 있지만 단순히 그 산술적 합은 아니라는 주장이다.

하버마스의 진리동의이론은, '논전'의 논리와 다름없이 한 문장에서 다른 문장으로 이행하는 논리적 필연성도 없고 경험적 증명도 없다는 주장에서 출발한다. 하버마스의 '소통행위이론'은 아펠(K.-O. Apel)로부터 자극받아 특히 후기 비트겐슈타인(L. Wittgenstein), 오스틴, 설 등의 화행이론을 비판적으로 수용하고 있다. 비판적 사회이론의 시각에서 볼 때, 이 화행이론전통은 우리의 의식을 결정하는데 참여하는 언어의 의미는 언어내적으로만 판단될 수 없다는 통찰을 세련되게 제시한 데 있다. 언어를 행위과정으로 이해하는 화행이론은 언어적인 것과 비언어적인 것의 결합을 언어의 본질로 본다. 물론 여기에서 후자가 '다시' 언어적인 것으로 표현될 수 있으나 이렇게 표현된 언어 역시 화행의 논리에서 벗어나는 것은 아니다.

따라서 하버마스는 비언어적인 것의 민주화를 그의 진리동의이론에 핵심적인 내용으로 삼는 것이다. 참다운 인식론은 사회비판으로서만 가능하다는 주장이다. 이른바, '체계적으로 훼방된 소통'을 비판하는 이유가 여기에 있다. '텍스트' 밖에 아무 것도 없는 것이 아니라 사회적인 것(the social)이 있다면, 그것을 성찰 비판할 분석틀이 필요하다는 것이다.

하버마스의 '소통행위이론'이 정치이론 차원에서도 설득력이 충분하다고 보는 것은 아니다. 두 가지 시각에서 소통행위이론의 정치적 함의를 비판할 수 있다. 하나는, 그가 『소통행위이론』에서 정치사회적 맥락으로 '생활세계의 내적 식민화 명제'라 부르고 비판하는 차원에 관한 시각이다. 다른 하나는 그의 '소통행위이론'의 기초를 이루는 진리동의이론을 정치적 차원에서 비판하는 것이다. 필자는 여기에서 후자를 중심으로 '소통행위이론'의 정치적 함의를 비판할 것이다. 형이상학시대 이후의(nachmetaphysisch) 이론에서 정치는, 형이상학이 차지했던 그 존재의 장소를 대신하는 실천이다.

하버마스는 현대성을 철학적으로 논술하고 있는데, 그를 통하여 언어의 실용론적 전제를 반성하고 있다. 즉 언어실용론에 '내재하는' 타당성 요구들을 분석할 때, 그는 반성적으로 더 이상 파고들 수 없는 선험적 정초형식을 진리동의이론의 본질로 제시한다. 이 이론은 적어도 그 의도에서는 '지배로부터 자유로운' 논술을 지향하고 있다. 이러한 점에서 우리는 '해방적 정치'의 이념이 아직 그의 신비판이론에서 죽지 않았다고 말할 수 있다. 하버마스의 진리동의이론은, 마르크스의 지배없는 사회라는 유토피아를 인식론적으로 재구성한 것이다. 하버마스는 마르크스의 유토피아를 인식론적으로 포기하고 있지는 않다.

하버마스의 '소통행위이론'은, 해방적 정치의 유토피아를 실현해 가는 방식이지 충분히 해방적이지 않다는 데에 그 한계가 있다. 소통행위이론은 좁은 의미에서 갈등 상황을 조정해 가는 현실주의적 방식을 의미하기도 한다. 바로 이 소통행위론 구상이 서구 자유주의 유산을 초기 비판이론과 비교해서 상대적으로 높게 평가하는 그의 태도와 관련되어 있다. 이는 『소통행위이론』에서 비판정치이론을 허약하게 진술한 이유를 다른 각도에서 시사하기도 한다.

(2) 시스템과 생활세계, 그 비변증법적 시원설정

하버마스가 소통행위이론에서 관심을 가지는 맥락은 사회변혁의 역사적 주체가 누구인가를 적극 탐색하기보다는 규범에 관한 비판적 반성력을 높이고, 사회의 객관적 모순을 분석하며, 긴장과 갈등이 일어날 수 있는 영역을 밝히는 데 있다. 이 점은 하버마스의 정치이론이 지닌 성격이 무엇인지를 간접적으로 시사해주고 있다.

하버마스는 데카르트 이래의 의식철학의 한계를 극복하면서도 주체없는 이론의 전통 속으로 빠져들지 않는다. 그는 상호주관성에 근거를 두는 소통행위이론을 발전시켜가고 있다. 의식철학과 헤겔주의의 역사철학을 극복하는 지성사적 맥락에서 하버마스의 '소통행위이론'의 의미는 결정적이다. 그는 헤겔주의를 청산하는 문제를 오랫동안 사색해 왔던 것이다.

하버마스는 내재적 비판에 호소하지 않는다. 그의 소통행위이론은 비역사적이고 전통적 생활형태에 내재한 구체적 이상을 검토하는 방식이 아니다. 비판의 규범을 도출해내는 곳은 내재적·역사적 형태들이 아니라, 언어의 당연시된 보편성이다. 하버마스의 '비판이론의 언어학적 선회'는 준선험주의, 혹은 준근본주의 형태를 취한다.

하버마스는 계몽주의 합리성을 비판적으로 재구성하려 한다. 민주주의, 문화적 분화, 비판적 이성을 더욱 발전시키려 하면서도 도구적 이성이 생활의 거의 모든 영역들에 파고들고 있음을 두려워한다. 초기 프랑크푸르트학파들이 가장 치열하게 파고들었던 도구적 이성비판 그 자체보다는 이 비판을 구성하는 그의 사유방식이 새로운 논리이다. 하버마스는 비판이론의 패러다임을 전환시키는데, 여기에 활용하는 지성은 미드(G. Mead)와 뒤르켐(E. Durkheim)이다.

소통행위이론을 발전시키는 과정에서 하버마스는 미드가 자아와 사회를 보는 시각에 주목한다. 개체화 과정은 곧바로 사회화 과정임을 의미한다는 주장 아래 하버마스는 미드의 보편논술이론을 재구성함으로써 아도르노가 추구했던 자유와 유화의 이념을 실현할 길을 찾는다. 자유문제는 상호 이해에 근거한 상호주관성에서 형성되는 동일성 문제로 나타난다. 억압없는 사회와 유화 문제는 상호 이해와 자유로운 인정에 근거한 상호주관성 문제로 나타난다. 하버마스의 소통행위이론은 자아실현이라는 심리학 범주의 특수주의와 합리적 자기결정이라는 윤리학 범주의 보편주의를 접목시키려는 시도다.

하버마스의 이 시도에는 이미 1960년대 중반부터 진행되어온 가다머와의 해석학 논쟁 이래 "비판이론의 언어학적 전환"이 더 깊게 흐르고 있다. 하버마스는 언어에 의해 매개되며 규범에 의해 안내되는 행동을 발생적으로 설명하면서 미드의 한계를 밝힌다. 미드는 역할 행동발달을 개체발생 관점에서 설명하였고, 계통발생 관점을 무시하였다. 좀 더 구체적으로 말하면 미드는 자아에 대해 일반화된 타자의 태도를 취하는 과정을 적절하게 설명하지 않고 있다. 하버마스는 이 빈틈을 뒤르켐의 집합의식 개념을 도입하여 메꾸려 한다. 미드는 발달 과정에 영향을 미치는 외적 요인들을 충분하게 고려하고 있지 못하다. 그는 사회의 물적 재생산 과정에서 오는 제한조건들에 대한 깊은 비판적인 성찰을 보여주지 않는다.

뒤르켐은 『종교적 생활의 기본 형태들』에서 사회규범의 도덕적 권위는 그 뿌리를 신성한 것에 두고 있다고 주장한다. 가장 오래된 신성한 상징들에서는 제식적 실제에서 정착된 규범적 합의가 표현되고 있다. 규범적 합의가 제식으로 넓게 받아들여지고 있고 상징적으로 매개되고, 이는 집합적 동일성, 미드의 용어로 말하면 일반화된 타자의 고전적인 예이다. 하버마스는 이러한 맥락에서 "신성한 것의 언어화"를 주장하고 있다.

언어는 베버 이래의 의미(Sinn)문제를 해결하는 '방안'으로 등장한다. 의식에 앞서는 언어가 역사의 시원이라는 판단이 나타나 있다.

생활세계 개념은 시스템개념과 마찬가지로 소통행위이론에서 가장 중요한 개념의 하나이다. 생활세계개념은 사회행위론의 주관주의적 경향을 벗어날 수 있게 한다. 생활세계개념은 행위 정향의 명시적이고 의식된 수준보다는 묵시적이며 당연하게 받아들여진 수준을 인식하게 한다. 물론 그는 슈츠(A. Schütz) 등의 현상학적 사회학 전통에서 사용해온 생활세계론을 그대로 수용하는 것은 아니다. 그것은 일종의 문화주의로서 생활세계에 작용하는 제도적 질서와 인성구조의 지평을 상대적으로 무시하기 때문이다.3)

하버마스는 소통행위이론에서 마르크스, 루카치, 초기 비판이론 등이 발전시켜온 문화이론을 비판적으로 재구성한다. 생활세계가 관료제화되고 화폐화되는 이중의 과정을 그는 비판한다. 말하자면 자본축적 논리뿐만 아니라 정치행정 시스템이 생활세계의 고유한 논리를 위협하는 측면을 그는 고려하고 있다. 베버마르크스주의 전통에서 주목해온 자본주의적 민주주의 사회에서 일어나는 '문화적' 빈곤 현상을 다른 각도에서 재검토하고 있다. 하버마스의 "내적 식민화" 명제는 이른바 신사회운동들을 이론화하는 그의 양식과 관련을 맺고 있다.

하버마스는 선진대중민주주의 사회에서 등장하는 갈등을 기본적으로 방어적 입장에서 (생활세계의 고유한 논리는 보존한다는 그 측면에서) 확인하려는 듯하다.

베버의 현대성이론은 하버마스가 주목하는 핵심 맥락의 하나이다. 베버는 도구적 합리성이 지배 영역으로 확장됨에 따라 의미가 파편화되고 자유가 침해받는, 이른바 철의 둥지(iron cage)가 확대되는 경향을 주목하고 있었다. 관료제적 합리성의 확대로 특징 지워지는 그 현대성은 다르게는 의미의 위기와 자유의 침해를 의미하기도 한다.

---

3) 하버마스가 슈츠를 정당하게 비판했는지 여부는 다른 쟁점이다. 중기 이후의 슈츠가 하버마스의 비판을 벗어난다는 반론이 있음을 지적해 둔다. 특히 슈츠 연구가로 명성이 높은 그라토프(R. Grathoff)의 논술들을 참고할 것(Grathoff 외 1983).

『소통행위이론』에서는 자본주의와 민주주의 사이의 긴장 관계를 확인하고만 있다. 국가기구는 집합적 목적을 정치적 결단이나 권력을 매체로 하여 현실화하는 기능으로 나타난다(Habermas 1981, 255). 선진자본주의사회에서 국기기구의 과제에서 결정적인 것은 시장을 대체하거나 아니면 시장의 기능적 결함을 메꾸는 일이다. 사적인 투자가 우선하고 자본축적의 동학은 유지되어 가고 있다.

하버마스의 소통행위이론은 이원론 늪에서 헤어나고 있지 못하다. 형식실용적 지평과 사회과학적 지평의 이원론이 하버마스의 생활세계를 이원화시키고 있다. 물론 하버마스는 이원화 그 자체로 그치지지는 않는다. 구체적으로 말하면 생활세계의 내적 식민지화 명제가 그것이다. 이 명제는 체제와 합리성(도구적 합리성)이 생활세계로 침범해 들어오는 맥락을 두 겹에서 이해하고 비판한다. 그는 루카치 이래 서구마르크스주의에서 강조해 왔던, 물화 경황에 대한 비판뿐만 아니라 권력에 의한 왜곡, 예컨대 관료주의적 의식의 침투, 확산에 대한 비판도 발전시키고 있다.

하버마스의 이원주의는 첫째, 생활세계 영역 그 자체에서 일어나는 권력들의 갈등 잠재력과 비동의 가능성을 통찰하는 길을 어둡게 하며, 둘째, 각 행위 유형을 행위영역에로 귀속시켜 버리는 오류를 낳는다. 셋째, 시스템과 생활세계 사이의 다면적인 상호침투관계를 균형있게 설명하고 비판하지 못한다. 예컨대 왜곡된 생활세계가 시스템의 합리성을 왜곡시키는, 말하자면 시스템의 내적 식민지화 명제에 대한 비판도 중요하다(더 상세한 비판을 위해서는 서규환 1993, 제8장 참조).

하버마스의 해방은 더 이상 마르크스주의의 그것은 아니다. 자유주의에서 강조해온 다원주의를 더 급진화시키는 수준에서 제도적 해방의 폭은 닫히고 있다. 이것은 절차적 민주주의가 가진 유토피아, 달리 말해 소통적 이성에 기초한 그의 소통행위이론이 인간의 윤리 의식을 고양하고 있음을 반영하고 있는 것 같다. 소통행위이론에서는 궁극적으로 인간 윤리를 소통적으로 성숙시키는 논술이론을 이상으로 제시하고 있다.

논술윤리의 실용론적 반성은 진지하게 논증하는 주체로서의 과학적이며, 철학적인 '주체'에 대한 반성을 통해서만이 얻어지는 그러한 척도만을 설정하기 때문이다. 논증의 타당성을 위한 척도는 의미있는 논거에 의해서 더이상 논박가능성이 없어지고, 그런 만큼 논리적으로 필연적인 것이다. 합리적으로 더 이상 뒤로 파고 들 수 없는 척도이기도 하다. 논술윤리의 실용론적 최종 정초의 모든 비밀은 그 정초가 이같이 도덕적으로도 적실성 있는 척도의 정초라는 데에 있다. 실천적 논거를 포함하여 순수논술적 합의력의 척도는 합리적으로 더 이상 뒤로 들어갈 수 없다는 명제에 모든 것이 근거해 있다.

V. 결론: 비판이론의 쟁점과 과제

비판이론은 하나로 통합되어 있지 않다. 비판이론들 사이의 명시적이거나 숨은 차이와 가능한 논쟁을 탐색해야 하는 과제가 있다. 예컨대, 아도르노와 벤야민, 후기 호르크하이머와 아도르노, 마르쿠제와 하버마스, 비트포겔과 킬히하이머, 하버마스와 오페, 프롬과 마르쿠제 등 사이에는 이론적 차이를 밝히고 그 의미를 천착하는 과제가 있다. 또한 비판이론들에 대한 학파 외부 학자들 사이에서도 거대한 논쟁들을 조망하는 과제도 있다. 여기에서는 그 가운데 필자가 판단하는 주요 쟁점을 중심으로 과제를 요약하며 글을 맺고자 한다.

1. 모순개념

하버마스가 아도르노 등과의 차이를 보여주는 또 하나의 차원이다. 아도르노는 『독일사회학에서의 실증주의 논쟁』의 "서론"에서 "변증법적 모순은 논리적, 과학적 사상시스템 내에서 가시적이 되지 않는 실재적 길항들을 표절한다."고 주장한다. 아도르노는 모순의 비판을 거쳐 완벽한 변증법적 해결로 나아가려는 이상과는 거리를 취하고 있었다. 부정의 변증법에서도 그는 이 거리를 그대로 유지한다. 하버마스에서는 모순이 다르게 나타난다. 사회적 존재론의 개념에서가 아니다. 상호주관적 소통의 지평에서 일어난다. '정당화 문제'는 이 맥락에서 자본주의 사회에서의 모순이 사회적 상호작용의 지평에서 일어나고 있음을 논증해가려는 시도였다.[4)]

2. 유토피아

하버마스가 벌려온 여러 논쟁들 가운데 크게 주목받지 못한 논쟁, 곧 쉬패만(R. Spaemann)과의 논쟁에 대해 주목할 가치가 있다. 이 논쟁의 핵은 '유토피아'에 관한 것이었다. 쉬패만의 출발점은 정

---

4) 마르쿠제 역시 "변증법적 논리는 모순을 사사의 바로 그 본질에 속하는 필연성으로 이해한다면 … 모순은 사상의 대상의 바로 그 본질에 속하므로 그렇게 되며, 그곳에서는 이성이 비이성이며, 합리적인 것이 비합리적인 것이다"(Marcuse 1964, 142; Martin Jay 1989, 172-173에서 재인용). 모순의 이러한 이해는 마르크스 이래의 '계몽의 변증법' 논리에서 흔히 볼 수 있는 특성이기도 하다.

치적인 것의 본질은 지배라는 판단이다. 이 판단 아래 하버마스가 주장하는 지배자유적 논술원칙과 지배자유성과 강압없는 합의의 이념을 비판한다(Spaemann 1972).

쉬패만의 논거에 의하면, 자기 주장을 펴는 가운데 집합적 실천 영역에 속하는 바가 정치적인 것이다. 의견과 관심(이익)이 달라서 분쟁이 생기는 속에서도 결정할 능력이 있는 집합적 의지가 만들어지는 과정이 정치적인 것의 중심이다. 정치의 주체는 집합적 의지를 구성하여 행위할 능력을 보증받지 못하면, 자신을 스스로 해체할 대가를 치루어야 한다. 여기에서 일종의 홉스주의를 연상할 수 있다.

인간의 현존재의 유한성 속에서는 무엇을 행해야 하는가에 관한 불일치는 항상 무한하다는 근본적 판단이 쉬패만에게 남아있다. 누군가가 논쟁의 무한한 흐름을 단절시켜야 하고, 논의를 매듭지을 수밖에 없다는 것이다. 그 단절의 선언 속에서는 지배가 행사되며, 구속력이 있어야 한다는 주장이다. 물론 쉬패만은 여기에서 정당성 문제를 제기한다. 모든 해당관련자들이 동의할 수 있는 척도에 따라 구속력을 얻는 정의가 정당성의 원칙이다. 내가 여기에서 주목하려는 내용은 아리스토텔레스주의로 회귀하려는 쉬패만의 논리가 설득력이 있다고 판단하는 것이 결코 아니다. 오직, 하버마스·쉬패만 논쟁에서 우리는 하버마스가 얼마나 '완벽한' 유토피아를 진리이론적으로 전제하고 있는가를 파악할 수 있다는 사실에 주목할 뿐이다. 그렇다면 '계몽의 변증법'을 넘어서는 그의 사유는 이미 '계몽의 변증법'의 숲을 떠난 새의 날개짓에 불과하지 않을까. 아도르노와 비교해 보면, 하버마스에서 유토피아는 '완전한' 것이다. 모순에서 벗어나는 상호주관적 합의가 그것이다. 이는, '계몽의 변증법'이 정지함을 의미한다.

3. 생태학적 문제

이 문제는 절차원칙에 따라서만 해결될 수 없는 성질의 것이다. 그것은 "좋은 삶"이란 무엇인가에 대한 탈형이상학적인 목적설정이 필요한 문제이다.

하버마스는 절차윤리론을 주장, 변호하면서 두 종류의 질문을 엄격히 구분하는 모습을 보인다. "일반적인 합리적인 상호양해" 기준에 근거하여 결정될 수 있는 질문만이 사실상으로 도덕문제이고, 좋은 삶에 대한 이해와 관련된 그런 종류의 질문은 적지않게 중요하지만 인간의 현존재양식('행복'하거나, '성공한' 삶 등)에 속한다는 것이다. 하버마스는 이 후자류의 질문은 도덕적이기보다는 질병치료적(klinisch)이라고 말한다(Habermas 1981, 166). '좋은 삶'형태에 관한 논의와 그 선택이 건강의 문제만은 아님이 분명하다(Taylor 1986, 47).

생태학적 관점에서 좀더 구체적으로, 요약적으로 말하자면, 하버마스의 비판이론의 결함은 다음과 같다. (가) "물적 재생산" 영역에서 외적 자연과 생활세계가 "식민지화되고" "물화되는" 현상들을 고려하지 못한다. (나) 이 영역에서의 생태학적 · 경제적 측면에서의 "새로운 저항"을 철학적으로 위험하게 정초지우고 있다. 하버마스가 이러한 망각은 관심의 결여이기보다는 그의 이론체계 자체에 그 근거가 있다. 신비판이론을 생태학적 관점에서 다시 전환시킬 필요가 있다. 그렇게 하려면 시스템과 생활세계의 이분법을 넘어서야 할 것으로 보인다. 생태학적 통합과 인간학적 통합의 문제를 다룰 새로운 설정이 필요하다. 그것은 마르쿠제의 사유에서 출발할 수 있을 것 같다.

4. 공 론

하버마스에서는 공론에 행정적 시스템으로부터 사실상 완전히 분리된 생활세계에 귀속되어 있다. 공론이 정치시스템 내에서 포착되지 않는다. 「소통행위이론」에서 이 같은 모양은 1973년 "후기 자본주의에서의 정당화 문제"에서 이미 나타난다. 공론영역은 그 기능이 환원되어 있고, 구조적으로 탈정치화되어 있다.[5)]

5. 정의와 선

이 문제에서 하버마스의 시도는 이론설정에서부터 문제가 있다. 하버마스가 진리, 정당성(Richtigkeit), 본래성(Authentizität)을 엄격히 분리하면서도, 다른 한편으로는 이 세 요소의 종합 같은 것을 말하고 있어서 복합적 설명이 필요하다. "이상적 대화상황"의 조건들이 적극 정당화되지 못하고 있다. 아마도 우리는 여기에서 다시 18세기 서구계약이론운동에서 말해온, 자연상태에서 사회상태에로의 이행문제들을 다시 도입해야 할 것 같다(서규환 1993, 제11장). 하버마스는 이 점을 망각하고 있는 것이다.

생활세계가 언어만의 생활세계라면 그 생활세계는 오직 해석될 뿐이다. 생활세계에 대한 기대는 실현될 수 없다. 해석만이 아니라 실천도 문제이다.

---

5) 시스템이론에서는, 일반적으로, 정치시스템은 관료제적 행정, 당정책, 공론으로 세부 분할되는 것으로 이해한다. 기능적으로 전달화된 하부시스템들이다(Mc-Carthy 1986, 190-191). 하버마스식 공론이론(및 시민사회론)에 대한 더 상세한 비판을 위해서는 서규환(1993)의 논문 228-262 참조.

6. 상상력의 지위

벤야민, 아도르노, 마르쿠제 등 초기 비판이론가들에게는 소비적인 것이 사회이론적 반성의 중심을 이룬다. 하버마스에서는 이에 비해서 사적유물론을 재구성하는 — '정치경제학의 비판'을 재구성하는 — 관심이 전면에 부각되어 있다. 하버마스는 경험적으로 논증되는 수준을 넘어서지 않으면서 아도르노가 진단한 '총체적 맹목화맥락'을 재구성하려 한다. 도구적 이성에 대한 비판 역시 이에 따라 정치경제학과 정치사회학의 비판에서 다시 정초되며 아도르노가 상대적으로 간과해온 예술의 매개·수용문제에 대해서 관심을 기울인다. 그는 정치적·경제적 명령에서 벗어날 수 있는 가능성을 엿보고 있기는 하다. 그렇지만 그 엿봄이 개별작품들의 분석을 통해 설득력을 얻고 있지는 못하다. 그가 후기 자본주의적 사회의 정치와 경제가 기능하는 방식 속에서만 주로 예술에 대해서 논의할 수밖에 없는 이유는 무엇일까? 그것은 '계몽의 변증법'이 완벽한 형식적 유토피아로 정지되어 버리는 논술윤리의 구조가 예술의 "본래성"을 이론화하지 못하게 만들기 때문이다.

오디세이의 자기제한형식과 내용은 다양하게 전형되어 왔다. 하버마스의 논술윤리 역시 그의 독특한 자기제한의 형식과 내용이다. "계몽의 변증법"은 새로운 자기제한을 요청하고 있다. 아마도 그것은 예술을 가능하게 하는 상상력의 지위와 관련되어 있을 것이다. 상상력은 예술 영역을 넘어 사유의 지평에 작용하는 것이다(서규환 1993).

7. 언어의 본질

비판이론의 언어학적 전환 이후 언어의 본질을 파악하는 것은 본질적이다. 하버마스는 초기비판이론을 비판하면서 언어이론을 연구하여 사상의 정전으로 인정받았다. 그는 화행의 단위를 문장으로 보는 경향이 있다. 그의 저서 『도덕의식과 소통행위』(Habermas 1983, 97; 하버마스 1995, 309-378)에서 그는 "여러 발화자들은 동일한 표현을 다른 의미로써 사용해서는 안된다."고 주장한다. 화행이론에 제시하는 결정적인 메시지는 문장의 의미가 문장 언표 그 자체 속에서 이해되지 않고 그 밖과의 관계에서 소통된다는 것이다. 따라서 화행이론 전통에서 보더라도 표현의 의미는 소통공동체에 따라 달라질 수 있다. 그러나 완전히 열려 있는 것은 아니다. 언어의 단위는 논술이다. 이렇게 출발하는 나의 논술이론은 하버마스가 소통행위이론의 시원으로 잡고 있는 그 생활세계 개념을 비판적으로 재구성하는 데서 시작한다. 이 맥락에서 나는 하버마스의 진리동의이론에 지적 자원이었던 계약이론들, 특히 루소를 다시 성찰해야 한다고 주장한다. 루소에 의하면, 자연상태에서 사회로 이행해 가는 그 전환점에 소통적 언어의 시원이 있다. 이 언어시원론은 언어가 하버마스가 말하는 형식실용론의 논리와는 다른 구성원리에 의해 움직인다는 것을 가리키고 있다. 이미 루소의 생활세계에는 모순과 갈등잠재력이 내재해 있다. 언어와 사회는 자연의 '위험한 대체'이다(서규환 1993, 259 이하). 시원점의 행위양식에서도 역시 이렇게 보면 도구적 합리성과 소통적 합리성의 대화가 결정적이다.

8. 주체를 어떻게 파악하는가

개인주의적 주체이론을 해체하고 주체없는 사유를 추구하는 탈현대성의 도전 이후 이 쟁점은 여전히 핵심적이다. 나는 사회의 문제를 집합적 실천주체의 관점에서 극복하려는 준거를 취해 왔다. 실제에서 가시적으로 실천주체가 집합행동을 보이고 있다는 차원을 넘어 인식론의 토대를 집합적 실천주체, 즉 대화하는 주체를 정초짓는 과제가 있다.

9. 비판적 역사의식

역사철학이 전제하고 또한 목적으로 제시한 영원한 시간은 이제 설득력을 갖지 못한다. 그렇다고 이와 정반대로 순간적인 황홀을 유일한 '유토피아'로 삼는 탈현대주의도 사회이론의 맥락에서는 위험하다. 집합적 실천주체는 사실 이 지속성 준거 없이는 존재할 수도 없다. 상호주관성은 역사적 시간의 언어로 보면 지속성에 다름 아니다.

10. 총체성

비판이론은 닫힌 총체성 범주를 비판하는 데 그 특징이 있었다. 이것은 탈총체적 단편성을 추구하는 해체주의에 대비되는 핵심논거의 하나이다. 초기비판이론은 언어라는 매체에 깊게 천착하지 못함으로써 이 맥락을 충분하게 고려하지 못한 것 같다. 하버마스의 경우, 철학적 입장과 사회학적 분석틀 사이에 균열이 있다. 나는 비판이론을 비판적으로 재구성하면서 내가 열린 총체성이라 부르는 총체성론을 주장해 왔다(Seo 1988). 개방성과 다양성을 가능한 한 허용하지만 서로 배타적이며 모순적인 내용은 끊임없이 초월해야 할 대상으로 삼는 개방성의 총체성을 이론화하는 관점이다. 역사철학의 폐쇄적 총체성은 다양성과 개방성을 억압하는 이론적 폭력이었다면, 단편성의 탈현대주의는 자유를 앞세워 사회적 책임과 윤리를 방치하는 위험에 빠진다. 비판적 현대성은 '현대'를 살면서 체험하는 우리들이 비판적 성찰을 거쳐 보다 나은 미래를 준비하려는 기획이다.

11. 현대성문제

현대사회이론은, 그리고 현대정치이론은 현대성을 어떻게 보는가 하는 논의로서, 그 핵심 쟁점은 현대성을 규범적으로 재구성하는 문제이다. 우리가 검토한 제이론은 현대성의 특성을 나름으로 밝히면서 실천을 매개지우려 한다. 이들 이론을 비판적으로 살펴보는 그것이 이미 현대성을 이론화하는 한 과정이다. 사회실재의 변동은 이론의 변화와 분리되어 있지 않다. 물론 이론이 사회를 곧바로 변동시키지는 않는다. 사회를 변동시켜가는 우리의 행동에 이론이 참여하고 있다.

현대성의 이론화는 역사적 경험을 배제해서는 안 된다. 중세질서가 무너진 이후 시대적으로 '현대'라 부르면서도 그 속에 흐르는 의미적 맥락을 재구성해야 할 특정한 현대성이 있다. 이러한 현대성을 나는 '비판적 현대성'이라 부르고 있다. 이 과정에는 이론과 경험의 구체적 분석이 포함되어 있다.[6)]

주요문헌 소개

Horkheimer, Max, Adorno, Th. W. 저 / 김유동 외 역. 1995. **『계몽의 변증법』. 서울: 문예출판사.** 초기비판이론의 정체성을 알 수 있는 핵심적 저술로서 단상들을 엮어 놓은 것이다. 1960년대 대학생들에게 비판이론의 "바이블"로 애칭되었다.

Marcuse, Herbert 저 / 박범진 역. 2003. **『일차원적 인간』. 서울: 한마음사.** 마르쿠제의 주저 중의 하나이다. 현대산업사회를 움직이는 정신, 즉 모든 것을 목적을 실현하는 도구로 파악하는 도구적 이성의 확산에 대해서 비판한다.

Marcuse, Herbert 저 / 김인환 역. 2004. **『에로스와 문명』. 서울: 나남출판.** 마르쿠제 사상의 실체가 담겨 있는 핵심저술이다. 비판이론 내에서 프로이트의 정신분석과 마르크스의 역사유물론을 결합하려는 시도를 보인다. 그 결합방식은 마르크스의 역사유물론을 중심으로 프로이트를 비판적 재구성한다. 억압없는 문명이라는 그의 유토피아가 잘 드러나 있다.

Habermas, Jürgen 저 / 한승완 역. 2001. **『공론의 구조변동』. 서울: 나남출판.** 이 책은 하버마스의 교수자격논문이었다. 자본주의 사회에서 공론이 어떻게 왜곡되고 있는지를 분석하는 비판적 책이다. 이 책에는 최근 관심을 받고 있는 시민사회라는 범주가 핵심적으로 설정되어 있다.

---

6) 이 논고는 나의 글(서규환 1994, 161-172; 서규환 1994, 173-185; 서규환 2000, 72-92; 서규환 2006a; 서규환 2006b)에 있는 비판이론에 대한 논의를 본 핸드북용으로 편집하고 보완하였음을, 또한 이 편집과정에서 최소한의 각주만을 살리고 세세한 각주를 삭제했음을 밝힌다.

Habermas, Jürgen 저 / 한상진 외 역. 2000. 『사실성과 타당성』. 서울: 나남출판. 하버마스가 〈공론의 구조변동〉에 대한 자기비판을 담고 있다. 공론영역을 자율적 영역으로 설정하려는 태도가 강하게 나타나며 정의, 법과 권리, 공화주의, 공동체주의, 자유주의 등이 급진민주주의의 관점에서 개진되어 있는 야심작이다.

Habermas, Jürgen 저 / 서규환 외 역. 1995. 『소통행위이론 I』. 서울: 의암출판. 하버마스의 언어이론, 담론이론이 집약된 책이며, 오늘날 마르크스가 제시한 물화문제가 어떻게 설정되며 극복될 수 있는지를 논의한다. 마르크스, 베버, 루카치, 뒤르켐, 미드, 등 고전적 이론에 대한 비판적 독해로 읽어도 좋다.

Adorno, Th. W. 저 / 홍승용 역. 1997. 『미학이론』. 서울: 문학과지성사. 아도르노의 주저다. 이론은 본질적으로 미학적이라는 명제를 깊게 천착한다. 매우 천천히 음미하며 읽어야 한다.

Matin Jay 저 / 황재우 외 역. 1981. 『변증법적 상상력』. 서울: 돌베개. 프랑크푸르트학파의 비판이론을 추종하는 마틴 제이의 역사학박사학위논문을 책으로 출간한 책이다. 호르크하이머에서 마르쿠제까지 초기비판이론들의 역사와 사회조사연구소의 사회사를 담고 있는 매우 흥미로운 역사서이자 비판이론의 안내서다.

Offe, Claus 저 / 한상진 편 서규환, 박영도 역. 1998. 『국가이론과 위기분석』. 서울: 전예원. 오페의 핵심적인 논문들을 모은 책이다. 후기자본주의국가들에 대한 정치학적, 사회학적 분석이 돋보인다. 특히 자본주의를 본질적으로 자본축적과 정당성의 모순으로 파악하면서 현대사회과학의 성과들을 종합하려는 시도를 엿볼 수 있다.

서규환. 1993. 『현대성의 정치적 상상력』. 서울: 민음사. 다양한 비판이론들을 비판적으로 재구성하면서 새로운 비판이론을 정초화한다. 역사, 사회, 국가 등등의 시원에 모순의 존재를 인정하는 주장을 편다. 푸코, 데리다, 포스트마르크스주의 등 다양한 입장들과 비판이론의 차이를 식별할 수 있다. 같은 저자의 『비판적 현대성의 정치적 이론』(다인아트, 2006)과 『정치적 비판이론을 위하여』(다인아트, 2006)를 읽을 필요도 있겠다. 저자는 아도르노의 미학적 이론화에 대항하여 정치적 이론화를 시도한다.

참고문헌

서규환. 1993b. "시민사회와 민주주의'에 대한 최근 논쟁". 이론 5호, 228-262.

서규환. 1994a. "일차원적 인간". 『사회학명저 20』. 서울: 새길, 161-172.

서규환. 1994b. "소통행위이론". 『사회학명저 20』. 서울: 새길, 173-185.

Alexander, Jeffrey 저 이윤희 역. 1993. 『현대 사회 이론의 흐름』. 서울: 민영사.

Ebbighausen, Rolf(hg.). 1976. *Bürgerlicher Staat und politische Legitimation.* Ffm: Suhrkamp.

Esser, Josef. 1975. *Einführung in die materialistische Staatsanlyse*. Ffm: Campus.

Grathoff, Richard and Waldenfels, Berhard(hg.). 1983. *Sozialität und Intersubjektivität*. München: Fink.

Gyu-Hwan, SEO. 1988. Politik und politische Theorie der Kritischen Krisenwissenschaft. Ph. D. Diss., Bielefeld.

Habermas, Jürgen 저 서규환 외 역. 1995. 『소통행위이론』. 서울: 의암출판.

Habermas, Jürgen 저 이진우 역. 1997. 『담론윤리의 해명』. 서울: 문예출판사.

Habermas, Jürgen(hg.). 1968. *Antworten auf Herbert Marcuse*. Ffm:

Suhrkamp

Habermas, Jürgen. 1962. *Strukturwandel der Öffentlichkeit. Berlin*: Luchterhand.

Habermas, Jürgen. 1983. *Moralbewußtsein und kommunikatives Hanedeln*. Ffm: Suhrkamp.

Habermas, Jürgen. 1990. *Die nachholende Revolution*. Ffm: Suhrkamp.

Habermas, Jürgen. 1992. *Faktizität und Geltung*. Ffm: Suhrkamp.

Honneth, Axel, McCarthy, Th. and Offe, Claus(hg.). 1989. *Zwischenbetrachtung im Prozess der Aufklärung*. Ffm: Suhrkamp.

Honneth, Axel. 1985. *Kritik der Macht*. Ffm: Suhrkamp.

Jameson, Fredric 저 여홍상 외 역. 1984. 『변증법적 문학 이론의 전개』 서울: 창작과비평.

Keane, John. 1984. *Public life and late capitalism*. London: Cambridge University Press.

Kopp, Manfred, Müller, Hans-Peter. 1980. *Herrschaft und Legitimität im modernen Industriegellschaften*. München: tuduv.

Marcuse, Herbert. 1978. *The Aesthetic Dimension*. Boston: Beacon Press.

Martin Jay. 1989. "The Debate over performative Contradiction: Habermas vs the Post-structuralists." Honneth, Axel, McCarthy, Thomas, Offe, Claus, and Wellmer, Albrecht(hg.). *Zwischenbetrachtungen*. Ffm: Suhrkamp, 172-173.

McCarthy, Thomas. 1986. "Komplexität und Demokratie." Honneth and Joas(hg.). *Zwischenbetrachtungen*. Ffm: Suhrkamp, 190-191.

Offe, Claus. 1968. "Technik und Eindimensionalität", J.Habermas(hg.), *Antworten auf Herbert Marcuse*. Ffm: Suhrkamp, 73-88.

Offe, Claus. 1976. "Überlegungen und Hypothesen zum Problem politischer Legitimation." Rolf Ebbighausen(hg.), *Formwandel der Politikformulierens und des Legitimatorissche Prozesse*. Ms, 80-105.

Offe, Claus. 1984. "Arbeitsgesellschaft." *Strukturprobleme und Zukunftsperspektiven. Ffm*: Campus.

Offe, Claus. 1989. "Fessel und Bremse." Honneth, Axel, McCarthy, Thomas, Offe, Claus, and Wellmer, Albrecht(hg.). *Zwischenbetrachtungen*. Ffm: Suhrkamp, 739-774.

Offe, Funke, and Ronge, 1973. *Formwandel der Politikformulierens und des Legitimatorissche Prozesse*. Ms.

Spaemann, Robert. 1972. "Die Utopie der Herrschaftsfreiheit." *Merkur*(August).

Taylor, Charles. 1986, "Sprache und Gesellshaft." Honneth, Axel, McCarthy, Thomas, Offe, Claus and Wellmer, Albrecht(hg.). *Zwischenbetrachtungen*. Ffm: Suhrkamp, 47.

Thompson, John B. 1995. *The Media and Modernity. A Social Theory of the Media*, London: Polity Press.

6

심리학적 정치학의 연구 대상 및 방법

류 재 성

Ⅰ. 서 론

심리학적 정치학(psychological political science)[1]은 정치적 선호 형성 및 의사 결정의 근저에 있는 심리적 기제(mental mechanisms)에 대한 연구를 목적으로 한다. 이를 위해, 심리학적 정치학은 인간 심리에 대한 기존 연구 성과를 정치학 연구에 적용한다. 심리학적 정치학은 개인적 특성(personality), 사회 심리, 발달 심리, 인지 심리 등의 분야에서의 경험적 연구 성과 및 이론을 바탕으로 다양한 정치 현상들, 예컨대 정치엘리트의 리더십, 투표 참여 및 결정, 정책 선호

1) 본 논문에서는 '심리학적 정치학' 이라는 용어를 중심으로 '정치심리학적 접근법'이라는 용어도 혼용하여 사용하기로 한다. 굳이 구분하자면, 전자가 정치학의 '분과'로서의 측면을 강조한 것인 반면, 후자는 연구의 '방법론적 경향'에 주목한 것이라고 할 수 있겠다. 미국의 학계에서는 'Political Psychology'라는 용어가 일반적으로 쓰이고 있으나, 이럴 경우, 'Social Psychology' 등의 예에서와 같이, '정치학'이 아닌 '심리학'의 분과로 오인될 가능성이 있고 정치학 고유의 연구 주제 및 대상으로 부터의 이격(離隔)의 함의가 클 수 있다는 이유로, 일부의 학자들은 'Psychological Political Science'라는 용어의 사용을 제안한다(Luskin 2002; Krosnick 2002; Rahn, Sullivan and Rudolph 2002 참조).

형성 등과 관련된 일반 대중의 정치 행태 및 정치적 의사 결정, 선거 캠페인 및 정치 과정에서의 커뮤니케이션 효과, 정치 사회화 및 정치적 동원의 심리적 기제, 사회 세력 간 갈등의 문제(intergroup conflicts) 등, 정치 행태(political behavior)를 중심으로 한 전통적인 정치학의 주제들을 그 연구대상으로 한다.

보다 일반적인 차원에서 심리학적 정치학은 태도의 형성과 변화(attitude formation and change)에 대한 연구, 정보처리 과정(information processing)에 대한 연구, 정치적 의사결정(decision-making)에 대한 연구로 분류될 수 있다. 먼저, 태도의 형성과 변화에 대한 연구는 개인들의 정치 행태를 한 사회의 역사적·문화적 상황을 통해 형성되는 개인의 가치체계 및 특성(value system and personality), 집단 소속감(group affiliation) 등과 같은 정향적(dispositional) 결정요인에 근거해서 설명하거나, 일관성, 자아일치성(gratifying to the ego), 사회규범 친화성(social adaptation) 등과 같은 동기적(motivational) 결정요인으로 설명한다. 정보처리 과정에 주목하는 연구들은 개인들의 정보 처리 능력 및 그 구조와 과정이 정치적 선호 형성 및 의사 결정에 미치는 영향을 연구한다. 마지막으로 정치적 의사결정에 대한 연구는 개인들의 정향적, 동기적 혹은 인지적(cognitive) 변인들이 의사결정에 미치는 효과에 주목하면서 동시에 의사결정 능력(competence) 및 그 합리성과 같은 규범적인 질문을 포괄한다.

이와 같은 심리학적 정치학의 연구 주제 설정은 정치학의 전통적인 연구 주제인 권력, 갈등 및 지배(혹은 통치)의 문제를 정치적 주장을 매개로 한 정치엘리트와 일반 대중들의 커뮤니케이션 과정에서의 개인들의 선호 형성 및 의사 결정, 그리고 그 집합으로서의 여론의 형성 및 집합적 정치 결정(aggregate political decision-making)이 이루어지는 역동적 과정의 문제로 치환한다. 요컨대 심리학적 정치학의 연구 주제 설정은 다음의 두 가지 특징을 갖는다. 첫째, 심리학적 정치학의 접근은 일반 대중의 정치적 태도 및 결정에 있어서의 정치 엘리트의 영향뿐만 아니라, 동시에 정치 엘리트의 태도 및 결정, 그리고 정치 제도에 있어서의 일반 대중의 영향을 연구 대상으로 한다. 둘째, 심리학적 정치학은 정치적 결정에 있어서 집합적 여론이 갖는 중요성을 인정하지만, 개인으로부터 출발한 정치적 의사 결정이 집합적인 결과로 이어지는 과정의 기제 및, 역으로, 집합적인 여론이 개인의 의사 결정에 미치는 영향의 기제 사이의 메커니즘을 규명하고자 한다.

이상에서의 심리학적 정치학에 대한 필자의 '규정'은 매우 일반적이다. 심리학적 정치학은 정치학의 여러 분과 중에도 상대적으로 최근에야 '분과'의 모습을 갖추어 나가고 있는 분야이며,[2] 따라서 일련의 합의된 전제에 기초한, 공인된 경험적 연구 성과 및 이론에 이르는 정립된 분과의 역사 혹은 정체성을 확립하고 있지 않다. 이러한 상황은 주요 이론 및 연구 성과의 소개에 있어 필자의 일정한 '선택'을 강요한다. 이것은 분과의 특성이 갖는 일정한 한계이며, 아울러 제한된 지면의, 문헌연구 논문의 한계로 인해 필자의 선택이 갖는 이론적 배경 및 맥락을 일일이 적시할 수 없음을 밝힌다.

덧붙여 본 장에서의 논의는 미국 학계에서의 연구를 중심으로

2) 미국 대학에서 '정치심리학'(Political Psychology) 이라는 제하의 과목이 학부 및 대학원 과정에 개설된 것은 1970년의 일이다(Funk and Sears 1991). 현재는 대부분의 대학에서 정치심리학 과목이 개설되고 있고, 인문학 위주의 단과대학(liberal art college)에서도 정치심리학 과목의 개설이 증가하고 있다. 한편, 정치심리학 연구자들의 국제적인 네트워크로서 '국제 정치심리학회'(the International Society of Political Psychology (ISPP))가 1978년 결성되었으며, 이를 통해 학술저널, *Political Psychology*가 출간되고 있다(Sears, Huddy, and Jervis 2003).

구성되어 있다. 이는 달리 말하면 심리학적 정치학의 주요 이론 및 개념들은 미국의 정치제도와 문화의 맥락에서 개발되어 왔다는 의미이며, 따라서 이것들이 비교정치의 관점에서 서로 다른 정치문화와 제도를 가진 정치체제에서 어떻게 이해되고 적용될 수 있는가의 문제는 앞으로의 연구과제로 남겨져 있다.

다른 한편으로, 알려진 바와 같이 사회과학의 제 분과는 독립적이며 국지적(parochial)이다. 정치학 내부의 제 분과 역시 예외가 아니다. 많은 경우 분과들 사이의 토론은, 불가능하지는 않겠지만, 매우 어렵다. 그것은 각 분과의 연구주제들이 직접적으로 연관되어 있지 않은 경우가 대부분이고, 각 분과에서 사용하는 전문 용어(jargon)들은 많은 경우 직관적인 차원의 이해도 쉽게 허락하지 않기 때문이다. 심리학적 정치학에서 사용되어 지고 있는 개념과 용어 역시 정치학적 용어들에 익숙한 사람들에게 조차 직관적인 이해를 쉽게 허용하지 않는다. 따라서 심리학적 정치학의 연구 성과의 독해를 위해서는 이론적 맥락과 연관된 개념 및 용어의 이해가 필요하며, 이를 위한 관련 문헌의 체계적인 독서에 따르는 일정 수준의 인내가 요구됨을 밝혀 둔다.

이상을 염두에 두면서, 본론에서는 먼저 심리학적 정치학의 방법론의 대강을 소개하고, 이어서 심리학적 정치학의 주요 연구 주제에 대한 기존 이론과 연구 성과들을 7개의 주제로 나누어 비교적 소상히 서술하도록 한다. 마지막으로 심리학적 정치학 연구들이 한국에서의 여론의 형성과 변화, 투표 선택 및 정치적 의사결정 연구에 있어서 갖는 함의에 대한 논의로 결론을 대신한다.

Ⅱ. 심리학적 정치학의 연구방법: 실험연구

주지하듯이 생물학, 화학, 물리학 등의 경성과학(hard science)에 있어서 실험(experimentation)을 통한 연구는 주류 연구방법으로서의 오랜 전통을 가지고 있다. 사회과학의 제 분과학 중에서는 심리학과 행태경제학(behavioral economics) 분야에서 실험 연구가 주요한 연구방법으로 자리를 잡고 있다. 반면 정치학은 문헌연구(archival work), 사례연구(case studies), 현장관찰(field work), 설문조사 및 정량분석(surveys and quantitative analysis), 수학적 모델링(formal modeling) 등의 연구방법에 의존해 왔으며, 상대적으로 실험 연구방법의 채택을 주저해 왔다고 할 수 있다. 반면, 심리학적 정치학은 기본적으로 심리학적 접근 방법을 채택하고 있어 실험을 통한 연구방법에 의존하고 있다.

1. 실험방법 개요

실험연구방법은 연구자에 의해 실험참가자의 모집, 그들의 실험조건에의 배정, 실험에 있어서의 자극(experimental stimuli)의 통제 등이 이루어지는 연구방법을 지칭한다. 연구자는 인과관계의 명확한 검증과 추론을 위해 실험 자극에 포함된 의도된 독립변수(intended independent variable)에의 노출 이외의 다른 모든 변수 혹은 조건에 있어서 실험참가자들이 상이하지 않도록 실험 상황을 엄격하게 통제한다. 달리 말하면, 내적 정합성(internal validity) — 의도된 독립변수와 종속변수에서의 변화 사이의 조응성 — 에 위협이 되는 잠재적인 외생변수들(extraneous variables)을 엄격하게 통제함으로써, 종속변수에서의 변화가 외생변수들에 의한 것이 아니라 의도된 독립변수에 의한 것임을 의심하지 않도록 실험을 기획하고 실행하는 것이 실험연구의 성패를 좌우하는 관건이다. 규격화된 실험통제를 통한 연구방법은 연구 결과의 높은 내적 정합성을 확보함으로써 기타 연구방법과 비교하여 인과 관계에 대한 검증 및 추론의 확실성을 높인다. 나아가 잘 통제된 실험 연구방법은 복잡한 현상을 그것을 구성하는 보다 작은 단위의 단순한 현상으로 구분하고 각각의 작은 단위의 현상이 존재하는 경우와 존재하지 않는 경우를 통제함으로써 복잡한 현상에 대한 보다 분석적인 이해와 설명을 가능하게 한다.

명확한 인과추론을 위한 실험조건은, 그러나, 통상적인 상황에서 일반인들이 처해있는 선호 형성이나 의사 결정의 환경이 아니며 따라서 많은 경우 작위적이다. 예컨대, 선거, 전쟁, 불경기의 경제상황 등이라는 실험조건을 통해 완벽하게 모방·재연하는 것은 불가능하다. 실험조건의 이러한 작위적 단순화는 현실에서의 행위자의 선호 형성과 의사 결정에 영향을 미치는 여러 제한 요인들 — 문화적 규범, 물질적 혹은 경제적 유인요인들, 결정에 있어서 정치적 의사소통 — 이 갖는 역할을 과소평가하기 쉽다. 이는 나아가 실험을 통한 연구결과가 갖는 외적 정합성(external validity) — 제한된 샘플을 기초로 한 연구결과의 일반적 인구(general population) 혹은 상이한 실험 환경으로의 확대적용 가능성 — 의 제한으로 이어진다. 외적 정합성의 문제는 기본적으로 일반적 인구를 대상으로 한 무작위 추출에 의한 실험참가자(샘플)의 구성으로 해결될 수 있으나 이러한 규모의 연구 실행에 필요한 연구비용의 확보는 쉽지 않은 문제다. 따라서 특정 인구를 대상으로 한 제한된 규모와 범위의 실험참가자를 대상으로 한 실험연구의 외적 정합성의 문제는 다른 규모와 범위의 실험참가자를 대상으로 한 다른 실험연구에서의 복제(replication) 성공 결과에 의존한다.

2. 실험연구 디자인

실험연구는 연구가 밝히고자 하는 질문에 따라 다양한 실험 디자인을 채택할 수 있으나, 다음에서는 내적 정합성을 확보하고 있는 대표적인 실험디자인을 소개하도록 한다. 독자의 이해를 돕고 보다 간명한 소개를 위해 일반적으로 사용되고 있는 다음의 기호체계를 채택하도록 한다. 먼저 'X'는 실험집단(experiment group)에 노출되는 실험자극을 의미한다; 'O'는 측정 대상이 되는 실험집단 혹은 통제집단(control group)을 의미한다. 통제집단은 실험자극에 노출되지 않는 집단을 지칭한다; 'R'은 실험집단 혹은 통제집단으로의 무작위 배정(random assignment)를 의미한다; 기호들의 왼쪽에서 오른쪽으로의 흐름은 시간 전개의 순서(temporal order)를 의미한다.

(1) 실험 전후 측정 통제집단 디자인(The Pretest-Posttest Control Group Design)

R	O_1	X	O_2
R	O_3		O_4

이 디자인은 무작위 배정에 의해 실험자극에 노출되는 실험집단(O_1과 O_2)과 실험자극에 노출되지 않는 통제집단(O_3와 O_4)을 구분하

고, 실험집단을 의도된 독립변수를 포함하고 있는 실험자극 X에 노출시킨다. 실험자극 X의 효과는 실험집단 내에서의 종속변수의 차이 (O_1- O_2의 차이) 및 실험자극 노출후의 실험집단과 같은 시점에서의 통제집단에서의 종속변수의 차이(O_2-O_4의 차이)에 의해 측정된다. 연구자는 이들 사이의 차이의 유의미성을 다양한 통계 테스트를 통해 확인할 수 있다. 이때 무작위 배정의 효과는 O_1-O_3사이의 종속변수에서 차이가 없는 것을 통해 확인한다.

(2) 솔로몬 4그룹 디자인(The Solomon Four-Group Design)

R	O_1	X	O_2
R	O_3		O_4
R		X	O_5
R			O_6

이 디자인은 무작위 배정에 의해 실험집단(O_1 O_2 O_5)과 통제집단(O_3 O_4 O_6)을 구분하고 덧붙여 실험 전 측정을 실시하지 않은 집단(O_5 O_6)을 추가함으로써 실험자극 X의 효과에 반영될 수 있는 실험 전 측정의 효과를 분리하여 관찰·측정할 수 있게 한다. 실험결과는 다음의 2×2 표에 나타난 측정 결과의 비교를 통해 확인한다.

	X	No X
실험 전 측정	O_2	O_4
No 실험 전 측정	O_5	O_6

실험자극 X만의 효과(main effect of X)는 O_2-O_5의 평균과 O_4-O_6의 평균 사이의 차이를 통해 확인하고, 실험 전 측정만의 효과는

O_2-O_4의 평균과 O_5-O_6의 평균 사이의 차이를 통해 확인한다. 만일 후자의 차이가 통계적으로 의미있게 크다면, 실험 전 측정이 실험결과에 영향을 미쳤다는 의미이고, 만일 전자의 차이가 통계적으로 의미가 있다면, 실험자극의 효과가 검증되었다는 의미이다. 또한 만일 네 집단 각각에서의 차이가 통계적으로 의미가 있다면, 이는 실험 전 측정이 의미있는 차이를 만들어 냈으나 그 효과는 실험집단과 통제집단에서 다르게 나타난다는 의미이다.

Ⅲ. 심리학적 정치학의 연구대상

1. 태도(Attitudes)와 지각(Perceptions)

태도는 외적 사물이나 상황에 대해 좋음과 싫음으로 표현되는 심리적인 경향이다(Ajzen and Fishbein 2000; Eagly and Chaiken 1993). 태도는 인지적 혹은 감성적인 평가를 통해 형성되며,[3] 이렇게 형성된 태도는 사물 및 상황을 판단하는 준거로 활용된다. 정치적 태도는 정치인, 정당, 공공정책 등 주요 정치적 대상들에 대한 개인의 평가적 판단에 기초한 심리적 경향이며, 정치적 신념체계와 함께 정치적 판단과 결정의 주요 변인으로 기능한다. 정치적 태도는 접근 가능한 정치적 이데올로기 혹은 정치적 신념체계(belief system)와 긴밀히 연관되어 있을수록 정치적 판단 및 결정에 있어 강력한 변인으로 작용한다. 정치적 태도는 정치적 대상물에 대한 정보로부터 그

3) 태도의 형성에 있어 인지와 감성, 각각의 영향력은 태도의 대상에 따라 그리고 개인별로 상대적이다(Ajzen 2001).

대상물의 특성에 대한 인상(impressions)을 형성하는 정치적 지각(political perceptions)의 과정을 통해 발현된다. 요컨대, 정치적 태도는 정치적 행위와 판단의 기반이며, 따라서 태도로부터 지각에 이르는 과정에 대한 이해는 행위와 판단의 설명과 예측에 있어 결정적이다.[4] 정치적 태도는 일단 확립되면 좀처럼 변화되지 않으며, 그 확립의 정도에 따라 정보 처리과정에서 일정한 지각적 왜곡(perceptual distortion)을 만들어 냄으로써 기존의 태도를 강화하는 경향을 갖는다. 이하에서는 태도의 형성과 변화, 그 구조와 측정, 활성화 등 전문적인 주제에 대한 논의는 생략하고, 정치인(혹은 선거에서의 후보), 정당, 정책 등의 평가에 있어서 태도 및 지각의 역할을 중심으로 논의하도록 한다.

하이더(Heider 1946)의 균형이론(balance theory)은 사람들이 지각 요소들 사이의 일정한 균형을 추구하며, 이러한 균형을 안정되고 유쾌한 상태로 받아들이고 그렇지 않은 상태에서는 이를 해소하고 균형 상태를 회복하고자 노력한다고 주장한다. 지각 요소들—P(person, 본인 혹은 시민), O(other persons, 정치인 혹은 정당), X(some issue, 정치적 쟁점 혹은 정책)—은 ①시민의 정치인에 대한 태도(P-O), ②시민의 정책에 대한 태도(P-X), ③정치인의 정책에 대한 태도에 대한 시민의 지각(P-O-X)을 구성한다. 시민들 자신이 좋아하는 정치인과 선호하는 정책에 대해서는 ①②③ 모두에 있어서 긍정의 연관이 발견되지만, 그렇지 않은 후보나 정책에 대해서는 부정의 연

4) 태도와 행위의 관계에 관한 다양한 연구는 양자 사이의 직접적이고 선형적인 인과관계를 주장하는 이론으로부터(McGuire 1985), 양자 사이의 불일치를 주장하는 이론(Ajzen 1985)에 이르기까지 다양하다. 이에 대한 최근의 논의는 양자를 매개하는 중간 변인, 즉 상황적 요인, 개인 간의 차이, 이해관계(interests)에의 관여정도, 사물과 상황에 대한 추상적, 통합적 이해의 정도(요컨대 '개념화' 정도) 등의 역할을 중심으로 이루어지고 있다(Ajzen 1991).

관이 발견되었다. 말하자면 지각의 조화 상태를 유지하고자 하는 시민들은 자기 자신과 자신이 선호하는 정치인, 그리고 자기 자신의 정책적 입장과 선호하는 정치인의 정책적 입장을 동화(assimilation)시키고자 노력하는 반면, 자기 자신과 자신이 선호하지 않는 정치인, 그리고 자기 자신의 정책적 입장과 선호하지 않는 정치인의 정책적 입장을 대비(contrast)하는 경향이 있다. 요컨대 P와 O, X 사이의 유사성 및 대비성은 지각과정에서 확대되는 경향이 있으며, 긍정의 연관이 갖는 동화 효과는 부정의 연관이 갖는 대비 효과 보다 큰 것으로 관찰되었다. 다른 한편, 지각적 균형과 불균형은 일정한 연속선상에 존재하며, 사람들은 그 연속선상에서 어느 정도의 균형과 불균형을 동시에 가진다. 또한 지각 대상의 중요성 및 그에 대한 개입의 정도가 클수록 지각적 균형을 이루고 유지하려는 노력 또한 커진다.

태도의 지각으로의 발현을 통해 표현되는 정치적 선호는 태도의 접근가능성(attitudes accessibility)에 따라 결정된다. 태도의 접근가능성이란 주어진 대상에 대한 태도를 기억(long-term memory)으로부터 얼마나 즉각적으로 인출할 수 있는가의 정도, 즉 태도의 활성화(attitudes activation) 속도를 의미한다. 태도의 높은 접근가능성 혹은 태도의 빠른 활성화는 그로부터 자동적 혹은 무의식적인 판단 및 행동으로의 연결 가능성을 시사하며(Fazio 1995), 다른 한편으로 태도의 낮은 접근 가능성 혹은 태도의 느린 활성화는 판단 및 행동의 중요성과 결합되어 숙의적(deliberative) 혹은 의식적(conscious) 정보처리의 과정을 거치게 된다. 특정 사회 그룹이나 정책적 이슈, 특히 인지적 관여도가 낮은 쉬운 이슈(easy issue)[5]에 있어서 정형화된 태

5) 카마인즈와 스팀슨(Camines and Stimson 1989)은 정책 이슈를 '쉬운 이

도(stereotypes)나 편견(prejudice)에 기초한 판단이나 행동이 나타나는 것은 태도의 반복 학습을 통한 정치 사회화 과정의 결과로써, 태도 대상에 대한 자동적 혹은 무의식적 정보 처리가 일어나기 때문이다.

2. 시민적 능력(Civic Competence)

(1) 정치적 무지(Political Ignorance), 무정향(Nonattitudes), 몰이데올로기(Innocent of Ideology)

시민들의 공무(public affairs)에 대한 관심과 지식은 민주주의의 성공적 운영을 위한 기본 조건으로 생각되어 왔다. 민주주의는 시민들의 참여와 결정에 의해 정치 공동체를 운영하는 원리이기 때문이다. 그러나 리프만(Lippmann 1922)으로부터 다운스(Downs 1957), 다알(Dahl 1961)에 이르기 까지 많은 학자들의 관찰에 따르면, 정치는 시민들의 부차적 관심일 뿐이며, 많은 시민들은 정치에 대한 관심과 지식의 습득이 그에 따르는 비용을 상쇄할 만큼의 이득을 가져다주지 않기 때문에 합리적 무지(rational ignorance)의 상태를 유지한다. 시민들의 정치적 관심과 지식에 대한 광범위한 경험적 연구를 수행한 델리 카피니와 키터(Delli Carpini and Keeter 1996)에 따르면, 주요한 정치행위자, 정치제도 및 주요 정책들에 대한 미국 시민들의 무지는 놀라울 정도다. 고등 교육의 지속적인 확대와 미디어 환경의 변화로 인한 정보의 생산과 유통의 획기적인 증가에도 불구하고, 미

슈'(easy issue)와 '어려운 이슈'(hard issue)로 구분한다. 전자는 상황적 지식, 합리적 추론 능력, 정치적 이슈에 내재하기 마련인 미묘한 차이에 대한 충분한 인지 등이 요구되지 않는, 따라서 일차적인 감각에 의존하는 수준(gut-level)의 판단으로 이해될 수 있는 이슈이며, 후자는 그 반대의 경우다. 예를 들어, 인종적인 문제와 관련된 이슈는 전자에 속하며 정부의 재정 지출에 관련된 이슈는 후자에 속한다.

국 시민들의 정치에 대한 관심과 지식의 정도는 지난 수십 년간 전혀 나아지지 않았다는 것이다. 정치적 지식의 많고 적음이 정치적 선호 및 판단에 미치는 영향에 대한 연구는 매우 광범위하다. 연구에 따르면 정치적 지식은 정치적 가치체계, 정치 이데올로기, 정당 선호도, 사회경제적 지위 등의 변수가 정치적 선호 및 판단에 미치는 영향을 중간에서 매개하는 역할을 한다(Delli Carpini and Keeter 1996; Bartels 1996).

다른 한편, 일찍이 컨버스(Converse 1964, 1970)는 일반 시민들의 공공정책에 대한 의견이 일정한 시간 동안 안정적이고 일관성 있게 유지되지 않음을 발견하고, 이를 시민들의 '무정향'(nonattiudes)으로 개념화한 바 있다. 무정향은 정치의 추상성, 모호성 및 일상생활과의 직접적인 무연관성에서 기인한다. 시민들은 현안의 공공정책에 대한 의견 제시를 요구받을 때 자신들의 진정한 의견이 없음에도 불구하고, 시민의 의무에 대한 일종의 강박으로부터 무작위의 의견(random opinion)을 제시한다는 것이다. 이에 대해, 잘러(Zaller 1992)는 일정한 태도로부터 일관되게 표현되는 진정한 의견과 무정향에서 오는 그렇지 않은 의견을 구분하는 것은 일반대중들의 의견 형성의 본질에 대한 잘못된 전제에서 기인하는 것이라고 주장한다. 일반 대중들의 공공정책에 대한 의견은 정책에 대한 일관된 태도의 유무 혹은 그에 대한 지식의 유무에서 판단할 것이 아니라 다양한, 경쟁하는 의견 사이에서의 혼돈을 전제로 '현재 시점에서의 고려'(considerations at top-of-head)의 표출로써 이해해야 한다는 것이다. 나아가 무정향 혹은 무작위적인 공공여론의 표출은 정치엘리트들 사이에 광범위한 이견이 존재하는 분야에서 두드러지며, 역으로 일정한 판단의 틀(frames)이 제공되는 정책 영역에서 일반 대중들은 안정적이고, 자신의 이해관계에 충실한, 의견을 제시할 가능성이 높다고 주장한다(Zaller 1992; Kinder and Sanders 1996).

정치적 무지, 무정향성과 함께 논의되어 온 다른 하나의 일반 시민들의 정치적 특성은 몰이데올로기성(ideological innocence)이다. 컨버스(1964)는 신념체계(belief system)를 '기능적으로 상호의존하거나 일정한 형태의 제한을 통해 함께 묶여있는 사고와 태도의 통합체'(a configuration of ideas and attitudes in which the elements are bound together by some form of constraint or functional interdependence)로 정의하고, 가장 높은 수준의 신념체계로부터 가장 낮은 수준의 그것을 5단계[6]로 구분한다. 상위 두 단계 정도를 일관된 신념체계를 형성하고 그에 따라 일관된 정책판단을 한다고 볼 수 있으며, 이에 속하는 일반 대중은 극소수에 불과하다. 반면 대부분의 일반 대중은 정치적 판단의 순간 일관된 정치적 신념체계에 근거한 이데올로기적 정책 판단의 능력을 결여하고 있다.

이상의 논의들은 일반 시민들이 민주정치를 운영할 만큼의 합리적이고 능력 있는 정치적 판단과 결정을 할 수 없다는 문제를 제기한다. 뿐만 아니라, 대중들의 정치적 관심과 지식의 문제는 그것을 소유하고 있는 대중들과 그렇지 않은 대중들 사이의 민주적 대표성의 문제를 제기한다. 후자의 대중들은 보다 정확한 사실적 정보에 기초하고 일관된 정치적 정향 및 이데올로기적 관점으로부터 일관된 정치적 주장을 활발히 표출하고, 이들의 의견은 여론을 통해 비대칭적으로 반영되며, 최종적으로는 정부 정책에 비대칭적으로 채택될 것이기 때문이다(Bartels 1996). 따라서 정치적 관심과 지식의 문

6) 정치적 신념은 그 체계화 정도에 따라, 이데올로기, 준 이데올로기, 집단이익에 기초한 신념 체계, 시류에 따른 (무)신념체계(nature of the times), 무내용(무)신념체계(no issue content)로 구분된다.

제는 민주주의 체제의 정당화 혹은 합리화와 관련한 문제를 제기한다. 이하에서는 이러한 문제제기에 대한 대안적 이론들에 대해 살펴본다.

(2) 요약적인 정보(Information Shortcut), 정치적인 단서(Political Cue), 휴리스틱스(Heuristics)[7]

일군의 학자들은, 일반 대중들은 정치적 무지와 무정향 및 몰이데올로기성에도 불구하고 상당한 정도로 자신들의 이해관계를 반영하는 혹은 의미있는 정치적 선택을 하고 있다고 주장한다. 루피아(Lupia 1994)는, 정책 내용에 대해 구체적인 정보를 가지고 있지 않은 개인들도 여러 정책 대안들에 대한 이익집단의 지지 여부와 같은 요약적인 정보만으로도 정책 내용에 대해 많은 구체적인 정보를 가지고 있는 개인들의 선택과 다르지 않은 선택을 한다는 사실을 발견했다. 나아가 루피아와 맥커빈스(Lupia and McCubbins 1998)는 정치적 단서의 획득(political cue-taking)을 통한 정책 결정이 정치적 무지와 무정향, 몰이데올로기성으로부터 비롯된 일반 대중들의 정치적 선택이 갖는 여러 문제들에 대한 해결책으로 작동한다고 주장한다. 일반 대중들은 정보원의 전문성(expertise) 및 신뢰성(trustworthiness)을 기준으로 그들로부터 정치적 판단을 위한 단서들을 획득하고 그를 바탕으로 자신들의 이해관계에 어긋나지 않는 정치적 결정을 내릴 수 있다는 것이다(Kinder 1986; Miller and Shanks 1996; Conover and Feldman 1984).

피스케와 테일러(Fiske and Taylor 1991)는 정보의 과잉과 그 정보

7) 휴리스틱스에 대한 한국어 번역이 존재하지 않는다. 이의 사전적 정의는 다음과 같다: 학습을 돕는, 관심을 높이는, 학생으로 하여금 스스로 발견케 하는, 발견적인(학습법 따위). (보통 pl.) 발견적 지도법.

의 불확실성, 그리고 정보처리의 시간적 제약이라는 조건에서 일상의 삶을 사는 일반 대중들이 정보의 정확한 처리라는 과제를 만족스럽게 처리하는 길을 택하기 보다는 가장 적은 노력으로 최선의 결과를 가져오려는 일종의 최적의 정보 처리 전략(optimizing strategy)을 채택한다고 주장한다. 이 전략의 핵심은 복잡한 문제를 단순한 판단의 문제로 환원하는 휴리스틱스의 활용에 있다. 경험을 통해 획득된 일종의 삶의 지침들, 예컨대 "전문가의 의견은 대체로 옳다" "다수의 의견은 대체로 옳다" "통계 숫자는 거짓말을 하지 않는다" 등으로부터, 일종의 정치적 휴리스틱스, 예컨대 정당이나 이익집단, 혹은 신뢰할 만한 특정 정치인의 주장 등이 일반 대중들의 정책 판단의 준거가 된다는 것이다(Sniderman, Brody, and Tetlock 1991; Mondak 1993; Rahn 1993; Lupia 1994).

이상의 논의에 따르면 정책 판단의 준거가 되는 요약적인 정보와 휴리스틱스의 활용은 일반 대중들로 하여금 더 적은 노력으로는 보다 일관되고 자신들의 정치적 이해관계에 부합되는 정책판단을 하게 한다. 민주적 시민으로서의 경쟁력(civic competence)은 결국 정치 엘리트 차원의 논의와 주장들이 얼마나 실효성있고 광범위하게 생산·유통되어 대중들의 정치적 이해를 돕느냐의 문제로 귀결된다.

3. 정보처리 과정(Information Processing)

정보처리 과정에 대한 연구는 개인 의견의 집합으로서의 여론의 형성을 그 기본 단위, 즉 개인 단위에서 의견이 형성되는 심리적, 인지적 메커니즘에 주목한다. 이를 위해 정보가 지각(perception), 저장(storage), 상기(retrieve)되는 구조 및 과정, 그리고 그 과정에서의 새로운 정보와 저장된 정보 사이의 상호 작용 및 새로운 정보와 개인에 내재한 가치 및 신념체계와의 상호작용을 연구한다. 정보처리과정을 연구하는 학자들은 기존의 의견형성에 대한 연구가 환경으로부터의 자극(stimulus)에 대한 개인의 반응(response)사이의 직접적 연관 혹은 자극과 반응 사이의 개인간 편차(variation)에 국한됨으로써, 자극이 반응으로 전환되는 인지적 구조와 과정을 해명하지 못한 블랙박스 모델(black-box model)이라고 비판한다(Lodge 1995; Lodge and Taber 2000; Ottati and Wyer 1990).

(1) 정보 처리의 두 양식(Dual Modes of Information Processing)

정보 처리에 있어 두 가지 다른 양식이 존재한다는 생각은 오래전부터 존재해 왔으나, 그에 대한 과학적 연구는 상대적으로 최근에 시작되었다. 이러한 연구들의 핵심주장은 다음과 같다. 첫째, 인지적 자원과 동기를 가지고 있는 개인들은 의식적이고 정교하게(elaborated) 정보를 검색하고 처리한다. 둘째, 정보 검색과 처리에 있어서의 차이는 판단과 행위에 있어서의 차이로 이어진다. 셋째, 의식적이고 정교한 정보 검색과 처리의 결과로 이루어진 정치적 판단은 안정적이고 오래 지속된다. 새로운 패러그래프로 보다 구체적으로, 정교화 가능성 모델(Elaboration Likelihood Model)은 정보의 내용을 인지적으로 숙고하는 정도에 따라 중심통로(central route) 혹은 주변통로(peripheral route)를 통한 정보 처리가 이루어진다고 주장한다. 중심통로를 거치는 정보 처리에서 개인들은 정보 내용의 타당성이나 논리성 등에 보다 많은 인지적 노력을 기울이게 되는 반면, 주변 통로를 통한 정보 처리에서는 호감도나 전문성 등의 정보원의 특성이나 상황적 단서(situational cues)들을 보다 많이 고려하게 된다(Petty and

Cacioppo 1981, 1986). 이 모델에 기초한 많은 경험적 연구들은 적극적이고 인지적인 정보 처리와 그렇지 않은 정보 처리 과정과 조건에 대한 종합적이고 명쾌한 이해를 제시한다. 아울러 개인들은 일괄적으로 인지적 구두쇠(cognitive miser)가 아니라, 인지적 동기와 능력, 상황에 따라 의식적이고 정교한 정보처리를 택할 수 있는 선택적 능력이 있음을 보여 준다.

(2) 자동적 혹은 통제적 정보 처리(Automatic or Controlled Information Processing)

많은 개인들은 대부분의 경우 무의식적인 정보처리자이다. 특정한 외적 자극 혹은 정보는 자동적으로 그와 연관된 특정한 태도를 활성화하고, 그렇게 활성화된 태도는 판단과 행위를 결정한다(Bargh 1994; Fazio 1986). 특정 사회 그룹이나 정책에 대한 고정관념(stereotypes)이나 편견(prejudice)은 이러한 과정을 거쳐 생성되고 표현된다. 반면 통제적 정보처리는 외적 자극 혹은 정보에 대한 개인들의 의도적이며 적극적인 관심에 기초하고, 자신들의 가치에 근거해 정보 처리 과정을 의식적으로 통제한다(Devine 1989; Fazio and Dunton 1997).

(3) 정보 처리에 있어서의 인지적 왜곡(Cognitive Biases in Information Processing)

개인들은 새로운 정보 처리에 있어 객관적 혹은 중립적이기 보다는 자신들의 기존 가치와 감성을 유지하는 방법으로 새로운 정보를 처리한다. 이것은 개인들이 그러한 방법을 통한 판단이 보다 적실하다고 믿기 때문이다(Kunda 1990). 사람들은 일반적으로 정보 처리에 있어서 두 가지의 목표, 즉 정확성의 목표(accuracy goal)와 기존 신념을 보존하려는 목표를 가지고 있는바, 전자에 의해 추동되는 정보 처리는 다양한 증거의 수집, 정보 처리의 원칙 수립, 정보의 판단에 있어서의 왜곡 가능성에 대한 인지, 왜곡된 정보 처리를 교정하려는 노력 등을 특징으로 한다. 반면, 후자에 의해 추동되는 정보 처리는 선택적 증거 수집, 반대되는 증거가 가지는 가치의 폄하, 중요지만 반대되는 요소들에 대한 간과 등을 특징으로 한다. 전자는 의식적이고, 정교하며 통제된 정보처리 유형이고, 후자는 무의식적이고 자동적인 과정이라고 할 수 있겠다(Taber, Lodge, and Glathar 2001).

4. 정치적 소통(Political Communication)과 여론

정치적 소통의 문제는 정치적 의견의 교환 및 유통의 문제를 넘어 정치적 이슈의 논제화, 그 이해 및 평가 방식, 나아가 정치적 의견이 일반 대중들에게 설득되는 방식의 문제를 포괄한다. 나아가 정치심리학적 접근은 의제설정, 틀짓기효과 및 점화효과가 발현되는 개인들의 심리적 기제를 이해하는 것에 연구의 초점을 맞추어 왔다. 이러한 연구들은 정치 커뮤니케이션을 통한 여론의 조작 가능성을 시사하는 한편, 정치적 설득을 통한 의견이나 태도의 변화 가능성 혹은 완고성에 대한 이해를 제공한다.

(1) 의제설정(Agenda Setting), 틀짓기효과(Frmaing Effect), 점화효과(Priming Effect)

수많은 정치적 이슈의 늪[8]에서 정치적으로 논의할 만한 중요한 이슈의 선택과 그렇지 않은 이슈의 배제가 정치과정의 시작이다. 정치적 이슈의 선택과 배제는 그 자체가 중요한 정치적 결정이다. 뉴스 미디어는 일반 대중들이 무엇을 중요한 정치적 문제로 생각할 것이냐에 결정적인 영향을 미친다(McCombs and Shaw 1972; Miller and Krosnick 2000). 의제설정은 정치적 이슈나 정책의 문제에 국한되는 것이 아니라 정치행위자, 특히 선거에서의 후보자에게도 지대한 영향을 미친다. 미디어의 주목은 유권자 혹은 일반 대중들의 주목으로 이어지고, 이러한 주목은 주목 받은 후보나 이슈의 도드라짐(salience)로 이어지기 때문이다.

정치적 사건과 이슈들에 대한 일목요연한 이해는 쉽지 않은 작업이다. 이러한 혼돈의 상태에 일정한 질서를 부여하는 것이 정치적 틀짓기(framing)이다. 틀짓기는 정치적 사건이나 이슈의 본질을 이해하기 위해 필요한 정치적 관점의 제공이다(Gamson and Modigliani 1987; Kinder 2003). 대부분의 정치적 이슈나 사건의 경우 이를 해석하고 이해하는 수많은 정치적 관점을 가능케 하는데, 정치적 틀짓기는 경쟁하는 관점 중 하나에 주목하게 하고 여타의 관점들을 무시하게 한다(Iyengar 1991; Kinder and Sanders 1996; Fazio and Olson 2003; Nelson and Kinder 1996; Fazio 1995; Nelson, Clawson, and Oxley 1997). 보다 본질적으로 틀짓기 효과를 가능케 하는 것은 일반 시민들의 정치에 대한 무지와 무관심이다. 당면한 정치적 이슈에 대해 숙고할 의지와 능력이 있는 대중들에게 있어 틀짓기 효과는 미미한 것이다(Fazio 1995; Kuklinski et al. 2000). 비슷한 맥락에서, 정책 이슈를 둘러싼 엘리트 간 치열한 틀짓기 경쟁과 그에 따른 대중들 사이

8) 라이커(Riker 1993)는 이런 상황을 '안개자욱한 늪'(misty swamp)으로 표현한 바 있다.

의 소통이 활발한 상황에서는 틀짓기 효과가 발현되지 않는 것으로 보고된 바 있다(Druckman 2004). 틀짓기 효과에 대한 괄목할 만한 최근의 연구 성과에도 불구하고, 틀짓기 효과가 나타나는 구체적인 심리적 기제 및 그 조건들에 대한 연구는 아직 진행 중이다(Ryu 2007b 참조).

점화효과 이론(priming theory)은 경쟁하는 정치적 주장들 가운데 특정한 주장이 더 유통되고 주목받음으로써 일반 대중들의 판단에 더 많은 영향을 미친다는 이론이다(Gross 2001; Iyengar 1991). 이러한 주장의 연장에 따르면, 성공적인 선거캠페인은 동일한 이슈에 대한 경쟁에서의 우위에서가 아니라 자기 고유의 이슈를 개발하고 유통함으로써 그 이슈를 중심으로 선거를 규정해야 한다. 선거에서의 승패의 관건은 정책이슈와 관련된 대결에서의 승리가 아니라, 특정한 이슈에 대한 주장을 더 많이 유통시키고 대중들의 주목을 이끌어 냄으로써 유권자의 마음속에 자신의 이슈를 중심으로 선거캠페인을 프라임하는 것에 있다(Riker 1993).

(2) 정치적 설득(Political Persuasion)

정치적 설득은 정치적 주장의 제공을 통해 특정한 정치적 사안에 대해 일반 대중의 태도 및 의견 변화(conversion)를 가져오게 하는 행위다. 전통적인 견해에 따르면 태도 및 의견의 '변화'로 나타나는 정치적 설득의 효과는 일반적이지 않다. 반면, 정치적 설득의 효과는 이미 존재하는 태도나 의견을 강화하거나(reinforce) 잠재해 있던 태도나 의견을 활성화(activate)하는 것으로 나타난다(Klapper 1960). 최근의 일련의 경험적 연구는 이러한 전통적인 견해를 확인한다(Bartels 1993; Gelmand and King 1993). 기존 태도와 의견의 강화와 잠재한 그것들의 활성화의 효과가 결코 작다고 할 수 없지만, 정치적 소통 및 선거캠페인이 의미 있는 태도나 의견의 '변화'를 가져오는데 성공하지 못했다는 것이다.

정치적 설득에 대한 연구는 따라서 그것이 태도나 의견의 변화로 나타나지 못하는 원인에 대한 연구에 집중되고 있다. 첫째, 대부분의 경쟁적인 정치체제는 정치적 자원이나 재능의 동원에 있어 대등한 능력을 가진 정치 집단으로 구성되어 있으며, 이는 하나의 정치 집단에 의한 정치적 설득의 효과가 경쟁하는 다른 집단에 의한 정치적 설득의 추구에 의해 중립화(neutralization)됨을 의미한다(Zaller and Hunt 1995). 둘째, 사람들은 자신들의 태도나 의견과 배치되는 정보에 자발적으로 노출되는 것을 꺼릴 뿐 아니라(selectivity in exposure), 그러한 정보에 노출되었을 때 그 정보의 내용이 매우 정확하고 의미 있는 것일지라도 쉽사리 받아들이지 않는다(selectivity in acceptance) (Caciopppo and Petty 1979). 요컨대 기존의 태도와 의견과 일치하지 않는 정보에 대한 저항은 정치적 설득의 큰 걸림돌이다. 마지막으로, 자신의 태도나 의견을 강한 정치적 혹은 당파적 신념에 기초하고 있는 사람들은 몇몇의 정보의 습득으로 자신의 신념에 기초한 기존의 태도나 의견을 바꾸지 않는다. 또한 정치적 혹은 당파적 신념을 가지고 있지 않거나 그것들이 약한 사람들은 그들이 갖는 정치적 무관심으로 인해 정보에 쉽사리 노출되지 않을 뿐 아니라 노출된다 하더라도 그 정보의 내용과 의미를 파악하고 그런 이해에 기초해서 자신들의 태도나 의견을 수정할 만큼의 인지적 노력을 기울이지 않는다.

5. 유권자와 선거(Voters and Electoral Decision-making)

선거는 여론을 정부정책으로 전환하는 제도이며, 시민들의 정치적 행위의 주요한 형태다. 캄벨 등(Campbell et al. 1960)에 따르면 정당일체감(party identification)은 유권자들의 선거에 있어서의 선택에 결정적인 역할을 한다. 정당일체감은 정당에 대한 심리적 유착(psychological attachment)으로써 개인의 일생을 통해 일관되게 유지되는 것으로 파악된다. 컨버스(Converse 1966)는 정당일체감이 후보 선택의 기본 변인으로 작동하는 선거를 정상선거(normal election)로 개념화 하고 대부분의 선거 결과가 정당일체감을 중심으로 한 유권자의 배열과 일치함을 밝혔다. 다른 한편, 새로운 이슈의 등장, 정치적 상황의 변화, 새로운 후보의 부상 등의 요인에 의해 정상선거에서 벗어나는 특수한 선거(critical election)가 발생할 수 있다(Key 1964). 이 특수한 선거가 공공정책 전체를 이해하는 관점의 변화와 그에 따른 정당의 정책적 입장의 변화, 유권자들의 정당선호 분포에 있어서의 변화로 이어지는, 말하자면 선거를 통한 정치적 재배열(electoral realignment)이 발생하는 것을 통해 (미국) 정치 발전 혹은 전개(political development)를 설명하기도 한다(Burnham 1970).

유권자 및 선거에 대한 정치심리학적 연구는 투표참여 및 후보 선택 모델을 중심으로 이루어져 왔다. 투표참여에 대한 일반적 모델, 즉 사회경제적 지위(socioeconomic status) 모델, 동원(mobilization) 모델, 사회적 네트워크(social network) 혹은 사회적 자원(social capital) 모델들과 달리 정치심리학적 연구는 유권자들의 태도, 즉 정치적 효능감(political efficacy) 및 정부 신뢰감(trust in government) 혹은 정치에 대한 신뢰감(political trust)을 중심으로 투표참여 및 기타 정치현상을 설명한다.

정치효능감은 정치과정 및 결과에 영향을 미칠 수 있다는 감정인데, 이는 외적 정치 효능감(external political efficacy) 및 내적 정치 효능감(internal political efficacy)으로 나뉜다. 전자는 정부 및 정치 엘리트가 개인의 정치적 선호나 의사의 표현에 반응한다는 지각이고, 후자는 정치에 영향을 미칠 수 있는 적정한 수단과 자원을 가지고 있다는 지각이다. 경험적 연구에 따르면, 정치 효능감이 높을수록 정치참여 높아지며, 또한 역으로 투표나 선거 캠페인에의 참여가 정치 효능감(주로 외적 정치 효능감)을 높이며, 현재의 정부 및 그 정부의 핵심적 신념을 지지할 가능성이 높은 것으로 나타났다. 정치 신뢰감은 정부에 대한 평가적 정향(evaluative orientation toward government)으로서, 정부 정책 일반에 대한 만족도를 반영한다. 시민들의 정치 신뢰감은 투표 참여, 현직 대통령 및 의회의 업무수행에 대한 평가, 정부 정책(특히 재분배 정책을 중심으로 한 정부의 예산 정책)에 대한 태도 등에 영향을 미치며, 또한 역으로 그것들로부터 영향을 받는다(Hetherington 1998).

후보 선택 모델은 사회경제적 지위, 집단 소속감(group affiliation), 정책에 대한 선호(issue agreement), 정당 일체감 등의 변인을 중심으로 이루어져 왔다. 최근의 정치 심리적 접근법에서의 연구는 선거 캠페인 과정에서 유권자들의 정보 선택과 처리의 과정을 통한 후보 결정 과정을 중심으로 진행되고 있다. 기존 연구가 선거 결과에 대한 정확한 설명 및 예측에 성공하고 있으나 정보의 검색 및 처리를 중심으로 선택의 과정을 경험적으로 설명하는 연구는 많지 않았다. 선거 캠페인을 통한 정보의 획득은 유권자들의 잠재해 있는 선호를 활성화하는 것 이상의 영향을 미치지 않는 다는 것이 지배적인 학설이었고(Shaw 1999), 유권자들은 일반적으로 인지적 구두쇠(cognitive miser)로서 후보 선택을 위한 선거 캠페인 과정에서의 정보의 검색과 처리에 많은 시간과 노력을 기울이지 않는 것으로 전제되어 왔다. 따라서 경험적 연구는 후보 선택에 있어 유권자들이 사용하는 단순화 전략을 중심으로 이루어져 왔다. 예컨대, 유권자들은 상위 선호에 있는 두 후보에의 집중하거나 관심 있는 하나의 정책에의 집중하므로써 선택의 경우의 수를 제한(pruning)하거나, 혹은 감정적 선호(affect referral), 믿을 수 있는 정치인이나 사회집단의 지지(endorsement), 승리 가능성(viability), 친근성(familiarity) 등 인지적으로 단순한 정보를 활용하는 것으로 이해되어 왔다. 결과적으로 정보의 검색과 처리에 있어서 개인들 간의 차이 및 그것의 후보 선택에 있어서의 영향에 대한 경험적 연구는 상대적으로 드물었다. 그러나 최근의 연구 (Lau and Redlawsk 2006)에 따르면, 깊은 정보 검색(depth of search)은 정확하고 많은 정보의 기억 및 상기로 이어지고, 이는 자신의 선호와 보다 일치하는 후보의 선택으로 연결될 가능성이 높다. 이러한 연구 결과는 개인들의 구조화된 정치적 정향이 후보 선택에 있어서 미치는 영향 뿐만 아니라 선거 캠페인 과정에서의 정보 처리의 방식의 역할, 그리고 양자 사이의 상호작용에 대한 연구가 필수적임을 보여주는 것이라 하겠다.

6. 정치적 인상(Political Impressions)

정치적 명성(political reputation)은 일반 시민과 정치인 사이의 상호작용의 결과다. 다른 한편 정치적 명성은 두 가지의 연관된 과정,

즉 인상 형성(impression formation)과 인상 관리(impression management)의 상호작용의 결과다. 전자는 타인에 대한 지식과 신념으로 구성되어 한 개인의 기억 속에 축적된 타인에 대한 심리적 인상이다. 후자는 타인의 기억 속에 자신을 대표하는 정보에 대한 통제와 관련된 제 행위다. 페노(Fenno 1978)에 따르면, 정치인의 명성은 자기 표현(self presentation)을 중심으로 한 인상 형성과 인상 관리를 통해 정치적 지지를 이끌어 내는 것을 통해 형성된다. 정치적 인상의 형성과 관리는 신호를 생성하는 정치인(signaling actor)과 그것을 감지하는 일반대중(perceiving mass public) 사이의 전략적 상호작용을 통해 이루어지는 심리적 메커니즘이다.

(1) 인상 형성

정치인에 대한 인상을 구성하는 일반적인 요소는 정책에 대한 입장, 소속 정당, 특정 사회 집단과 연계된 신념, 개인적 특성이다. 이중 앞의 세 요소는 정치적 상황과 연계되어 있는 가변적인 변수이지만, 개인적 특성은 상대적으로 불변의 속성을 가지고 있고, 따라서 이 불변의 속성이 인상 형성의 주요 구성요소로 간주된다. 개인적 특성은 그러나 직접적인 관찰의 대상이 아니라 관찰 가능한 행위로 부터 추론되어지는 것이며, 이 추론의 과정은 매우 주관적이며 정치적인 조작의 대상이 된다. 정치인의 개인적 특성은 다음의 네 가지 차원, 지성 및 성실성을 포함하는 능력(competence), 영웅적 혹은 신화적 범주의 리더십(leadership), 정직성 등의 도덕성(integrity), 보통사람에 대한 감정이입 능력(empathy)으로 구성된다(McGraw 2003).

인상 형성의 과정은 두 가지로 대별된다(Hastie and Park 1986; Lodge, McGraw, and Stroh 1989; Lodge and Steenbergen 1995; Zaller

1992). 온라인(on-line) 모델은 정보에 대한 최초 노출을 통해 형성된 평가를 새로운 정보가 추가되었을 때의 평가를 중심으로 갱신하는 과정이다. 의견 표출은 정보의 구체적인 내용이 아니라 기존의 평가를 새로운 정보에 바탕 한 긍정 혹은 부정의 평가를 중심으로 갱신함으로써 이루어진다(Lodge and Taber 2001). 반면, 기억중심(memory-based) 모델에 따르면, 의견은 새로운 정보가 장기적인 기억 속에 저장된 특정한 정보를 되살려내고 그것을 활성화는 과정을 통해 구성되어진다. 두 모델은 모두 정보 처리 과정에서의 인지 작용의 역할을 인정한다는 공통점을 가지고 있지만, 기존 정보 및 새로운 정보의 역할에 대해 상반된 입장을 갖는다. 온라인 모델은 기억 속에 저장된 정보의 구체적인 내용이 아니라 그 정보에 대한 평가만이 문제가 된다고 보는 반면, 기억중심 모델은 기억 속에 저장된 특정한 정보내용이 중요한 역할을 한다고 본다. 또한 온라인 모델에서는 새로운 정보를 중심으로 기억된 정보가 갱신되는 과정이 중요하지만, 기억중심 모델에서는 새로운 정보의 역할은 기억된 정보의 재생에 국한된다.

개인들이 온라인 모델이나 기억중심 모델 중 어느 것을 채택하는가의 여부는 개인별 특성과 정보 상황에 따라 유동적이다. 예컨대, 정치적 지식이 많은 사람들은 대체로 온라인 모델을 통한 인상형성을 추구하는 반면, 정치적 지식이 많지 않은 사람들은 기억중심 모델에 의존하는 경향이 있다. 또한, 개인에게 중요하게 생각되는 판단 대상에 대해서는 온라인 모델을, 그렇지 않은 판단 대상에는 기억중심 모델이 사용된다. 정보처리 상황 역시 변수인데, 정보가 매우 복잡한 구조로 이루어져 있어 판단이 쉽지 않은 문제에 대해서는 기억중심 모델이 주로 이용되고, 그렇지 않은 상황에서는 온라인 모델이 이용된다(Lau and Redlawk 2001).

(2) 인상 관리

정치적 인상 관리는 캠페인, 정치광고, 정치자금 모집, 로비, 미디어 전략 등을 포함하는 매우 다양한 영역에 걸쳐 논의될 수 있다. 여기서는 정책위치 선정 (position-taking) 및 설명 혹은 해명(explanations)에 대해 논의하도록 한다.

정책위치 선정. 정치적 대표성은 지역 유권자의 정책 선호와 정치인의 정책 위치의 합치 여부에 의해 판단될 수 있다. 정치인의 정책위치 선정은 선출직 정치인 개인의 정치적 목표 달성과 정치시스템의 민주적 대표성 모두에서 중요하다(Mayhew 1974). 정책위치의 성공적 선정을 위해 정치인들은 정교하게 다듬어진 언설(crafted talk) 전략을 채택한다(Jacobs and Shapiro 2000). 이를 위해 특정한 정책에 있어 유권자들이 선호하는 주장과 상징을 찾기 위해 여론조사와 심층면접을 활용하고, 그렇게 준비된 메시지가 미디어를 통해 노출되도록 하며, 태도나 의견의 변화를 목표로 하는 직접적인 설득 보다는 정책 판단에 있어 고려사항에 대한 가중치를 바꾸어 나가는 점화 효과(priming effect)를 목표로 한다. 다른 한편, 정치인들은 정책에 대해 명확한 입장을 취하기보다는 반대의 의견을 가진 유권자를 잃지 않으려는 의도에서 모호한 입장을 취한다고 생각되어 왔다(Page 1972, Shepsle 1972). 그러나 정치심리학의 관점에서 보면 이러한 전략은 득 보다 실이 많을 수 있다. 첫째, 정보가 모호할 때 사람들은 고정관념(stereotype)을 포함한 자신들의 기존 신념에 의존하는 경우가 많고 이런 경우 정치의 구체적인 목표 달성에 득이 되지 실이 될지 예측하기 어렵다(Devine 1989). 둘째, 모호한 정보는 정치인의 정책

위치에 대한 불안정성으로 연결되고, 불안정성은 많은 경우 부정적 평가로 귀결된다(Glasgow and Alvarez 2000). 셋째, 일반적으로 유권자들은 신탁인(trustee) 보다 대리인(delegate)[9]으로서의 정치인을 선호하는데, 모호한 정책위치 선정은 유권자가 기대하는 이러한 기대에 어긋나는 결과를 초래할 가능성이 많다(Sigelman, Sigelman, and Walkosz 1992).

설명 혹은 해명. 정치인의 인상 관리의 다른 측면은 자신의 의회에서의 투표에 대해 유권자들에게 납득할 만한 설명 혹은 해명을 제공하는 것이다. 잘 알려진 격언, '당신의 선택에 대해서 설명해야 된다면 당신은 문제에 봉착한 것이다,'가 암시하듯이 설명 혹은 해명은 개인적 비리나 비대중적인 정책 선택에서 비롯된 부정적 결과에 대한 비난 관리 전략(blame-management strategy)의 일종이다. 물론 설명은 긍정적인 결과 앞에 공적 주장 전략(credit-claiming strategy)의 일환으로 혹은 정책 위치 선정을 강화하는 차원에서 발생할 수도 있다. 비난 관리 전략은 결과에 대한 부분적 혹은 전체적 책임에 대한 합리화(excuse), 논쟁의 여지가 있는 행위나 정책의 결과에 대한 재평가를 통한 정당화(justification), 유권자에 대한 감정이입을 목표로 한 대리인 유형의 정당화(delegate-like justification)[10] 및 리더십의 강화를 목표로 한 신탁인 유형의 정당화(trustee-like justification)로 나뉠 수 있다(McGraw 2001). 그밖에 (전면) 부정 (denials), 고백

9) 신탁인은 정책 결정에 있어 자신이 믿는 공공선이나 국익의 관점에 기초해 유권자에 대해 상대적인 자율성을 갖는 대표자이며, 대리인은 정책 결정에 있어 유권자의 이익과 관점을 최우선으로 고려하고 자신의 판단을 최대한 자제하는 대표자이다.

10) 신탁인이 자신의 결정을 합리화하는 방식(In the end, I used my own judgment as to what is in your best interests)은 대리인의 그것(I owe it to my constituents to vote according to their wishes, and that is what I did)과 다르다.

(confession)이나 사과(apologies)에 대한 연구가 진행되고 있다.

7. 감성(Affect)과 정치적 판단(Political Judgment)

감성[11]에 대한 오래된 관념은 그것이 인지작용(cognition)과는 다른 곳에 위치하며 (예컨대 이성은 정신에, 감성은 심장에), 전자는 이성적 인지 능력 및 그에 근거한 행동능력을 잠식하는(undermining), 때로는 맹목적인(blinded)이며 심지어 유해한(detrimental), 것으로 간주되어 왔다. 그러나 신경과학의 최근의 연구 성과들은 이러한 전통적인 견해에 도전할 뿐 만 아니라 감성을 중심으로 한 정치심리학의 재편성을 요구한다. 즉, 감성계(emotion systems)는 뇌체계(brain systems)의 의식적인 작동 이전에 감각계(sensory systems)의 작동을 통해 감성적, 인지적, 행태적 행위들을 주도하다. 말하자면 의식 이전의 감성계가 의식적 인지에 선행하며 의식적 인지를 안내한다는 것이다 (Marcus 2003).

커노버와 휄트만(Conover and Feldman 1986)에 따르면, 후보자나 정부정책에 대한 감성적 반응은 그에 대한 인지적 반응과 밀접하게 연계되어 작용한다. 사람들은 자신들이 감성적으로 선호하는 정치인에 대해서는 긍정적인 정보를, 선호하지 않는 정치인에 대해서는 부정적인 정보를 중심으로 기억하며, 긍정적인 정보에 비해 부정적인 정보가 보다 자주 상기되며 활용된다. 예컨대 부정적인 선거 정보

---

11) 감성은 선호(preferences), 평가(evaluations). 분위기(moods) 그리고 감정(emotions)을 포괄하는 용어다. 여기서 선호는 상대적으로 가벼운 주관저인 반응으로 유쾌하거나 불쾌한 감정이고, 평가는 타인에 대한 긍정 혹은 부정의 반응이며, 분위기는 불특정의 상대를 대상으로 하는 긍정과 부정의 반응이다. 감정은 좋은 혹은 싫은 느낌을 넘어서는 다수의 복잡한 느낌들의 집합이다.

(negative campaign information)는 긍정적인 그것보다 보다 잘 기억되며, 더 많은 가중치를 받으며, 강한 감성적 반응과 연계되어 후보에 대한 더 많은 정보를 습득하려는 동기가 되고 더 많이 선거에 개입하게 되거나, 반대로 정치적 효능감을 감소시켜 더 적게 선거에 개입되게 한다(Bartels 1996; Ansolabehere and Iyengar 1995; Finkel and Geer 1998). 따라서 후보자나 정부 정책에 대한 균형있는 판단은 즉각적으로 상기 가능한 부정적인 정보에 대한 일정한 통제 및 긍정적인 정보에 대한 의식적 상기 노력이 요구된다.

Ⅳ. 결 론

한국에서 정치심리학적 접근법에 기초한 연구는 매우 드물다. 여론조사가 매우 빈번히 실시되고, 그 영향이 날로 증대되고 있는 현실에 비춰볼 때 이러한 현상은 이례적이다. 주지하듯이 여론은 일정한 시점에서 집합적 의견의 분포를 알려주기는 하지만, 그러한 집합적 분포를 가지는 개개인들의 의견 형성과 변화에 있어서의 원인에 대한 지식을 제공하지는 않는다. 말하자면 여론의 형성과 변화에 대한 체계적인 연구를 위한 이론적인 관점을 제공해주는 정치심리학적 접근에 기초한 연구 없이 변화하는 여론에 대한 체계적적인 이해 역시 불가능하다.

빈번한 여론 조사와 정치심리학적 연구의 부재라는 이상 현상에는 대체로 다음의 두 가지 원인이 있어 보인다. 첫째, 여론조사의 '질'의 문제다. 선거 시기에 집중된 여론 조사의 대부분이 후보 선호를 중심으로 한 질문에 치중되어 있어 그 선호를 예측할 수 있는 유권자의 신념, 태도, 정보의 인지 및 처리 등에 관련된 변수를 추출할 수 있는 질문은 극히 제한적이다. 이러한 실정은 대부분의 여론 조사가 경마식 선거 보도에서 1등 후보를 예측하는 수단으로 이용될 뿐 학문적 연구를 목적으로 기획되지 않기 때문이다. 물론 여론 조사 데이터로 대답할 수 없는 많은 정치심리학적 연구 주제들이 존재하고, 그러한 주제들은 심리학 실험 자료의 구축을 통해서 연구될 수 있는 것들이다. 심리적 실험과 관련된 연구계획과 실행이 절대적으로 필요하나, 질 높은 여론 조사 자료를 통한 기본적인 데이터의 구축은 보다 높은 수준의 정치심리학적 연구를 위한 밑거름이다.

둘째, 한국의 정치체제가 민주주의로 이행하고 어느 정도 공고화의 단계에 접어들었다는 것에 이의를 제기할 사람은 많지 않겠지만, 우리 사회에는 아직도 기본적인 권력 구조 혹은 통치형태의 문제, 대통령 및 국회의원, 지방선거의 각기 다른 선거 주기에 따른 안정적인 선거 일정 운영상의 문제, 선거 및 이후의 일상적인 정치 운영의 통합성을 담보하는 안정적인 정당 체계의 문제 등 개인의 정치적 판단 및 의사 결정을 좌우하는 많은 제도적 상황 변인들이 극심한 유동성을 보이고 있다. 이러한 상황은 개인을 분석 단위로 한 연구에 있어서 개인수준의 변수와 상황적인 변수 사이의 상호작용이 정치적 시점 및 상황에 따라 유동적이게 되고, 따라서 상황변수의 통제 하에 개인 수준 변수의 작동을 이해하는 작업을 어렵게 한다. 나아가 정치심리학의 개인주의적 접근이 갖는 적실성이 위협받게 된다. 이러한 상황을 고려할 때 주로 미국을 중심으로 개발되어 온 정치심리학의 여러 이론들이 한국적인 맥락에서 경험적으로 평가되고 그 적실성을 인정받기까지에는 시간이 필요할 듯하다. 그러나 다른 한편으로 심리학적 정치학의 여러 이론들은 개인 수준의 선호 형성 및 의사결정 기제에 대한 정교한 설명 틀을 제시하고 있으며, 많은 경우 이들 이론들은 우리의 정치 현상을 보다 폭 넓게 이해하고 설명하는데 유용한 또 하나의 수단이 되리라 믿는다.

주요문헌 소개

Converse, Philip E. 1964. "The Nature of Belief Systems in Mass Publics."In David Apter, ed. *Ideology and Discontent*. New York: The Free Press. 컨버스의 이 논문은 정치적 신념체계에 관한 최초의 이론적인 일반화로서 일반 대중들의 정치적 신념체계의 구조에 관한 매우 도발적인 주장을 담고 있어 이후 일련의 학문적 논쟁의 대상이 된다. 논문에서 논의된 정치적 태도 및 판단의 근저에 있는 정치적 신념체계 혹은 정치적 이데올로기는 정당선호도와 함께 일반 대중들의 정치적 판단 및 결정에 있어 최종 심급에 있는 변인으로 간주되다.

Delli Carpini, Michael X. and Scott Keeter. 1996. *What Americans Know about Politics and Why It Matters*. New Haven: Yale University Press. 정치적 지식에 관한 기존 연구의 집대성으로 광범위한 경험적 자료에 기초해, 정치적 지식의 개념 및 그 측정, 그 영향에 대해 논의하고 있다.

Eagly, Alice H. and Shelly Chaiken. 1993. *The Psychology of Attitudes*. Harcourt College Publishers. 사회심리학 혹은 인지적 심리학의 입장에서 태도의 형성과 변화에 관한 광범위한 주제에 대해 언급하고, 아울러 자신들의 정보처리의 두 양태 (dual mode of information processing)에 관해 매우 자세한 설명을 하고 있다.

Fiske, Susan T., and Shelley E. Taylor. 1991. *Social Cognition.* New York: McGraw Hill. 2nd ed. 사회 심리학 분야의 고전 내지는 교과서로서, 사회 심리학에서 다루는 거의 모든 주제와 이론에 대한 개괄적인 설명을 하고 있다.

Kuklinski, James H. 2002. ed. *Thinking about Political Psychology.* New York: Cambridge University Press. 심리학적 접근법과 정치학의 접점에서 전자의 대상과 방법에 의한 정치학 연구가 가지는 의미와 한계에 대해 논의한다.

Lodge, Milton. 1995. "Toward a Procedural Model of Candidate Evaluation." In Milton Lodge and K. McGraw.eds. *Handbook of Social Psychology.* 4th ed. London: Oxford University Press. 소위 스토니 브룩 학파(Stonybrook School)을 이끌고 있는 로지가 편집한 책으로, 컨버스의 1964년 논문과 『미국의 유권자들(*The American Voter*)』에 나타난 기억 중심 모델(memory-based model)과 대비되는 온라인 모델(on-line model)의 기본 이론을 제공한 책이다.

Zaller, John. 1992. *The Nature and Origins of Mass Opinion.* New York: Cambridge University Press. 컨버스(1964)의 "The Nature of Belief Systems in Mass Publics"에 대한 가장 완결적인 비판인 동시에 정치적 태도의 형성과 변화에 대한 정치학 분야에서 출간된 가장 완성도 높은 독자적인 이론체계를 제시한다. 필자가 제시하는 고려(considerations), 구축되는 것으로서 혹은 자기 샘플링으로서의 여론(constructive nature of public opinion), 정치적 관여/지식(political awareness), RAS(Receive-Accept-Sample) 모델 등의 개념은 출간 이후 수많은 논쟁과 후속 연구의 바탕이 되었다.

참고문헌

김용호, 김현종. 2003. "한미관계에 대한 미디어 프레임 연구: 여중생 사망 사건을 중심으로." 『국제정치논총』 43(2): 123-149.

김장수. 2005. "비대칭적 활성화와 정당에 대한 상충적 태도." 『한국정치학회보』 39(2): 145-171.

황아란. 2000. "경제투표에 대한 정치심리학적 접근: 제 15대 대선을 중심으로." 『한국정치학회보』 34(2): 193-212.

황아란. 1998. "정당태도와 투표형태." 『한국의 선거 II』이남영 편. 서울: 푸른길.

Ryu, Jaesung. 2007a. "Measuring Cognitive Engagement and Testing Its Effect on Policy Judgments." *Journal of American Studies* 39(1): 131-180.

Ryu, Jaesung. 2007b. "Where is the Framing Effect? Bridging the Gap between Theory and Data." *Korean Journal of International Relations* 47(5): 27-58.

Ajzen, Icek. 1985. "Theory of Planned Behavior." *Organizational Behavior and Human Decision Process* 50: 179-211.

Ajzen, Icek. 2001. "Nature and Operation of Attitudes." *Annual Review of Psychology*. 52: 27-58.

Ajzen, Icek. and Martin Fishbein. 2000. "Attitudes and the Attitude-Behavior Relation: Reasoned and Automatic Processes." *European Review of Social Psychology* 11(1): 1-33.

Bartels, Larry M. 1996. "Uninformed Votes: Information Effects in Presidential Elections." *American Journal of Political Science* 40(1):

194-230.

Campbell, Donald and Julian Stanley. 1963. *Experimental and Quasi-Experimental Designs for Research*. Boston: Houghton Mifflin Company.

Conover, Pamela and Stanley Feldman. 1984. "How People Organize the Political World: A Schematic Model." *American Journal of Political Science* 28: 95-126.

Converse, Philip E. 1970. "Attitudes and Non-attitudes: Continuation of a Dialogue." In Edward R. Tuft, ed. *Analysis of Social Problems*. Reading, Mass.: Addision-Wesley.

Dahl, Robert A. 1961. *Who governs?: Democracy and Power in an American City*. New Haven: Yale University Press.

Downs, Anthony. 1957. *An Economic Theory of Democracy*. New York: Harper.

Druckman, James N. 2004. "Political Preference Formation: Competition, Deliberation, And the (Ir)relevance of Framing Effects." *American Political Science Review* 98(4): 671-86.

Fazio, Russel H. 1995. "Attitudes as Object-Evaluation Associations: Determinants Consequences, and Correlates of Attitude Accessibility." In Richard E. Petty and Jon A. Krosnick. ed. *Attitude Strength: Antecedents and Consequences.* Mamahwah,NJ:LawrenceErlbaumAssociates,Publishers.

Fenno, Richard. 1978. *Home Style: House Members in Their Districts*. New York: harper Collins.

Finkel, Steven E. 1985. "Reciprocal Effects of Participation and Political Efficacy: A Panel Analysis." *American Journal of Political Science* 29(4): 891-913.

Gamson, William A., and Andre Modigliani. 1987. "The Changing Culture of Social Welfare Policy." In Richard D. Braugart. ed. *Research in Political Sociology*. vol. 3. Greenwich. CT: JAI.

Hetherington, Marc J. 1998. "The Political Relevance of Political Trust."

American Political Science Review 92(4): 791-808.

Heider, Fritz. 1946. "Attitudes and Cognitive Organization." *The Journal of Psychology* 21: 107-112.

Jacobs, Lawrence R. and Robert Y. Shapiro. 2000. *Politicians Don't Pander: Political Manipulation and the Loss of Democratic Responsiveness.* Chicago: University of Chicago Press.

Kinder, Donald R. 2004. "Pale Democracy: Opinion and Action in Postwar America." In Edward D. Mansfield and Richard Sisson, ed. *The Evolution of Political Knowledge*. Columbus, OH: Ohio State University Press.

Kinder, Donald R., and Lynn M. Sanders.1996. *Divided By Color: Racial Politics and Democratic Ideals.* Chicago: Chicago University Press.

Krosnick, Jon A. 2002. "Is Political Psychology Sufficiently Psychological? Distinguishing Political Psychology from Psychological Political Science." In James H. Kuklinski, ed. *Thinking about Political Psychology.* New York: Cambridge University Press.

Lau, Richard R. and David P. Redlawsk. 2006. *How Voters Decide: Information Processing during Election Campaigns.* Cambridge: Cambridge University Press.

Lodge, Milton and Charles Taber. 2000. "Three Steps toward a Theory of Motivated Political Reasoning." In Lupia, Arthur and M.D. McCubbins, and S.L. Popkin. ed. *Elements of Reason: Cognition, Choice, and the Bounds of Rationality.* Cambridge: Cambridge University Press.

Lupia, Arthur. 1994. "Shortcuts versus Encyclopedias: Information and Voting Behavior in California Insurance Reform Elections." *American Political Science Review* 89(1): 63-76.

Lupia, Arthur, and Mathew D. McCubbins. 1998. *The Democratic Dilemma: Can Citizens Learn What They Need to Know?* Cambridge: Cambridge University Press.

Luakin, Robert C. 2002. "Political Psychology, Political Behavior, and Politics: Questions of Aggregation , Causal Distance, and Taste." In Kuklinski, James A. ed. *Thinking about Political Psychology*. Cambridge: Cambridge University Press.

Marcus, George E., W. Russell Neuman, and Michael B. MacKuen. 2000. *Affective Intelligence and Political Judgment*. Chicago: University of Chicago Press.

McGuire, William J. 1985. "Attitudes and Attitude Change." in G. Lindzey and E. Aronson. ed. *Handbook of Social Psychology* (3rd ed.) Vol. 3. New York: Random House.

Mondak, Jeffrey. 1993. "Public Opinion and Heuristic Processing of Source Cues." *Political Behavior* 15: 167-192.

Nelson, Thomas E., Zoe M. Oxley, and Rosalee A. Clawson. 1997. "Toward a Psychology of Framing effects." *Political Behavior* 19: 221-246.

Petty, Richard E., and John T. Cacioppo. 1996. Attitudes and Persuasion: *Classic and Contemporary Approaches*. Dubuque, IA: William Brown.

Rahn, Wendy M. 1993. "The Role of Partisan Stereotypes in Information Processing about Political Candidates." *American Journal of Political Science* 37(2): 472-496.

Rahn, Wendy M., John L. Sullivan, and Thomas J. Rudolph. 2002. "Political Psychology and Political Science." In James H. Kuklinski, ed. *Thinking about Political Psychology*. New York: Cambridge University Press.

Riker, William H. 1993. *Agenda Formation*. Ann Arbor: University of Michigan Press.

Sears, David O. and Carolyn L. Funk. 1991. "Graduate Education in Political Psychology." *Political Psychology* 12(2): 345-362.

Sears, David O., Leonie Huddy, and Robert Jervis 2003. "The Psychologies

Underlying Political Psychology." In David O. Sears, Leonie Huddy, and Robert Jervis, ed. *Oxford Handbook of Political Psychology*. New York: Oxford University Press.

Sears, David O., Leonie Huddy, and Robert Jervis. 2003. *Oxford Handbook of Political Psychology*. New York: Oxford University Press.

Sniderman, Paul M., Richard A. Brody, and Philip E. Tetlock. 1991. *Reasoning and Choice: Exploration in Political Psychology.* Cambridge: Cambridge University Press.

Walsh, Katherine Cramer. 2003. *Talking about Politics*. Chicago: University of Chicago Press.

7 정치학에서 페미니즘 접근방법

황 영 주

I. 서 론

이 장에서는 정치학 이론 및 방법론으로서 페미니즘적 접근 방법에 대하여 살펴보고자 한다. 잘 알려진 바와 같이 정치학은 주로 권력과 권력을 둘러싼 부수 현상을 연구하고 고찰하는 학문이다. 하지만, 여성 및 여성과 관련된 여러 가지 정치 현상들은 이와 같은 권력과 권력현상에서 소외되어 있었던 것이 사실이다. 실제로 일부 여성정치학 연구가들에 의해서 제기되는 "정치학은 페미니즘의 충격을 가장 최소화한 학문"(Bonder 1983, 570)이라든지 "정치학은 여성의 이해관계에 반응하는 최후의 사회과학중의 하나"(Randall 1983, 38)라는 주장은 정치학에서 여성 및 여성과 관련된 현상들에 대하여 그만큼 관심이 부족하였다는 사실을 말해주는 보기가 된다. 이러한 경향은 지금도 유효하다(Ritter and Mellow 2000, 11). 그럼에도 불구하고 최근에는 페미니즘적 접근 방법을 통해서 정치적 현상에 대하여 다양한 설명을 시도하려는 노력들이 나타나고 있다. 주로 성별정치학 또는 젠더정치학(gender politics)로 정의되는 이러한 접근 방법은 "성을 정치적 실존의 주요 변수로 하여 인간의 본성, 권력, 리더십, 정치의식과 문화, 정치사회화, 의사결정과정, 정책, 정치체제, 이념, 국가의 발전, 국제관계 등의 정치적 개념들을 새로이 정립해 나가려는 학문"(이영애 1996, 1, 강윤희 · 김경미 · 최정원 2004, 115에서 재인용)이라고 할 수 있다.

정치학에서 페미니즘 접근방법을 살펴보는 이 장은 다음과 같이 구성된다. 먼저 **Ⅱ. 정치학에서 페미니즘 접근방법의 배경에서는** 정치학에서 페미니즘 접근방법에 대한 기초적 이해를 위한 주요 개념들에 대하여 살펴볼 예정이다. 페미니즘(feminism)이 무엇인지 아울러 학문적으로 어떤 특징을 갖는지에 대하여 정리하면서, 페미니즘의 핵심적 개념 중의 하나인 젠더(gender)와 젠더가 정치학과 어떤 관계를 맺고 있는지에 대하여 살펴볼 것이다. **Ⅲ. 정치학에서 페미니즘적 접근방법의 실제에서는** 주로 정치학의 하위 분류로서 정치사상 · 이론, 비교정치, 한국정치 및 국제정치에서 페미니즘적 접근방법이 어떻게 이루어지고 있는가를 국내외의 연구경향을 통해서 고찰하고자 한다. **Ⅳ. 정치학에서 페미니즘 접근방법의 특징**에서는 현재까지 정치학에서 이루어진 페미니즘 접근방법의 방법론적 특징에 대하여 살펴보면서, 정치학과 페미니즘이 어떻게 조우하고 있는지에 대하여 지적하고자 한다. 마지막으로 **Ⅴ. 결론**에서는 이장을 요약하면서 정치학에 대한 페미니즘의 공헌에 대하여 간략히 전망하고자 한다.

Ⅱ. 정치학에서 페미니즘 접근방법의 배경[1)]

1. 남성들만의 공간으로서 정치:

페미니즘과 정치(학)에 대한 페미니즘 진영에서의 비판

젠더화된 사회 내지는 젠더관계를 극복하기 위한 노력으로서 "페미니즘"에 대하여 살펴보자. "페미니즘은 다양한 방법으로 여성의 사회적 지위를 높이려는 광범위하고 다양한 운동…"(강경희외 2005, 19)이라고 할 수 있다. 또한 페미니즘은 "성평등에 대한 믿음을 갖는 이념이며 동시에 이를 실현하기 위한 이론"(장필화 2006, 7)이라고 할 수 있다. 실제로 페미니즘은 여성에 대한 차별이 경제적, 사회적, 문화적 구조 속에 녹아있다고 비판한다. 이와 같이 페미니즘은 권력관계에서 남성이 여성보다 우위에 있다고 보는 각종 편견과 관행을 개선 · 제거하려는 정치적 움직임이라고 할 수 있다.

지금까지 많은 정치학자들은 정치 또는 정치학이 남녀구별없이 적용될 수 있는 무성적인 영역이라고 생각하였다. 이에 따라서 정치학의 대상이자 주요 행위자에서 남녀 차이는 존재하지 않은 것으로 보았다. 그러나 페미니즘 정치학자들은 정치 또는 정치학 자체가 남성의 정체성의 반영물이며, 아울러 정치학에서 상정하는 주요 행위자는 그 대부분이 공적인 남성(public man)이라고 비판하고 있다. 이

1) Ⅱ장 "정치학에서 페미니즘 접근방법의 배경"은 황영주, 전복희, 송태수, "정치학에서의 성정치학"(2003년도 한국정치학회 추계학술대회 발표논문)의 Ⅱ장 젠더와 정치학 일부를 이 장의 성격에 맞게 고쳐 쓴 것이다.

와 같은 논의는 다음과 같이 자세하게 정리될 수 있다.

첫째, 만약 많은 정치학개설서에서 주장하는 것처럼 정치학 자체가 권력(power)에 관한 학문이라고 한다면, 여성의 대부분은 여기에서 배제되고 있다. 잘 알려져 있다시피 기존의 정치과정에서 여성의 저대표성은 새삼스럽게 지적할 필요가 없으며, 이러한 저대표성에 따라 여성들은 권력을 가질, 혹은 접근할 수 있는 기회또한 훨씬 적다. 아울러 현대 사회가 "여성의 이익이 남성의 이익에 예속되는 권력 관계"(위던 1993, 2)에 기초한 가부장제적 구조를 가진다면 여성들은 권력 관계에서 애당초 배제되었다고 할 수 있다. 이에 따라 권력에 관심있는 정치학은 결국 (권력을 갖지 못하는) 여성에 대한 관심이 떨어진다고 할 것이다.

둘째, 정치학에서 상정하고 있는 정치적 행위자(political actor)에 대한 추상화 자체가 남성본위라는 비판을 받고 있다. 겉으로 보기에 무성적(asexual)으로 보이지만, 실제 정치적 과정에서 행위자들은 주로 합리적 남성(a rational man)을 상정하고 있다. 잘 알려져 있다시피 근대 민주주의 발전 과정에서 인간은 주로 재산을 가진 백인 남성들이었고, 합리성은 이들 자신들의 이익추구행위를 추상화시킨 개념이다. 또한 합리성(rationality)이라는 개념은 젠더의 구축과정에서 감성(emotion)을 대척점에 두면서 주로 남성적(masculinity)특질로 여겨지면서, 상대적으로 여성성(femininity)을 폄하시키고 있다. 이러한 맥락에서 본다면 남성의 정치행위는 정상성(normality)을 획득하지만, 여성의 정치행위는 그렇지 못하게 된다.

셋째, 정치학에서 상정하고 있는 정치적 영역으로서 공적영역(the public sphere)은 결국 성적분업의 재생산에 기반을 둔다. 이를테면, 정치의 중요한 장으로서의 공공영역으로 인정받는 국가와 국가와 관련되는 공무에서의 의사결정과정들은 대부분이 남성의사를 반영하고 있다(황영주 2000, 80). 이와 같은 배경에서 본다면 정치현실 자체는 공사영역 분리과정이며, 여성이 사적 영역에만 주로 존재하게 된다. 다음과 같은 란돌(Vicky Randall)의 주장은 결국 이와 같은 정치학이 갖는 여성배제라는 본질을 잘 설명하고 있다.

> (기존정치학에 대한 페미니즘 진영에서 제기하는) 온건한 비판의 요체는 실제 정치(학)의 영역이 주로 남성들만이 활동하는 아주 좁은 정치적 활동에만 초점을 맞추고 있다는 점이다. 다른 한편으로, 보다 급진적인 비판의 요체는 정치학 자체가 남성 정치만을 설명하고 있다는 것이다. (이에 따라) 정치학은 남성 정치(politics is male politics)이며 그것은 당연하며 정상적인 것이 된다. 이에 따라서 남성 정치는 위계, 힘, 통제, 야망적 경쟁 및 남성본위에 것이 된다(Randall 1991, 527-8).

2. 또 다른 권력관계: 정치학 카테고리로서의 젠더(gender)

이러한 기존의 정치(학)에서 여성에 대한 본질적・체계적 배제는 여성으로 하여금 기존의 정치학에 직・간접으로 도전하게 만드는 계기를 제공해주고 있다. 페미니즘 정치학 진영에서는 주로 젠더를 분석의 도구(gender as an analytical tool)로 사용하여 기존의 정치학이 갖는 남성 편향성을 비판하고, 정치의 개념 자체를 재구성하려고 한다. 이에 따라 젠더를 분석의 도구로 사용하는 페미니즘 정치학에 대한 이해를 위해 젠더가 무엇이며, 젠더는 어떻게 만들어지며, 또한 젠더는 권력 또는 정치와 어떻게 관련되는지를 살펴보아야 할 것이다.

우선 젠더에 대한 정의에 대하여 살펴보자. 잘 알려진 바와 같이 젠더는 사회적으로 구성된 (social construction) 성(性)을 뜻한다. 즉 젠더는 남녀간의 생물학적 성(sex)의 구별과는 달리 사회적으로 구성되어 사회성원들에게 학습된 개념으로, 주로 남성성(masculinity)과 여성성(femininity)을 구별할 때 사용되는 용어이다. 생물학적 성이 주로 유전적 · 해부학적 특성에 기인하여 결정된 것이라고 한다면, 사회적 구성물로서 젠더는 사회적으로 획득한 정체성이라는 것이다. 물론 젠더는 생물학적 성에 기반하지만, 그것으로만 환원되는 것이 아니다. 이를테면 현대 사회의 남녀구별은 특정의 사회적 맥락에 맞는 사회화를 통해서 남성적인 것과 여성적인 것, 아울러 남성의 정체성과 여성의 정체성을 기반으로 생성된다. 페미니즘 정치학자들이 젠더를 사용할 때는 남성과 여성이라는 생물학적 차이보다는 남성성과 여성성이라는 사회적 · 문화적으로 형성되고 정의된 특질에 보다 더 많은 관심을 가지고자 한다.

나아가서 젠더관계와 그것의 분석은 사실상 사회적 관계와 권력관계를 이해하는 방법이 된다. 젠더연구의 대표적인 학자인 스코트(Joan Scott)에 따르면 젠더는 "성별간의 차이에 기초하는 사회적 관계의 구성요인이자, 권력관계를 결정하는 일차적인 방법"(Scott 1986, 1067)으로 정리된다. 한편으로 볼 때 스코트에 있어 젠더는 인류 역사상의 많은 부분에서 상징적 의미를 제공하며, 또한 이러한 상징적 의미를 해석하는데 있어 규범적 개념을 제공한다. "(젠더개념은) 종교, 교육, 과학, 법 및 정치적 교의 속에 나타나며, 이는 또한 대개 고정적 이원적 대립구조, 즉 남성과 여성 또는 남성성과 여성성이라는 의미를 분류하고 그것을 명확하게 만들게 된다"(Scott 1986, 1067).[2)]

2) 이 문제를 티커너(J. Ann Tickner)는 다음과 같이 풀어서 전하고 있다. "서

문제는 이러한 상징적 의미에 대한 규범적 개념은 나아가 정치사회적 제도와 조직에 대한 이해를 규정한다는 것에 있다. 다른 한편으로 볼 때 스코트에 있어 젠더는 바로 남녀관계를 추상화를 통한 인간사회의 권력관계(power relation)를 명확하게 보여주는 도구가 된다. 그에 따르면 젠더는 "권력이 표현되고, 또한 권력이 접합되는 일차적인 장"(Scott 1986, 1069)인 동시에, 또한 서구사회를 포함하는 많은 다른 사회에서 반복하여 나타나는 "권력의 중요성과 그 표현을 가능하게 하는 방법"이었던 것이다(Scott 1986, 1069). 이러한 차원에서 "물질 및 상징 자원에 대한 지배 또는 접근도의 차이를 포함하는 권력의 분배에 따라 젠더는 권력 자체의 개념과 구성 속에 포함되게 된다"(Scott 1986, 1069).

> 새롭게 등장한 지배자들은 지배, 권력, 중앙집권적 권위 및 지배력을 남성적인 것을 정당화시키는 반면, 적, 외부자, 반란자 및 약한 것을 여성적인 것으로 만들면서 (폄하시켰다). 아울러 이러한 기준들을 법률화하여 여성의 정치참여 금지, 임신중절의 비합법화, 여성 임금노동 금지 및 여성 의상에 대한 강제화 규정 등을 통해 여성의 본분을 지키도록 하였다·(Scott 1986, 1072).

이와 같이 젠더는 기존의 남녀관계에 대한 사회적 불평등을 구조화하고 지속시키는 결정적 역할을 하였으며, 이는 비단 남녀관계

구 문화에서 이들 개념은 남성성과 여성성이라는 의미로 분류되어 고정되는 이원적 대립(the binary opposition)의 형태로 보여지며, 이에 따라서 사회적 불평등을 정당화시킨다 … 공과 사, 객관과 주관, 자신과 타자, 이성과 감성, 자율성과 의존성 및 문화와 자연이 바로 이원적 구별의 예라 할 것이다. 이러한 분류에서 대개 앞의 것은 남성성과 관련된 특질이며 뒤의 것은 여성성과 관련된다. 스코트는 이러한 위계적인 구성은 여성에 대한 억압을 존속시키는 고정되고, 변화되지 않는 특성을 만든다고 주장한다"(황영주외 2001, 24).

의 불평등에만 국한되는 것이 아니라 권력 관계에 대한 표현방법으로 구체화되고 있다. 이에 따라 일부 학자들은 젠더 또는 젠더 관계를 보다 적극적으로 해석하려고 한다. 휘트워스(Sandra Withworth) 역시 젠더가 또한 사회구성물인 것을 강조하면서도 아울러 역사적 다양성 및 권력관계성에 대하여 이야기할 수 있어야 한다고 강조한다(Whitworth 1989, 266-267).

Ⅲ. 정치학에서 페미니즘 접근방법의 실제

앞서 살펴본 페미니즘의 여러 가지 배경을 고려하여 정치학 연구에서 페미니즘 접근방법이 어떻게 구체화되고 있는가를 살펴보는 것은 흥미있는 작업이 될 것이다. 정치학은 페미니즘적 접근방법에 대해서 비우호적이었고, 이에 따라서 정치학에서 젠더의 문제는 심각한 연구주제가 아니었다. 무엇보다도 정치학자 스스로가 정치학적 명제나 정치학에서 다루는 이론들이 젠더중립적(gender-neutral)이라고 가정하고 있었고, 이에 따라서 정치와 젠더를 관련시키는 시도들은 최근에 들어서야 그 관심이 높아졌다. 대개 정치학은 정치사상·이론, 비교정치, 한국정치 및 국제정치 등의 4가지 하위분야로 대별되고 있다. 이에 따라서 4가지 하위분야에서 페미니즘적 접근[3]이 어떻게 이루어지고 있는가에 대한 고찰이 필요할 것으로 보인다. 특히

---

3) 엄격하게 말하자면 "페미니즘 접근방법"은 성인지적 관점에서 젠더를 분석의 도구로 사용할 때 적용되는 용어라 할 것이다. 그렇지만 이 장에서는 페미니즘적 접근방법을 넓은 의미로 해석하여 여성과 관련된 연구주제를 포함하는 경우 모두를 페미니즘적 접근방법이라 칭하고 있다. 이와 관련한 더 심도깊은 논의는 이 연구의 "IV 정치학에서 페미니즘 접근방법의 전망"을 참고하라.

각 하위 분야에서는 국내외 학계의 페미니즘 접근방법을 함께 살펴보고자 한다.4)

1. 배제와 여성적인 것의 갈등: 정치사상 및 이론

일부 페미니즘 정치철학자들은 정치 사상가 및 철학자들 대부분이 여성혐오증을 가졌다고 비판한다. 아울러 페미니즘 정치철학자들은 정치 사상가 및 철학자들 대부분이 여성들의 정치적 생활에 부정적인 생각을 가졌다고 폭로한다. "서양 정치사상의 전통은 여성의 배제, 그리고 여성다움과 여성의 육체로 대표되는 모든 것을 배체한 채 형성된 '정치적인 것 the political'이라는 개념에 근거를 두고 있다"(이남석 · 이현애 옮김 2004, 11-12).

페미니즘 학자들에 의해서 다양하게 제기된 정치적 전통과 토대에 대한 강력한 비판 중에 가장 주목해야 할 점은 공사영역 분리에 대한 접근이다. 페미니즘 학자들은 공사영역의 분리(the division of public/private sphere)가 남성의 여성 지배를 강화하는 젠더관계의 실질적인 본보기라고 주장한다. 즉, 공사영역분리에 의해 남성과 관련된 공적영역에 높은 가치가 부여되는 반면, 여성과 관련된 사적영역은 상대적으로 폄하된다는 것이다. 이에 따라 그동안 사적인 영역으로만 여겨졌던 여성의 임신, 낙태 및 가정생활에 대한 논의를 정치적 영역에 포함하고자 하는 진지한 노력들이 나타나기도 하였다(Mackinnon 1989). 또한 페미니즘 그룹에서는 무성적인 것으로 여겨졌던 "사회계약(the Social Contract)"이 실제로는 성적계약(the Sexual

4) 특히 국내에서 연구방향은 한국 정치학계의 대표적인 학술논문집인 한국정치학회의 『한국정치학회보』와 한국국제정치학회의 『국제정치논총』에 게재된 논문에 한정하여 살펴보고자 한다. 게재논문은 부록의 표1과 표2를 참조하라.

Contract)이라는 비판을 가하고 있다. 즉, 정치적 민주주의의 다양한 이론에서 자유롭게 계약 할 수 있는 행위자는 항상 자유로운 위치에 있는 남성이었다는 것이다. "사회계약은 성적 계약을 전제하고, 시민 자유는 가부장적 권리를 필요조건으로 요구한다는 것을 깨달았다"(이충훈 · 유영근 옮김 2001, 11)는 것이다.[5)]

일부 학자들은 권력이라든지 정의(윤리) 및 자유에 대한 재개념화에 공을 들이고 있다. 페미니즘 정치학자들이 정치학의 가장 중심적 개념인 "권력"을 재개념화시키고자 하는 시도는 이미 널리 알려진 사실이다. 이들은 권력을 타인에 대한 지배(domination)보다는 동등한 위치에 발휘될 수 있는 상호간의 가능성(황영주외 2001, 95)으로나, 타인에 배려하는 행위 또는 조화롭게 행동을 하는 인간의 능력이라고 정의하기도 한다(Arendt 1969, 44; 황영주외 2001, 94에서 재인용). 또한 정치적 윤리를 재정의하고자 한다. 길리간과 같은 페미니즘 윤리학자는 돌봄의 윤리(the ethics of care)에 대한 재개념화를 시도한다. 그녀에 따른다면, "동정과 사랑의 감정에 기초한 여성들의 돌봄(care)의 윤리가 기존의 추상적인 도덕규칙에 근거한 정의의 윤리보다는 진정으로 사회정의를 달성할 수 있는 가치…."(Gilligan 1982; 박의경 2001, 336에서 재인용)가 된다. 특히 가정에서 여성들에 의해서 행하여지는 이와 같은 돌봄과 책임의 윤리는 비단 사회정의의 차원뿐만 아니라, 지구상의 모든 생물체가 공존하도록 하는 생태정의로까지 확장될 수 있는 중요한 가치가 된다.

국내의 정치사상 관련 연구는 상당히 드물다. 성정치학의 영역별 현황 분석을 시도한 논문에서도 정치사상에 대한 연구의 부족이 정

5) 이러한 주장들은 정치 참여의 문제에서 겉으로 보기에는 남녀가 평등한 것처럼 보이지만, 실제로 정치에 참여할 수 있었던 개인은 결국 "남성"임을 상기시켜 주고 있다.

치사상이 갖는 고유한 속성 때문이라는 지적을 하고 있다.[6] 박의경(1999)의 논문은 주로 정치에서 기본적 권리인 "자유"에 대하여 페미니즘적 비판을 가하고 있다. 그에 따른다면 "자유"라는 정치적 가치가 실제로 음습한 가부장제적 관습과 관행이 숨어 있고, 이에 따라서 여성의 (자기)가치실현을 오히려 저해하고 있다(박의경 1999, 25). 특히 여성들에 있어 자유는 소극적 자유(positive liberty)와 적극적 자유(positive liberty)를 넘어서는 복잡한 가치라고 지적하면서, 이는 주로 개인적 자유뿐만 아니라 타자와의 관계성에서 여성들의 행위와 선택을 옹호되어야 하고, 결국 사회적 구조의 변형에 영향을 주어야 한다고 강조하고 있다(박의경 1999, 37-39). 반면 김희강(2006)의 연구는 여성에게 적용될 수 있는 자율(autonomy)이 근본적으로 남성과는 다른 조건에서 시작되어야 한다고 보고 있다. 이에 따라 여성의 자율은 주로 개인적 책임이 따르는 능동적 선택의 영역보다는, "여성의 선택이 필연적으로 배경화되고, 만들어지고, 상호적으로 구성되는 사회적 배경과 사회적 관계에 대한 올바른 분석과 동시에 정당한 사회적 배경과 사회적 관계의 정립을 위한 사회적 책임의 필요성을 인식하는 것…."(김희강 2006, 98)에서 출발되어야 강조하고 있다.

정치이론의 영역에서 보여주는 페미니즘적 접근은 정치학의 토대에 대한 보다 근본적인 질문, 정치(학)에 대한 존재론(ontology) · 인식론(epistemology)적 비판과 그 대안에 초점을 맞추고 있다. 예를 들어 일부 페미니즘 정치학자들은 탈근대성에 초점을 맞추면서, 근대성(modernity)을 기반으로 하는 정치(학)이론에 대한 비판을 시도하고 있다. 이들은 근대성의 기초가 되는 이성, 지식 및 자아 등의 개념

6) 즉 "우선 여성문제에 특별한 관심을 가지고 여성과 관련된 의미있는 인식을 제공하는 정치사상가나 정치철학자가 역사적으로 거의 없기 때문...."(강윤희 · 김경미 · 최정원 2004, 121)이라는 것이다.

이 남성만을 기준으로 하고 있기 때문에 이미 성적 차별 개념을 내재하고 있다고 강조한다. 특히 일부 페미니즘 학자들은 인간들의 행동을 설명하고 해석하는 지금까지의 인식과 그 방법론에 대한 남성 편향성에 대하여 불편해 한다(Flax 1987, 624). 여러 정치이론에서의 가정과 인식은 일부 인간들의(백인남성)의 경험에 기초하여, 그것을 추상화시킨 경향이 짙다는 것이다(Flax 1987, 625).[7] 이와 같은 상황에서 근대(성)에 대한 존재론·인식론적 비판과 변화는 여성들의 가부장제 극복 노력과 그 궤를 같이 한다고 할 것이다.

페미니즘 정치학자들의 노력은 국가를 둘러싼 정치적 논의에도 잘 나타나 있다. 한편으로 볼 때 페미니즘 학자들은 근대국가의 형성과 변화에서 이미 성적차별성을 내재하고 있다고 주장하고 있다. 근대국가형성 자체는 여성 및 가정 등 사적영역에 기초를 두는 기부장제적 권위에 의해서 적절히 순화된 국민들이 필요하며, 이와 같은 사적영역은 결국 사회적 재생산과정으로서 국가형성에 기여하게 된다는 판단이다(Peterson 1992, 32-53). 특히 웨일런(Georgina Waylne)은 "성적 불평등성은 국가 내에서 존재하고, 국가를 통해서 나타나고…따라서 국가는 특정 형태의 성적관계나 그 불평등성을 만들어 내거나 혹은 반영해 주게 된다"(Walen 1996, 16)고 주장한다. 말하자면, 근대국가는 젠더 관계 내지는 성적 차별성을 반영해주고 있거나, 그것들을 만들어내는 역할을 하는 것이다. 다른 한편으로 볼 때 페미니즘 학자들은 젠더관계 형성에 대한 국가의 다양한 역할에 대

7) 이에 따라서 근대와 근대성은 여성의 소외와 밀접하게 관련된다. 페미니즘 학자들에 따르면, 근대성의 표현에서 객관성, 이성, 자유와 질서 등은 남성성(masculinity)과 관련하여 주로 가치 있는 것으로 평가되는 반면, 주관성, 감정, 필요성과 혼란 등은 여성성(femininity)와 관련되어 격하되는 수가 많다고 주장하게 된다.

하여 살펴보아야 한다고 강조한다. 국가를 가부장제적 기제로만 파악하는 것은 국가를 일원적 행위자(the unitary actor)로 만 보는 문제점이 있다는 것이다(Mazur 1999, 486). 사실상 사회주의 국가나 북유럽국가등지에 도입된 여성을 위한 적극적 조치(affirmative actions) 등은 여성의 지위 향상에 큰 기여를 하고 있다. 즉, 국가를 젠더관계의 생산, 온존, 재편하는 가부장제적 기제로 보기보다는, 오히려 국가에 의해서 도입되는 여성친화적인 정책 또는 제도들에 면밀한 검토가 필요하다는 것이다(Chappell 2000; Krook 2005, 6-9).

국내에서 이루어진 페미니즘 정치이론에 대한 논의들은 상대적으로 풍부하다. 페미니즘이 갖는 근대(성)의 남성적 기제에 대한 비판은 국내의 학계에서도 다양한 방법으로 이루어졌다. 이영애(1996)의 논문은 가부장제성의 비판기제로서 페미니즘이 근대성의 비판으로서 포스트모더니즘이 어떻게 결합되고 있는지를 상세하게 살피고 있다. 이 논문은 특히 페미니즘과 포스트모더니즘의 상호 친화성에 주목하면서 양자의 관계가 "… 첫째, 일원적 권력에 저항하고, 둘째, 이성중심주의에 근본적 질문을 던지며, 셋째, 주-객 이분법을 극복하여 상호주관성을 추구하고, 넷째, 다양한 의견의 상호의존을 모색한다는 점에서 공동의 의미지향을 갖는다"(이영애 1996, 58)고 주장하고 있다. 전경옥(1999)의 논문 또한 남성적 근대성의 비판기제로서 페미니즘에 주목하고 있다. 즉 "대인적 인식론으로서 페미니즘이 논리적 면에서 근대성을 비판하는 도구로서의 기능을 갖는….”(전경옥 1999, 56)것에 초점을 맞추고 있다. 즉, 근대성과 성찰적 근대성이 갖는 차이, 차별 및 편협한 정치적인 것의 문제점을 극복하는 도구로서 페미니즘인식론이 유효하다는 입장을 갖고 있다. 여기에서 더 나아가 조희원(2006)의 논문은 "여성"이 통칭으로 받아들여져서는 안된다는 여성의 다양성에 대하여 주목을 하고 있다. 가부장제적적 억압에 대한 공통의 경험을 공유하지만, 동시에 개별적 여성의 삶속에 나타나는 개별성에 대해서도 주목을 해야 한다는 것이다. 이러한 맥락에서 그는 "여성을 단일범주로 보는 것이 아닌 분석범주를 다원화하여.... '여성개념의 다원화'는 여성들간에 존재하는 대립과 갈등을 극복하고 공통의 목표를 위해 연대힐 수 있는 대안이 될 수 있디고 본다" (조희원 2006, 120).

여성과 국가를 둘러싼 여러 가지 논의는 황영주의 연구에만 국한되어 있다. 이 연구는 주로 근대국가의 가부장제성에 초점을 맞추고 있다. 즉, 근대국가의 발전과정이 젠더관계의 발현과 강화과정임을 강조한다. 특히 그는 이 연구에서 한국 근대국가가 여성을 주변화, 착취 내지는 이용하였다는 점을 강조하고 있다(황영주 2000).

2. 여성과 남성의 차이, 제3세계 그리고 국가의 정책: 비교정치

비교정치 영역에서 페미니즘 접근방법은 상당히 다양한 형태로 나타나고 있다. 즉, "비교정치 영역에서 많은 (페미니즘) 전문가들은 … 상당히 주목할 만한 성과를 보여주고 있다" (Ritter and Mellow 2000, 7) 비교정치 영역에서 페미니즘 접근방법이 상대적으로 활발한 경향을 띠는 것은, 이미 존재하는 전통적 이론에 여성의 경험을 첨가하는 쪽으로 이루어지고 있기 때문이라고 할 것이다. 즉, "이미 존재하는 분석 모델에 여성 연구를 첨가하는…"(Ritter and Mellow 2000, 5)경향이 짙다는 것이다. 비교정치의 영역에서 페미니즘 접근방법은 대개 다음과 같이 이루어지고 있다.

첫 번째는 전통적인 정치학의 영역에서 어떻게, 언제, 왜 여성과 남성은 다르게 행동하는가의 문제에 대하여 집중한다. 예를 들어 정치과정, 특히 여성의 선거행위와 정치참여가 남성들과 어떻게 다르게 나타났는가에 대한 연구, 또한 기존의 정치제도에서 여성행위자들이 어떤 특징을 보여주고 있는가에 대한 연구 등이 그것이다. 또한 이와 같은 여성의 정치과정과 제도 참여에 대한 연구는 국가별 비교연구, 특히 선진국가들사이에 비교연구에 초점이 맞추어져 있었던 것이 사실이었다. 물론 이러한 연구에서는 단순히 여성의 정치참여에 대한 상이성에 초점을 맞추는 연구에서부터, 기존의 정치제도 및 기관에 대하여 어떻게 여성의 참여를 확장시킬까하는 연구에까지 다양한 스펙트럼이 존재한다.

두 번째는 제3세계의 여성과 관련한 연구라 할 것이다. 이러한 연구들은 크게 두 가지 경향이 있다. 한편으로 볼 때, 특정 종교, 문화 및 지리적 배경을 가진 국가 및 지역에서의 여성에 대한 연구가 그 주를 이루고 있다. 예를 들어 이슬람 지역의 여성들이 갖는 정치적 조건과 한계에 대하여 주목하는 연구가 이러한 부류에 속한다. 또한 공산권국가에서 사회주의 또는 마르크스 페미니즘이 어떤 방식으로 여성의 지위를 변화시켰는가에 대한 연구가 이에 속한다. 다른 한편으로 볼 때, 여성들이 경험하는 정치·경제적 상황의 변화에 초점을 맞추는 연구가 있다. 특히 제3세계 또는 구 공산권 국가의 경제개발, 혁명 및 민주화 과정에서 발생하는 여성들의 지위 변화에 초점을 맞추는 연구들이 이에 속한다.

세 번째는 남녀에게 공통으로 적용되는 국가의 정책이나, 또는 특정의 사회복지정책 등이 기존의 젠더관계를 어떻게 변화시키는가에 대한 관심이다. 국가의 연금, 일자리, 의료정책 등의 사회복지정책들은 겉으로 보기에 상당히 무성적이지만, 그 이면에는 기존의 남녀차별관계, 즉 남성부양자/여성의존자 관계를 당연하게 여기는 가정들이 도사리고 있다. 또한 정부의 젠더 정책과 관련하여 주목해야 할 것은 국제기구 등에 의해서 제안된 적극적인 조치들, 이를테면 페미니즘적 국제적 규범과 핵심기조들이 어떻게 개별국가들에 의해서 수용되는가에 대한 비교연구라 할 것이다(Mazur 1999, 488-490). 이를 페미니즘 비교정책(Feminist Comparative Policy)연구라고 칭한다.

비교정치 영역이 상대적으로 페미니즘 접근방법에서 풍부한 영역이라는 주장은 국내에서도 그대로 적용된다. "비교정치학의 주제 범위가 넓은 만큼 성인지 관점에서의 비교정치 관련논문은 다수 존재한다"(강윤희 · 김경미 · 최정원 2004, 123).

먼저 주목해야 할 대상은 기존의 정치과정 및 제도에서 여성에 대한 연구분야이며, 이는 주로 선진국가의 여성 정치 참여에 대한 관심으로 나타난다. 김민정(1998)의 연구는 프랑스 여성의 정치참여가 상당히 저조한 것에 주목하면서 그 이유를 남성중심의 정치문화, 프랑스 여성의 정치에 대한 무관심 및 선거제도의 문제점으로 지적하고 있다.[8)] 반면 이현우(2002)의 연구는 미국과 호주에서의 여성 정치참여를 비교하면서 호주의 여성 대표성이 미국보다 훨씬 높은 것이 정당 성격의 차이에서 비롯된다고 파악하고 있다. 문경희 · 전경옥 · 김미성(2007)의 연구는 스웨덴에서의 페미니즘 정당에 대한 연구이다. 비록 스웨덴의 세계 최고 수준의 성적 평등을 향유하고 있지만, 여전히 스웨덴의 정치 영역에서 남성중심성이 잔존하고 있다고 이들은 보고 있다. 제도권 영역에 함몰된 페미니즘 운동에 대한 반성으로 여성을 위한 페미니즘 정당(Feminist Initiative)이 만들어

8) 최근 프랑스는 남녀 동수법을 통해서 여성의 정치참여가 상당히 신장된 것으로 평가받고 있다.

졌다는 것이다. 전복희(2004)의 연구는 상당히 보기 드문 연구 주제 중의 하나다. 이 연구는 흔히 1기 페미니즘 운동, 즉 여성참정권운동을 중심으로 하는 19세기 중엽에서 20세기 초까지의 독일의 여성운동을 개관하고 있다. 당시 독일여성운동권은 상당히 보수적·온건적 입장이었고, 이에 따라 여성 참정권 부여는 오히려 여성운동보다는 국가의 정치적 보수화 의도에서 출발되었다는 점을 논증하고 있다. 반면 정정숙(2003)의 연구는 일본시민사회단체에서 여성의 역할에 주목하고 있다. 이 연구에서는 일본의 여성들이 시민사회단체 활동에서 여전히 주변인의 역할을 한다는 점을 지적하고, 이를 개선하기 위한 전략으로서 인식적(성별분업이데올로기개선)·정책적(계몽프로그램지원) 차원의 노력이 필요한 것으로 분석하고 있다.

다음으로 제 3세계권 및 구공산권국가의 경제개발과 민주화와 관련한 연구가 있다. 일부 연구들은 동유럽의 정치·경제적 전환기에 따른 여성 지위 변화에 주목한다. 여성들이 사회주의 레짐에서 상대적으로 활발한 경제활동 및 정치참여를 향유하였지만, 최근에는 상대적으로 그 지위가 저하되었다는 것이다. 이러한 연구는 윤덕희(2001), 전복희(2000) 및 김경미(2001)에서 잘 정리되고 있다. 그러나 강윤희(2003)의 연구는 체제전환기에 있어 러시아의 여성들이 단지 수동적인 희생자의 역할을 하는 것이 아니라 적극적인 대응을 시도하고 있다는 점에 주목하고 있다. 특히 체제전환기에 자신들의 문제를 해결하기 위해서 러시아 여성들은 다양한 형태의 NGO를 조직하였고, 이들 여성 NGO는 다양한 방식으로 정치에 참여하려는 노력을 보였다는 것이다. 안인해(2001)의 연구는 북한의 사회적 지위에 초점을 맞추고 있다. 사회주의로의 이행 초기에 사회적 지위와 권익이 제도적 차원에서 신장되었다. 하지만 이 논문에서는 산업화, 특히 최근의 북한 경제난에 따라서 여성의 사회적, 경제적 부담이 늘어났고, 더군다나 시장경제의 도입은 이와 같은 경향을 더욱 악화시킬 것으로 전망하고 있다. 제 3세계권에 대한 연구는 박의경(2001)의 아랍지역, 이집트와 요르단에 대한 비교 연구가 있다. 이 연구는 아랍지역 국가들이 여성의 지위개선 및 여성정책 수립에 주목하고 있다. 다만 이러한 관심은 여성의 사회적 지위 향상과 함께 국가발전 전략의 산물임을 밝힌다(박의경 2001, 288).

마지막으로 국가의 각종 사회복지정책을 통한 젠더관계의 변화에 대한 연구도 시도되었다. 예를 들어 김영순(2006)의 연구는 영국의 보육지원제도가 어떻게 여성의 시민권 개별화에 도움이 되었는가에 주목한다. 이전까지 영국은 주로 성별분리개념이 강한 남성생계부양자모델을 채택한 반면, 블레어 정부는 복지제도의 재편에서 보육시설의 확대, 여성출산휴가 확대, 남성법정유급출산휴가도입 및 남녀육아휴가제 도입을 통해서 여성의 노동자로서의 권리 신장에 초점을 맞추었다는 것이다. 이와 상당히 유사한 맥락에서 정미애(2005)의 연구는 일본의 사회복지정책의 변화에 초점을 맞추고 있다. 그동안 일본 사회복지정책 모델이 주로 남성부양주체(남성생계부양자)이었지만, 최근에는 점차 직업노동과 가정생활을 양립이 가능케하는 양립모델 및 시장지향 모델로 변화하고 있다. 이와 같은 정책들이 양성평등성의 확보보다는 오히려 저출산과 고령화의 대책의 일환으로 계획되었다는 점을 이 논문은 지적하고 있다.

3. 정치행태, 정치진출확대 및 법과 정책: 한국정치

한국정치에 대한 연구에서 페미니즘 접근방법 또한 상당히 다양한 형태로 나타나고 있다. 한국 정치를 다루고 있는 한국정치학회보와 국제정치논총에 게재된 여성 관련논문들은 크게 세가지 방향으로 구분이 가능하다.

먼저, 한국정치에서 페미니즘 접근방법은 정치행태, 태도 및 참여와 관련하여 남성과 여성의 성차에 대하여 초점을 맞추고 있다. 사실상 이승희(1993)의 논문은 여성을 분석 대상으로 한 한국정치학회보 최초의 논문이었다. 이 연구의 핵심적인 관심은 유권자들이 갖는 정치적 태도와 행태의 남녀 차이점에 대하여 주목하여, 이와 같은 차이점이 나타나는 변수로서 사회인구학적 변수와 성역할 인식을 상정하고 있다. 이 논문에 따르면 남녀의 정치적 태도는 주로 학력, 연령에 의해서 좌우된다는 공통점을 갖는 반면, 여성의 정치적 행태는 주로 직업에 따라 달라진다. 어수영 · 곽진영(2001)의 연구는 주로 권위주의 시대인 1984년부터 절차적 민주주의가 이룩된 1995년 사이의 10년간 한국의 남녀 정치 참여가 어떻게 변화되었는가를 살펴보고 있다. 정치참여의 유형을 투표, 선거유세, 정보추구활동 및 항의활동을 보고 있는 이 논문에서는 1984년보다도 1995년에 여성과 남성의 정치참여 격차가 크게 줄어들었다는 점을 강조하고 있다. 선거유세, 정보추구 및 항의활동에서는 여성의 참여가 증대된 반면, 남성의 참여는 축소되어 그 간격이 줄어들었다. 하지만 투표에서는 여성의 참여율이 축소된 반면에 남성의 투표 참여율이 증대되었음을 보여준다.

둘째, 한국정치에서 페미니즘 접근방법은 여성정치엘리트 특히 여성의 국회진출의 가능성과 한계점에 대하여 살펴보는 경우가 많다. 송은희(1996)의 논문은 역대 국회에서 여성의원이 차지하는 비율과 그 특징에 대하여 상술하면서, 한국 여성의 국회진출이 하위권에 머물고 있음을 설명하고 있다. 여성의 국회진출을 가로 막는 장애가 "무엇보다도 여성의 적극적인 정치 참여를 유도할 수 있는 정치문화와 제도가 제대로 마련되지…."(송은희 1996, 68) 못한 것에 있다고 지적한다. 오미연·김기정·김민정(2005)의 연구는 15대-17대까지의 여성국회의원 공천후보자들에 대한 분석을 통해서 한국여성정치의 현주소를 분석하고 있다. 특히 이 연구는 15대, 16대 주요 정당의 여성후보 공천기준이 직업적 전문성에 비중을 둔 반면에, 17대에 여성후보 공천기준은 정치적 경험성, 여성단체의 대표성에 초점을 맞추고 있고, 이는 여성정치의 성숙성을 보여주는 증거라는 것이다. 유숙란(2006)의 논문은 국회에서 여성의원 활동과 관련하여 크리티칼 매스[9]에 초점을 맞춘다. 즉, 국회내부에서 일정한 정도 여성의원의 숫자가 확보되거나, 또는 여성의원들이 정치의 장에서 여성관련 문제를 활발히 개진한다면 여성의 이해가 반영되기 시작한다는 것이다. 특히 이 논문은 17대 국회에서 여성의원의 비율은 약 13%정도이지만 이와 같은 여성의원들이 활동과 역할이 잠재적인 크리티칼 매스를 이루어 국회내 다수세력과 연합을 구축하여 2005년 호주제 폐지에 결정적 역할을 한 것으로 보고 있다.

셋째, 한국정치에서 페미니즘 접근방법은 여성과 관련한 법과 정책의 의미와 평가에 대해서도 초점을 맞추고 있다. 이와 관련하여 유숙란(2005)의 연구는 광복이후 보통선거법과 제헌헌법수립 입법과

9) 유숙란은 크리티칼 매스(Critical Mass)를 다음과 같이 설명한다. "1995년 제4차 세계여성대회의 베이징 행동강령에 의하면 의회내에서 여성이 실질적으로 여성 이슈를 의제화하고 정책으로 통과시키기 위한 최소 비율을 30퍼센트 이상을 크리티칼 매스로 보고 이를 위한 조치를 채택할 것을 각국에 권고하고 있다. 현재 거론되는 크리티칼 매스는 15퍼센트에서 30퍼센트이내이며, 의회내의 여성의원이 이 범위내에 있으면 의회는 여성화되고 여성정책이 통과되고 성평등구조가 구축될 가능성이 높다" 유숙란(2006), 131.

정이 여성이 배제된 상태에서 이루어진 관계로 형식적인 평등조항만 삽입되었고, 실질적인 성평등에 대한 고민은 없었던 것으로 보고 있다. 이는 입법과정에서 여성의원이 존재하지 않았거나, 또는 그 숫자가 극히 부족했기 때문에 생긴 문제점이라는 것이다. 전경옥(2003)의 연구는 한국에서 여성정책의 성공이 주로 여성의 정치참여와 실질적인 상관관계가 있음을 주목하고 있다. 여성계, 특히 여성단체의 다양한 활동을 통해서 여성정책에 대한 요구가 제기되고, 이는 결국 국가정책에 의해서 나타나고 있다. 이는 여성의 정치참여의 적극성을 보여주는 적절한 증거라고 할 것이다. 전경옥(1998)의 연구는 논문제목 그대로 통일 한국에서 여성정책을 어떻게 설정할 것인가에 대한 문제의식과 관련된다. 저자가 판단할 때 남한의 여성정책은 여성 개인이 점진적으로 자율적이고 독립적인 권리 행사를 할 수 있는 배경을 가지는 반면에, 북한의 여성정책은 국가의 발전에 따라 명시적 제도 및 기구 중심의 평등으로 이루어졌다. 이에 따라서 통일후 남북한의 여성정책은 상이한 조건들을 감안하여 남북한이 공통적 양상을 추출한 후 재구성되어야만 한다.

이와 같은 세 가지 경향 이외에도 한국 정치와 관련한 색다른 논문들이 있다. 예를 들어 김원(2004)의 연구에서는 지금까지 도외시되었던 여공(女工)들의 노동관련 운동 담론들이 주로 민주과 반(反)민주에만 매몰되어 있음을 비판하고 여공 노동운동이 갖는 다양한 층위와 담론들에 대하여 주목하고 있다. 이미경(Lee Mi-kyung 2005)의 논문은 탈북 여성들이 갖는 의식에 대하여 초점을 맞춘다. 이 논문은 특히 탈북여성들이 북한에서 사회주의적 경험 때문에 사회적 참여에 적극적이지만, 가정에서 전통적인 여성의 역할에 대해서 거부하지 않는 이중 의무(the double duties)를 지고 있음을 보여주고 있다. 전체적으로 한국정치영역에서 페미니즘적 연구경향은 사실상 국외에서 이루어지고 있는 연구와 큰 차이가 드러나지 않는 것으로 나타났다.[10)]

4. 비판, 재개념화 그리고 확장: 국제정치

국제정치영역은 정치학에서도 가장 늦게 페미니즘의 영향을 받은 학문으로 인정된다. 이는 국제정치학의 학문적 성격에서 분명하게 드러난다. 페미니즘 국제정치학자들은 국제정치학의 핵심적 개념인 권력이 주로 남성성의 표현으로 보고 있다. 이들이 보기에 국제정치학의 핵심적 행위자로 인정받는 일원적 국가(the unitary state) 행위의 추상화는 근대 유럽적 맥락의 엘리트 남성의 행위에서 출발되었다. 아울러 이들이 보기에 국제정치학의 인식론적 기초인 내적질서와 외적 무질서라는 이분법 또한 성적불평등의 인식구조인 이원적 대립구조에 기초하고 있다(Tickner 2005; 황영주 2007). 말하자면 국제정치학에 이미 성적차별성이 내재되어 있다는 것이다.

국제정치 영역에서 페미니즘 접근방법은 크게 세가지 방향에서 이루어지고 있다. 국제정치학에서 페미니즘 접근방법은 기존의 국제정치이론을 비판하고, 기존의 국제정치이론의 핵심 개념을 재개념화

10) 미국정치학계에서 이루어지고 있는 미국정치와 관련한 연구경향 또한 여성 정치행위자(일반시민과 엘리트)들의 정치적 태도에 초점이 맞추어져 있다(Ritter and Mellow 2000, 7). 이외에도 미국정치 영역의 주요 연구는 정책 및 법에 대한 연구가 활발하게 이루어지고 있다. 이 연구 경향들은 한편으로는 일반정책과 법이 여성의 지위 변화에 어떤 영향을 미치는가에 대해서, 다른 한편으로는 건강, 사회복지 및 경제 등 소위 여성관련정책이 여성의 삶과 지위에 직접적으로 어떤 영향을 미치는가에 초점을 맞추고 있다. 또한 이와 같은 정책 및 법에 대한 연구는 역사적 맥락 및 양적연구방법을 취하고 있다(Ritter and Mellow, 5-6).

하거나, 기존의 경험적 지식에 여성의 경험을 추가하여 확장하는 시도를 하고 있다(Blanchard 2003, 1290).

첫 번째, 기존의 국제정치이론을 비판하는 페미니즘 접근방법은 국제정치학이 핵심적 영역인 전쟁의 문제에서 엿볼 수 있다. 예를 들어 그랜트(Rebecca Grant)와 같은 학자는 서구의 정치학적 담론이 무비판적으로 국제정치학의 기본 담론으로 전환되었음을 비판한다. 예컨대, 홉즈(Hobbes)의 "만인에 대한 만인의 투쟁"이나 루소(Rousseau)의 사슴사냥과 같은 정치학적 담론은 결국 국제정치에서 독립적, 개별적 정치적 행위와 시민으로 추상화되어서 남성의 정체성만을 반영하는 기제가 된다(Grant 1991). 다른 한편으로 인로(Enloe)와 같은 페미니즘 국제정치학자는 현재의 국제정치학에 많은 여성 행위자가 존재했음에도 불구하고, 단지 보이지 않았다(invisibleness)고 주장한다. 특히 국제정치의 여러 영역에서 여성이 존재하지 않았다면, 국제정치는 제대로 작동하지 않았다고 판단한다(Enloe 1983; 1990; 1993).

두 번째, 기본의 국제정치이론에 대한 비판을 바탕으로 하여 국제정치학의 기본개념을 재개념화(reconcepturalisation)하려는 시도가 나타난다. 특히 안보(security)와 평화(peace)의 문제에 있어 다양한 재개념화가 시도된다. 예를 들어 스티인(Jill Steans)의 경우 안보가 국가의 생존을 확보하는 것 이외에도 경제적, 정치적, 사회적 또는 개인적 상황에 사람들이 실지로 느끼는 위협의 해소라고 새롭게 정의하고 있다(Steans 1998, 105).

세 번째, 최근의 페미니즘 국제정치학에서 여성의 다양한 삶과 경험을 반영하는 경험적 사례의 연구도 많이 나타난다.[11] 예를 들어

11) 티커너의 경우 전자의 경향을 1세대 페미니즘 국제정치학자들, 후자의 경

캐서린 문(Katharine H.S. Moon)은 한국에서 기지촌 여성의 국가 안보에 대한 공헌에 주목하고 있다. 1970년대 한국 정부는 미군의 주둔을 계속 보장받기 위해서 기지촌 정화운동 등, 기지촌 여성들을 상대로 하는 다양한 정책을 실시하였다. 캐서린 문은 이와 같은 상황을 국가안보라는 고위의 정치(the high politics)를 위해서 국가가 여성과 여성의 육체를 통제하는 다양한 실제이며 국제정치(학)에 숨어있는 성적 관계의 작동으로 주목했다(이정주 옮김 2002).

국내에서 여성과 국제정치와 관련한 연구는 상당히 부족하다. “한국에서는 비교적 최근에 와서야 관련 연구들이 등장하기 시작하였고, 지금까지 발표되었던 논문의 숫자나 내용으로 보건대, 국제정치 분야에 대한 성 인지적 연구는 시작 단계에 있다고 할 수 있다” (강윤희 · 김경미 · 최정원 2004, 125).[12] 황영주(2003)의 연구는 페미니즘 국제정치학자 진영에서의 주장하는 포괄적 안보(the comprehensive security)에 대하여 검토하고 있다. 이 연구는 포괄적 안보가 한편으로 현실에서의 성차별적 이분법을 극복할 수 있는 단초를 제공하며, 다른 한편으로는 여성의 국제정치(학)에서의 소외를 극복할 수 있는 요건이 된다는 주장을 하고 있다. 또 다른 황영주(2007)의 연구는 앞 논문의 문제의식을 보다 세밀하게 발전시키고 있다. 이 연구는 우선 전통적인 국제정치학에 대한 페미니즘 국제정치학계의 비판에 초점을 맞추고 있다. 특히 이 논문은 페미니즘 국제정치학에서 안보 개념을 재구성하는 방법에 대하여 소개하고 있다. 즉 페미니즘 학자들

향을 2세대 페미니즘 국제정치학자들로 분류한다(Tickner 2005, 2178).

12) 사실상 한국의 국제정치학계는 한국이 처한 독특한 국제정치현실을 반영하는 연구에 관심을 가져야 할 것이다. 분단체제가 갖는 특수성, IMF이후 신자유주의가 갖는 구속성, 국제(여성)이주노동자 및 결혼이민자 등등의 문제를 안고 있음에도 불구하고 현재로는 이러한 문제의식이 반영된 연구는 부족하다.

은 안보개념을 아래에서 위로 보는 인간중심성을 가져야 하고, 전지구적(global) 공통이익을 위한 협력, 화해 및 조정이 필요하며, 모든 폭력들은 상호연관되어 있어 이를 함께 감소시키는 노력이 필요하다고 주장한다.

Ⅳ. 정치학에서 페미니즘 접근방법의 특징

1. 저항성과 다양성: 페미니즘 접근방법의 방법론상 특징

이미 앞에서 살펴본 바와 같이 페미니즘은 여성에 대한 차별에 대하여 비판하며, 동시에 이와 같은 차별을 개선하기 위해서 노력하는 학문적 방법론중의 하나이다. 이와 같은 배경을 고려해 본다면 페미니즘은 문제제기와 실천운동이라는 두가지 측면을 함께 갖는다. 한편으로 페미니즘은 여성에 대한 차별, 예속 및 억압을 가하는 사회에 대하여 지속적으로 문제를 제기하는데, 이는 우리 사회에서 여성에 대한 지금까지의 대우가 잘못되었다는 인식을 갖게 만드는 것이다(장필화 2006, 17). 다른 한편으로 페미니즘은 여성에 대한 차별, 예속 및 억압을 종식시킬 수 있는 다양한 방법과 전략, 즉 여성을 해방시킬 수 있는 이론적 이념과 사회적 실천을 실질적으로 모색하는 것(장필화 2006, 17)에 그 특징이 있다.

그렇다면 이와 같은 페미니즘의 학문적 특징은 방법론상으로 어떻게 정치학과 결합되고 있는가? 페미니즘의 정치학에 대한 접근방법(론)을 티커너(Tickner)는 다음과 같은 간결한 명제로 정리하고 있다. 즉, “페미니즘 접근방법의 독특함은, 정치학에서 전통적으로 이루어지고 있는 지식의 구성이 주로 남성중심적 기초에서 비롯되었다는 점에 도전하는 방법론에서 출발한다"(Tickner 2005, 3). 이러한 도전은 저항성(resistance)과 다양성(differences)이라는 차원으로 구별 가능하다. 페미니즘 진영의 정치와 관련된 대표적인 구호 중의 하나인 "개인적인 것이 정치적"이라는 주장은 이와 같은 저항성(정치적인 것에 대한 개념에의 도전)과 다양성(정치적인 것에 대한 개념규정의 다양한 가능성)과 함께 한다.

한편으로 많은 페미니즘 정치학자들이 판단하기에 페미니즘은 기본적으로 "성별권력관계의 변화"(위던 1993, 1)를 추구하고 있다. 가부장제(구조)는 여성의 이익이 남성의 이익에 예속되는 권력관계인데, 젠더관계에 대한 설명에서 나타나듯이 이러한 예속은 정당하거나 동의를 얻었다기보다는 신체적 성차에 사회적 의미를 부여하는 것에서 발생하였다. 이와 같은 배경에서 남녀간의 권력관계의 변화를 추구하는 것은 남녀사이, 다시 말해서 인간의 권력을 다루는 문제이기에 이는 정치가 되는 것이다. 이러한 맥락에서 본다면 페미니즘은 결국 기존 권력에 대한 비판에 집중하게 되고, 이는 페미니즘이 갖는 여성(보다 구체적으로는 권력을 갖지 못한 자)의 기존 권력에 대한 저항성(resistance)으로 연결된다.

다른 한편으로 페미니즘 학자들은 여성의 경험을 중요시하고, 그것을 이론화시키는데 관심을 가지고 있다. 이미 앞에서 언급한 바와 같이 지금까지 학문 특히 정치학 영역에서 추상화된 인간은 결국 (백인)남성일 가능성이 높았다. 따라서 억압받는 대상으로서의 객체화된 여성(the objectified women)의 경험을 학문의 영역에 포함시킬 때, 현실을 객관적으로 추상화할 수 있는 충분한 기회를 가지게 된다. 지금까지의 지식의 생산주체, 생산방법 및 그것의 유용성에 대한 문제는 결국 인간의 절반에 대한 경험을 무시한 것에서 출발된 것이다. 이에 따라서 여성의 상이한 경험을 포함시키는 것이 페미니즘에서는 상당히 중요하다. 이는 결국 남성의 여성에 대한 또는 여성 사이의 다양성(differences)의 확보문제로 이어지며, 나아가서 학문 및 실제 생활에 있어서의 민주주의 또는 정치라는 문제와 접목하게 된다.

이와 같은 주장과 유사하게 페미니즘의 정치학적 수용을 살피는 한 개설서에서는 페미니즘적 접근방법의 특징을 간략하게 "보완"과 "대안"으로 설명하고 있다. "...기존의 정치학이 설명하지 못하는, 혹은 그동안 설명을 시도하지 않았던 현상들을 조망해 본다는 점에서 기존의 정치학적 해석을 보완한다고 할 수 있으며, 기존의 정치학 설명방식과는 다른 설명방식을 시도한다는 점에서 대안적이라고 할 수 있다"(강경희외 2005, 21-22).

특히, 페미니즘은 지배적인 사회과학 방법론 중의 하나인 실증주의(the positivism)를 거부하면서 여성이 갖는 존재론적·인식론적 배경을 중요시 여긴다. 페미니즘이 기존 지배적 질서의 보편성(universality)을 거부하는 강한 전통을 가지고 있기 때문에 방법론의 특별성이 강조되고 있다. 페미니즘 학자들은 여성의 관점으로 세상을 보는 것을 남성적 학문의 기준에 대항하는 이른바 "강한 객관성(strong objectivity)"이라는 용어로 표현하고 있다. 강한 객관성은 허울뿐인 가치중립보다는 오히려 여성적 가치를 강하게 주장함으로써 역설적으로 객관성이 확보된다는 주장이다. 이에 따라서 "페미니즘 연구는 경험주의적 토대(empiricist framework)보다는 비판적(critical), 구성주의(constructivism) 또는 포스트 모던(post-modernism)의 경향에 초점이 맞추어져 있다"(Tickner 2005, 3).

2. 폭로, 끼워넣기 그리고 재구성하기: 정치학과 페미니즘이 만나는 방법

실제로 정치학에서 페미니즘의 연구들은 상당히 다양한 스펙트럼을 가지고 있다. 이미 앞에서 밝힌 바와 같이 정치학에서 페미니즘적 접근 방법은 단순히 기존 이론을 사용하여 연구의 대상을 "여성"으로 옮겨 놓은 것에서부터 시작하여, 젠더를 분석의 도구로 사용하여 기존의 이론을 재구성하려는 이론에 이르기까지 상당히 다양하게 나타난다. 따라서 여성을 대상으로 한 연구 모두가 이른바 페미니즘적 연구는 아니다. 피터슨(V. Spike Peterson)이라는 학자는 국제정치학과 페미니즘의 조우 방향을 크게 세가지 부분으로 설정하고 있다(Peterson 2004). 피터슨의 주장은 주로 국제정치학에 해당되지만, 정치학의 전반에 대해서도 적용이 가능할 것으로 보인다.

첫째, 정치학에서 남성적 기준들의 정도와 영향을 폭로(exposing the extent effects of masculinity bias)하는 경우이다. 정치사상 영역에서 살펴본 바와 같이 정치의 기본적 개념인 권력관계가 지배와 피지배 관계 뿐만 아니라, 남성과 여성의 사회적 관계에서도 작동되고 있음을 확인할 수 있었다. 아울러 페미니즘은 정치(학)에서 무성적으로 받아들이고 있는 정치적 행위자 자체가 사실상 주로 합리적 남성만을 가정하고 있다는 것을 폭로한다.

둘째, 이미 존재하는 정치학 이론에 여성과 여성의 경험을 끼워넣는 경우(adding women and their experiences to existing framework)이다. 이미 앞에서 지적한 바와 같이 비교정치는 비교적 풍부한 이론적 틀을 통해서 여성의 상이한 경험을 첨가하고 있다. 정치행태, 태도 및 참여와 관련하여 남성과 여성의 성차에 대하여 초점을 맞추는 연구가 그 대표적인 경우라 할 것이다. 투표행위를 설명하는 기존의 정치학 이론을 통해 여성의 투표행위에 대한 유사성과 차별성을 찾아내려는 시도도 이러한 경향의 또 다른 보기라 할 것이다. 일부 페미니즘 정치학자들은 남성적 이해와 정체성을 가진 기존의 (정치)이론에 여성을 끼워넣는 것이, 여성의 이해와 정체성을 제대로 반영하지 못한다고 비판한다.

셋째, 정치학이론 자체를 여성의 경험과 관점으로 재구성(reconstructing theory)하는 경우이다. 정치사상의 영역에서 권력에 대하여 권력을 지배라기보다는 가능성으로 본다든지, 정치적 윤리를 돌봄의 윤리로 대체하여 설명하는 시도들이 이러한 재구성의 대표적인 경우이다. 특히 국제정치학의 가장 핵심적 가정으로 여겨지는 "안보"를 국가안보 개념으로 좁게 해석하는 경향에서 벗어나서, 평화안보, 경제정의실현 및 생태학적 지속성과 관련시키는 시도 또한 이와 같은 부류에 속한다.

V. 결 론

지금까지 이 장에서는 정치학에서 페미니즘 접근방법에 대하여 살펴보았다. 페미니즘 정치학자들은 정치(학)가 남성적 정체성의 산물이며, 젠더라는 개념을 통해서 남녀뿐만 아니라, 전체 사회 내에서 작동하는 권력관계를 분석할 수 있다고 주장한다. 실제로 페미니즘 정치학자들은 정치사상·이론, 비교정치, 한국(각국)정치 및 국제정치 등 정치학의 하위 분야에서 여성 또는 젠더 개념을 분석으로 도구로 사용하여, 기존의 정치 이론에 여성과 젠더 개념이 부족한 점을 폭로하거나, 기존의 정치이론에 여성과 젠더 개념을 포함시키거나, 나아가서는 여성과 젠더 개념으로 기존의 정치 이론을 변형시키려는 시도를 하고 있다. 이와 같은 시도들은 결국 페미니즘이 갖는 학문적 성격으로서의 저항성과 다양성에서 기인한다고 할 것이다.

이미 이장의 서론에서 지적한 바와 같이 비록 정치학은 페미니즘의 충격을 가장 최소화한 학문이지만, 정치학과 페미니즘의 조우는 상호간에 도움이 될 가능성이 높다. 정치학의 입장에서 볼 때 페미니즘 접근방법은 정치학의 주제와 이슈를 확대시킬 가능성이 높다. 또한 페미니즘 접근방법의 정교하면서도 다양한 방법론을 차용함으로써 권력에 대한 비판 학문으로서 정치학이 갖는 위치를 공고히 할 수 있다. 이를테면 (국제)정치학자인 캐서린 문은 젠더를 분석의 도구로 사용해서 한국과 미국과의 또 다른 동맹관계를 바라보는데 성공하면서, 국제정치학의 다양성에 큰 기여를 했다는 평가를 받고 있다. 정치학의 페미니즘에 대한 혐오증만 버린다면, 페미니즘 접근방법은 권력관계의 작동에 대한 비판적 시각을 보다 예리하게 만들 수 있다. 이러한 배경에서 정치학은 페미니즘의 저항성과 다양성을 좀더 적극적으로 지지할 필요가 있을 것으로 보인다. 반면 페미니즘의 입장에서는 정치학으로의 접근을 통해서 (부분적으로는 그(녀)들의 권력 개념으로) 게토화되어 있는 페미니즘의 권력을 정통적인 권력개념과 다양한 방법으로 연결시킬 수 있을 것으로 보인다. 이를 통해서 기존의 젠더관계에 대한 저항성은 물론 다양성에 대한 제안도 가능할 것이다.

부 록

〈표 1〉 『한국정치학회보』에 게재된 페미니즘 접근방법 논문[13)]

간행년도	집 호	저자	제목	분야
1993	28:3	이승희	한국인의 정치적 태도와 형태의 성차연구	한국정치
1996	30:3	이영애	성 정치학의 포스트모더니즘적 전망	정치이론
1996	30:3	송은희	한국의회의 어제와 오늘, 그리고 여성: 여성의 역대 의회 진출현황	한국정치
1997	31:4	김민정	사회과학전공여성의 사회참여현황과 활성화방안 :정치학전공자를 중심으로	한국정치
1998	21:1	김민정	프랑스 여성의 정치참여, 현황과 문제점	비교정치
1999	33:3	박의경	'자유'개념에 대한 여성주의적 고찰	정치사상
1999	33:4	전경옥	근대성과 성찰적 근대화 논의에 대한 페미니스트비판: 인식론적 가능성	정치이론
2000	34:4	황영주	심청전 읽기로 본 한국에서의 근대국가와 여성	정치이론
2001	35:2	이미경 임혜란	한국 여성정치 연구에 대한 비판적 검토	정치이론
2001	35:2	안인해	김정일 체제의 경제와 여성	비교정치
2001	35:2	윤덕희	동유럽의 체제전환과 여성의 사회적 지위의 변화	비교정치
2001	35:4	어수영 곽진영	한국인의 정치참여의 변화와 지속성: 남성과 여성의 참여변화를 중심으로	한국정치

13) 표1과 표2는 강윤희·김경미·최정원 (2004), 116-117의 표를 바탕으로 제작되었다.

2003	37:1	전경옥	한국 여성의 정치참여와 여성정책에 관한 연구: 1960년대부터 현재까지: 정치참여 관련정책부문	한국정치
2003	37:3	김민정 김원홍 이현출 김혜영	한국여성유권자의 정책지향적 투표행태: 16대 대통령 선거를 중심으로	한국정치
2004	38:3	강윤희 김경미 최정원	한국정치학에서의 성정치학(Gender Politics) 연구현황과 제언	정치이론
2004	38:5	김원	1970년대 여공과 민주노조운동: '민주 대 어용' 균열 구도의 비판적 검토	한국정치
2004	38:5	전복희	독일 1기 여성운동에서 여성쟁점 (women's issues)의 특징	비교정치
2005	39:2	오미연 김기정 김민정	한국정당의 여성후보자 공천과 한국의 여성정치: 제15·16·17대 국회에 대한 비교분석	한국정치
2005	39:2	유숙란	광복후 국가건설과정에서의 성불평등구조 형성: 보통선거법과 제헌헌번 작성과정을 중심으로	한국정치
2006	40:2	김영순	블레어정부이후 영국 여성사회권의 권리자격변화: 보육지원제도를 통해 본 노동자로서의 사회권을 중심으로	비교정치
2006	40:3	김희강	운평등주의에서의 '자율'에 대한 페미니스트 비판	정치이론
2006	40:3	조희원	여성과 차이: 여성, 여성들, 여성개념의 다원화	정치이론

〈표 2〉 『국제정치논총』에 게재된 페미니즘 접근방법 논문

간행년도	집 호	저자	제목	분야
1998	38:3	전경옥	통일한국의 여성정책 통합방안에 관한 연구: 정치부문	한국정치
2000	40:1	전복희	1989년 이후 체제전환기 구동독지역의 여성문제	비교정치
2001	41:1	김경미	독일통일과 구동독지역의 여성: 왜 구동독지역의 여성들은 "통일의 잃은자"가 되었는가?	비교정치
2001	41:2	박의경	아랍여성의 정치참여에 관한 시론적 연구: 이집트와 요르단 사례를 중심으로	비교정치
2002	42:3	이현우	여성의 정치대표성과 정당요인: 미국과 호주의 경우	비교정치
2003	43:1	황영주	평화, 안보 그리고 여성: "지구는 내가 지킨다"의 페미니즘적 재정의	국제정치
2003	43:2	정정숙	일본시민사회의 여성적정대표성과 시민사회의 평등화	비교정치
2003	43:4	강윤희	체제전환기 러시아의 여성운동 활성화 현황과 전망: 여성 NGO를 중심으로	비교정치
2004	44:4	서현진	17대 총선 여성후보자의 개인적 배경과 주요정당공천	한국정치
2005	45:2	정미애	젠더시각에서 본 일본의 사회복지정책의 변화: 1990년대이후의 저출산·고령화 대책을 중심으로	비교정치
2006	46:1	유숙란	'크리티칼 매스'와 성평등 구조 구축 과정: 한국의 민주화 이후 정치적 대표성을 중심으로	한국정치
2007	47:1	황영주	만나기, 뛰어넘기, 새로만들기: 페미니즘 국제정치학에서 안보와 그 과제	국제정치
2007	47:2	문경희 전경옥 김미성	제도화된 여성운동의 가능성화 한계: 스웨덴의 페미니스트 정당(Feminist Initiative)을 중심으로	비교정치

주요문헌 소개

이박혜경 옮김. 2002. 『페미니즘』 제인프리드먼 지음, 서울: 이후. 이 책은 영국의 정치학자인 Jane Freedman의 『Feminism』 (Open University Press)을 번역한 책이다. 이 책은 길지 않는 분량임에도 불구하고 페미니즘 일반뿐만 아니라, 페미니즘의 각종 논쟁 및 페미니즘과 정치의 관계 등의 내용을 솜씨 있게 정리하고 있다.

강경희외 2005. 『여성정치학입문』 서울: 들녘. 최근 국내에서 발행된 "여성과 정치"에 대한 대표적인 개론서라고 할 수 있다. 여성과 정치에 관심이 높은 아홉분의 교수님들이 공동집필한 이 책은 여성과 권력, 정치사상, 정치문화, 정치과정, 공공정책, 국제정치경제, 전쟁 · 평화 · 안보, 여성운동 및 정치사의 관계를 포괄적으로 다루고 있다.

이남석 · 이현애 옮김. 2004. **『페미니즘 정치사상사』 캐럴페이트만 · 메어리 린든 쉐인리 엮음, 서울: 이후.** 이 책의 핵심적인 내용은 여성의 관점으로 주요 정치사상가들의 철학과 사상을 (다시 한번) 탐구하는 것이다. 다시 말한다면 페미니즘의 관점에서 정치사상가들을 재독해하는 시도이다. 정치사상에 대한 공부를 탄탄하게 한 뒤에 읽을 책이다.

황영주외 옮김. 2001. 『여성과 국제정치』 J. Ann Tickner 지음, 부산: 부산외대 출판부. 2001년에 이 책이 번역되었을 때 여성과 국제정치에 관련한 "최초"의 개설서로 소개되었는데, 지금도 이 책은 한국에서 여성과 국제정치와 관련한 "유일"한 개설서이다. 티커너는 이 책에서 기존의 국가안보 중심의 국제정치 패러다임에 비판하면서 국가들 사이의 평화확보, 국내외 경제정의 실현 및 생태학적 지속성의 유지 등을 통한 전지구적 안보(the global security)에 대하여 제안하고 있다.

이정주 옮김. 2002. 『동맹속의 섹스』 캐서린 H. S. 문 지음, 서울: 삼인.
이 책에서 낭만적인 섹스는 존재하지 않는다. 다만 한국의 국가안보를 위하여 어떻게 미군기지 주변의 성노동자들과 그 육체가 주변화되고, 식민지화되었는지를 보여주는 상세한 보고만이 존재한다. 세계적인 페미니즘 국제정치학자들조차도 여성과 국제정치의 관계를 보여주는 가장 좋은 교과서로 이 책을 강력하게 추천하고 있다. 물론 19세이하, 미성년자 대학생들도 읽을 수 있다.

참고문헌

강경희외. 2005. 『여성정치학입문』서울: 들녘.

강윤희. 2003. "체제전환기 러시아 여성운동 활성화 현황과 전망: 여성 NGO를 중심으로" 『국제정치논총』 제43집 4호.

강윤희, 김경미, 최정원. 2003. "한국정치학에서의 성정치학(gender politics) 연구현황과 제언" 『한국정치학회보』 제38집 3호.

김경미. 2001. "독일통일과 구동독지역의 여성: 왜 구동독지역의 여성들은 '통일의 잃은자'가 되었는가?" 『국제정치논총』 제41집 1호.

김민정. 1997. "사회과학전공여성의 사회참여 현황과 활성화 방안: 정치학 전공자를 중심으로" 『한국정치학회보』 제31집 4호.

김민정. 1998. "프랑스 여성의 정치참여, 현황과 문제점" 『한국정치학회보』 제32집 1호.

김영순. 2006. "블레어 정부이후 영국 여성사회권의 권리자격변화: 보육지원제도를 통해 본 노동자로서의 사회권을 중심으로" 『한국정치학회보』 제40집 2호.

김 원. 2004. "1970년대 여공과 민주노조운동: '민주대 어용' 균열 구도의 비판적 검토”『한국정치학회보』 제38집5호.

김희강. 2006. “운평등주의에서의 ‘자율’에 대한 페미니스트 비판”『한국정치학회보』 제40집 3호.

문경희 · 전경옥 · 김미성, 2007. “제도화된 여성운동의 가능성과 한계: 스웨덴의 페미니스트 정당(Feminist Initiative)을 중심으로”『국제정치논총』 제47집 2호.

박의경. 1999. “‘자유’개념에 대한 여성주의적 고찰”『한국정치학회보』 제33집 3호.

박의경. 2001. “아랍여성의 정치참여에 관한 시론적 연구: 이집트와 요르단 사례를 중심으로”『국제정치논총』제41집2호.

서현진. 2004. “17대 총선 여성후보자의 개인적 배경과 주요 정당공천”『국제정치논총』제44집 4호.

송은희. 1996. “한국의회의 어제와 오늘, 그리고 여성: 여성의 역대 의회진출 현황”『한국정치학회보』 제30집 3호.

안인해. 2001. “김정일 체제의 경제와 여성”『한국정치학회보』 제35집 2호.

어수영 · 곽진영. 2001. “한국인의 정치참여의 변화와 지속성: 남성과 여성의 참여변화를 중심으로”『한국정치학회보』 제35집 4호.

오미연 · 김기정 · 김민정. 2005. “한국정당의 여성후보자 공천과 한국의 여성정치: 제15 · 16 · 17대 국회에 대한 비교분석”『한국정치학회보』 제39집 2호.

이남석 · 이현애 옮김. 2004. 『페미니즘 정치사상사』캐럴페이트만 · 메어리 린든 쉐인리엮음, 서울: 이후.

이미경 · 임혜란. 2001. “한국여성정치연구에 대한 비판적 검토”『한국정치학회보』 제35집 2호.

이승희. 1993. “한국인의 정치적 태도와 형태의 성차연구”『한국정치학회보』 제28집 3호.

이영애. 1996. “성정치학의 포스트 모더니즘적 전망”『한국정치학회보』 제30집 3호.

이현우. 2002. “여성의 정치 대표성과 정당요인: 미국과 호주의 경우”『국제정치논총』 제42집 3호.
이정주 옮김. 2002. 『동맹속의 섹스』캐서린 H. S. 문 지음, 서울: 삼인.
이충훈 · 유영근 옮김. 2001. 『남과여, 은폐된 성적계약』Carole Pateman지음, 서울: 이후.
유숙란. 2006. "'크리티칼 매스'와 성평등 구조 구축과정: 한국의 민주화 이후 정치적 대표성을 중심으로" 『국제정치논총』 제46집 1호.
윤덕희. 2001. "동유럽체제전환과 여성의 사회적 지위의 변화" 『한국정치학회보』 제35집 2호.
장필화. 2005. "여성학적 관점들" 부산대학교 여성연구소 엮음. 『여성과 여성학』부산: 부산대학교 출판부.
전복희. 2000. "1998년이후 체제전환기 구동독지역의 여성문제" 『국제정치논총』 제40집 1호.
전복희. 2004. "독일 1기 여성운동에서 여성쟁점(women's issues)의 특징" 『한국정치학회보』 제38집 5호.
전경옥. 1998. "통일한국의 여성정책 통합방안에 관한 연구: 정치부문" 『국제정치논총』 제38집 3호.
전경옥. 1999. "근대성과 성찰적 근대화 논의에 대한 페미니스트 비판: 인식론적 가능성" 『한국정치학회보』 제43집 2호.
전경옥. 2003. "한국여성의 정치참여와 여성정책에 관한 연구: 1960년대부터 현재까지: 정치 참여 관련정책 부문" 『한국정치학회보』 제37집 1호.
정미애. 2005. "젠더시각에서 본 일본의 사회복지정책의 변화: 1990년데 아후의 저출산 · 고령화 대책을 중심으로" 『국제정치논총』 제45집 2호.
정정숙. 2003. "일본시민사회의 여성적 대표성과 시민사회의 평등화" 『국제정치논총』 제42집 3호.
조주현 옮김. 1993. 『여성해방 실천과 후기 구조조의 이론』서울: 이화여자대학교 출판부.
조희원. 2006. "여성과 차이: 여성, 여성들, 여성 개념의 다원화" 『한국정치학회보』 제40집 3호.
황영주. 2000. "심청전 읽기로 본 한국에서의 근대국가와 여성" 『한국정치학회보』 제34집 4호.

황영주외 옮김. 2001. 『여성과 국제정치』J. Ann Tickner지음, 부산: 부산외대 출판부.

황영주. 2003. "평화, 안보 그리고 여성: "지구는 내가 지킨다"의 페미니즘적 재정의" 『국제정치논총』 제43집 1호.

황영주. 2007. "만나기, 뛰어넘기, 새로만들기: 페미니즘 국제정치학에서 안보과 그 과제" 『국제정치논총』 제47집 1호.

Blanchard, Eric M. 2003. "Gender, International Relations and the Development of Feminist Security Theory" *Sign* 28(4).

Bonder, Gloria. 1983. "The Study of Politics from the Standpoint of Women" *International Social Science Journal* 35(4).

Chappell, Louise. 2000. "Interacting with the State: Feminist Strategies and Political Opportunities" *International Feminist Journal of Politics* 2(2).

Enloe, Cynthia. 1983. *Does Khaki Become You?: the Militarisation of Women's Lives* London: Pluto Press.

_________.1990. *Bananas, Beaches and Bases: Making Feminist Sense of International Politics* Berkeley: University of California Press.

_________. 1993. *The Morning After: Sexual Politics at the End of the Cold War* Berkeley: University of California Press.

Flax, Jane 1987. "Postmodernism and Gender Relations in Feminist Theory" *Sign* 12(4).

Grant, Rebecca. 1991. "The sources of gender bias in international relations theory" in Rebecca Grant and Kathleen Newland (eds.) *Gender and International Relations* Buckingham: Open University Press.

Krook. Mona Lena. 2005. "Quota Laws for Women in Politics: A New Type of State Feminism" Presented Paper European Consortium for Political Research.

Lee, Mi-kyung. 2005. "The Issue of North Korean Women by examining gender awareness of female defectors" *The Korean Journal of International Relations* 45(5).

Mackinnon, Chatharine A. 1989. *Toward Feminist Theory of the State* London: Harvard University Press.

Mazur, Amy. 1999. "Feminist Comparative Policy: A new field of study" European *Journal of Political Research* 35.

Peterson, V. Spike. 1992. "Transgressing Boundaries: Theories of Knowledge, Gender and International Relations" *Millennium* 21(2).

_________. 2004. "Feminist Theories Within, Invisible to, and Beyond IR"*Brown Journal of World Affairs* 10(2).

Randall, Vicky. 1983. "Teaching about Women and Politics" Politics 13(1).

_________ 1991. "Feminism and Political Analysis" *Political Studies* 36.

Ritter, Gretchen and Mellow, Nicole. 2000. "The State of Gender Studies in Political Science" *Annals of the American Academy of Political and Social Science*. Sep.

Scott, Joan W. 1986. "Gender: a Useful Category of Historical Analysis" *American Historical Review* 91(5). 1053-1075.

Steans, Jill. 1998. *Gender and International Relations: Introduction* Cambridge: Polity.

Tickners, J. Ann. 2005. "Gendering a Discipline: Some Feminist Methodological Contributions to International Relations" *Signs* 30(4).

Waylen, Georgina. 1996. *Gender in Third World Politics* Buckingham: Open University Press.

Whitworth, Sandra. 1989. "Gender in the Inter-Paradigm Debate" *Millennium* 18(2).

8 정치학 분야의 계량분석 연구 : 2000년 이후 『한국정치학회보』와 『국제정치논총』을 중심으로

조 성 대

Ⅰ. 머리말

정치학 연구에 있어서 왜 계량적 접근이 필요한 것일까? 그보다 앞서 정치학 연구란 무엇을 의미하는 것일까? '연구'란 접미어에서 우리는 이론의 역할에 주목하게 된다. 이론의 사전적 의미는 "사물의 이치나 지식 따위를 해명하기 위하여 제시된 논리적으로 정연하게 일반화한 명제의 체계"이다. 여기서 '지식,' '해명,' '일반화,' '명제'는 이론이란 개념의 중요한 구성요소가 된다. 이를 정치학 분야에 적용하여 해석하면 '명제의 일반화'를 통해 '정치현상에 대한 설명'을 제공하며 결국 '정치 지식의 축적'을 꾀하는 일련의 활동을 정치학 연구라 할 수 있을 것이다. 여기에 계량적 접근이 지니는 중요성은 다른 접근보다도 '명제의 일반화'를 쉽게 할 수 있다는 데에 있다.

정치학 방법론에서 행태주의의 전통은 계량화(quantification)의 중요성을 부각시켰다. 그리하여 1950년대 이후 서구 정치학계의 연구에서 계량분석이 차지하는 비중은 점차 증대하기 시작하여 특히 미국 정치학계의 주류를 형성하기에 이르렀다. 한국의 경우도 1980년대를 기점으로 계량적 접근이 활발해지기 시작하여 1980년대 『한국정치학회보』와 『국제정치논총』에 10편 당 평균 0.4편에 불과했던 계량분석 논문의 점유율이 1990년대 0.8편으로, 그리고 2000년 이후 2006년 말까지 1.5편으로 점진적 증가추세를 보이고 있다. 따라서 현 시점 한국 정치학 분야에서 계량분석 연구가 차지하는 위상과 내용을 점검해보는 것은 나름대로 의미 있는 작업이 될 것이다.

구체적으로 계량분석 연구는 한국 정치학에서 어느 정도 비중을 차지하고 있을까? 계량분석이 활발하게 진행되고 있는 연구 분야는 무엇이며 주로 어떤 데이터와 분석 기법을 주로 사용하고 있을까? 하는 질문에 대답하는 것이 이 글이 다루고자 하는 주제이다. 이를 위해 2000년 이후 『한국정치학회보』와 『국제정치논총』에 게재된 논문들을 분석대상으로 삼는다. 시점을 2000년 이후로 삼은 이유는 1990년대 말까지 계량분석의 점유율과 연구주제와 분석 기법별 분류는 이미 기존연구에서 수행되었기 때문이다(김웅진 1996; 이상환 2001; 김지희 2002). 따라서 이 글은 기존연구의 연장선에서 문제의식을 이어가고자 한다. 구체적으로 2000년 이후 두 학술지에 게재된 논문 중 계량적 접근법을 취한 연구물들의 현황을 연구 분야, 데이터, 그리고 분석 기법별로 분류해 그 점유율을 파악한다. 나아가 연구 분야, 데이터, 그리고 분석 기법을 중심으로 몇몇 참고할만한 논문들에 대한 간단한 평가(review) 정보를 제공하고자 한다.

연구 분야는 한국정치학계에서 일반적으로 통용되는 분류방식인 한국정치, 비교정치, 국제정치, 정치이론 및 사상, 그리고 방법론 다섯 개 범주로 구분했다. 그러나 Ⅲ장에서 알 수 있듯이, 한국정치학계의 계량분석은 주로 한국정치, 비교정치, 그리고 국제정치 분야에서 행해졌다. Ⅳ장과 Ⅴ장은 두 학술지에 게재된 계량분석 논문 중 데이터나 분석 기법에서 연구자들이 참조할만한 논문들에 대한 평가가 제공되는데 연구내용의 우수성보다는 분석에 사용된 데이터와 통계기법 위주로 평가되었음을 미리 밝혀둔다. 데이터는 여론조사 데이터, 사례(event) 데이터, 그리고 실험 데이터로 분류하고자 했다. 그러나 분석 대상 논문 중 실험 데이터를 사용한 논문은 1편에 불과했고, 이마저도 여론조사 데이터와 병행하여 연구를 진행했기에 여론조사 데이터로 분류했다. 아울러 데이터가 무료로 제공되는 경우 데이터의 출처에 대한 정보도 가급적이면 제공하고자 했다. Ⅳ장에서는 여론조사 데이터를 활용한 연구들에 대한 간단한 평가가 제공된다. Ⅴ장에서는 사례 데이터를 활용한 연구들에 대한 평가가 제공되는데, Ⅲ장에서는 자세히 분류하지 않았지만 내용분석을 통해 연구자에 의해 직접 구축된 사례 데이터, 정치적 선택(political choice)과 관련된 사례 데이터, 그리고 기존연구에서 널리 사용된 국제분쟁 및 정치제도 데이터로 구분해 각 분야의 연구들에 대한 평가가 제공된다. Ⅵ장에서는 글을 맺으며 한국 정치학계에 계량분석 연구가 활성화되기 위해 필요한 몇 가지 쟁점에 대한 대안을 제시한다. 본격적인 분석을 제시하기에 앞서 정치학 분야에서 계량적 접근이 지니는 의의부터 살펴보기로 하자.

Ⅱ. 정치학 분야에서 계량적 접근의 의의

정치학 연구 분야에서 계량적 접근법의 등장은 1920~30년대 행태주의(behavioralism)의 등장과 맥을 같이한다. 전통주의(traditionalism)에 대항하여 경험적·계량적 연구를 기치로 내건 초기의 실증적 행태주의는 1950~60년대 알몬드(Gabriel Almond), 이스튼(David Easton), 도이치(Karl Deutsch), 라스웰(Harold Laswell) 등의 학자들에 의해 이론 정립을 중시한 가설 구성과 입증(verification), 그리고 그 수단으로서의 계량적 접근의 중요성이 강조됨으로서 혁명기를 누렸다. 이스튼(1962, 1-25)에 의하면 이 시기 행태주의의 신조(behavioral credo)는 i) 사회현상의 규칙성(regularities)의 탐구, ii) 입증(verification), iii) 기법(techniques), iv) 계량화(quantification), v) 가치중립성(value neutrality), vi) 일반화된 이론(generalized theory), vii) 순수과학(pure science), viii) 학제간 연관성(interdisciplinarism)의 중요성을 강조했다. 물론 후기행태주의에 이르러 가치중립에 대한 규범적 접근의 인정, 그리고 입증보다는 반증(falsification)의 적실성과 중요성이 추가되었지만(Lakatos and Musgrave 1970 참조), 사회현상의 규칙성 탐구를 통한 일반화 추구, 설명과 예측이라는 이론의 목적, 그리고 이를 추구하기 위한 수단으로서의 계량적 접근의 중요성은 여전히 강조되어 왔으며 특히 미국 정치학계의 주류적 방법론으로 자리매김 되어왔다.

그러나 계량적 접근을 선택하기에 앞서 유의해야할 문제들이 있다. 계량적 접근법에 대한 역사주의나 현상학적 접근법으로부터의 비판은 논외로 하더라도 소위 과학적 연구(scientific research)의 테두리 내에서 질적(qualitative) 접근법과 (계)양적(quantitative) 접근법 사이의 상쇄관계(trade-off)에 대한 오랜 논쟁이 있어왔다는 점이다. 두 접근법의 차이를 개략적으로 살펴보면 다음과 같다(King, Keohane, and Verba 1994, 3-7). 먼저 질적 접근법의 특성은 i) 개념의 조작화에 있어 양적인 측정에 의존하지 않고, ii) 특정 사건, 정책결정, 제도, 법안의 처리 등의 지역연구나 사례연구 등에 집중하며, iii) 집중적인 인터뷰나 사료(historical materials)에 대한 깊은 분석이 주종을 이루고, iv) 분석에 있어 주로 논증적(discursive) 방법을 사용하며, v) 사건이나 분석단위에 대한 자세한 설명에 관심을 갖는다. 이에 반해 양적 접근은 i) 관찰하고자 하는 현상을 숫자로 측정하고, ii) 일반적인 기술(description)을 모색하거나 인과관계에 대한 가설검증을 시도하며, iii) 반증을 위해 다른 연구자들이 쉽게 복제(replication)할 수 있는 측정과 분석을 추구한다. 결국 질적 연구와 양적 연구 사이에는 사례연구 대 통계연구, 지역연구 대 비교연구, 그리고 역사적 접근 대 계량적 접근 이라는 차이가 존재한다 하겠다.

쉬운 예를 들어 그 차이를 설명하면 다음과 같다. 여론조사 데이터를 활용한 계량적 투표행태 분석은 유권자들의 정치적 판단이나 선택에 미친 요인에 대한 일반적 설명을 제공하지만 특정 개인의 특정 후보자 선택 이유에 대해선 자세한 설명을 제공하지 못한다. 이에 반해 제1, 2차 세계대전이나 프랑스대혁명과 같은 특정 사건의 발발 원인에 대한 사례연구는 사건에 대한 일화부터 사료에 대한 분석까지 자세한 진술을 제공하지만 왜 전쟁이나 혁명의 발생하는가라는 문제에 대한 일반화된 대답을 제시하지 못한다. 질적 연구와 양적 연구 사이에는 두터운 서술(thick description) 대 일반화(generalization)라는 접근상의 차이가 존재한다.[1] 즉 질적 연구는 두터운 서술은 제공하나 일반화에는 취약하며, 양적 접근은 일반화된 진술을 비교적 단순하고 명확하게 제시하나 구체적인 사례의 인과관계에 대한 자세한 기술에는 취약하다 하겠다.

정치학에 대한 과학적 접근의 근저에는 정치적 사실(political

1) 해석학의 "두터운 서술(thick description)"에 대해서는 Geertz(1973) 참조.

facts)에 대한 지식을 축적한다는 고유의 목적이 자리하고 있다. 물론 어떻게 정치적 지식을 축적할 것인가란 질문에 대해서 위의 두 접근법은 상당한 차이를 보이며, 오랜 기간 동안 서로 마주보는 평행선을 달려왔던 것이 사실이다. 그러나 지식의 축적을 위한 이른바 연구 '방법'론에 있어 두 접근법은 연구대상인 정치현상의 "관찰된 분산(observed variance)을 최대화"시키며 "오차 분산(error variance)을 최소화"시켜야 한다는 공통된 목적을 지니고 있다(Peters 1998, 8). 즉 과학적 지식은 정치현상의 인과관계에 대한 정보를 통해 축적되며 방법론은 그 추론의 규칙을 제공하는 것이라 했을 때, 두 접근법은 본질적으로 다르지 않고 기술(description) 방식의 차이는 단지 "스타일상의 차이"에 불과하다고 볼 수 있다(King et al. 1994, 3).

문제는 연구주제에 보다 정확하고 세련된 접근을 위해서는 킹과 그 동료들(King et al. 1994)이 다소 가볍게 처리하고자 했던 스타일상의 차이를 보다 분명하게 이해할 필요가 있다는 것이다. 이를 양적 접근의 두 가지 장점으로부터 고찰해보자.[2] 양적 접근법의 첫 번째 장점은 정치학 분야에서 고도의 이론적·추상적 개념을 측정 가능한 개념으로 전환시킬 수 있게 해준다는 것이다. 예를 들어 민주주의라는 개념은 그 머리에 붙는 많은 수식어가 말해주듯(예, 자유, 사회, 참여 등), 이념적 혹은 이론적 스펙트럼에 따라 다양하게 내려져 왔다. 그런데 만약 어느 나라가 더 민주적인가를 파악해야 하는 연구주제가 주어질 경우 우리는 각국의 민주주의의 정도를 비교 가능할 수 있게 측정해야 한다. 물론 이 과제는 질적 접근의 두터운 서술로도 가능하지만, 양적 접근은 이를 더 효율적이고 선명하게 이해할 수

2) 이갑윤(1987)은 계량적 접근법의 장점을 첫째, 효율적이고 신뢰할 수 있는 개념의 조작과 측정, 둘째, 인과관계에 대한 가설 검증, 셋째, 새로운 가설 도출로 제시하고 있으며, 이 글에서 그 핵심적 내용이 인용되고 있다.

있게 해준다. 예를 들어, Economist Intelligence Unit의 민주주의 지표는 '자유롭고 공정하게 경쟁하는 선거,' '시민적 자유,' '정부의 기능,' '정치문화,' '정치참여'라는 다섯 범주를 조합하여 165개 국가와 2개 지역의 민주주의 정도를 11점 척도로 제시하고 있다.[3] 아울러 양적 측정의 노력은 정치커뮤니케이션 등의 영역에서 자주 사용되는 실험, 다양한 정치적 사건이나 선거에 대한 시민들의 의견을 묻는 여론조사, 그리고 국제분쟁, 국제체제나 정치제도비교 등의 거시현상이나 대통령거부권, 대통령의 기자회견 등의 정치사건을 데이터화하는 사례 데이터(event data) 등에서 많이 행해지고 있다(Bartels and Brady 1993, 122-125 참조). 물론 이러한 계량화 작업은 사례선택(case selection), 분류(classification), 그리고 조작화(operationalization) 등에서 정보유실(information loss)로 인한 타당성(validity)과 신뢰성(reliability)문제를 노정할 수 있지만, 질적 접근이 수행하기 힘든 현상들의 공통성 추출 및 비교를 통해 정확한 정보 전달과 아울러 이론개발과 검증에 크게 기여할 수 있다.[4]

양적 접근의 두 번째 장점은 연구자가 설정한 가설에 대한 검증을 용이하게 한다는 것이다. 과학적 기술은 단순한 사실관계이든 인과관계에 대한 것이든 경험적으로 검증될 때 진실로 받아들일 수 있다. 그동안 정치학 분야에서 제기되었던 많은 이론들은 그 어떤 형태이든 경험적 증거들에 의해 지지를 받으려고 노력해왔다. 그러나 그 이론이 시·공간적인 적실성을 상실할 경우 학문적 수요의

---

3) www.economist.com/media/pdf/Democracy_Index_2007_v3.pdf, 검색일(2007/09/10). 이와 유사하게 Freedom House 또한 '정치적 권리'와 '시민적 자유'의 정도를 7점 척도로 제시하고 있다. www.freedomhouse.org 참조.

4) 양적 측정의 목적, 방법, 유형, 그리고 문제점들에 대해서는 Peters(1998), 80-108 참조.

감소와 함께 무대에서 사라지거나 명맥만 유지한 채 연구자들에게서 멀어지게 된다. 양적 접근은 다양한 통계기법을 사용해 이론의 시·공간적 적실성에 대한 경험적 검증을 손쉽게 수행하게 해준다. 통계기법에는 단순한 평균과 분산, 혹은 단순 상관관계에서부터 회귀분석이나 시계열분석, 혹은 다차원척도법이나 컴퓨터시뮬레이션과 같이 복잡하고 세련된 기법들이 사용되고 있다. 물론 회귀분석과 같은 통계분석이 인과관계의 존재 유무를 직접적으로 밝혀주는 것은 아니다. 회귀분석에서 나타난 통계적 연관은 본질적으로 변수 간의 공변패턴(covariance pattern)에 불과할 뿐 무이론적이며 결국 실제 인과관계는 연구자에 의해 제시된 이론적 모형이나 진술에 의해 연역되어야 한다.[5] 그러나 다양한 통계분석 기법은 연구자에 의해 제시된 가설을 진실의 수준까지는 올려놓지 못한다 하더라도 최소한의 입증(verification)을 통해 일반화의 초석을 다지거나 혹은 반증(falsification)을 통해 현재의 가설을 기각하거나 혹은 새로운 가설을 도출할 수 있게 해주는 이점을 지니고 있음은 분명하다.

Ⅲ. 한국 정치학계의 계량분석 연구의 추이

한국 정치학계의 계량적 접근을 이용한 연구는 1980년대를 기점으로 점차 발전해왔다. 이는 단순하게 계량분석 기법을 사용하는 학자와 연구논문 수의 증가뿐만 아니라 질적인 측면에서 보다 세련된 통계분석 기법의 도입을 통해 가능한 것이었다. 이러한 계량적 접근

5) 김웅진(1987)은 회귀분석을 통해 구축된 인과관계는 "기법적으로 부여된 것"에 불과하고 이를 인과관계의 실재를 확인해 주는 것처럼 신뢰하는 경우를 "회귀분석 '신드롬'"이라고 지칭하고 있다.

법의 양적 · 질적 발전은 1980년대 말 ~ 90년대 초에 걸쳐 해외에서 세련된 계량분석 기법을 전공한 학자들의 지속적인 유입, 그리고 단순한 빈도분석이나 교차분석을 넘어서는 다양한 회귀분석이나 수리모형(formal model)의 도입으로 인한 저변확대에 힘입은 바 크다(김웅진 1996). 김지희(2002)의 분석에 의하면, 아래 〈표 1〉에 나타난 바와 같이, 정치학 연구 중 1980년대 전반기부터 1990년대 후반기에 이르기까지 계량기법에 의한 연구는 꾸준한 증가추세를 보여 왔다.[6] 구체적으로 『한국정치학회보』의 경우 80년대 전반기 5편으로 4.7%에 불과하던 양적 연구는 80년대 말 13편으로 9.8%에 이르렀고, 1990년대 전 · 후반기 각각 23편과 39편으로 10%대에 진입한 것으로 나타났다. 전통적으로 계량적 접근법이 취약했던 국제관계논문이 주를 이루는 『국제정치논총』의 경우 비록 절대적인 수가 많지 않지만 증가추세는 『한국정치학회보』와 동일한 양상을 보이고 있다.

다음 〈표 2〉는 필자에 의해 구성된 2000년에서 2006년까지 『한

〈표 1〉 『한국정치학회보』와 『국제정치논총』의 계량분석 논문 현황 (%)

년도	한국정치학회보		국제정치논총		합계	
	총 논문 수	계량 논문	총 논문 수	계량 논문	총 논문 수	계량 논문
1980~84	107	5 (4.7)	108	1 (0.9)	215	6 (2.8)
1985~89	133	13 (9.8)	137	1 (0.7)	270	14 (5.2)
1990~94	215	23 (10.7)	150	4 (2.7)	365	27 (7.4)
1995~99	382	39 (10.2)	217	11 (5.1)	599	50 (8.3)

출처: 김지희(2002), 236-239에서 재구성.

6) 연구 분야별 계량분석 연구의 현황은 1980년~1995년까지 한국정치 분야를 분석한 김웅진(1996)의 연구와 1980년~97년까지 국제정치 분야를 분석한 이상환(2001)의 연구를 참조.

〈표 2〉 2000년 이후 『한국정치학회보』와 『국제정치논총』의 계량분석 논문 현황 (%)

년도	한국정치학회보		국제정치논총		합계	
	총 논문 수	계량 논문	총 논문 수	계량 논문	총 논문 수	계량 논문
2000	73	17 (23.3)	69	4 (5.8)	142	21 (14.8)
2001	88	16 (18.1)	71	6 (8.5)	159	22 (13.8)
2002	73	16 (21.9)	60	5 (8.3)	133	21 (15.8)
2003	78	12 (15.4)	87	10 (11.5)	165	22 (13.3)
2004	78	16 (20.5)	58	4 (6.9)	136	20 (14.7)
2005	74	10 (13.5)	54	8 (14.8)	128	18 (14.1)
2006	51	16 (31.4)	52	6 (11.5)	103	22 (21.4)
총합계	515	103 (20.0)	451	43 (9.5)	966	146 (15.1)

출처: 『한국정치학회보』34집 1호 ~ 40집 4호, 『국제정치논총』40집 1호 ~ 46집 4호.

국정치학회보』와 『국제정치논총』에서 계량분석 연구의 점유현황이다.[7]

계량분석 논문의 정의는 단순한 빈도분석에서 정교한 회귀분석에 이르기까지 인과관계를 규명하거나 가설을 검증한 논문을 모두 포괄했다.[8] 따라서 단순한 빈도분석를 사용한 논문이 배제된 〈표 1〉의 분포와는 다소 차이를 보일 수 있다.[9] 그럼에도 불구하고 결

7) 2003년부터 발행된 Korean Political Science Review(『한국정치학회보』영문판)과 The Korean Journal of International Relations(『국제정치논총』영문판)은 분석에서 제외되었음을 밝혀둔다.

8) 김지희(2002)는 경험분석 연구의 정의로 "단순 빈도분석을 수행한 논문은 제외하였으며, 상관관계 및 인과분석, 그리고 형식모형을 이용한 논문들을 대상으로 하였"다고 언급하고 있는데, 단순 빈도분석으로 수행된 논문일지라도 인과관계의 가설검증을 목적으로 했다면 계량분석 연구라고 볼 수 있다는 판단도 가능하다. 이는 계량분석(경험분석) 논문의 정의를 어떻게 내릴 것인가에 대해 학자들의 의견이 다를 수 있는데서 기인하는 문제라고 보인다.

9) 예를 들어, 김지희(2002)는 2000년 경험분석 논문이 『한국정치학회보』12편, 『국제정치논총』3편이라고 분석하여 이 글의 분석과 다소 차이를 보이고 있다.

과는 우선 〈표 1〉에서 발견된 1980년대 이후 계량분석 연구의 증가 추세가 2000년도 이후에도 여전히 지속되고 있음을 보여주고 있다. 2000년부터 2006년까지 두 학술지에 게재된 총 966편의 논문 중 계량기법을 사용한 논문은 146편으로 15.1%의 점유율을 보였다. 이는 1990년대 후반기 8.3%의 거의 두 배에 이르는 수치이다. 연도별 분포를 살펴보더라도 2005년 18편을 제외하고는 거의 모든 해에 20편에서 22편이 골고루 게재되고 있어 계량분석 연구가 상당히 안정적으로 진행되고 있음을 보여주고 있다. 두 학술지에서의 현황을 구체적으로 살펴보면, 『한국정치학회보』의 경우 2000년 이후 2006년 말까지 게재된 총 515편의 논문 중 약 20.06%인 103편이 계량분석 기법을 사용해 1990년대 후반기 10.2%의 두 배치를 보이고 있다. 아울러 논문의 연도별 분포 또한 2003년의 12편과 2005년의 10편을 제외하면 매년 16~17편씩 골고루 분포되어 있다. 『국제정치논총』의 경우 또한 총 451편의 논문 중 9.5%인 43편이 계량적 접근법을 취하고 있어 1990년대 후반기의 5.1%를 크게 상회하고 있다. 비록 매년 고른 분포를 보이고 있지 않지만 해마다 최소 4편 이상의 논문들이 게재되어 과거와는 확실히 다른 양상을 보여주고 있다. 아울러 두 논문집에 수록된 계량분석 논문 작업에 각각 95명과 46명의 학자들이(공동저자 포함) 참여했음을 고려할 때 2000년대 이후 한국 정치학계에 계량분석의 저변이 급격히 확장되었다는 추론이 가능하다.

연구 분야별 분포를 살펴보면 〈표 3〉과 같다.[10)] 정치사상 및 정치이론 분야가 계량기법의 불모지대임은 부연 설명할 필요는 없고, 표의 결과는 한국 정치학계의 계량연구가 주로 한국정치와 비교정치(지역연구 포함) 분야에서 활발하게 이루어지고 있고, 국제정치 분

10) <표 3>부터 <표 5>의 현황에 대한 부연설명은 <부록>을 참조.

〈표 3〉 연구 분야별 계량분석 연구현황

	한국정치	비교정치	국제정치	계
한국정치학회보	59 (57.3)	38 (36.9)	6 (5.8)	103 (100.0)
국제정치논총	8 (18.6)	19 (44.2)	16 (37.2)	43 (100.0)
계	67 (45.9)	57 (39.0)	22 (15.1)	146 (100.0)

야는 다소 뒤처져 있음을 보여주고 있다. 한국정치 분야는 총 146편의 연구 중 67편(45.9%)을 차지하고 있어 이 분야가 계량분석 연구를 주도하고 있음을 알 수 있다. 흥미로운 점은 67편 중 선거·정당에 관한 연구가 40편(59.7%)으로 압도적인 비중을 차지하고 있다는 사실이다. 이 외의 대부분의 연구도 대통령직, 사회적 자본/신뢰, NGO, 정치커뮤니케이션 등 정치과정분야에서 수행되고 있음을 고려할 때, 한국정치 분야의 계량적 접근은 비교적 데이터에 접근이 용이한 정치과정분야에서 수행되고 있음을 알 수 있다. 비교정치 분야는 총 57편(39.0%)으로 한국정치 분야를 뒤잇고 있다. 이 중 미국지역에 관한 연구가 39편(68.4%)으로 압도적인 비중을 차지하고 있으며 선거·정당, 의회 및 대통령직에 대한 연구가 대부분이다. 이는 계량적 접근법을 사용한 연구자들 대부분이 미국에서 학위를 받았고 전공분야 또한 많이 선택한 데서 비롯된 것으로 보인다. 아울러 한국정치 분야의 계량분석 또한 이들에 의해 주도적으로 행해지고 있음을 추론할 수 있겠다. 마지막으로 국제정치 분야는 총 22편(15.1%)으로 가장 적은 분포를 보이고 있다. 이는 국제정치 분야에서 필요한 데이터 구축이 상당히 어려울 뿐만 아니라 여전히 전통적인 접근법이 주류를 이루는 분야이기 때문으로 보인다.

분석 데이터를 중심으로 연구현황을 살펴보면 〈표 4〉와 같다.

〈표 4〉 분석 데이터별 계량분석 연구 현황

	여론조사 데이터	사례 데이터	기타	계
한국정치학회보	50 (48.5)	51 (49.5)	2 (1.9)	103 (100.0)
국제정치논총	15 (34.9)	27 (62.8)	1 (2.3)	43 (100.0)
계	65 (44.5)	78 (53.4)	3 (2.1)	146 (100.0)

총 146편의 연구 중 사례 데이터(event data)를 활용한 연구가 78편으로 53.4%를 차지하고 있다. 그러나 연구에 사용된 데이터는 연구주제에 따라 다양한 분포를 보이고 있다. 가장 많이 활용된 데이터는 득표율이나 투표율 등 선거과정이나 결과와 대통령 지지율 등의 집합데이터로 총 23편의 연구가 수행되었다. 다음으로 신문기사, 기자회견내용, 정당의 정강, 사료 등에 대한 내용분석을 통해 구축된 연구가 13편, 의회(국제기구와 이익집단 점수 포함) 표결 데이터를 이용한 연구가 11편, 국제분쟁 데이터 등을 이용한 연구가 8편으로 그 뒤를 있고 있다. 이 외 선거자금기부, 다양한 경제지표, 정치제도 데이터 등을 이용한 연구 등도 제시되어 다양한 데이터 출처를 보여주고 있다. 사례 데이터 다음으로 여론조사 데이터를 활용한 논문이 65편으로 44.5%를 차지했다. 여론조사는 주로 미국의 American National Election Studies(ANES)나 한국사회과학데이터센터 등에 의해 수행된 국내 선거관련 국민의식조사 등이 주종을 이루고 있는 가운데 유럽, 러시아나 스웨덴 등의 외국 여론조사 데이터나 국내외 NGO 활동가들에 대한 여론조사 데이터를 이용한 연구도 눈에 띈다. 아울러 비교적 높은 비용과 까다로운 사전설계로 인해 기존 연구에서 사용되지 않았던 실험데이터를 구축한 연구가 1편 제시되었으며 아울러 컴퓨터 시뮬레이션이나 수리모형으로 데이터를 구축한

〈표 5〉 분석 방법에 따른 계량분석 연구 현황

	내용분석 빈도(교차) 분석	분산(평균) 검증 상관관계	회귀분석 등	계
한국정치학회보	24 (23.3)	4 (3.9)	75 (72.8)	103 (100.0)
국제정치논총	12 (27.9)	3 (7.0)	28 (65.1)	43 (100.0)
계	36 (24.7)	7 (4.8)	103 (70.5)	146 (100.0)

연구도 2편이나 제시되어 흥미를 돋우고 있다.

마지막으로 분석 방법에 따른 연구 현황은 〈표 5〉와 같다. 표에 의하면 단순한 빈도분석이나 교차분석에 의한 연구는 총 36편으로 24.7%이며 이 중 10편이 내용분석 기법이나 지수(index)를 사용하고 있다. 분산(평균) 검증에 의한 연구는 7편으로 4.8%에 불과했으며, 103편(70.5%)의 절대 다수 연구가 다중회귀분석이나 로지스틱 회귀분석, 리로짓 분석, 시계열 분석, 컴퓨터 시뮬레이션 등 비교적 세련된 통계분석 방법을 사용하고 있는 것으로 나타났다. 이러한 현황은 한국 정치학계의 분석 기법의 발전양상을 보여주고 있다 하겠다. 구체적인 분석 데이터와 방법은 다음 장에서 대표적인 연구물에 대한 평가에서 소개하기로 하자.

Ⅳ. 여론조사 데이터와 계량분석 연구

지금까지 2000년부터 2006년 말까지 한국 정치학계의 계량분석 연구를 『한국정치학회보』와 『국제정치논총』을 사례로 연구 분야, 분석 데이터, 분석 기법의 틀을 가지고 현황을 파악해보았다. 이 절에서부터는 이 세 기준을 사용해 두 학술지에 게재된 대표적인 논문들을 평가(review)해보고자 한다. 서두에서 언급했듯이 평가는 연구 내용의 우수성보다는 사용된 데이터나 분석기법을 중심으로 이루어졌음을 밝혀둔다. 우선 평가될 연구는 여론조사 데이터를 활용한 연구물들이다. 한국 정치학계의 여론조사 데이터를 이용한 연구들은 분석대상 논문 총 146편 중 65편을 차지할 만큼 큰 비중을 차지하고 있다. 외국의 다양한 여론조사기관에 의해 오랜 기간 수행된 여론조사 데이터뿐만 아니라 1990년대 이후 한국선거연구회와 한국사회과학데이터센터(http://www.ksdc.re.kr), 그리고 동아시아연구원(http://www.eai.or.kr) 등에 의해 수행된 국내 여론조사 자료들이 다양한 연구의 자료로 활용되고 있다. 이를 연구 분야와 분석 데이터, 그리고 분석 기법을 중심으로 살펴보면 다음과 같다.

국제정치 분야에서 여론과 외교정책 사이의 관계는 미국 정치학계에서는 국제정치의 중요한 하위분야로 인정받고 있으나 한국의 경우 연구자나 연구물들이 많은 편은 아니다. 미국 갤럽(http://www.gallup.com), 시카고외교협회(http://www.ccfr.org), 그리고 퓨리서치센터(http://people-press.org) 등이 정기적으로 국제여론조사를 실시하고 있지만, 데이터에 대한 접근이 용이하지 않을뿐더러 한국의 국제정치 연구자들의 대부분이 거시이론과 사례연구에 집중하고 있기 때문이기도 하다.[11] 한국 정치학계의 국제정치 분야에서 여론조사 데이터를 토대로 한 연구는 동아시아연구원이 국제여론조사에 참여함으로써 본격적으로 시작되었다고 봐도 크게 무리는 없을 듯하다. 동아시아연구원이 공동으로 참여하고, 미국 시카고외교협회, 멕시코의 경제연구교육센터와 외교협회가 동시에 2004년 7월에 실시한 3개국

11) 예외적으로 김재한(2006)은 미국 갤럽의 '외국 인식(perception of foreign countries)' 조사와 퓨리서치센터의 '외국의 대미 호감도' 자료를 이용해 미국인의 대외 선호도의 패턴을 파악하고 있다.

대외인식 데이터를 주로 활용한 이내영 · 정한울(2005)의 연구는 한미동맹의 위상과 관련하여 양국 간의 상호 호감도, 위협에 대한 인식과 대처방안 등을 중심으로 한국인과 미국인의 여론을 비교분석하고 있다. 같은 데이터를 활용한 김성한 · 정한울(2006)의 연구는 부시행정부의 외교정책에 대한 여론의 동향을 분석하고 있다. 특히 반테러전쟁에 대한 사회적 합의의 약화에 이어 부시행정부의 신보수주의 외교노선에 대한 지지여부의 배경에 시민의 지지정당과 이념성향에 따른 정치적 양극화가 자리 잡고 있음을 지적하고 있다. 그러나 위의 두 연구는 분석 기법에 있어 단순한 빈도분석이나 양변량 상관관계(bivariate correlation)를 이용하여 여론의 패턴을 분석하고 있을 뿐, 인과관계 모형을 구축한다거나 혹은 세련된 통계기법을 통해 가설을 검증하는 작업을 수행하고 있지는 않다. 그럼에도 불구하고 외교정책 또한 국민적 통제가 가능해야 한다는 민주주의 원칙에서 볼 때 여론과 외교정책 사이의 연구는 한국 국제정치 분야에서 적극적으로 권장될 필요가 있고, 위의 연구들은 그 출발점을 제공하고 있다고 보인다.

여론조사 데이터와 관련해 보다 정교한 방법론적인 접근을 보이는 분야는 비교정치 분야이다. 이는 부분적으로 꽤 오랜 여론조사 역사를 지니고 있는 미국의 데이터베이스를 활용함에 의해 가능했다. 예를 들어 미국 ICPSR(Inter-University Consortium for Political and Social Research, http://www.icpsr.umich.edu)의 경우 1948년부터 2년마다 정기적으로 의회선거와 대통령선거에 대한 여론조사를 실시해왔고, 이를 ANES 시리즈로 데이터를 제공해왔다. ANES를 활용한 국내 정치학계의 미국 선거연구는 주로 투표참여와 후보자선택과 관련된 분야에서 다양한 이론과 수리모형을 이용한 연구가설을 세련된 통계기법을 이용해 검증하는 행태를 띠고 있다. 이현우(2002)는 인터넷의 사용여부가 사회자본의 형성과 함께 선거참여를 촉진하는가를 검증하고 있고, 김진하(2004)는 소득수준으로 조작된 계급투표 현상을 1956년부터 2000년까지 분석하고 있다. 신유섭(2002)은 키(Key)의 책임있는 유권자(responsible electorate)론을 2000년 미국선거에 적용해 이슈투표 분석의 한 유형을 선보이고 있다. 정진민(2000)은 1980년대 이후 미국 유권자들의 정당일체감의 변화를 세대요인(generation)의 관점에서 검증하고 있고, 김장수(2005)는 정당일체감의 활성화(activation)의 비대칭적 현상에 주목하여 정당에 대한 상충적 태도가 대통령후보의 선택에 미친 영향을 분석하고 있다. 아울러 분석 기법도 대부분 다중회귀분석이나 로지스틱(혹은 프로빗)을 사용하고 있다.

몇몇 연구들은 분석 기법의 관점에서 주목할 만하다. 조성대(2000)의 연구는 다운스(Downs 1957)의 투표참여의 수리모형(R=PB - C)을 전략적 투표의 수리모형(STV= - 2P12B12 - P13B13 + P23B23 - D1 + D2)으로 확장시켜 제3당 후보가 출마한 네 차례선거에 적용하여 가설을 검증하는 연구를 보여주고 있다. 이어진 연구에서 조성대(2003)는 ANES 데이터를 활용 다운스의 공간이론(Spatial Theory)을 카훈-히닉(Cahoon and Hinich)의 다차원척도법(Multidimensinal Scaling Method)을 이용해 미국 선거정치의 이념지도를 2차원 공간에 복구한 뒤 제3당 후보의 공간위치에 따라 정책 및 비정책 요인들의 투표선택에 대한 효과가 달라진다는 가설을 조건로짓(conditional logit)과 컴퓨터시뮬레이션으로 검증하고 있다. 카훈-히닉의 다차원척도법은 이미 안순철(2001)에 의해 한국의 선거에 대한 분석에 적용된 바 있다.

수리모형과 함께 눈에 띠는 것은 다항로짓(multinomial logit) 기법의 사용이다. 주지하다시피 양변량 로지스틱(logistic)이나 프로빗

(probit)은 선택지(choice term)가 투표참여 대 기권, 혹은 양당 후보 간의 경쟁에 대한 통계분석에 널리 사용되는 기법이다. 그러나 선택지가 둘을 넘어서는 경우 — 예를 들어 후보자나 정당이 3명 이상 경쟁하는 선거에서 지지후보를 선택하는 경우 — 일반적인 로지스틱 혹은 프로빗 회귀를 적용하는 것은 적절하지 않고 다항로짓이나 다항프로빗을 적용해야 한다. 김진하(2004)와 김장수(2005)는 기권, 공화당, 민주당의 선택지에서 각각 기권과 공화당을 기준항(reference category)으로 설정한 다항로짓 분석을 선보이고 있다. 조성대(2003) 또한 다항로짓에 종속변수의 특질을 담은 독립변수의 효과를 통제하는 기법을 첨가한 조건로짓(conditional logit) 분석을 선보이고 있다. 한국의 선거가 주로 다당제 하에 치러지고 있다는 점을 고려한다면 다항로짓이나 다항프로빗에 대한 방법론적 연구가 활발히 일어나야 할 것으로 보인다.

한국정치 분야의 경우 또한 선거정치와 관련하여 여론조사 데이터를 활용한 경우가 연구의 대부분을 차지한 가운데 데이터나 분석 기법상 소개할 만한 네 편의 논문은 다음과 같다. 먼저 강원택(2002)의 연구는 한국선거연구회에 의해 수행된 1992년과 1997년 대통령 선거 여론조사 데이터를 바탕으로 유권자의 정치적 불만족과 기권 혹은 제3당 후보에 대한 지지 사이의 관계를 분석하고 있다. 정치적 불만족이 기존 정당에 대한 지지, 기권, 그리고 제3당에 대한 지지로 이어질 수 있는 게임차트(game tree)를 제시하고 있는 점이 흥미롭다. 강경태(2006)의 연구는 구조방정식 모델(Structural Equation Model)을 적용하여 17대 총선 당시 부산지역 유권자들을 대상으로 자체 조사한 데이터를 이용하여 유권자들의 투표선택을 분석하고 있다. 리즈럴 프로그램으로 분석된 이 연구에서 저자는 구조방정식 분석절차에 대해 비교적 자세한 설명을 제공하고 있다. 장수찬(2002)의 연구는 세계가치조사(World Value Survey, http://www.worldvaluessurvey.org)를 자료로 한국인의 결사체 참여수준, 사회자본, 그리고 정부신뢰의 수준을 시기별과 국가별로 분석한 결과 한국사회에 사회자본과 정부신뢰사이에 악순환의 사이클이 존재하며, 대인신뢰나 정치신뢰가 지속적으로 하락하고 있음을 발견하고 있다. 마지막으로 조기숙·박혜윤(2004)의 연구는 한국인의 신뢰정도를 미국, 일본과 비교하기 위해 실험과 여론조사를 병행하여 측정하고 있다. 야마기시(Yamagish)의 기존연구를 한국사례에 복제(replication)하는 방식으로 진행된 이 연구는 일단 한국 정치학 분야에서 실험연구가 드물다는 점에서 주목할 만하다. 야마기시의 수인의 딜레마(Prisoners' Dilemma) 게임에 대한 실험연구를 한국 대학생들을 대상으로 진행한 결과 한국사회를 저신뢰사회로 분류했던 기존연구를 뒤집는 결론을 내리고 있다. 실험의 절차와 진행방법 등에 대한 기술 또한 참조할 만하다. 그러나 실험이 대학생들만을 대상으로 행해졌다는 것을 고려할 때, 과연 실험결과가 얼마나 일반화될 수 있는가에 대한 문제제기가 가능해 보인다.

V. 사례 데이터와 한국 정치학계의 계량분석

1. 내용분석을 통한 사례 데이터의 구축과 활용

대부분의 내용분석에 대한 연구는 제시된 인과관계에 대한 가설을 검증하기 위해 언론기사나 그 밖의 사료를 대상으로 핵심 주제어(key words)를 사용해 빈도를 측정한 사례 데이터를 구축하면서 수행된다. 한국정치 분야에서 김용호·김현종(2003)의 연구는 2002년 미군 장갑차에 의한 여중생 사망사건에 대한 방송, 신문 인터넷 매체의 보도를 통해 언론사별 프레임의 차이를 규명하고자 했다. 국가이익, 국가위신, 갈등, 책임소재, 인간적 측면, 국내정치의 6개 프레임(key words)을 24개의 하위 질문으로 나눈 뒤 그것에 해당하는 기사의 유무를 체크하는 방식으로 빈도를 측정하여 각 언론 매체의 프레임 내용을 비교 분석하고 있다. 그러나 이 연구는 내용분석의 대부분의 다른 연구들과 마찬가지로 빈도측정과 비교라는 비교적 단순한 통계기법을 사용하고 있다. 그러나 현재호(2004)의 연구는 내용분석에 이어서 요인분석을 활용하여 경험분석을 행하는 진일보한 연구를 보여주고 있다. 이 연구는 1952년 2대 대선부터 2000년 16대 총선까지 발간된 각 정당의 선거강령에 대한 내용분석을 토대로 빈도를 측정한 후 2단계 요인분석을 통해 총 53개의 정책이슈를 복지, 교육/지방분권, 기본권 대 경제수행능력, 경제집단 대 사회통합, 사회민주주의, 자주통일외교라는 6개의 이슈로 축소시킨 후 각 정당의 평균요인점수를 공간지도상에 그려 넣음으로써 한국정치의 정당간 경쟁성의 차원(dimensions of competition)을 경험적으로 복구하고 있다. 정당의 선거공약에 대한 공간분석을 토대로 경쟁구도를 파악하는 연구는 이미 유럽 국가들에 대한 연구에서 제시된 바 있다(Budge, Robertson, and Hearl 1987). 이 연구는 기존연구에서 활용된 기법과 연구모형을 한국사례에 성공적으로 광범위한 자료에 대한 내용분석을 통해 사례 데이터를 축적한 공헌이 돋보인다.

비교정치 분야의 김혁(2000)의 연구는 내용분석을 통한 사례 데이터의 구축과 세련된 통계기법을 활용한 가설 검증의 훌륭한 사례를 보여준다. 연두교서에 대한 내용분석을 통해 1960년대 이후 미 대통령의 이념성향이 범죄정책에 대한 의제설정에 미치는 영향을 분석하고 있는데, 크게 네 단계로 연구를 진행하고 있다. 첫 번째 단계는 주제어 설정단계이다. 저자는 범죄정책에 대한 의제설정을 범죄에 대한 일반적 언급과 인식을 나타내는 '범죄'와 '인식,' 기능론적 접근을 나타내는 '사회재건,' 그리고 기계론적 접근을 나타내는 '형사체계'의 네 가지 범주를 설정하고 주제어로 범죄, 공포, 빈곤, 법 등 13개를 뽑아낸다. 두 번째 단계에서는 연두교서 상 주제어의 빈도를 천 단어 당 사용횟수를 기준으로 측정하여 케네디 대통령 이후 클린턴 대통령까지 8명의 대통령의 범죄정책에 대한 의제설정을 비교하여 민주당 대통령의 경우 기능론적 접근을 선호한 반면 공화당 대통령의 경우 기계론적 접근을 취하는 경향이 높음을 발견한다. 세 번째 단계에서 단순 빈도비교의 통계적 취약성을 극복하기 위해 분산분석(ANOVA)과 다차원척도법(Multidimensional Scaling Method)의 일종인 대응분석(Correspondence Analysis)을 통해 대통령의 정당소속과 범죄정책 간의 상호관계를 재차 검증한다. 마지막으로 네 번째 단계에서 범죄정책의 네 가지 범주를 정당, 범죄율, 그리고 여론이라는 독립변수에 회귀(OLS)시켜 여론의 향배가 대통령의 의제설정에 가장 큰 영향을 미친 요인임을 제시하고 있다.

국제정치 분야에서 내용분석을 통한 사례 데이터 구축과 활용을 보여주는 연구로는 고대원(2001) 연구가 주목할 만하다. 북한의 대남 군사갈등행위의 요인을 대내갈등에 대한 상대적 박탈감 가설을 이용하여 분석하고 있는 이 연구는 기존 외국 연구자들에 의해 구축된 사례 데이터(COPDAB나 WEIS)의 시간적 범위와 군사적 갈등행위 분류에 있어 한계점을 지님에 주목한다. 그리고 대안으로 북한의 대남 군사갈등행위를 5개 범주와 11가지 유형으로 구분하여 1954년부터 1989년까지 발행된 『북한연표』를 활용하여 빈도를 측정하고 1에서 6까지의 서열척도로 갈등지수를 부여하고 있다. 다음으로 독립변수를 미국의 안보공약의 신뢰성, 남한의 국방비 증가, 그리고 남한의 정치적 안정, 그리고 남한의 경제성장을 각각 가변수나 GDP 성장률로 측정하여 회귀분석(OLS)에 사용하고 있다. 그러나 통계분석의 결과는 저자의 연구가설을 만족스러울 정도로 뒷받침하고 있지는 않고 있다. GDP 성장률로 측정된 남한의 경제성장을 제외한 나머지 독립변수들이 엄격한 기준으로 측정된 것이라기보다는 저자의 자의적 판단에 의해 가변수로 측정된 것에 기인할 가능성이 높아 보인다. 그럼에도 불구하고 이 연구는 해외 사례 데이터의 한계를 극복하고자 자체의 사례 데이터를 구축하고 있다는 점에서 그리고 내용분석에 이은 단순한 빈도분석이 주종을 이루고 있는 다른 남북한 관계 연구물들에 비해 회귀분석을 이용해 가설 검증을 시도하고 있다는 점에서 긍정적인 평가를 받을 만하다고 판단된다.

2. 정치적 선택과 관련한 사례 자료들의 활용

사례 데이터의 활용 측면에서 평가할 만한 또 다른 분야는 의회를 비롯한 정부 기구 내의 표결이나 정치자금 기부 행위 등 정치과정 분야이다. 주로 비교정치나 한국정치의 정치과정, 그리고 국제기구에서 정책결정과정에서 정치적 선택(political choice)과 관련한 연구 분야로 행위의 유무가 양변량으로 조작되는 것이 일반적이다. 따라서 분석에는 일반적으로 분산분석, 혹은 로지스틱이나 프로빗 회귀가 사용되고 있다.

우선 주목할 분야는 비교정치에서 의원들의 표결행위를 분석하는 연구물들이다. 최준영(2004)의 연구는 미국 하원의원들의 투표행태에 미친 자신들의 정치적 개인성(political individuality)의 영향력을 검증하고 있다. 의원들의 의정활동이 지역구민들의 이익을 대변하는 대리자로서의 역할인지 혹은 개인의 정치적 소신에 의한 것인지에 대한 경험적 해답을 구하고 있다 하겠다. 종속변수는 부채한계(debt limit)에 대한 미 하원의원들의 투표행태를 1972년 전과 후로 구분하여 1972년 이후 의원들의 정치적 개인성에 의한 투표행위가 증가했다는 가설을 검증하고 있다. 이 연구에서 방법론적으로 주목할 만한 부분은 독립변수들이 안고 있는 통계적 문제들을 직접적으로 다루고 있다는 점이다. 특히 저자는 기존연구에서 사용한 정치적 개인성이 모델 특성화(model specification)의 문제를 극복하기 위해 실험집단과 통제집단을 구분하는 유사실험디자인을 사용하고 있다. 아울러 주요 독립변수의 효과를 ANCOVA 모델을 통해 분석하고 있다. 비교정치 분야의 또 다른 연구인 이현우(2005)의 연구는 자유무역협정에 대한 의회표결에 미친 요인을 미국의 북미자유무역협정(NAFTA)와 한국의 한·칠레자유무역협정을 사례로 비교 분석하고 있다. 독립변수는 소속의원의 이념, 선수, 정당소속, 선거구 요인 등이며 경험분석에는 로지스틱 회귀를 사용하고 있다. 이 연구는 비록 변수의 구체적인 내용과 조작화에서 차이는 있지만 자유무역협정에 대한 한·미 의원들의 투표행위에 대한 일반화된 설명을 시도하는 단서를 제공하고 있다는 차원에서 평가할 만하다 하겠다.

한국정치 분야에서 전진영(2006)의 연구는 미국 의회의 의원들의 표결행위에 대한 분석 이론과 방법론을 한국사례에 적용하여 연구하고 있는데, 구체적으로 16대 국회 중후반 기부터 실시된 전자표결 데이터를 이용하여 의원들의 투표행태에 영향을 미친 요인들을 분석하고 있다. 독립변수는 정당소속, 이념성향, 선수, 그리고 지역구 등이며 총 429건의 법안 중 만장일치나 분석 불가능한 법안을 제외한 27개의 법안에 대한 로지스틱 회귀분석 결과를 제시하고 있다. 분석결과에 대한 토론에서 아쉬운 점은 각 독립변수의 유의미성을 기준으로 법안을 분류하고 추론을 제시하고 있다는 점이다. 저자는 정당 변수, 지역구 변수, 이념성향 변수의 효과가 유의미한 법안들을 각각 분류하고 이에 대한 귀납적 추론을 제시하고 있는데, 이는 반론(counter-argument)에 언제든지 노출될 수 있다는 단점을 지니게 된다. 연역적인 설명을 통해 분석 법안을 분류한 후 회귀분석을 통해 독립 변수들의 효과를 일반화시켜 설명하는 접근법이 더욱 바람직해 보인다. 그럼에도 불구하고 이 연구는 국회 의원표결 데이터가 공개된 후 시도된 비교적 초기의 연구라는 점과 16대 국회의 분석 가능한 모든 표결 사례에 대한 분석을 제공하고 있다는 점에서 충분한 의의를 찾을 수 있을 것이다.

국제정치 분야에서 정치적 선택을 종속변수로 채택한 연구는 한국 정치학계에 흔치 않다. 2000년 이후 두 연구물들을 소개하면, 먼저 안민호(2001)의 연구는 1990년대 후반 세계네트워크 구조를 정치, 경제, 제도적 측면에서 경험분석하고 있는 가운데 UN총회에서 각 국가의 투표에 대한 대응분석(correspondence analysis)을 통해 국가들의 위치를 2차원 공간에 복구함으로써 세계 네트워크의 정치적 구조를 분석하고 있다. 조동준(2004)의 연구는 국제연합(UN) 총회내의 표결 과정에서 미국의 영향력을 분석하고 있다. 종속변수는 UN총회 내의 사안별 각 국가들의 표결이 미국과 일치하는지 여부를 3점 서열척도로 조작화하고 있는데, UN 총회내 호명투표자료인 Nations on

Record: United Nations General Assembly Roll-Call Votes와 Voting Practice in the United Nations, 그리고 US Participation in UN을 자료로 활용하고 있다. 독립변인은 다양한 경제지표 및 군사지표, COW 프로젝트 내의 동맹지수, 국력지표 및 무력분쟁 유무, POLITY Ⅲ(http://www.cidcm.umd.edu/polity)에서 민주주의 척도, 사회주의 국가 여부 및 문명권 여부, 마지막으로 미국 대통령 정치지향으로 풀(Keith Poole)의 DW_NOMINATE 점수(http://voteview.com/dwnl.htm) 등 다양한 사례 데이터 세트를 이용하고 있다. 종속변수가 서열척도인 관계로 경험분석에는 순서로지스틱(Ordered-logistic) 회귀가 사용되었다. 아울러 저자는 회귀분석 결과의 예측치를 확률로 전환한 그래프를 제시하며 독자의 쉬운 이해를 구하고 있다.

3. 국제분쟁 데이터와 비교 정치제도 사례 데이터의 활용

연구자들에 의해 독자적인 사례 데이터를 구축하고 활용한 것 외에 기존에 이미 구축되어 일반 연구자들에게 무료로 공급되고 있는 사례 데이터를 이용한 연구들이 많이 있다. 대표적인 예로 국제정치 분야의 COW(Correlates of War, http://www.correlatesofwar.org) 등의 국제분쟁 데이터를 활용한 연구나 세계은행의 DPI(Database of Political Institution, http://econ.worldbank.org)와 메릴랜드 대학의 POLITY IV(http://www.cidcm.umd.edu/polity) 등의 데이터를 활용한 연구들을 들 수 있다.

국제정치 분야의 경우 우선 COW 프로젝트 등의 국제분쟁 데이터를 활용한 연구물들을 많이 발견할 수 있다. 양적 접근이 비교적 발전되지 못한 국제정치 분야에서 최근 들어 계량분석 연구물들이 꾸준히 출판되어 온 것은 이러한 국제분쟁 데이터의 덕이 크다고 할 수 있다. 아울러 대부분의 연구물들은 국력의 차이와 분쟁의 발발 사이의 관계에 주목하고 있다. 우선 동아시아지역에서의 세력전이이론의 가설을 검증한 김우상(2001)의 연구는 다양한 국제정치 분야의 사례 데이터의 활용이 돋보인다. 10년 기간 내의 전쟁 발발 여부를 나타내는 종속변수와 국력과 관련된 독립변수의 조작화에는 COW 프로젝트를 보완한 EUGene 데이터를 사용하고 있고, 국가 간의 동맹관계는 시그노리노-리터 지수(Signorino-Ritter score)를 사용하고 있다. 아울러 경험분석에는 킹과 젠(King and Zeng 2000)에 의해 개발된 리로짓(relogit)을 사용하고 있다. 종속변수가 양변량(dichotomy)이어 일반적인 로지스틱(logistic)이나 프로빗(probit)이 사용가능하나 전쟁발발 건수보다 전쟁이 발발하지 않은 건수가 압도적으로 많아 최대우도(maximum likelihood)의 측정 시 발생할 수 있는 편의(bias)를 통제하고자 리로짓을 사용한 것으로 보인다. 역시 COW 데이터를 이용한 민병원(2003)의 연구는 국제체제의 극화(polarity)현상과 전쟁의 빈도사이의 관계를 프로빗 회귀로 검증하고 있는데, 컴퓨터 시뮬레이션을 이용한 인위적 데이터생성 작업이 돋보인다. 쿠삭과 스톨(Cusack and Stoll 1990)의 '현실정치' 모델을 전쟁 알고리즘으로 전환시켜 시뮬레이션에 적용한 결과 약 55만개의 관찰수를 생성시켰으며, 이를 다시 프로빗으로 회귀한 결과 체제의 극화가 심화될수록 전쟁 발발의 확률이 감소함을 검증하고 있다. 국제정치 분야에서 마지막으로 소개할 만한 연구는 조한승(2005)의 연구이다. 국제분쟁에 대한 대부분의 연구가 국력의 차이와 전쟁발발 여부 사이의 관계에 주목한 것에 반해 이 연구는 전쟁 이하 수준의 분쟁 또한 분석의 대상에 포함시켜 분석의 지평을 확대시키고 있다. 이를 위해 저자는 MID(Militarized Interstate Dispute) 데이터 상의 분쟁의 적대수준을 재구성하여 가상적 상승경로 지수를 종속변수로 조작화하고 COW 데이터를 이용한 국력 데이터(CINC)를 독립변수로 활용하고 있다. 아울러 포아송 회귀(Poisson Regression)와 분산분석(ANCOVA)을 적용하여 경험분석 한 결과 전쟁 이하 수준의 국제분쟁 빈도가 국력의 차이가 클수록 감소함을 검증하고 있다.

국제정치나 비교정치에서 널리 사용되고 있는 사례 데이터로 세계은행의 DPI나 메릴랜드대학의 POLITY 데이터가 있다. DPI의 경우 의회제와 대통령제의 구분, 의회내의 정당, 선거제도와 경쟁력, 정치적 안정성과 견제와 균형, 연방주의 여부 등 비교 정치제도에 관한 데이터이다(Beck et al. 2001). POLITY는 각국의 민주주의 제도화 정도를 각각 21(−10~10)점 스케일로 측정한 지수이다. 국제정치 분야의 김미경(2006)의 경우 국내정치의 제도적 조건들이 무역자유화 정도에 미친 영향을 두 데이터 모두를 이용해 연구하고 있다. 이 연구는 국내정치 제도를 정부권력의 분산(정부의 분절화 정도), 집권당의 의회의석수, 선거제도(다수제, 혼합제, 비례제), 그리고 민주화로 조작하여 사용하고 있는데, 앞의 세 변수는 DPI에서 그리고 민주화 정도는 POLITY IV에서 추출해 사용하고 있다. 아울러 비교 국가 패널데이터 사용 시 고려해야할 시간과 국가의 영향력 통제를 위해 각각 시간 가변수와 국가 가변수를 사용하는 패널교정 표준오차 방법(panel corrected standard errors procedure)에 의한 다중회귀분석을 선보이고 있다. DPI 이용의 또 다른 예는 비교정치 분야의 홍재우(2006)의 연구에서 찾아볼 수 있다. 대중의 민주주의 지지에 대한 정치제도의 영향력을 39개 국가별로 비교 분석하는 이 연구는 정치제도 변수 중 정부형태(의회중심제와 대통령제), 분권화 정도(연방제 여부와 지방정부 구성에서 선거유무), 거부권자(정책결정에 영향력을 행사하는 행위자의 수)를 DPI에서 추출하고 있다. 흥미로운 점은 이 연구가 미시와 거시 두 개의 데이터 세트를 결합하는 방식으로 진행되었다는 것이다. 종속변수에 해당하는 대중의 민주주주의 지지정도와 그 밖의 여러 통제변수는 세계가치조사(World Value Survey, http://www.worldvaluessurvey.org)에서, 그리고 정치제도에 해당하는 주요 독립변수는 DPI에서 추출하고 있다. 이 경우 한 국가에 속한 응답자는 정치제도의 독립변수 값을 똑같이 지니게 된다. 따라서 정치제도 변수들에 대한 회귀분석 결과는 세계가치조사에서 추출된 다른 독립변수의 효과와 달리 개인별 차이를 보여주기 보다는 응답자가 속해 있는 국가별 효과로 축소되게 된다는 단점이 있다.

V. 맺음말

지금까지 2000년 이후 『한국정치학회보』와 『국제정치논총』에 게재된 논문들 중 계량분석 연구의 현황과 데이터와 분석기법에서 참고 될 만한 연구들에 대해 간단히 평가해 보았다. 물론 이 지면을 통해 소개되어야 하는 많은 연구물들이 필자의 무지에 의해 간과되었을 것이다. 글의 목적이 주로 학부 고학년이나 대학원 초입에서 방법론에 대해 고민하는 학생들에게 각 전공 분야별 계량분석 연구의 현황과 데이터 출처, 그리고 분석기법에 대한 소개에 두다 보니 데이터나 분석 기법이 중복되는 연구물에 대한 평가는 가급적 피하고자 했다. 아울러 연구물의 내용적 우수성을 기준으로 평가하기보다 가급적 다양한 데이터의 출처와 사용방법에 대한 정보를 제공하기 위한 목적에 충실하고자 했다. 연구자들의 양해를 구하는 바이다.

아직 한국 정치학계에서 계량분석 연구가 헤쳐 나가야할 길은 멀다. 학회에 방법론 분과가 있긴 하나 제대로 된 방법론 공부모임 하나 없는 실정이다. 아울러 연구에 사용된 통계분석 기법 또한 대부분 학위논문을 작성하는 과정에서 습득한 것이기에 연구자 혼자 사용할 뿐 널리 기법을 공유하는 네트워크 또한 부재한 것이 현실이다. 특히 통계분석 기법이 하루하루 달라지고 발전되는 미국 정치학계와 비교한다면 우리 학계의 상황은 그야말로 정체되어 있는 형국이다. 이를 위해 다음과 같은 제언을 하고자 한다.

첫째, 통계분석 기법 공부모임이 형성되어야 한다. 미국의 경우 "정치학 방법론 사회(http://polmeth.wustl.edu)"가 형성되어 온라인에서 연구 분야별 분석 기법의 교류가 활발하다. 비록 한국 정치학계가 방법론적 종속성을 아직 탈피하지 못하고 있는 것이 현실이지만, 통계(혹은 수리)분석 기법을 주로 사용하는 연구자들 간의 교류와 정보 공유, 그리고 학습을 도모할 수 있는 네트워크가 형성되어야 한다. 우선 소수의 연구자들만이라도 모여 정기적인 콜로키움(colloquium)을 수행할 것을 제안한다. 이를 위한 학회의 지원이 필요하리라 본다.

둘째, 학자들이 자유롭게 공유할 수 있는 데이터베이스 네트워크가 필요하다. 물론 한국사회과학데이터센터나 동아시아연구원 등이 광범위한 데이터베이스를 구축하고 있지만, 연구자들의 이용이 자유롭지 못한 형편이다. 아울러 해외 데이터에 대한 접근 또한 그렇게 쉽지만은 않다. 심지어 무료로 사용할 수 있는 데이터도 그것에 대한 접근 방법을 몰라 어리둥절할 때가 많다. 따라서 연구자들 사이에서 자유롭게 공유될 수 있는 데이터를 한 곳으로 모아 필요할 때 쉽게 접근할 수 있는 데이터베이스를 구축하는 노력이 절실히 요구되고 있다. 학회가 이 일을 주도적으로 추진했으면 하는 바람이다.

마지막으로 학부나 대학원 방법론 수업에 필요한 데이터베이스를 공유했으면 한다. 비록 많은 학교들이 방법론을 정치학 정규 교과과정에 편성해 놓고 있지만, 강의계획서나 혹은 통계방법론 수업에서 다루어지는 데이터는 교수 개개인의 몫으로 내버려져있는 실정이다. 따라서 교육의 질 또한 제각각일 수밖에 없다. 이러한 문제점을 극복할 수 있는 길은 정치통계 교육에 필요한 공통 교재의 연구와 각 통계기법 수업에 활용될 수 있도록 설계된 맞춤형 데이터 세트(data set)를 마련하는 것이다. 역시 학회차원의 지원과 관심이 필요한 대목이다.

참고문헌

가상준. 2002. “조지 부시 지지율을 통해서 본 조지 W. 부시의 지지율.” 『국제정치논총』42집 1호, 101-126.

강경태. 2006. “리즈럴(LISREL) 모델을 통한 17대 한국 총선 분석: 부산지역을 중심으로.” 『한국정치학회보』40집 3호, 165-189.

강원택. 2002. “투표 불참과 정치적 불만족: 기권과 제3당 지지를 중심으로.” 『한국정치학회보』36집 2호, 153-174.

고대원. 2001. “북한의 대남 군사갈등행위의 심리적 요인 분석.” 『국제정치논총』41집 4호, 127-147.

김 혁. 2000. “미 대통령의 범죄에 대한 정책의제설정 양태에 관한 연구: 연두교서에 나타난 이념정향을 중심으로, 1961-1999.” 『한국정치학회보』34집 1호, 213-235.

김미경. 2006. “무역자유화의 국내정치 제도적 조건: 교차국가간 비교분석.”

『국제정치논총』46집 3호, 77-96.
김성한 · 정한울. 2006. “부시 2기 외교정책의 딜레마: 미국 및 세계 여론의 제약요인.” 『국제정치논총』46집 1호, 189-212.
김용호 · 김현종. 2003. “한미관계에 대한 미디어의 프레임연구: 여중생 사망사건을 중심으로.” 『국제정치논총』43집 2호, 124-149.
김우상. 2001. “세력전이와 동아시아 안보질서에 관한 경험적 연구.” 『한국정치학회보』 35집 4호, 377-394.
김웅진. 1987. “회귀분석 ‘신드롬’: 한국정치학의 연구방법론에 대한 기법적 진단.” 『한국정치학회보』 21집 2호, 203-217.
김웅진. 1996. 『방법론과 정치적 실존: 경험과학 연구의 재성찰』. 서울: 인간사랑.
김장수. 2005. “비대칭적 활성화와 정당에 대한 상충적 태도.” 『한국정치학회보』39집 2호, 145-169.
김재한. 2006. “미국 대외 선호도의 구조.” 『국제정치논총』46집 2호, 106-120.
김지희. 2002. “한국 정치학에 있어서 방법론 연구의 성과와 과제, 1980~2001.” 『21세기 정치학회보』12집 1호, 231-245.
김진하. 2004. “소득수준에 따른 계급 투표의 부활: 미국 대선의 경험적 분석.” 『한국정치학회보』38집 2호, 465-493.
민병원. 2003. “국제체제의 극화현상과 전쟁: 컴퓨터 시뮬레이션을 이용한 인과관계의 분석.” 『국제정치논총』43집 1호, 91-114.
신유섭. 2002. “2000년 미국 대통령 선거에서의 투표 결정: 책임있는 유권자론의 초상과 처벌을 중심으로.” 『한국정치학회보』36집 2호, 269-283.
안민호. 2001. “1990년대 후반 세계네트워크 구조에 관한 실증분석: 무역, UN 투표, IGO 참여를 중심으로.” 『국제정치논총』41집 2호, 115-138.
안순철. 2001. “한국정치의 이데올로기적 예측공간 분석: 16대 총선을 중심으로.” 『한국정치학회보』35집 3호, 153-172.
이갑윤. 1987. “정치학의 과학화와 통계적 방법.” 『한국정치학회보』21집 2호, 191-202.

이상환. 2001. "국제정치분야의 경험적 연구에 관한 분석: 국제정치논총과 한국정치학회보를 중심으로." 『국제정치논총』41집 4호, 361-378.

이현우. 2002. "인터넷과 사회자본의 강화를 통한 선거참여: 미국 2000년 대선의 경우." 『한국정치학회보』36집 3호, 309-331.

이현우. 2005. "한국과 미국의 국회의원 표결요인 비교: 자유무역협정 비준의 경우." 『국제정치논총』45집 3호, 105-126.

장수찬. 2002. "한국사회에 나타난 악순환의 사이클: 결사체 참여, 사회자본, 그리고 정부신뢰." 『한국정치학회보』36집 1호, 87-112.

전진영. 2006. "국회의원의 갈등적 투표행태 분석: 제16대 국회 전자표결을 중심으로." 『한국정치학회보』40집 1호, 47-70.

조기숙·박혜윤. 2004. "신뢰의 측정: 실험과 설문조사의 차이." 『한국정치학회보』38집 2호, 95-116.

조동준. 2004. "국제연합총회에서 미국의 영향력 분석: 영향력 자원과 선호의 상호작용." 『한국정치학회보』38집 2호, 327-354.

조성대. 2000. "미국 대통령선거에서 제3당 후보 지지자드의 전략적 투표에 관한 연구." 『한국정치학회보』34집 2호, 301-321.

조성대. 2006. "공간이론과 미국 다수후보 대통령선거: 1968, 1980, 1992, 1996년 사례." 『한국정치학회보』34집 2호, 310-321.

조진만·최준영·가상준. 2006. "한국 재·보궐선거의 결정요인 분석." 『한국정치학회보』40집 2호, 75-98.

조한승. 2005. "양자적 분쟁에 대한 상대적 국력의 영향력: 적대수준의 상승적 관점에서." 『국제정치논총』45집 2호, 29-56.

최준영. 2004. "미 하원의원들의 투표행태에 관한 연구: 정치적 개인성을 중심으로." 『한국정치학회보』38집 2호, 515-536.

현재호. 2004. "정당 간 경쟁연구: 1952-2000: 선거강령에 대한 공간적 분석을 중심으로." 『한국정치학회보』38집 4호, 189-215.

홍재우. 2006. "민주주의 지지에 대한 정치제도의 영향력." 『한국정치학회보』40집 1호, 25-46.

Bartels, Larry M., and Henry E. Brady. 1993. "The State of Quantitative Political Methodology." in Ada W. Finifter ed., Political Science: *The State of the Discipline II*. Washington, DC: American Political Science Association.

Beck, Thorsten, George Clarke, Alberto Groff, Philip Keefer, and Patrick Walsh, 2001. "New tools in comparative political economy: The Database of Political Institutions." 15:1, 165-176 (September), World Bank Economic Review.

Budge, Ian, David Robertson and Derek Hearl. eds,. 1987. Ideology, *Strategy and Party Change: Spatial Analyses of Post-War Election Programmes in 19 Democracies.* Cambridge: Cambridge University Press.

Downs, Anthony. 1957. *An Economic Theory of Democracy*. New York: Harper Collins Publishers.

Easton, David. 1962. "Introduction: The Current Meaning of Behavioralism in Political Science." Charlesworkth, James C. ed, *Limits of Behavioralism in Political Science*. Philadelphia: American Academy of Political and Social Science.

Geertz, Clifford. 1973. *The Interpretation of Cultures.* New York: Basic Books, Inc., Publishers.

King, Garry and Langche Zeng. 2000. "Logistic Regression in Rare Events Data." *Political Analysis* 9, 1-27.

Lakatos, Imre and Alan Musgrave eds, 1970. *Criticism and the Growth of Knowledge.* New York, NY: Cambridge University Press.

Peters, B. Guy. 1998. *Comparative Politics*: Theory and Methods. New York: New York University Press.

9 정치학 방법론의 새로운 흐름 : 존재론으로의 반전(反轉)

안 재 흥

Ⅰ. 서 론

방법론(方法論)의 의미를 낱말에 충실하게 풀어보면, '물(水)이 가는'(去) 것처럼 알고자 하는 대상에 효율적이고도 정확하게 도달할 수 있는 '방향'(方向)을 '논의'(論)하는 학문이다. 일견 쉬워 보이지만 실제 방법론은 논쟁적이며 난해한 내용으로 가득 차 있다. '무엇을 알고자 하는가?' 라는 의문은 어떻게 생기는 것이며, 또한 '알고자 하는 대상의 속성은 무엇인가?' 하는 것에 대해 다양한 믿음이 존재하기 때문이다. 철학에 가까운 방법론의 난해한 논쟁에 홍역을 치르듯이 한 번은 빠져들어야 한다. 방법이 잘못 설정되면 대상에 비효율적으로 도달하거나 엉뚱한 대상을 향하게 되기 때문이며, 궁극적으로는 이 과정을 거침으로써 자신이 추구하고자 하는 학문에 대한 정체성이 정립되기 때문이기도 하다.

관찰자(연구자)와 연구대상 간의 관계를 중심으로 하여 첫 번째 질문을 논의해보자. '인식론'(epistemology)을 철학적 토대로 삼고 있는 '실증주의'(positivism)에서 관찰자는 연구의 대상으로부터 독립적이며 객관적일 수 있다고 믿는다.[1] 반면에 '존재론'(ontology)의 철학과 접목되어 있는 해석학에서 관찰자는 연구대상 뿐만이 아니라 자신이 소속된 사회 내에서 공유되고 있는 의미의 세계로부터 독립적일 수 없는 존재이다. 대상의 속성에 대한 두 번째 질문에 대해서도 본질적인 차이가 존재한다. 실증주의는 인과관계가 시간과 공간을 관통하며 보편적으로 연구대상에 작용하고 있다고 믿는다. 반면, 해석학에서는 시간과 공간이 교차됨에 따라서 특수한 '맥락'(context)이 형성되며, 맥락에 따라서 연구대상에는 다양한 인과관계가 존재한다고 간주한다. 더구나 원인 변수들 각각이 결과에 독립적으로 영향을 미치는 것이 아니라 상호작용을 거치면서 미치기 때문에 인과관계는 '복잡성'(complexity)의 특성을 띤다고 주장한다. 맥락에 따라서는 요인들의 '서로 다른 조합이 동일한 결과를 유발'(equifinality)시키기도 하며, '같은 요인들로 구성된 조합들이 서로 다른 결과를 낳는다'(multifinality)는 것이다. 관찰자와 대상에 대한 방법론의 다양한 시각을 두 가지 변수를 기준으로 하여 분류하면 아래와 같다.

그림 1 대상의 시공간성 및 관찰자의 독립성에 따른 방법론의 유형

		관찰자	
		독립적	의존적
대상의 시공간성	보편성	인식론(실증주의)	
	특수성	객관적 해석학, 서사분석	실존적 해석학

1) 인식론의 어원은 episteme(knowledge)와 logos(explanation)에서 유래하며 지식의 정의, 근거 그리고 한계는 무엇이며 또한 어떻게 지식이 정당화될 수 있는가를 다룬다(Audi ed. 1999, 273 참조). 존재론에 대한 논의는 본문 3장 참조.

특정 '방법론'(methodology)을 실천하기 위한 테크닉, 즉 '방법'(method)은 실증주의를 지향하는 '정량적 방법'(quantitative method)과, 해석학의 입장을 견지하는 '정성적 방법'(qualitative method)으로 분류된다. 정량적 방법의 지지자와 정성적 방법의 지지자는 관찰자와 대상의 본질에 대한 믿음에서 근본적인 차이를 보이고 있기 때문에 종교에 가까운 상대방의 믿음을 정면으로 찌르고 드는 논쟁을 삼가고 있다. 그러나 간헐적으로 학문적 '성전'이 전개되기도 한다(Mahoney and Goertz 2006). 근대성은 그 기원이 과학적 방법에 의해 보편적 법칙의 발견을 추구하기 시작한 18세기 계몽주의로 거슬러 올라가지만, 20세기 들어, 특히 제2차 세계대전 이후 미국이 패권을 장악하면서 급속히 진전되었다. 사회과학의 정량적 방법도 이러한 시대적 추세에 편승하여 자연과학에 버금가는 보편적 법칙의 발견을 추구하고자 했다. 따라서 정량적 방법은 근대로의 이행과정에서 방법론의 패러다임으로 자리를 굳히게 된다. 그러나 근대성에 대한 비판적 성찰이 대두되기 시작한 1970년대부터 정성적 연구방법의 추종자들은 간헐적이지만 집요하게 반전의 기회를 잡고자 노력해왔다(Rabginow and Sullivan 1979; McDonald 1996; Abbott 2001).

1994년에 3인의 정치학자 — Gary King, Robert Keohane, Sidney Verba (이하 KKV) — 는 '사회적 탐구 디자인'(*Designing Social Inquiry*: 이하 DSI)에서 그동안 반전을 노려왔던 정성적 연구방법을 취합하는 한편 대담한 제의를 던진다. 먼저 정량적 방법과 정성적 방법 모두 관측된 데이터에 근거하여 관측되지 않은 사실을 추론하는, 즉 "과학적 추론의 논리"를 공유하기 때문에 양자는 방법론상 이질적이지 않다는 주장을 제기한다. 그런 다음 정량적 방법만이 해결할 수 있는 일련의 방법적 테크닉을 쉽고도 자상하게 설명하는 한편, 정성적 방법이 이들을 수용함으로써 방법론적인 진보를 이룰 것을 조언한다(King et al. 1994). 이 책의 출판 이후 정치학계에서는 정성적 방법론자들에 의해 광범위하고 다양한 반론이 제기되고 있다. 아이러니컬하게도 정치학에서는 정성적 방법론의 르네상스시대가 열리는 데에 DSI가 기여를 톡톡히 한 셈이다.

이 글에서는 첫째, 정성적 방법에 대한 KKV의 조언 내용을 소개한다. 둘째, 이들에 대한 반론을 소개함으로써 정성적 방법의 최근 동향을 정리해본다. 셋째, 정량적 방법과 정성적 방법의 통합 가능성을 비교방법을 중심으로 논의한다.

비교방법은 분석단위 사이에 존재하는 유사성과 차이를 비교하는 것이다. 이 글은 유사성을 보편성과, 그리고 차이를 특수성과 연계하고, 근대성의 이론적 개념에 근거하여 보편성과 특수성의 문제를 어떻게 다루어야 하는지를 다룬다. 근대로의 이행과정에서 파생된 정치·사회적 현상은 보편성의 기제와 시공간의 맥락이 형성하는 특수성이 제도를 접점으로 하여 '맞물리고'(embedded) '풀리는'(disembedded) 다이내믹 속에서 발생했다(Polanyi 1944). 보편성의 영역이 확대된 역사적 계기는 근대화이다. 근대성의 기제인 근대국가 및 자본주의 시장은, 시공간의 맥락 안에서 형성되고 공동체 속에서 공유되는 의미의 영역과 서로 맞물리고 풀리는 가운데 변혁을 거듭해왔으며, 그 결과 체제 사이에는 보편성과 특수성이 공존하게 되었다. 보편성의 세계는 객관화·일반화의 대상이며 인식론에서 접근되어야 한다. 특수성의 세계에서는 시공간의 맥락에서 형성된 의미가 지배적으로 작용하며 행위자에 의해 맥락의 구성 또한 변화된다. 이 영역은 해석의 대상이며 존재론에서 접근되어야 한다. 비교방법은 복잡성과 일반성을 균형 있게 설명하는 것을 지향한다. 비교방법은 이론과 역사, 정량적 방법과 정성적 방법, 그리고 인식론과 존재론을 결합시켜야 하며, 비교방법의 방법론적 정체성은 이러한 방법적 특성에서 찾아야 한다(안재흥 2006).

Ⅱ. KKV의 도전

DSI는 정량적 연구와 정성적 연구 모두 "과학적 추론의 논리"를 공유하기 때문에 방법론상 이질적인 것이 아니라는 입장에서 출발한다. 정량적 방법과 정성적 방법, 각각이 고유의 접근 대상을 가지고 있으며 이를 고유한 방식으로 설명할 수 있는 독립된 방법이라는 인식을 하고 있는 것이 아니다. 그 반대로 양자를 방법론상 동일한 차원의 연장선상에서 다루고자 하는 것이다. 다시 말하면, 정량적 방법과 정성적 방법이 서로를 대체할 수 없기 때문에 상호 보완되어야 하는 사이로 보지 않는다. 더 나아가 KKV는 정성적 방법을, 예컨대, 사례에 대한 구체적인 묘사를 제공함으로서 정량적 방법이 다수의 사례를 대상으로 하는 가설을 정확하게 세울 수 있도록 돕는, 정량적 방법의 사전적 내지는 보조적 작업으로 이해하고 있다. 특히, 정량적 방법의 틀에 맞출 경우 정성적 방법은 '인과성'(causality) 및 '선택편의'(selection bias)의 문제를 개선하여 방법론적인 진보를 이룰 수 있다고 주장한다. 이 장에서는 인과성과 선택편의에 대한 KKV의 주장을 요약한다. 다음 장에서는 이에 대한 정성적 방법론자들의 반론을 소개할 것이다.

1. 인과성(Causality)과 인과적 효과(Causal Effect)

KKV는 홀란드(Paul Holland)가 제시한 바 있는 인과성에 대한 이론적 개념을 수용한다. 그러나 인과적 추론에 내재된 근본적인 문제를 다르게 해결함으로써 새로운 인과성모형을 제안한다. KKV에 의하면, 인과성은 '인과효과'(causal effect)를 '추정'(estimate)하거나 가설을 테스트함으로써 '추론'(infer)될 수 있다. '다변량회귀분석'(multiple regression)에서처럼 인과효과는 다른 변수들이 다 통제된 조건 하에서 특정 독립변수가 다른 값을 가질 때 이것이 종속변수의 변화에 미치는 효과를 의미한다. 홀란드는 '반사실적 조건'(counterfactual condition)을 통제의 조건으로 삼는다. DSI가 들고 있는, 미국 하원의 원선거의 예를 그대로 소개해보자. 민주당의 현직 후보자가 재직으로 인하여 얻는 인과효과는 이 후보가 실제 선거에서 획득한 투표수에서, 현직의 신분이 아닌 상태에서 동일 선거구에서 모든 여건들이 정확히 반복되는 반사실적 조건하에서 선거를 치렀을 때 획득한 투표수를 뺀 값이다. 홀란드가 지적하듯이, 인과성에 대한 이와 같은 접근은 실제의 상황과 반사실적 상황을 비교하고자 하는 것이기 때문에 인과효과를 확실히 알 수 없다는 근본적인 문제에 부딪치게 된다(KKV 1994, 76-9).

KKV는 반사실적 조건 대신, 고전적 통계학이 주문하고 있듯이 사례 선택 시에 '무작위성'(randomness)의 규칙을 따르면, 인과성을 '현실적으로 정의'할 수 있다는 주장을 제기한다. 가상의 조건하에서 하나의 독립변수만을 제외하고 모든 상황을 똑 같이 반복하는 것이 아니라, 동시대에 실제로 발생한 무수한 사례들, 즉 모집단에서 샘플을 무작위로 선택하여 해당 변수의 값을 산출하여 추정하자는 것이다. 이 경우 '무작위 변수'(random variable)에는 예컨대 날씨의 변화와 같은 우연적 특성과, 여러 사례에 걸쳐 '체계적으로 작용하는 특성'(systemic features) 모두가 포함되어 있다. 따라서 우연적 특성과 체계적 특성은 종속변수의 값에 반영된다. '평균인과효과'(mean causal effect)는 인과적 요인이 작용했을 때의 종속변수의 기댓값에서 작용하지 않을 때의 종속변수의 기댓값을 뺀 값이 된다. 기댓값을 산출함으로써 우연적 특성들의 영향이 상쇄되어 평균인과효과가 독립변수의 체계적인 특성만을 반영하도록 한다는 것이다 (KKV 1994, 79-85).

KKV에 의하면, 인과효과로 인과성을 정의하는 것이 '인과메커니즘'(causal mechanism)을 확인하는 것보다 논리적으로 우위에 선다. 인과효과의 접근은 반사실적 조건 하에서건 무작위 선택에 의해서이건 독립변수에 '처방'(treatment)을 주고 특정 독립변수와 종속변수 사이에 변화의 규칙성이 보편적으로 존재하는가 하는 것을 증명하고자 하는 것이다. 반면, 인과메커니즘에 의한 설명에서는 "과정 추적," "역사분석," "세분된 사례연구" 등을 통하여 원인변수(들)가 설명하고자 하는 현상에 구체적으로 "어떻게 작용하였는지를 상술(詳述)하는" 것이다. 그러나 KKV에 의하면, 인과메커니즘을 확인하기 위해서는 인과적 추론이 요구된다. 다시 말하면, 인과메커니즘이 인과효과를 유발했는지를 추정해야 한다는 것이다. 더구나 인과메커니즘이 내적 일관성을 가지려면 일련의 인과사건들이 연결된 부분들 모두에 대해 인과효과를 추정해 보아야 한다. 그러나 연결 부분의 수는 논리적으로 끊임없이 늘어날 수 있다. KKV는 인과메커니즘의 확인이 하나의 이론을 뒷받침하는 유용한 "조작적 과정"(operational procedure)일 수는 있으나, 이를 인과성과 혼동해서는 안된다고 주장한다(KKV 1994, 86-8). 더 나아가 독립변수들의 서로 다른 조합이 같은 결과를 유발시키는 인과의 복잡성 문제도 인과효과를 추정함으로써 해결될 수 있다. 반사실적 조건을 "주의 깊게" 세분한 다음 독립변수와 종속변수 사이의 인과효과를 정확하게 추정하면 인과의 복잡성 문제도 풀린다는 것이다(KKV 1994, 88-9).

분석단위 중 — 통계학에서는 모집단으로 개념화됨 — 에서 다수를 무작위로 선택하고 독립변수에 값을 무작위로 할당하면, 인과효과의 추론에서 요구되는 두 가지 필요조건이 충족되지 않아도 된다. 두 가지 필요조건은 첫째, 분석단위의 동질성이다(KKV 1994, 91-4). 논리적으로 보면, 같은 사건을 같은 시간과 공간에서 반복하는 반사실적 조건 하에서 인과효과를 추정해야 하기 때문에 분석단위가 동질적이어야 한다고 가정하는 것이다. 둘째, '조건적 독립성'(conditional independence)이다. 조건적 독립성은 실험에서처럼 종속변수의 값과 독립하여 독립변수(들)에 값이 할당된다는 가정이 충족될 때 성립된다. 이 경우에 종속변수의 값이 역으로 독립변수(들)의 값에 영향을 주는 '내생성'(endogeneity)의 문제가 발생되지 않는다. 그러나 분석단위 중에서 다수를 무작위로 선택하여 기댓값을 산출하면, 변수의 체계적 특성을 추정하는 것이기 때문에 분석단위 동질성의 조건이 충족되지 않아도 된다. 또한 다수의 샘플을 무작위로 선택하였기 때문에 조건적 독립성 또한 충족된다(KKV 1994, 94-5). 요컨대, 통계적 방법에 충실하면 인과적 추론의 근본적 문제가 "완화"된다는 것이다(KKV 1994, 115).

2. 선택편의(Selection Bias)

KKV의 방법론적 시각에서 보면, 하나 또는 소수 사례의 분석에 집중하는 정성적 연구방법에는 인과성의 문제와 관련, 치명적 결함이 발생할 수 있다. 통계적 방법에서는 분석단위의 다수를 무작위로 선택하면, 변수의 기댓값이 모집단 변수의 평균과 일치하기 때문에 편의(bias)의 문제를 일으키지 않는다. 그러나 정성적 방법에서는 하나 또는 소수의 사례를 "의도적"으로 선택하여야 하기 때문에 근본적으로 편의문제에 걸려들기 쉽다. 연구자가 의도하는 결과를 지지하는 독립변수(들)와 종속변수의 조합에 기초하여 분석단위를 선택하여 인과성을 탐구하면 선택편의를 범하게 된다는 것이다(KKV 1994, 128).

무작위 선택이 가능하지 않아서 의도적으로 사례를 선택해야만 할 때에는 특히, 종속변수에 '변이'(variation)를 주도록 사례를 선택해야 한다. 만약에 종속변수가 특정한 값만을 가지도록 사례를 선택한다면, 다른 값을 가졌을 때가 고려되지 않기 때문에 "종속변수의 원인에 대해서 배우는 바가 전혀 없을 것"이다(KKV 1994, 129). 이는, 실제의 상황과 반사실적 조건의 상황을 비교하여 인과효과를 추정해야 한다는 KKV의 인과성 개념에서 보면 당연한 주장이다. 스카치폴(Theda Skocpol)의 연구는 사회혁명이 발생한 사례만을 대상으로 삼았기 때문에 선택편의의 오류를 범한 대표적인 사례라는 것이다(Skocpol 1979).

종속변수의 전체 변이에서 제한된 범위만을 대상으로 하여 인과성을 추론할 경우에도 독립변수의 평균인과효과는 축소되어 선택편의의 문제가 발생된다. KKV가 든 예를 소개하면, 경영대학에서 회계학 강의를 얼마나 자주 수강했는가 하는 변수와, 졸업 후 첫해에 연봉을 어느 정도 많이 받는가 하는 변수 사이에는 양의 상관관계가 존재한다. 그러나 어느 연구자가 연봉이, 예컨대 $10,000 이상인 특정 졸업자 집단만을 대상으로 하여 상관관계를 조사하였다고 가정하자. 이 경우에 $10,000 이하의 연봉을 받는 졸업생 집단의 데이터가 종속변수에 포함되지 않아서 변이의 폭이 줄어들었기 때문에 상관계수는 전체의 사례를 포함했을 때와 비교하면 값이 작아진다. 종속변수와 관련, 선택편의가 발생했기 때문에 인과효과가 낮게 추정된 것이다(KKV 1994, 130-32).

그러나 독립변수을 기준으로 하여 사례를 선택한 경우에는 선택편의의 문제가 발생하지 않는다. 사례선택이 연구결과에 미리 영향을 미치지 않았기 때문이다. 독립변수(들)의 변이를 제한했기 때문에 결론의 일반성과 확실성이 제한되기는 하나 선택편의를 범한 것은 아니다. 설령, 독립변수(들)가 종속변수와 상관관계를 가진다고 하여도 이미 독립변수가 통제되었기 때문에 선택편의가 발생하지 않는다. 이는 자연과학에서 독립변수를 선택한 이후에 실험을 하는 것과 마차가지의 이치이다(KKV 1994, 137). 따라서 KKV는 사례의 수가 적어 무작위 선택이 불가능하여 의도적인 선택을 할 수밖에 없는 경우에는 독립변수(들)의 변이를 허용하는 방법으로 사례를 선택할 것을 조언한다(KKV 1994, 139-40).

Ⅲ. 정성적 방법론의 반박

1. 해석과 이해

실증주의가 목표로 삼고 있는 것은 설명과 예측이다. 설명은 '무엇' 또는 '어떻게'에서 시작되는 질문보다는 '왜'로 시작하는 이론적인 질문에 대한 답이다(Nagel 1961, 15-20). 비교를 원인을 규명하는 방법으로 삼는다. 독립변수에 처방을 가한 경우와 가하지 않은 경우에 종속변수의 값이 차이를 보이는지를 실증적으로 비교하여 인과효과를 추정하는 것이다. 실증주의는 동시대의 데이터를 분석대상으로 삼는다. 처방을 가하는 방법이 반사실적인 가상의 조건 아래서 사건을 반복하거나 동시대에 발생한 사례들 중에서 무작위로 다수를 선택하기 때문이다. 인과관계에는 선과 후라는 시간의 개념이 내포된다(Nagel 1961; Stinchcombe 1968; Gerring 2005). 그러나 실증주의의 추론에 기초가 되고 있는 데이터는 동시대의 것이다. 따라서 실증주의는 인과성이 데이터와 독립하여 존재하는 이론적 개념임을 주장하는 것이다(KKV 1994, 76).

정량적 연구방법은 인과효과가 보편적으로 나타나는지를 과학적으로 추론하여 이론의 예측성을 높이고자 한다(Brady 2004). 시공간을 뛰어넘어 작용하는, 분석단위 각각에 공통적으로 내재된 체계적 특성으로부터 인과효과를 추정하고자 하는 것이다. 쉐볼스키(Adam Przeworski)와 티유니(Henry Teune)에 의하면, 사회과학에서 법칙에 준하는 언술들은 "오직 시공간적 모수가 잉여오차로 처리될" 때에만 도출이 가능하다(Przeworski and Teune 1970, 25). 정량적 방법이 사용하는 데이터인 수(數)는 바로 보편적 특성을 '추상'(abstraction)하고 이를 다시 변수화 · 계량화한 것으로써 객관적 검증을 가능하게 하는 기제이다.[2] 실증주의 방법이 계량화를 지향하는 것은 통계적 검증을 정교하게 하여 신뢰성을 높일 수 있기 때문에서만이 아니라 실증주의 자체가 수의 이러한 특성에 기초하고 있기 때문이기도 하다(안재흥 2005).

해석학은 지식의 본질에 대한 인식론과, 연구대상의 특성 및 관찰자와 대상 사이의 관계에 대한 존재론에서 실증주의와 근본적으로 다르다. 해석학은 시공간의 제약 속에서 주형되는 세계에 내포된 의미를 해석하고 이해하는 것을 목표로 한다. 해석은 설명에서와는 달리 '왜'라는 이론적 질문에 대한 답이 아니라 행위자들이 특정한 시공간이 만들어내는 역사적 맥락에서 '어떻게' 그리고 '무슨' 의미와 이유에서 행동하는가 하는, 사건의 이야기를 이해하는 것이다. 앞에서 언급하였듯이, 실증주의와 다르게 관찰자는 대상에서 뿐만이 아니라 자신이 소속된 사회의 의미의 세계로부터도 독립될 수 없는 존재이다. 관찰자가 탐구하는 대상은 타인들의 "역사적 삶이 표현한 세계"이며 관찰자는 이를 역지사지(易地思之), 즉 "감정이입"(empathy)을 통해서 간접적으로 다시 경험함으로써 해석하고 이해할 수 있다는 것이다.

그러나 엄밀한 의미에서 보면, 해석학에서도 존재론과 인식론을

2) 수는 인간의 감각적 경험을 생성해내는, 즉 객체(objects)에 내포된 성(질)(properties and disposition)과 대립되는 개념이다. 수는 객체에서 "인과적으로 추출되는" 추상성과 보편성을 가리키는 것이며 이를 변수화·계량화한 결과이다. 등간척도(interval scale)와 비율척도(ratio scale)가 이에 해당된다(Audi 1999, 683, 762-3 참조).

연계시키려는 시도가 있으며 이러한 시도는 객관적 해석학으로 분류된다(Alvesson and Sköldberg 2000, 55-6; <그림1> 참조). 예컨대, 딜타이(Wilhelm Dilthey)는 타자의 내적 경험의 표현을 독립하여 해석하고 이해할 수 있다고 보았으며 이해도 보편성을 띨 수 있다고 주장했다. 따라서 해석학 내에서 딜타이는 인식론에 기울었으며 심리주의의 함정에 빠졌다는 비판을 받는다. 그러나 존재론적 해석학에서는 관찰자의 자의식이 시공간의 맥락을 벗어나서 독립하여 존재할 수 없다. 그렇다면, 이해와 존재의 변화는 어떻게 일어나는가 하는 것이 해석학적 방법론의 핵심 테제가 된다(Palmer 1988; Habermas 1971; Gadamer 1989; Heidegger 1962; 안재흥 2005).

해석학 내에서도 이해에 이르는 과정에 대해 입장의 차이가 존재한다. 객관적 해석학에서 관찰자는 텍스트의 저자, 또는 행위자와 접목되어 있는 의미를 간접적으로 다시 경험함으로써 상징적 기호(sign)들이 녹아있는 텍스트, 또는 행위를 이해하고자 한다. 이에 비하여 존재론적 해석학에서 이해는 관찰자에게 텍스트, 또는 행위자의 의미가, 마치 감추어진 것이 드러나듯이 '발현'(發顯; disclosure)되는 현상으로 개념화된다.[3] 존재론적 해석학에서는 "세계 안에서의 존재" 자체가 이해와 해석에 의해서 규정된다고 본다. 어떠한 사실이 관찰자에게 발현되었다는 것은 관찰자가 객관적 위치에서 관찰함으로써가 아니라 이미 그것이 이해를 통해서 의미를 가지게 되었기 때문이다. 관찰자의 자의식은 독립하여 존재하는 것이 아니라는 것이다. 이러한 시각을 좀 더 확장해보면, 살아있는 전통을 통해서

3) 이해를 발현의 형태로 개념화 하는 해석학은 존재론적 해석학, 시적 해석학, 그리고 의심의 해석학 등으로 세분되는데, 여기서는 관찰자와 대상의 관계에 초점을 맞추고 있기 때문에 이들을 존재론적 해석학으로 통칭한다(Alvesson and Sköldberg 2000, 58 참조).

전승된 텍스트를 이해한다는 것은 이미 그 텍스트에 내포된 의미에 소속되었다는 것이다. 따라서 이해는 시공간적 맥락을 벗어나서 전제조건이 없이 이루어질 수 없다. 이해가 발생할 때에는 관찰자(주체)와 텍스트(객체)가 구분될 수 없다.[4] 존재의 방식, 즉 "거기에 존재"(dasein)한다는 것은 언어와 의미의 세계라는 과거로부터의 유산으로 구성된 현재에 던져지는 것이며 이해와 해석을 통해서 아직 실현되지 않은 미래의 가능성을 향해 "변화해간다"는 것이다. 그러나 의미의 서클 안에서 존재가 시작되어 미래의 가능성으로 지향하는 것은 점진적으로 이루어지는 것이 아니다. 이는 이해의 순간적 "붕괴"라는 사건 — 니체(Friedrich Nietzsche)는 비극과 부정, 그리고 가다머는 부정과 각성으로 개념화함 — 을 통해서 발생하기 때문이다. 요컨대, 객관적 해석학에서 해석은 해석자가 객관적 위치에서 역사성을 띠는, 타자의 삶의 내적 경험이 표현된 세계를 이해하는 것인 반면에 존재론적 해석학에서 이해와 해석은 곧 해석자의 존재를 규정하는 것이다(Heidegger 1962, 188-95; Gadamer 1989, 29-30; Habermas 1971, 309-19; Palmer 1969, 124-39; Alvesson and Sköldberg 2000, 52; 안재흥 2005).

---

4) 예컨대, 가다머(Hans-Georg Gadamer)의 주장을 소개하면, 이해는 "전통의 흐름"에 참여함으로써 과거와 현재가 혼합되는 순간에 발생한다. 이 순간에는 이해의 주체도 객체도 없으며, "해프닝, 사건 또는 맞부디침"만이 발생하는 것이다. 그렇기 때문에 이러한 과정은 과학적 방법으로 설명될 수 있는 것이 아니다(Palmer 1988, 195). 가다머는 주체와 객체가 변증법적 대화의 과정을 통해서 하나가 되어 이해가 발생하는 순간을 연극(play)에 비유한다. 연극은 배우(관찰자)가 주제에 몰입하여 극 중에 자신을 잊어버릴 때 그 목적을 달성하며 이 때 배우라는 주체는 사라지며 오직 극이라는 존재의 양식만이 남게 된다. 관객도 배우처럼 자신의 위치를 벗어나 극에 빨려들어 배우의 위치에 서게 될 때 연극이란 하나의 전체가 형성된다. 이로써 공유된 의미의 세계가 구현되며 이해는 바로 이러한 순간에 발생한다는 것이다(Gadamer 1989, 101-10; Dallmayr 1987, 78-80; 안재흥 2005, 110).

해석학은 '진실'(truth)에 접근하는 방법으로 추론이 아니라 '직관'(intuition)의 중요성을 강조한다. 관찰자는 텍스트－text－라는 부분과, 이를 둘러싸고 있는 맥락－con-text－이라는 전체를 잇는 '해석학적 순환'(hermaneutic circle)을 거치면서 직관을 얻게 되고 이를 통해서 이해를 경험하게 된다. 부분은 전체로부터 이해될 수 있으며, 역으로 전체는 부분에서부터 이해될 수 있다. 부분을 전체와 연결시킴으로써, 그리고 다시 전체에서 부분으로 돌아옴으로써 각 단계마다 보다 예리한 통찰력을 얻게 된다는 것이다. 맥락은 텍스트를 둘러싸고 있는 외부인데, "직물의 날실과 씨줄처럼 일련의 사회역사적 관계가 짜여서" 구성되는 전체를 의미한다. 미시적인 관점에서부터 시작해보면, 부분은 텍스트이며 전체는 저자이다. 하나의 텍스트에 내재된 의미는 그것을 저자라는 맥락 안에 놓고 파악하고자 할 때 이해된다. 다음 단계에서 저자는 그가 살고 있는 사회적 맥락과 연계시켜야 이해될 수 있다. 궁극적으로 맥락은 전체 세계의 역사가 된다. 요컨대, 해석학에서 해석하고자 하는 것은 데이터나 사실이 아니라 텍스트의 의미인 것이다(Alvesson and Sköldberg 2000, 53-55, 61-2).

결론적으로 해석학은 KKV의 주장과 다르게 실증주의와 과학적 추론의 방법을 공유하지 않는다. 부분을 맥락과 연계시킴으로써 그 의미를 이해하고자 하는 것이 방법론적 목표이다. 해석학은 변수들 사이의 규칙성이 보편성을 띠는가를 탐구하지 않는다. 분석단위에 대한 개념도 다르다. 실증주의에서 사례는 관찰단위를 의미한다. 그러나 해석학에서 분석단위는 부분들과 맥락이라는 전체가 연계되어 형성하는 '윤곽'(configuration)이다. 따라서 하나의 설명단위, 또는 이론적 단위가 사례를 구성한다(Ragin 1987, 7-9; Gerring 2004, 342).

2. 인과적 복잡성과 인과메커니즘

(1) 인과적 복잡성

존재론의 관점에서 정성적 연구방법은 연구대상인 사회적 세계 내에서는 인과관계가 복잡하게 형성되고 있다고 믿는다. 또한 인과관계가 시공간의 맥락에 따라 변화한다는 시각을 견지한다. 인과요인들 간의 상호작용이 인과관계의 형성에서 주요하게 작용한다고 본다. 시간과 공간의 맥락에 따라 상호작용을 일으키는 인과요인들은 다양하게 조합될 수 있으며, 이들 요인들 간의 상호작용에 의해 발생되는 결과도 다르게 나타날 수 있다는 것이다. 예컨대, 인과요인들의 서로 다른 조합이 같은 결과를 낳기도 하며, 같은 조합이 다른 결과를 발생시키기도 한다. 따라서 정성적 방법에서는 상호작용, 역사적 사건, 역사경로, 인과요인들의 조합 등이 주요한 개념으로 등장한다(Ragin 1987, 23-6; Bennett and Elman 2006, 457; Hall 2003, 381-88). 정성적 연구방법은 분석단위의 동질성을 가정하지 않으며, 따라서 분석단위에 시공간을 관통하며 작용하는 인과관계가 존재한다고 보지 않는다. 따라서 사례의 '적은 수'(small N)의 문제에 개의치 않는다. 인과관계의 일반화를 시도하기 보다는 인과관계의 "복잡성을 관통하고 있는 질서," 즉 필요조건을 밝히고자 한다(Ragin 1987, 19).

정성적 연구에서 복잡한 인과관계를 관통하는 질서를 밝히는 연구방법으로는 비교사례연구가 통용되고 있다. 비교사례연구는 밀(John Stuart Mill)의 방법론에 기초하고 있다(Faure 1991, 310; Ragin 1987, 3장; Georgeand Bennett 2005, 8장). 밀은 인과요인을 다음과 같이 확인 또는 결정하도록 주문한다. 첫째, "일치방법"(method of agreement)이다. 여기서는 "둘 또는 그보다 많은 실례들(instances)"이 "하나의 환경(circumstance)만을 공유"하면 이 환경에 현상의 원인이 존재한다고 본다. 〈표 1〉에서 보면, 불일치하는 환경들을 "소거"하고나면 일치하는 하나의 환경만이 남는다. 따라서 A가 a의 원인이라는 것이다. 둘째, "불일치방법"(method of disagreement) 이다. 여기서는 둘 또는 다수의 실례에서 "모든 환경이 하나만 제외하고 같을" 경우에 사용된다. 〈표 2〉에서 보면, 일치하는 환경을 소거하고 나면 "소거될 수 없는," 즉 불일치하는 환경이 남는데, 이것에 원인이 있다는 것이다(Mill 1974, 388-94; 안재흥 2006).

〈표 1〉 일치방법

	환경 1	환경 2	환경 3
실례 1	A → a	B → b	C → c
실례 2	A → a	C → c	D → d

〈표 2〉 불일치방법

	환경 1	환경 2	환경 3
실례 1	A → a	B → b	C → c
실례 2		B → b	C → c

〈표3〉 밀의 불일치의 방법의 적용 사례

	사고 (Y)	음주운전 (X1)	우회전 (X2)	과속운전 (X3)	적신호 운전 (X4)
사례 1	o	o	o	x	o
사례 2	x	o	x	x	o

출처: Lieberson 1991, 313.

그러나 밀의 방법론이 안고 있는 치명적인 문제는 상호작용효과를 밝혀낼 수 없다는 점이다. 종속변수와 독립변수의 개념을 도입하면, 밀의 불일치방법은 〈표 3〉과 같이 변형된다(Somers and Skocpol 1980, 184 참조). 〈표 3〉은 음주운전자가 적신호등 시에 운전하다 사고를 당한 사례와 사고를 당하지 않은 사례를 비교한 것이다. 밀의 방법론에 따라 일치하는 상황을 소거하고 나면 사고는 음주운전 또는 적신호등 시의 운전이 아니라 우회전 교차로 진입에 의해서 발생했다는 결론에 도달한다. 이렇게 어처구니없는 결론에 도달하게 되는 것은 소거의 테크닉을 사용하여 상호작용효과 -- 다른 독립변수(들)이 특정 독립변수와 상호작용하여 종속변수에 미치는 영향 -- 를 다룰 수 없었기 때문이다. 밀의 방법론은 독립변수가 하나인 경우를 가정하며 독립변수들 간의 상호작용효과를 배제하는 방법인 것이다(Liberson 1991; Ragin 1987, 36-42; George and Bennett 2005, 156; 안재흥 2006).

라긴(Charles C. Ragin)은 밀의 방법론에 내재된 문제점을 보완하기 위하여 질적 변수인 명목변수(0 또는 1)의 다양한 조합이 만들어내는 상호작용을 분석모델에 포함시킨다. 같은 요인들이 일관되게 동일한 결과를 가져오는 것이 아니라 이들 간의 상호작용에 의해 같거나 다른 결과가 유발된다는 것이다. 라긴은 '불리안대수'(Boolean algebra)를 이용하면 독립변수들의 서로 다른 조합이 일으키는 상호작용을 관통하는 일정한 질서, 즉 필요조건을 찾아낼 수 있다고 주장한다(Ragin 1987; Ragin 2000). 더 나아가 라긴은 '퍼지집합'(Fussy-set) 방법을 사용하여 사례를 부분들로 구성된 "집합의 윤곽"으로 보고, 이들이 독립변수와 종속변수 각각에 소속되어 있는 정도를 등간척도와 비슷한 0과 1 사이의 수치로 전환한다. 이들 수치를 서로 연결함으로써 비교사례연구를 결정론적 방법에서 확률적 방법으로 격상시키고자 하는 것이다(Ragin 1987, 48-9; Ragin 2000, 3-14, 214-17; George and Bennett 2005, 157-58). 그러나 퍼지집합 방법 역시 질적 다양성을 전제한다. 사례들의 질적 차이 — 다양한 타입과 종류 — 를 명목변수로 먼저 구분하고 이들이 집합에 소속되는 정도를 계량화한 것이다. 따라서 분석단위의 동질성을 가정하고 이들 특성들이 나타내는 변이 사이의 관계를 도출하고자 하는 통계적 방법과는 출발점에서 그리고 근본적으로 다르다. 이러한 사실은, "질적연구가 향상되기 위해서는 양적연구를 가능한 많이 닮아야한다"는 KKV의 주장을 반박하며 오히려 "그 반대"이어야 한다고 역설한 라긴의 주장에 잘 나타나고 있다(Ragin 2000, 13-4; 안재흥 2006).

(2) 인과메커니즘, 서사, 역사경로의존

정성적 방법은 인과메커니즘이 인과효과의 조작적 절차가 아니며 정량적 방법과는 인과성에 대한 존재론 자체가 다르다는 점을 강조한다. 첫째, 인과메커니즘의 이론적 기초는 '과학적 현실주의'(scientific realism)이다. 인과메커니즘은 "제대로 작동되면 하나의 결과를 가져오지만 관측할 수 없는 실체"이다(George and Bennett 2005, 136). 예컨대, 사회구조, 계급, 시장 등은 관측이 가능하지 않아서 객관적 지식의 대상이 될 수 없다. 그러나 이들이 인과요인으로 작용하여 어떠한 결과를 낳게 하는 메커니즘이 존재한다는 것이다. 따라서 과학적 현실주의는 관찰과 실험 가능성을 과학의 기준으로 삼고 있는 실증주의를 비판한다(Bhaskar 1975; Steinmetz 1998; 안재흥 2005, 113). 인과메커니즘의 접근은 관측할 수는 없지만 그러나 인과요인으로 작용하는 메커니즘의 실체를 가정하고 있는 것이다.

둘째, 정량적 방법과 정성적 방법은 인과성에 대한 존재론이 다르다. 인과효과는 자연과학의 실험에서처럼 원인의 효과를 추정하지만, 인과메커니즘은 효과의 원인을 추적한다. 사례연구를 바탕으로 '과정을 추적'(process tracing)하여 인과메커니즘을 밝히고자 하는 것이다. 인과효과가 '원인의 효과'(effects-of-causes)의 보편성을 추론하고자 한다면, 인과메커니즘은 과정추적을 통해서 '효과의 원인'(causes-of-effects)을 확인하고자 한다. 실증주의가 추론하고자 하는 법칙은 "X이면 Y이다"(if X, then Y)라는 정적인 상관관계이지만, 인과메커니즘은 "X가 A, B, C 단계를 거쳐서 Y로 귀결되는" 역동적 과정을 추적한다. 인과효과모델에서 조작적 과정은 통계학에서처럼 통제된 비교이지만, 인과메커니즘모델에서 조작적 과정은 과정추적이다. 인과메커니즘이 인과성을 밝히는 조작적 과정이 아니라는 것이다. 요컨대, 인과메커니즘과 인과효과는 인과성의 존재론 자체가 다르다는 것이다(George and Bennett 2005, 137-41; Bennett and Elman 2006, 456-58).

인과메커니즘의 개념은 1980년대 이후 역사학, 사회학, 정치학 등에서 자주 이용되고 있는 서사방법의 기초가 되고 있다.[5] 그러나 서사는 해석학과 방법론적 차이를 보인다. 서사방법은 시공간의 특수성을 강조한다는 면에서 실증주의와는 구분되며 해석학과 유사하다고 할 수 있으나, 관찰자라는 주체를 이야기, 즉 의미와 정체성의 세계에서 분리시켜 독립적 위치에 서게 한다는 면에서는 해석학과

5) 서사에 대한 방법론적 논쟁은 다음과 같은 학술지에서 집중적으로 다루어진 바 있다: Social Science History 16(3), 1992; Sociological Methods and Research 20(4), 1992; American Journal of Sociology 104(3), 1998. 에보트(Andrew Abbot)는 서사방법의 역사를 자신의 학문적 경험에 비추어 간결하게 요약한 바 있다(Abbot 2001 참조).

다르다(〈그림 1〉 참조). 서사란 타인의 사회세계를 "시간의 경과에 맞추어, 연쇄적으로, 스스로를 드러내는 방식으로, 그리고 접합과 우연성으로 가득 찬 이야기체"로 묘사하는 것이다(Griffin 1992, 405). 다시 말하면, 서사는 "시간과 공간에 맞물려 있는 부분들 사이의 일련의 관계"를 "인과적 구성"에 따라서 기술한 것이다(Somers 1992, 601).

서사방법은 존재론적 관점에서 의미의 세계를 이해하려는 노력을 포기하고 인식론적 관점에서 이를 서사화하여 과학적 설명의 대상으로 삼고자하는 것인가? 예컨대, '분석적 서사'(analytic narrative) 방법은 합리적 선택이론을 도입하여 과학적 현실주의가 가정하고 있는 인과메커니즘을 연속게임으로 전환하여 행위자들 간의 전략적 행위를 분석한다. 분석적 서사와 관련, 역사학계에서 첨예한 논쟁이 일고 있다.[6] 역사적 인식론의 지지자들은 우선 인과메커니즘을 가정하는 것 자체가 반역사적이라고 비판한다. 인과관계는 역사성을 띠며 구체적으로 나타나는 것이며 그 메커니즘에 대한 이해를 전제로 해야 하기 때문이다. 더 나아가 역사적 인식론은 역사 자체를 인식론의 일부로 간주하여 지식의 조건과 구성에 영향을 미치는 요소로 작용한다고 본다. 한 시대의 지식, 논리, 명제 등은 시간과 공간에 맞물려 있기 때문에 그 "시대의 흔적"에서 결코 분리될 수 없다는 것이다(Somers 1998, 731, 754, 766; Calhoun 1998, 860-3). 그렇다면, 역사인식론 지지자들의 이러한 주장은 존재론에 가깝다. 칼훈(Craig Calhoun)도 지적하듯이, 지식이 시간과 공간에 맞물려 있기 때문에

6) 역사학과 사회학 간의 대표적인 논쟁은 Somers(1998); Edgar Kiser and Hechter(1998); Calhoun(1998)을 참조할 것. 분석적 서사 연구의 예로는 Abell (1993); Bates et al.(1998) 참조. 과학적 현실주의는 Bhaskar(1975); Steinmetz (1998)참조.

역사성을 지닌다는 주장은 인식론이 아니라 존재론적 해석학에 가깝다. 시간과 공간에 대한 경험의 변화는 곧 인간의 "감성의 구조"를, 더 나아가 자신과 인간에 대한 정의를 변혁시키기 때문이다(Calhoun 1998, 860 각주 14; Harvey 1989, 39; 안재흥 2005).

역사경로의존은 인과메커니즘에 기초하여 인과관계를 밝히고자 하는 또 다른 방법론적 개념이다. 역사경로의존의 개념은 시간과 공간에 따라서 발생하는 행위자들의 행위는 "궤적"을 만들어내며 이렇게 형성된 궤적은 제도로 작용하여 향후의 행위에 영향을 미친다는 시각을 제공하고 한다(Somers 1998, 768). "결정적 순간"에 발생한 사건의 결과가 이후에 발생하는 사건들에 연쇄적으로 작용하며 특정한 패턴의 발생을 강화하는 "피드백 메커니즘"을 유발시킨다는 것이다(Pierson and Skocpol 2002, 699; Sewell 1996, 262-63; Mahoney 2000, 510). 경제학에서는 이익체증의 개념을 활용하여 이를 설명한다. 예컨대, 어느 한 기술이 선택되어 고정비용이 투자되면 시간이 지남에 따라서 "학습효과," "조정효과," "적응력이 강한 예상" 등의 추가적 효과로 인하여 이익이 갈수록 증대하며 그런 만큼 선택된 경로를 이탈하기가 어렵게 된다는 것이다(Pierson 2000a, 252-4; Arthur 1994 참조). 역사경로의존 방법은 또한 역사적 사건과 우연성을 행위의 설명요인에 포함시킨다. 어느 한 시점에서 역사경로가 형성되어 변수들 간의 관계가 그 이전과는 다른 궤적을 따를 때 새로운 경로가 시작되는 것으로 간주한다. 이 경우에 이전 경로의 역사적 조건들로는 새로운 경로를 설명하지 못한다. 따라서 우연적으로 발생한 역사적 사건이 경로변화에 미치는 영향이 논의된다. 역사적 사건이 "역사적 전환점"을 기점으로 변수들 간의 "균형" 뿐만이 아니라 이들이 작용하는 "논리"까지도 바꾼다는 것이다(Sewell 1996, 263; Abbott

1997; Abbott 1992; Griffin 1992). 요컨대, 역사경로의존 방법은 새로운 경로가 이전의 경로에 의해서 설명되지 않기 때문에 역사적 사건이라는 우연성을 가정하는 것이다(Mahoney 2000; Pierson 2000b; Thelen 1999; 안재흥 2005).

3. 선택편의에 대한 대안: 필요조건의 접근

정성적 방법의 지지자들은 필요조건에 의해 인과요인을 확인하는 전략을 취하면 선택편의 문제뿐만이 아니라 적은 수의 문제를 피해갈 수 있다는 주장을 제기한다. 먼저, 필요조건의 접근이 기초하고 있는 인식론을 살펴보자. "Y가 발생할 때 항상 X가 존재하면(Y is true only if X is true)," 또는 "만약 X 존재하지 않으면 Y가 발생하지 않을 때(if X is not true, then Y is not true)," X는 Y를 위한 필요조건 이다. 집합의 개념을 이용하면, X와 Y의 관계는 〈그림 2〉과 같다. 필요조건의 접근은 먼저 종속변수(Y)를 선택하고 나서 독립변수(X)를 추적하는 것이다. 이는 원인의 효과를 추론하는 인과효

그림 2 필요조건의 집합이론 개념

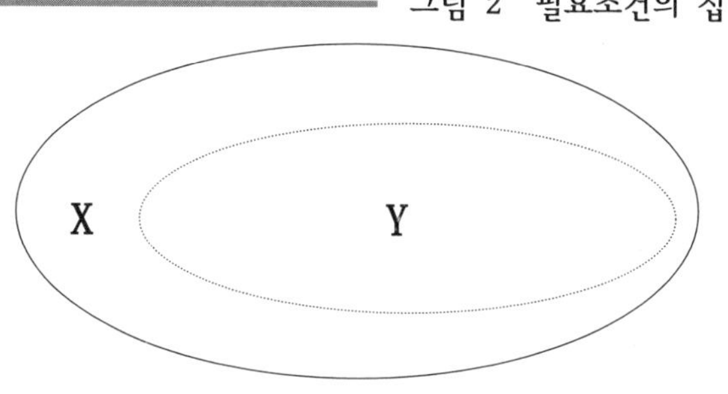

출처: Goertz and Starr(2003) 9.

과의 접근과는 정반대 이며, 효과의 원인을 추적하는 인과메커니즘의 접근과 부합된다.

필요조건과 통계적 상관관계는 의미하는 바가 다르다. 스카치폴(Theda Skocpol)의 연구에서 '사회혁명이 발생한 경우에는 국가의 붕괴가 존재했다.'라는 필요조건의 명제는 국가의 붕괴(X) 시에 사회혁명(Y)이 반드시 발생한다는 것이 아니라 그것이 인과적으로 가능하다는 것을 의미한다. 앞에서 설명한 바 있는 퍼지집합의 개념에 맞추어 위의 〈그림 2〉를 전환해보자. 모든 사례들이 집합 Y에 소속되는 정도(예컨대, 실제의 농구시합에서의 골 득점에 소속된 정도)는 집합 X에 소속되는 정도(예컨대, 농구연습에서의 골 득점 집합에 소속된 정도)보다 적거나 같다. 집합 X와 부분집합 Y 각각에 소속된 정도를 0과 1 사이의 확률로 전환하여 배합하면, 이들 배합 점들은 함수 Y=X 선상에 또는 그 아래에 위치한다. 〈그림 3〉에서 보듯이, 종속변수

그림 3 X 소속에 대한 Y 소속 플롯

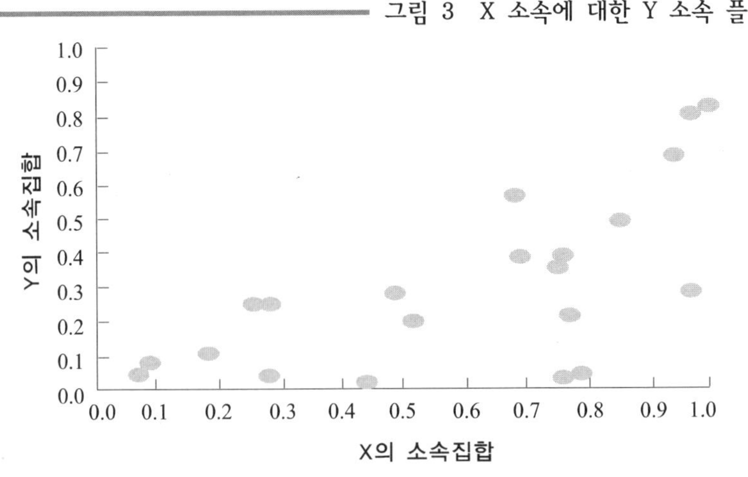

출처: Ragin(2000), 214-17.

소속 사례의 발생 확률이 독립변수 소속 사례의 확률보다 낮거나 같다(안재흥 2006).

필요조건의 접근과 선택편의 사이의 문제를 논의하기 이전에 베이지언 확률 및 추론에 내재된 이론적 함의를 살펴볼 필요가 있다. 필요조건의 접근은 고전적 통계학과는 정반대의 인식론적 입장을 견지하는 '베이지언 통계학'(Bayeian statistics)에 기초하기 때문이다. 먼저, 확률이론을 설명하기 위해 X가 Y보다 먼저 발생했거나, 또는 Y의 원인이라고 가정하자. 전통적인 확률이론에서는 X가 발생했다는 사실을 주어진 것으로 보고 Y가 발생할 확률을 구한다. 예컨대, 어제 주식가격이 하락했다는 주어진 사실에서 오늘 주식가격이 오를 확률을 구하는 것이다. 그러나 베이지언 통계학에서는 Y를 주어진 것으로 보고 이를 관측한 후에 X가 발생했을 확률을 '사후적'(posterior)으로 구한다. 즉 오늘 주식가격이 상승한 사실을 관측한 후에 어제 주식가격이 하락했을 확률을 결정하는 것이다. 따라서 베이지언 확률은 "역의 확률"(inverse probabilities)이며 "베이지언 정리"(Bayesian theorem)는 원인의 확률을 구하기 위한 법칙인 것이다(Kmenta 1986, 51).

베이지언 정리는 다음과 같다. X가 주어진 상태에서 Y의 조건적 확률은,

$$P(X \mid Y) = \frac{P(X \cap Y)}{P(Y)}$$

따라서

$$P(X \cap Y) = P(Y)\ P(X \mid Y) \tag{1}$$

위에서와는 반대로 주어진 X에서 Y의 조건적 확률은,

$$P(Y \mid X) = \frac{P(X \cap Y)}{P(X)} \tag{2}$$

(1)에서의 $P(X \cap Y)$, 즉 $P(Y)\ P(X \mid Y)$를 (2)에 적용하면, 다음과 같은 베이의 정리가 도출된다.

$$P(Y \mid X) = \frac{P(Y)\,P(X \mid Y)}{P(X)}$$

추론의 과정도 정반대이다. 고전이론에서 모집단은 무수한 샘플을 이끌어낼 수 있는, 일종의 주어진 '자연상태'(states of nature)이다. 주어진 모집단에서 샘플을 추출하여 분포를 구성하고 이에 기초하여 이미 설정된 모집단에 대한 가설을 검증함으로써 모집단의 상태를 추론한다. 그러나 베이지언 추론에서는 이미 관측된 샘플을 주어진 것으로 보고 모집단의 다양한 상태에 대한 확률을 고려한다. 여기서 관찰자(연구자)의 '사전적'(prior) 정보, 또는 주관적 믿음이 중요하다. 모집단의 다양한 상태에 대한 확률들을 주관에 의해 사전적으로 부여하고 이들을 샘플에서 얻은 정보와 함께 베이지언 정리를 이용하여 자연상태에 대한 '사후적 확률들'(posterior probabilities)을 구한다. 사후적 확률이 관측된 샘플의 값에 의해 "제한된다고(conditional) 보는 것이다(Kmenta 1986, 50-2, 192-93). 베이지언 정리는 정치학에서 다양하게 활용된다. 예컨대, 연구자는 이론—위에서는 모집단의 자연상태가 됨—에 대해 사전적 믿음을 가지고 있으며 이에 따라서 사전적으로 확률을 부여한다. 이들 확률을 관측된 샘플 데이터와 함께 사용하는데, 샘플 데이터에 맞추어 조정함으로써 이론에 대해 다양한 사후적 확률들을 얻고 따라서 하나의 분포를 구성할 수 있다는 것이다(Western 2001).

필요조건의 접근과 베이지언 통계학을 이용하여 정성적 연구에 대해 지적되고 있는 "선택편의"와 함께 적은 수의 문제를 살펴보자. 필요조건의 접근과 베이지언 통계학은 고전적 통계와는 반대로 종속변수를 먼저 관찰하고 그 이후에 독립변수의 존재 여부를 확인한다(Goertz and Starr 2003, 9; Braumoeller and Goertz 2000; Dion 1998, 127-8). 고전적 통계방법의 관점에서 보면, 이러한 접근은 선택편의라는 오류를 범하는 것이다. 위의 예를 다시 이용하면, 사회혁명이 발생한 사례만을 먼저 보고 연구대상을 정했기 때문에 국가의 붕괴와 사회혁명 간의 관계를 설명하는 스카치폴의 연구는 선택편의를 범했다는 것이다(Geddes 2003 참조). 그러나 필요조건의 접근과 베이지언 통계학에서는 종속변수의 관찰 이후 독립변수를 추적하는 방법은 효과의 원인을 추적하는 타당한 방법이다. 더구나 인과요인을 유의미하게 추정하는 데에 사례의 수가 많을 필요가 없다. 베이지언 통계학을 이용하여 모집단에서 사건의 발생과 그 반대의 확률을 사전적으로 각각 0.5로 정하는 경우를 상정하자. 디언(Douglas Dion)에 의하면, 이 경우에 긍정적 종속변수, 즉 사회혁명의 발생한 샘플을 연속적으로 다섯 번만 관찰하면 통계적으로 유의미한 수준인 신뢰도 95 퍼센트를 충족시킬 수 있다(Dion 1998, 135; 안재흥 2006).

Ⅳ. 비교방법: 정량적 방법과 정성적 방법의 공존?

1. 비교방법의 방법론적 정체성

정량적 방법과 정성적 방법 사이의 갈등은 비교방법의 논의에 그대로 반영되어 있다. 두 방법론은 비교방법을 사이에 두고 대치전선을 형성하고 있는 것이다. 비교방법이 거시적 분석단위를 비교할 때 사용되어야 한다는 점에서 두 방법론은 입장이 동일하다(Ragin 1987, 3-7). 그러나 사례의 수에 대한 문제와 분석단위의 특성에 관해서는 정반대의 입장을 견지한다. 정량적 비교방법은 통계의 다변량회귀분석과 분석틀이 유사하다. 정량적 비교방법(이하 통계적 비교방법)은 유사한 체계들을 선택함으로써 유사성을 공유하는 변수들의 변이를 통제하고 체계의 수준에서 존재하는 차이(독립변수)의 변이로 체계내의 차이(종속변수) — 각 체계 내 하부단위에서 나타나는 현상의 체계 간 차이 — 를 설명한다(Przeworski and Teune 1970). 그러나 분석단위가 거시적이기 때문에 유사성을 충분히 공유하는 사례의 수가 적다는, 즉 적은 수의 문제가 발생한다. 이러한 시각에서 보면, 비교방법은 비교의 조건을 충족시키는 사례의 수가 적기 때문에 현실적으로 채택할 수밖에 없는 연구방법이다(Liphart 1971; Liphart 1975; Smelser 1976). 정성적 비교방법의 대표적인 예는 비교사례연구이다. 비교사례연구는 적은 수의 문제에 개의치 않는다. 앞에서 논의하였듯이, 사례연구에서 분석단위는 부분들과 맥락이 구성하는 하나의 윤곽이다. 분석단위도 관측단위가 아니라 하나의 설명 또는 이론이 자체적으로 구성될 수 있는 설명단위 또는 이론적 단위이다. 사례를 비교하는 이유도 인과관계의 보편성을 밝히는 것이 아니다. 그 반대로 시공간적 맥락의 특수성 때문에 인과관계가 복합적으로 구성되어 있다는 사실을 밝히거나, 인과관계의 복잡성을 관통하는 질서를 필요조건의 접근에 의해서 밝히고자 한다.

통계적 비교방법과 비교사례연구는 분석단위의 특성에 대한 가정에서도 서로 다른 입장을 취한다. 이 문제는 체계 사이에 존재하는 유사성과 차이를 어떻게 개념화할 것인가 하는 것과 연결된다(Mahoney 1999; Mahoney 2003). 더 나아가 사회과학의 과학화가 가능한 것인가 하는 것에 대한 인식론과 존재론 간의 시각 차이까지 확대된다. 지식의 과학, 즉 인식론은 분석단위가 동질적이기 때문에 보편적인 인과관계를 발견할 수 있다는 주장을 견지한다. 반면, 존재론은 분석단위에 내재된 특성은 동질적이지 않으며 이에 작용하는 인과관계도 시공간적 맥락에 따라서 변화된다는 시각을 고수한다(Hall 2003; George and Bennett 2006, 164, 171; Ragin and Zaret 1983, 740). 분석단위의 동질성에 대한 가정의 차이는 비교 대한 방법론에도 반영되어 있다. 통계적 비교방법은 분석단위의 동질성을 가정하기 때문에 체계 사이의 유사성과 차이 모두가 변이의 정도를 반영하는 변수로 전환될 수 있다고 간주하고, 시공간적 맥락에서 발생하는 특수성을 오차로 처리할 것을 주문한다(Lijphart 1971, 687; Lijphart 1975, 163-4; Przeworski and Teune 1970, 26; King et al. 1994, 55-63; Smelser 1976, 176; Ragin and Zaret 1983, 739). 앞에서도 설명하였듯이, 정량적 방법은 사례선택의 무작위성으로 반사실적 조건을 대체함으로써 분석단위의 동질성 조건이 충족되지 않아도 된다고 주장한다. 그러나 이러한 방법적 테크닉은 문제를 해결하는 것이 아니라 문제의 정도를 '완화'시키는 수단에 불과하다. 반면, 비교사례연구에서 사례는 부분과 전체에 의해 구성되는 윤곽이기 때문에 분석단위의 동질성 여부라는 문제 자체가 성립되지 않는다. 비교사례연구에서는 인과관계가 윤곽을 단위로 하여 작용하고 있으며, 복잡하게 구성되어 있으며, 그리고 시공간적 맥락에 따라서 변화한다는 입장을 견지하는 것이다(Ragin 1987; Ragin 2000; George and Bennett 2006, 171). 요컨대, 정량적 연구방법과 정성적 비교방법 모두 '비교'라는 용어를 공유는 하지만 접근의 방법과 목적은 서로 다르다.

그렇다면, 비교방법의 방법론적 정체성은 무엇인가? 통계적 비교방법과 비교사례연구를 아우르는 하나의 비교방법을 제시할 수는 없는 것인가? 사회과학에서 비교는 자연과학에서의 실험과 비슷한 기능을 담당한다. 자연과학에서는 실험을 통해서 변수를 통제하지만, 사회과학에서는 사례의 선택 — 예컨대, 통계학에서 무작위 선택, 통계적 비교방법에서는 유사한 체계의 선택 등 — 으로 독립변수(들)를 통제한다(George and Bennett 2005, 151; Sartori 1994; Lijphart 1971, 683-85). 비교방법이 정량적 방법과 정성적 방법을 아우르는, 따라서 통계적 비교방법과 비교사례연구와 차별되는 고유한 방법으로 자리를 틀기 위해서는 연구대상의 특성과, 관찰자와 연구대상 사이의 관계에서 고유한 영역을 가져야 한다(앞의 〈그림 1〉 참조). 분석단위가 동질적일 경우 통계방법으로 충분하며 비교방법은 사례의 수가 적기 때문에 현실적으로 채택할 수밖에 없는 방법으로 자리매김이 되어야 마땅하다. 분석단위가 시공간의 맥락에 따라 좌우되는 특성을 가진다고 믿으면, 비교방법은 지역연구에서처럼 사례연구를 통한 이해를 목적으로 삼는 데에서 그쳐야 할 것이다. 여기서는 비교방법이 통계적 비교방법을 적용할 수 없기 때문에 사용되는 것이 아니며 시공간적 맥락만을 비교의 대상으로 삼는 것도 아님을 주장한다.

먼저, 사회과학의 연구대상에는 보편성과 특수성이 맞물려 있다는 점을 밝힌다. 근대성의 이론적 개념에 근거하여 보편성과 특수성이 맞물리고 풀리면서 근대로의 이행이 진행되어 왔다는 점을 논의한다. 따라서 둘째, 인식론과 존재론 간의 상대적 독립성이 인정되어야 한다는 점을 밝힌다. 비교방법은 분석단위가 동질성을 공유하기 때문에 그 특성을 변수, 즉 독립변수(들)로 전환하고 통제할 수 있지만, 사례들을 관통하며 존재하는 시공간적 맥락의 체계적 특성이 독립변수(들)와 상호작용을 일으켜서 종속변수에 영향을 주는 경우에 비교방법은 해결책을 제시할 수 있다는 점에 논의의 초점을 맞춘다.

2. 근대성과 연구대상의 시공간성: 맞물림과 풀림의 동학7)

이론은 관측의 시각을 잡아줌으로써 분석단위의 특성을 결정하는 데에 영향을 미친다. 분석단위의 개념에는 무엇을 관찰할 것인가와 함께 어떤 측면을 관찰해야 하는가 하는 것, 즉 관찰단위와 이론에 대한 함의가 모두 내포되어 있다(Ragin 1987, 5-7). 이론과 방법은 분석이라는 하나의 연장선상에서 연계되어 있으며 분석단위는 양자가 만나는 지점이라고 볼 수 있다. 비교방법이 현상에 내재된 복잡성과 일반성이라는 배타적 두 측면을 분석하도록 방향을 잡아주는 법(法)이라면, 분석단위는 이론적으로 두 측면 모두를 반영할 수 있어 있어야 한다. 분석단위의 관점에서 보면, 일반성은 체계들을 관통하여 작용하는 보편성을, 복잡성은 체계 각각이 시간에 갇히고 공

7) 이 부분은 안재흥(2006), 39-41의 내용과 같은 내용임.

간에 묶임으로써 주형되는 특수성을 의미한다. 비교방법이 분석단위를 중심으로 보편성과 특수성을 비교할 수 있을 때 일반성과 복잡성이 균형 있게 설명될 수 있는 것이다. 따라서 비교방법에서 독립변수인 체제 간 차이는 통계적 비교방법에서처럼 보편성의 정도만을 반영하는 변이의 차이도 아니며 특수성을 단순화 한 명목변수들 간의 조합에 의해 밝혀지는 차이도 아니다. 보편성과 특수성이 "맞물림"(embeddedness)으로써 체제 사이에 존재하는 차이이다. 분석단위들 사이에 존재하는 이러한 차이는 비교방법을 여타 비교방법과 구분 짓는 이론적이면서도 방법론적인 차이인 것이다.

역사의 관점에서 보면, 보편성과 특수성의 맞물림은 근대로의 이행에서 발생하는 현상의 본질을 표상한다. 전근대적 공동체는 시간과 공간에 갇히고 묶여서 형성된 맥락과 의미에 의해 지지되었으나 근대화 과정에서 해체를 겪음과 동시에 광범위 공간을 단위로 재구성되었다(Giddens 1990, 63-4; Harvey 1993, 9-15). 근대화를 추동시킨 핵심 기제는 자본주의 시장과 근대국가였다. 자본주의 시장과 근대국가는 상품의 교환과 합법적·관료제적 지배를 사회 전반으로 확산 · 침투시켰다. 그 결과 전통사회의 구성원들은 연속적으로 분절되어 원자화되었으나, 이들은 국가라는 법적, 이념적, 정치적 실천의 장에서 자신을 주체로 인식하여 민족국가의 일원으로써 정체성을 가지게 되었다(Poulantzas 1978, 64-6). 근대성은 추상성을 내포하고 있기 때문에 보편적 특성을 지닌다. 마르크스(Karl Marx)는 자본주의 시장의 상품교환 과정에서 질적으로 서로 다른 사용가치가 교환과정에서 추상화되어 가치로 전환되고, 추상적 가치는 다시 계량화되어 교환가치로 전환되는 메커니즘을 예리하게 간파한 바 있다(Marx 1977, 158-60). 베버(Max Weber)와 아렌트(Hannah Arendt)는 근대국가

관료제의 팽창으로 인하여 사회의 공적영역이 와해되는 한편, 도구적 이성이 행위를 지배함으로써 인간이 "행동"의 주체에서 단순한 반응, 즉 "행태"를 보이는 객체인 대중으로 전락됨을 경고한 바 있다(Arendt 1958, 38-43; Weber 1992(1930), 181).

근대로의 이행은 단순히 추상적 기제가 전근대적 의미의 공동체를 해체시키고 그 결과 보편성이 지배하는 사회의 도래로 마감된 것은 아니다. 근대적 기제의 침투는 곧 사회적 대응을 불러일으켰으며 근대적 기제와 사회적 관계 간의 "맞물림"과 "풀림"(disembeddedness)의 다이내믹이 전개되었다. 폴라니(Karl Polanyi)는 이 과정을 적확하게 관철(觀徹)했다. 맞물림은 "경제적 관계가 체계적으로 광범위한 사회적 관계와 목적에 의해서 제약을 받으며 후자에 이바지하는" 것을, 풀림은 "경제적 관계가 자율적이고 오직 자체의 내생적 운행법칙에만 반응하도록 되는 것"을 개념화 한 것이다(Polanyi 1944, 5장과 6장; Ruggie 1983, 433). 폴라니에 의하면, 19세기 이후에 정치·사회적 영역 전반은 "자율적 조정 시장"이 사회적 관계 및 국가와 맞물리고 풀리는 과정에서 거대한 변혁을 겪게 되었다는 것이다(Polanyi 1944, 72-102). 자율적 조정 시장과, 사회적 관계 및 국가 간의 맞물림과 풀림의 다이내믹은 과거에 완료된 현상이 아니라 현재에도 진행 중이다. 1980년대부터 세계화가 가속되고 있다. 세계화는 생산·거래·금융시장이 국가와 사회의 통제로부터 풀리게 됨에 따라 시장의 자율적 조정의 영역이 초국적 수준에서 통합되고 있는 현상이다. 기든스(Anthony Giddens)에 의하면, 사회적 관계로부터 시장이란 추상적 기제의 풀림은 본래의 속성상 세계화를 지향한다(Giddens 1990, 63). 그러나 세계화의 추세 속에서도 시장과, 국가 및 사회적 행위자들은 역으로 새로운 차원에서 서로 맞물리는 접점, 즉 거버넌스 제도를 모색하고 있으며, 갈등적 정치의 패러다임도 합의 지향의 '신정치'로 전환되고 있다(Pierson 1996, 152, 156).

근대로의 이행과정에서 보편성과 특수성은 제도를 접점으로 하여 맞물렸다. 신제도주의는 제도의 정의에서 "공식적 억제"에 더하여 전통, 사회적 규범, 공유된 의미 등 "비공식적 억제"까지를 포함시킨다(North 1990, 4). 이로써 합리성이라는 보편성과 함께 역사와 의미가 행위 및 정책형성에 미치는 영향이 분석의 대상으로 부상했다. 신제도주의는 특히 "관심"(interest)이라는 이론적 개념을 중심으로 하여 보편성과 특수성 간의 관계를 다루고 있다. 행위를 인도하는 관심이 어떻게 형성되는가에 대한 이론적 시각에 따라서 신제도주의는 다양하게 나뉜다. 합리적 제도주의는 개인의 합리성에 초점을 맞추고 있으나 제도라는 억제와 보상의 기제가 합리적 개인들을 집단행위에 참여하도록 유도한다는 주장을 제기한다. 조직적 제도주의는 제도에 내재된 상징적 코드와 의미가 합리적 개인의 행위에 미치는 영향에 이론적 초점을 맞추고 있다. 역사제도주의는 이론적 시각을 특수성의 세계에 맞추고 제도가 관심 자체를 변화시킬 수 있음을 강조한다. 사회적(구성주의적) 제도주의는 "의미의 틀"이 행위를 선도한다는 이론적 입장을 견지함으로써 이론적 시각을 역사제도주의보다도 더 특수성의 세계에 가까이 맞추고 있다(March and Olsen 1984; Shepsle and Bonchek 1997; Immergut 1988; Hall and Taylor 1996). 요컨대, 비교정치에서 비교방법이 정치체제 간의 유사성과 차이를 비교하여 복잡성과 일반성을 균형 있게 설명하는 것을 목표로 하고 있다면, 제도는 가장 적합한 분석단위인 것이다.

3. 맥락과 관찰자

비교방법은 실증주의와 해석학, 그리고 인식론과 존재론이 바늘과 실의 관계처럼 보완적 관계를 이루도록 하여 현상에 접근해야 한다. 비교방법이 연구 대상으로 삼고 있는 현상에는 정량적 방법만이 효과적으로 설명할 수 있는 보편적 특성과, 정성적 방법이 요구되는 시공간의 맥락이 영향을 미치는 특수성이 맞물려 있기 때문이다. 비교방법이 고유한 방법론으로 정체성을 가지는 것은 바로 연구 대상의 이러한 특성에 있는 것이다. 정량적 방법과 정성적 방법은 방법론으로서 동일한 연장선에서 정도의 차이에 따라 자리매김이 될 수 있는, 그런 관계가 아니며, 따라서 서로 대체될 수 없다. 철학적 기반이 다르며 인과성을 풀어내는 방법에서도 차원이 다르다. 앞에서 논의했듯이, 인과효과는 원인이 만들어내는 효과를 추정하지만, 인과메커니즘은 거꾸로 효과의 원인을 추적한다. 인과성을 확인하는 조작적 과정도 다르다. 정량적 방법은 고전적 통계학을 활용하여 추론하고자 하지만, 정성적 방법은 그 반대로 베이지언 통계학과 필요접근의 방법을 이용하여 추적한다. 두 방법론은 인과성에 대한 존재론 자체가 다른 것이다. 요컨대, 비교방법은 관찰 대상에 보편성과 특수성이 맞물려 있기 때문에 정량적 방법과 정성적 방법을 보완하여 설명을 시도해야 하는 고유한 방법론인 것이다.

이 글의 관점에서 보면, 정성적 방법의 틀이 정량적 방법으로 전환되어야 한다는 KKV의 조언이나, 그 반대로 정량적 방법이 상호작용효과를 분석할 수 있도록 정성적 방법의 틀을 받아들일 것을 주장하는 라긴의 주장 모두 타당하지 않다. 비교방법은 대상의 특성상, 일반성과 함께 복잡성을 다루어야 한다. 그러나 앞에서 설명한 바 있듯이, 정량적 방법과 정성적 방법은 인과성에 대한 존재론이 서로 다르다.

이 이외도 신제도주의의 시각에서 정량적 방법과 정성적 방법을 결합하려는 다양한 시도가 발표되거나 진행 중이다(Pierson and Skocpol 2002). 예컨대 스티픈스(John D. Stephens)와 그의 동료들은 먼저 통계방법을 선택하여 변수들 간의 상관관계를 밝히고, 서사분석과 같은 정성적 방법을 통해서 상관관계에 인과성을 부여할 것을 제안한다(Huber and Stephens 2002, 8; Rueschemeyer and Stepphens 1997; Bennett and Braumoeller 2005). 그러나 통계분석의 결과를 정성적 방법으로 확인하는 시도는 검증의 신뢰성을 높일 수는 있겠으나 정량적 방법에 이론적 타당성을 부여하는 대안은 아니다. 인과성에 대한 정량적 방법과 정성적 방법의 존재론 자체가 서로 다르며 각각이 설명하고자 하는 대상의 속성도 다르기 때문이다. 정량적 분석과 정성적 분석을 어떻게 보완할 수 있는가에 대한 해법은 분석결과를 다른 방법을 통하여 확인해보는, 검증의 신뢰성을 높이는 데에 있는 것이 아니다(안재흥 2005; 2006).

사실, 비교방법은 원래 통계적 비교방법과 비교사례연구와 방법론적 지향점이 달랐다. 베버(Max Weber)와 뒤르크하임(Emile Durkheim)은 이미 오래 전에 거시적 분석단위에는 시공간적 맥락에 의해 주형되는 특성이 장기적으로 지속될 수 있음을 확인하였고, 이러한 특성을 기준으로 삼아 분석단위들을 먼저 분류한 후에 비교할 것을 제안한 바 있다. 베버는 "이상형"을, 뒤르크하임은 "사회적 종"(social species)을 기준으로 분석단위들을 분류함으로써 비교방법이 보편성과 특수성 간의 균형을 잡도록 했던 것이다(Ragin and

Zaret 1983; Smelser 1976; Durkheim 1938, 4장; 안재흥 2006). 그렇다면, 어떠한 방식으로 정량적 방법과 정성적 방법을 보완하여 비교할 것인가?

정성적 방법을 먼저 적용한 이후에 정량적 방법이 활용되어야 한다. 계량화될 수 없기 때문에 "측정불가" 또는 "미 측정" 요인은 통계적 방법에서 오차에 포함된다. 그러나 오차에 포함되는 시공간적 모수 가운데 여러 사례를 관통하며 작용하는 "체계적인 특성"이 있을 수 있다(KKV 1994, 55-63; Ragin and Zaret 1983, 739-40). 이 경우에 시공간적 모수의 체계적인 특성이 종속변수에 영향을 주는 한편 독립변수와 상호작용을 일으키면, 통계적 방법은 이분산성과 편의문제에 부딪친다(KKV 1994, 168-76). 따라서 정성적 방법으로 먼저 시공간적 모수에 내재된 체계적 특성을 발견해내고, 이를 명목변수로 전환하여 통계모델에 '더미변수'(dummy variable)로 포함시킴과 아울러 더미변수와 독립변수와의 상호작용효과도 확인해야 한다. 시공간적 모수에 내포된 체계적 특성의 대표적 예는 제도의 경로의존성이다. 경로형성의 전과 후, 즉 "역사적 전환점" 이후에 변수들 간의 "균형"뿐만이 아니라 이들이 작용하는 "논리"까지도 바뀌기 때문이다(Sewell 1996, 262-63; Mahoney 2000, 510; Abbott 1997; Griffin 1992). 통계방법이 편의된 추정치를 산출하지 않도록 하기 위해서도 역사경로 간의 시기적 구분이 필요한 것이다(안재흥 2006).

역사적 전환점의 시기적 소재를 밝히는 문제는 궁극적으로 정성적 연구방법을 통해서 해결해야 한다. 다른 시점이 아니라 왜 특정 시점이 역사적 전환점이었는가를 밝히는 것은 통계모델 자체에서 검증될 수 없으며, 설사 검증할 수 있더라도 그 의미가 무엇인지를 파악할 수 없다.[8] 이 문제의 해결에는 정성적 연구방법이 필요하며 이 때 서사분석과 해석학은 보완되어 활용될 수 있다. 우선, 서사분석은 일련의 연쇄적 사건들을 인과적으로 재구성함으로써 어느 시점에서 어떠한 역사적 사건이 이후 사건들의 전개에 가중적으로 영향을 미쳤는지를 밝혀낼 수 있다. 예컨대, 콜리어 부부(Ruth Berins Collier and David Collier)는 남미 8개국을 대상으로 한 역사적 분석에서 정치체제에 노동운동의 "합류"(incorporation)가 국가 주도에 의해서 아니면 정당 주도에 의해서 이루어졌느냐, 그리고 이것이 역사의 어느 시점에서 발생했느냐에 따라 추후 각국의 정치레짐 전개의 역사경로가 잡혔다는 주장을 제기한다(Collier and Collier 1991). 그러나 서사분석만으로는 역사적 사건을 계기로 하여 행위자들이 어떤 이유에서 과거와 다르게 행동하게 되었는지를 밝힐 수 없다. 이는 해석학의 몫이다. 해석학적 접근에 기초하여 과연 이야기와 의미의 세계가 역사적 사건을 계기로 "순간적 붕괴"를 거쳐 변혁되었으며, 행위자들은 이전과는 다른 정체성과 의미의 해석체계와 담론 속에서 행동했는지를 파헤쳐보아야 한다. 이러한 작업은 관찰자가 이론적 관점에서 이야기의 세계를 시간의 흐름에 맞추어 인과적으로 재구성함으로써가 아니라 이야기에 녹아있는 의미의 세계를 이해함으로써 가능할 것이다(안재흥 2005).

인식론과 존재론 사이의 상대적 독립성이 인정되어야 한다. 인식론은 지식의 과학성을 밝히는 철학이다. 과학은 인과관계에 시공간을 뛰어넘는 보편성이 존재할 때 성립된다. 그러나 시간은 역사를

---

8) 아이삭(Larry Issac)과 그의 동료들은 시계열적 반복회귀분석(temporally recursive regression: TRR)을 이용하면, 역사의 특정 시점에서 계수들의 급격한 변화가 있었는지를 검증할 수 있다고 주장한다. 그러나 계수의 변화가 어느 정도 이어야 특정 시점을 역사적 전환점으로 잡을 수 있는가에 대한 기준은 없다. 이들도 이는 역사적 해석을 통해서 밝혀져야 할 문제임을 강조한다(Isaac et al. 1998).

관통하며 동일하게 작용하는 물리적 시계시간이 아니다(Isaac and Griffin 1989, 875). 역사 속의 시간은 “우연성, 타이밍, 시기성, 템포, 지속, 경로” 등에서처럼 특수한 존재이며 그 자체가 사건의 전개에 주요한 독립변수로 작용하는 것이다(Isaac and Griffin 1989, 874-5). 공간도 단순한 물리적 공간이 아니라 이야기라는 의미의 세계가 뿌리내리고 구성원들이 정체성을 가지게 되는 ‘장소’(place)이다. 장소는 “반복된 만남”과 “복잡한 연계”를 통하여 만들어지는, “기억과 애정”에 남아있는 “이미지, 상징, 기호”가 충만한 “재현의 공간”이며, 우리라는 정체성과 타자성을 가르는 원천이다(Harvey 1993, 9-15; Soja 1989, 26). 근대로의 이행은 시공간의 맥락, 그리고 그 안에서 형성되는 의미가 지배하는 전근대적 공동체를 해체시킴과 아울러 광범위한 단위로 재구성시켜왔으며, 그 결과 자본주의 시장과 삶의 사회적 관계는 전 지구적으로 보편화되고 있다. 그런 만큼 인식론적 접근은 타당성을 가진다. 그러나 근대적 기제의 침투는 사회적 반응을 유발시켜 왔으며, 그 결과 사회적 관계에는 전근대성·근대성·탈근대성이 복합적으로 맞물려 있다. 따라서 인과관계를 밝히는 작업에서 보편성과 아울러 특수성이 함께 고려되어야 한다. 인식론은 인과관계가 다차원적 특성을 지닐 수 있으며 또한 변화될 수 있다는 존재론에 의해 보완되어야 하며, 그럴 경우 현상의 원인을 적확히 짚어낼 수 있을 것이다. 역으로, 정성적 방법도 인과관계에 대한 존재론 일변도의 시각에서 벗어나야 한다. 비교사례연구는 인과관계의 복잡성을 관통하는 질서, 즉 필요조건을 비교를 통해서 밝혀내고자 한다. 비록 필요조건의 접근이 인과효과의 추정을 통해서 인과성을 검증하고자 하는 통계적 방법과 정반대의 입장을 견지하지만, 사례 사이에 일관성이 존재한다는 이론적 가정 자체는 지식의 보편성을 가정하고 있는 인식론을 수용하는 것이다. 관찰 대상에서 근대성과 전근대성 사이의 맞물림, 또는 근대성과 탈근대성의 맞물림의 지형을 정확히 포착하여 인식론과 존재론을 교차시키며 다차원적인 인과현상을 설명하는 것이 비교방법에 주어진 과제일 것이다.

V. 맺는 말

1994년에 KKV는 DSI에서 정성적 방법이 정량적 방법론의 틀을 수용하여 방법론적인 진보를 이룰 것을 제의했다. 그 이후 정치학계에서는 20년을 넘게 방법론에 대한 논쟁이 진행되고 있다. 정성적 방법론자들은 인과성 · 선택편의 · 인과적 추론 등 정량적 방법의 기본적 토대을 철저히 이해하는 한편 다양한 각도에서 그 대안을 모색하고 있다(Brady and Collier eds. 2004). 베이지언 통계학 · 필요조건의 접근 · 서사분석 · 역사경로의존 · 역사적 추적 등이 대표적인 예이다. 다른 한편으로 정성적 방법론자들은 주로 대학원생을 상대로 하는 대학 간 프로그램인 Consortium for Qualitative Research Methods를 아리조나주립대학교(Arizona State University)에 설립하였다(www.asu.edu/ las/ olisci/cqrm). 이는 그동안 정량적 방법의 메카 역할을 자처해온 미시건대학(University of Michigan)의 Interuniversity Consortium for Political and Social Research에 대항하는 구심점이 형성되었음을 상징한다. 현재에는 그동안 제시된 다양한 방법론적 대안들을 일정한 체계 속에 담아야 할 필요성이 제기되고 있으며(Bennett and Elman 2006), 인식론을 정면으로 겨냥하여 인과성에 대한 존재론적 접근을 제시하기에 이르렀다(Hall 2003).

이 글은 두 가지 목적에서 집필되었다. 첫째, KKV의 제안 내용을 소개하고 이에 대한 정성적 방법론자들이 주장하는 대안적 접근을 소개하는 것이다. 그러나 둘째, 두 방법론의 방법적 테크닉을 단순히 소개하는 것을 벗어나 보다 거시적 관점에서 방법론의 주요 이슈를 다루고자 했다. 관찰자와 연구대상 사이의 관계 및 연구대상의 시공간적 특성에 초점을 맞추어 방법론의 근본적인 문제를 짚어보고자 했다. 쉼 호흡을 크게 하고 방법론에 대한 근본적인 문제를 다루어볼 필요성이 있는 것은, 한편으로는 근대로의 이행과, 다른 한편으로는 근대로부터의 이탈이 중첩됨에 따라 연구대상의 속성이 역동적으로 변화하고 있으며, 그 안에서 연구자 또한 관찰 대상에 따라서 인식론과 존재론에 대해서 서로 다른 시각을 가질 수 있기 때문이다. 이 글이 내릴 수 있는 결론은 첫째, 인과의 다원성을 용인해야 하며, 인식론 자체를 존재론적 관점에서 다루어야 한다는 것이다. 둘째, 비교방법은 정량적 방법과 정성적 방법을 하나의 분석틀에 담아내어 대상에 적확하게 접근할 수 있는 법을 제시함으로써 방법론적 정체성을 확보해야 한다는 점이다.

마지막으로 탈근대시대에 대상과 관찰자에서 어떠한 변화가 일고 있는지를 정리해보고자 한다. 이는 우리로 하여금 방법론적인 변혁의 필요성을 절감하게 하고 방법론에 대한 풍부한 상상력을 품게 할 것으로 기대하기 때문이다. 대략 1980년대부터 탈산업화·정보화·세계화에 대한 반작용 등으로 인하여 '탈근대의 조건'이 성숙되고 있다(Kumar 1995, 6-65). 사회적 재생산 구조가 변혁됨에 따라 시간과 공간이 획기적으로 압축되어 공간 인식에 대전환이 일고 있다. 삶의 공간은 그 동안 '지속적 접촉'을 통하여 정체감을 뿌리내리게 해온 장소로부터 분리되어 '텅 빈 공간'으로 전환되고 있다. 까스뗄에 의하면, '장소의 공간'이 '흐름의 공간'(space of flow)으로 전환되고 있는 것이다. 탈근대의 시대에서는 '자본, 정보, 기술, 조직적 접촉, 이미지, 소리, 상징의 흐름' 등 모든 사회적 활동이 유동화 됨에 따라 공간 속에서 동시적 공유는 더욱 원활하지만, 지속적 접촉이라는 장소의 굴레를 벗어나 기능이 요구하는 '결절점과 중추'를 따라 그 무대가 불확실하게 이동하고 있다(Castells 1997, 410-28; Giddens 1990, 18-9). 시간과 공간에 대한 인식의 변화로 인하여 사회세력은 새로운 '감성의 구조'에 눈을 뜨게 되었으며, 이들에 의한 사회·문화적 대응은 탈근대화를 더욱 촉진시키고 있다. 탈근대의 시대에는 근대라는 '거대한 프로젝트'가 실증주의 및 과학과 합리성에 의지하며 추구해온, 모든 현상들을 관통하는 보편성과 일반적 법칙, 즉 대서사 자체가 부정되고 있다. 그 대신 이질성, 차이, 타자성, 가치의 다차원성에 의미가 부여되고 있다. 탈근대주의는 이론과 이념인 동시에 현실 세계의 현상에 대한 기록이다. 예컨대, 새로운 '감성의 구조'로 무장된 사회 세력들은 각각 이질적이며 다차원적인 가치들 — 환경, 반핵, 페미니즘, 인종, 언어 등 — 을 추구함으로써 "헤아리기 힘들 정도로 다양한 공동체 운동"을 펼치고 있다(Harvey 1989, 39-65; Harvey 1993, 19; Lyotard 1991, 37-41; 안재흥 1999). 전근대성·근대성·탈근대성이 중첩되고 그에 따라서 모든 것이 근본적으로 변혁되고 있는 것이다. 이러한 혼돈의 시대에 연구자란 관찰자로서 연구대상에 어떻게 접근해야 하는가 하는 난해한 과제를 안고 살아야 하는 존재인지도 모르겠다.

참고문헌

안재홍, 1999 "서구 지방정치 지형의 변천: 비교역사와 이론적 분석," 『한국정치학회보』, 33집 4호.

안재홍, 2005 "수(數)와 이야기," 『한국정치학회보』 제39집 3호.

안재홍, 2006 "비교방법의 방법론적 정체성," 『국제정치논총』.

Abbott, Andrew. 1992. "From Causes to Events: Notes on Narrative Positivism." *Sociological Methods and Research* 20.

Abbott, Andrew. 1997. "On the Concept of Turning Point." *Comparative Social Research* 16.

Abbott, Andrew. 2001. *Time Matters*. Chicago: University of Chicago Press.

Abell, Peter et al. 1993. "Symposium on Narrative Method." *Journal of Mathematical Sociology* 18 (2-3).

Alvesson, Mats and Kaj Sköldberg. 2000. *Reflextive Methodlogy*. London: SAGE.

Arendt, Hannah. 1958. *The Human Condition*. Chicago: University of Chicago.

Audi, Robert. ed. 1999. *The Cambridge Dictionary of Philosophy*. 2nd ed. Cambridge: Cambridge University Press.

Bates, Robert et al. 1998. *Analytic Narratives*. Princeton: Princeton University Press.

Bennett, Andrew and Colin Elman. 2006. "Qualitative Research: Recent Developments in Case Study Methods." *Annual Review of Political Science*: 455-76.

Bennett, Andrew and Bear Braumoeller. 2005. "Where the Model Frequently Meets the Road: Combining Statistical, Formal, and Case Study Methods." *mimeo*.

Bhaskar, Roy. 1975. *A Realist Theory of Science*. London: Lees Books.

Brady, Henry E. 2004. "Doing Good and Doing Better: How Far Does the Quantitative Template Get Us?" In Brady and David Collier, *Rethinking Social Inquiry*. Lanham: Rowman& Littlefield.

Braumoeller, Bear F. and Gary Goertz. 2000. "The Methodology of Necessary Conditions." *American Journal of Political Science* 44(4).

Büthe, Tim. 2002. "Taking Temporality Seriously: Modeling History and the Use of Narratives as Evidence," *American Political Science Review* 96(3).

Calhoun, Craig. 1998. "Explanation in Historical Sociology: Narrative, General Theory, and Historical Specific Theory." *American Journal of Sociology* 104 (November).

Castells, Manuel. 1997. *The Rise of the Network Society*. Oxford: Blackwell.

Collier, Ruth Berins and David Collier. 1991. *Shaping the Political Arena: Critical Junctures, the Labor Movement, and Regime Dynamics in Latin America*. Princeton: Princeton University Press.

Dallmayr, Fred. 1987. "Political Inquiry: Beyond Empircism and Hermeneutics." Terrence Ball, ed., *Idioms of Inquiry*. Albany: State University of New York Press.

Dion, Douglas. 1998. "Evidence and Inference in the Comparative Case Study." *Comparative Politics* 30(2).

Durkheim, Emile. 1938. *The Rules of Sociological Method*. New York: The Free Press, 1938.

Faure, Andrew M. 1994. "Some Methodological Problems in Comparative Politics." *Journal of Theoretical Politics* 6(3).

Gadamer, Hans-Georg. 1989. *Truth and Method.* 2nd rev. New York: Continuum.

Geddes, Barbara. 2003. "How the Cases You Choose Affect the Answers You Get: Selction Bias and Related Issues." In Geddes, *Paradigms and Sand Castles*. Ann Arbor, MI: University of Michigan Press.

George, Alexander L. and Andrew Bennett. 2005. *Case Studies and Theory Development in the Social Sciences*. Cambridge, MA: MIT Press.

Gerring, John. 2004. "What Is a Case Stuty and What Is It Good For." *American Political Science Review* 98(2).

Gerring, John. 2005. "Causation. A United Framework for the Social Sciences." *Journal of Theoretical Politics* 17(3).

Giddens, Anthony. 1990. *The Consequences of Modernity*. Stanford: Stanford University Press.

Goertz, Gary and Harvey Starr. 2003. "Introduction: Necessary Condition Logics, Research Design, and Theory." In Goertz and Starr (eds.), *Necessary Conditions*. Lanham: Rowman & Littlefield.

Griffin, Larry J. 1993. "Narrative, Event-Structure, and Causal Interpretation in Historical Sociology." *American Journal of Sociology* 98.

Habermas, Jürgen. 1971. *Knowledge and Human Interests*. Boston: Beacon Press.

Hall, Peter. 2003. "Aligning Ontology and Methodology in Comparative Research." In James Mahoney and Dietrich Rueschemeyer (eds.), *Comparative Historical Analysis in the Social Sciences* (Cambridge: Cambridge University Press.

Hall, Peter and Rosemary C. R. Taylor. 1996. "Political Science and the Three New Institutionalisms." *Political Studies* XLIV.

Harvey, David. 1989. *The Condition of Posmodernity*. Oxford: Basil Blackwell.

Harvey, David. 1993. "From Space to Place and Back Again: Reflections on the Condition of Postmodernity." In John Bird et al. (eds.), *Mapping in the Futures*. London: Routledge.

Heidegger, Martin. 1962. *Being and Time*. New York: HarperCollins.

Huber, Evelyne and John D. Stephens. 2001. *Development and Crisis of the Welfare State*. Chicago: University of Chicago.

Immergut, Ellen M. 1998. "The Theoretical Core of the New Institutionalism." *Politics & Society* 26(1) (1998).

Isaac, Larry W. and Larry J. Griffin. 1998. "Ahistoricism in Time-Series Analysis of Historical Process: Critique, Redirection, and Illustrations from US Labor History." *American Sociological Review* 54(6).

King, Gary et al. 1994. *Designing Social Inquiry*. Princeton, NJ: Princeton University Press.

Kiser, Edgar and Michael Hechter. 1998. "The Debate on Historical Sociology: Rational Choice and Its Critics." *American Journal of Sociology* 104 (November).

Kmenta, Jan. 1986. *Elements of Econometrics*, 2nd edition. New York: Macmillan Publishing Company.

Kumar, Krishan. 1995. *From Post-Industrial to Post-Modern Society*. Oxford: Blackwell.

Lieberson, Stanley. 1991. "Small N's and Big Conclusions: An Examination of the Reasoning in Comparative Studies Based on a Small Number of Cases." *Social Forces* 70(2).

Lijphart, Arend. 1971. "Comparative Politics and the Comparative Method." *American Political Science Review* 65.

Lijphart, Arend. 1975. "The Comparable Cases Strategy in Comparative Research." *Comparative Political Studies* 8.

Lyotard, Jean-François. 1991. *The Postmodern Condition: A Report on Knowledge*. Minneapolis: University of Minnesota Press.

Mahoney, James. 1999. "Nominal, Ordinal, and Narrative Appraisal in

Macro-causal Analysis." *American Journal of Sociology* 104(4).

Mahoney, James. 2000. "Path Dependence in Historical Sociology." *Theory and Society* 29.

Mahoney, James. 2003. "Strategies of Causal Assessment in Comparative Historical Analysis." In James Mahoney and Dietrich Rueschemeyer (eds.), *Comparative Historical Analysis in the Social Sciences*. Cambridge: Cambridge University Press.

Mahoney, James and Gary Goertz. 2006. "A Tale of Two Cultures: Contrasting Quantitative and Qualitative Research." *Political Analysis* 14.

March, James G. and Johan P., Olsen. 1984. "The New Institutionalism: Organizational Factors in Political Life." *American Political Science Review* 78.

Marx, Karl. 1977. *The Capital. Volume 1*. New York: Vintage Books.

McDonald, Terrence J. ed. 1996. *The Historic Turn in the Human Sciences* (Ann Arbor: University of Michigan.

Mill, John Stuart. 1974. "Of the Four Methods of Experimental Inquiry." In Mill, *A System of Logic Ratiocinative and Inductive*. Toronto: University of Toronto Press.

Nagel, Ernest. 1961. *The Structure of Science*. New York: Harcourt, Brace & World.

North, Douglas C. 1990. *Institutions, Institutional Change and Economic Performance*. Cambridge: Cambridge University Press 1990.

Palmer, Richard E. 1988. *Hermeneutics*, 8th ed. Evanston: Northwestern University Press.

Pierson, Paul. 1996. "New Politics of the Welfare State." *World Politics* 48(2).

Pierson, Paul. 2000a. "Increasing Returns, Path Dependence, and the Study of Politics." *American Political Science Reveiw* 94(2).

Pierson, Paul. 2000b. "Not Just What, but When: Timing and Sequence in Political Processes." *Studies in American Political Development* 14 (Spring).

Pierson, Paul and Theda Skocpol. 2002. "Historical Institutionalism in Contemporary Political Science." In Ira Katznelson and Helen V. Milner (eds.), *Political Science. State of the Discipline*. New York: W. W. Norton & Company.

Polanyi, Karl. 1944. *The Great Transformation*. Boston: Beacon Press.

Poulantzas, Nicos. 1978. *State, Power, Socialism*. London: Verso.

Przeworski, Adam and Henry Teune. 1970. *The Logic of Comparative Social Inquiry*. New York: John Wiley & Sons.

Rabinow, Pual and William M. Sullivan. 1987. "The Interpretive Turn: A Second Look." Rabinow and Sullivan, eds. *Interpretive Social Science. A Second Look*. Berkeley: University of California Press.

Ragin, Charles C. 1987. *The Comparative Method*. Berkeley: University of California Press.

Ragin, Charles C. 2000. *Fuzzy-Set Social Science*. Chicago: University of Chicago Press.

Ragin, Charles and David Zaret. 1983. "Theory and Method in Comparative Research: Two Strategies." *Social Forces* 61(3).

Rueschemeyer, Dietrich and John D. Stephens. 1997. "Comparing Historical Sequences -- A Powerful Tool for Causal Analysis." *Comparative Social Research* 16.

Ruggie, John Gerald. 1983. *The Antinomies of Interdependence*. New York: Columbia University Press.

Sartori, Giovanni. 1994. "Compare Why and How." In Mattei Dogan and Ali Kazancigil (eds.), *Comparing Nations*. Oxford: Blackwell.

Sewell Jr., William H. 1996. "Three Temporalities: Toward an Eventful Sociology." In McDonald ed.

Shepsle, Kenneth A. and Mark S. 1997. Bonchek, *Analyzing Politics*. New York: W. W. Norton.

Skocpol, Theda. 1979. *States and Social Revolution*. New York: Cambridge University Press.

Skocpol, Theda and Margaret Somers. 1980. "The Uses of Comparative History in Macrosocial Inquiry." *Comparative Studies in Society and History* 22(2).

Smelser, Neil J. 1976. *Comparative Methods in the Social Sciences*. Englewood, NJ: Prentice-Hall.

Soja, Edward W. 1989. *Postmodern Geographies*. London: Verso.

Somers, Margaret R. 1992. "Narrativity, Narrative Identity, and Social Action: Rethinking English Working-Class Formation." *Social Science History* 16: 591-630.

Somers, Margaret R.. 1998. "We're No Angels': Realism, Rational Choice, and Relationality in Social Science." *American Journal of Sociology* 104 (November).

Steinmetz, George. 1998. "Critical Realism and Historical Sociology. A Review Article." *Society for Contemporary Study of Society and History*.

Stinchcombe, Arthur L. 1968. *Constructing Social Theories*. Chicago: University of Chicago Press.

Thelen, Kathleen. 1999. "Historical Institutionalism in Comparative Politics." *Annual*

Thelen, Kathleen. 2004. *How Institutions Evolve*. Cambridge: Cambridge University Press.

Weber, Max. 1992(1930). *The Protestant Ethic and the Spirit of Capitalism*. London: Routledge.

Western, Bruce. 2001. "Bayesian Thinking about Macrosociology."*American Journal of Sociology* 107: 352-78.

10 비교방법 : 정치학의 희망과 한계

임 성 호

Ⅰ. 서 론

정치학의 세부분야 중 비교정치를 전공하는 학자의 수가 가장 많을 것이다. 그만큼 '비교' 개념은 정치학의 핵심을 차지한다. 그러나 비교의 의미와 방법에 대해서는 분명한 공감대가 형성되어 있지 않다. 스스로를 비교정치학자라고 생각하는 사람도 대부분 비교정치가 국제정치, 정치이론, 지역정치 등 다른 세부분야와 어떤 의미로 구분될 수 있고 왜 비교란 표현이 붙는지 명확한 인식을 갖고 있지 않다. 비교정치학자 가운데 비교를 명시적 연구 전략으로 삼는 경우가 오히려 소수인 것은 비교의 의미와 방법에 관한 불분명함과 혼선에서 그 이유를 찾을 수 있을 것이다. 물론 비교정치뿐 아니라 다른 모든 세부전공에서 비교는 매우 중요한 연구방법이므로, 우리가 무엇을 세부전공으로 내세우든 간에 비교에 따르는 혼란과 부담감으로부터 자유로워질 수 없다.

비교는 각 연구자에게 심적 부담을 줄 뿐 아니라 연구자 간의 대화에도 어려움을 가져온다. 학문 논쟁의 상당수는 비교의 의미와 방법을 둘러싼 상반된 의견 충돌에서 기인한다. 비교를 시도한 연구에 대해 “사과와 오렌지를 어떻게 비교할 수 있나?”라는 비판이 곧잘 가해진다. 이러한 비판이 “이 사례들은 사과와 오렌지처럼 다르지 않다”라는 반박을 낳는다면 논쟁은 사례들의 성격 규명에 관한 것으로서 의견 합치가 비교적 용이할 수 있다. 그러나 “사과와 오렌지를 비교하는 것이 같은 사과끼리 비교하는 것보다 더 의미 있지 않은가?”라는 반박이 들린다면, 비교의 의미와 방법에 관한 근본적으로 다른 입장들이 충돌하는 것이다. 의견 합치는커녕 의미 있는 대화를 기대하기 어렵다. 근래 정치학계에서는 비교 대상들의 성격에 대한 논쟁 못지않게 더 근원적 수준에서 비교 개념 자체의 의미와 적절한 비교방법에 대한 논쟁이 이어지고 있다.

이 글은 정치학 탐구의 핵심이라 할 수 있는 비교방법[1]에 관한 여러 학문적 시각과 논쟁을 소개하고 정리한다. 다양하고 때론 상반된 의견들이 치열하게 교차하는 속에서 단일한 통일된 입장을 제시하는 것은 무모할 뿐 아니라 위험하다. 여러 시각과 논쟁을 대조함으로써 독자가 비교방법에 대해 스스로 깊이 생각해보고 각자의 연구에 적절하게 활용할 수 있도록 하는 것이 이 글의 목적이다.

이를 위해 첫째로 비교방법의 의미, 목적, 필요성에 관한 학문 논쟁을 상술한다. 근본적으로 상이한 인식론의 차이가 존재한다는

1) 비교방법(comparative method), 비교분석(comparative analysis), 비교연구(comparative research) 등의 용어를 혼용할 수 있다. 세 용어의 차이를 명확히 구별하기란 쉽지 않은바 동의어로 간주하는 것이 무난해 보인다. 다만, 이 글에서 비교방법이란 용어를 선호하는 이유는 보다 일반적 뉘앙스를 띠기 때문이다. 비교분석은 ‘분석’이 지니는 인식론적 함의로 인해 통합적인 전체론(holism)이나 해석주의 관점에서는 거부반응을 일으킬 수 있다. 비교연구는 여러 국가나 사회, 집단 등을 비교하는 교차연구의 뉘앙스를 띠는바, 정치학에서는 특정 세부분야인 비교정치와 동일시되는 경향이 있다.

점을 강조할 것이다. 둘째, 비교방법의 유형을 사례 수, 관점, 분석 단위를 중심으로 살펴본다. 비교 개념 자체에 대한 의견 충돌이 있는 만큼 여러 비교방법 유형이 상호보완적으로 이해되기보다는 다분히 상호경쟁적이거나 심지어는 상호배타적으로 제시되고 있다는 데에 주안점을 둘 것이다. 셋째, 비교방법을 적절히 시도하기 위한 전략(유의사항)을 연구의 삼내 요소인 개념 정립, 명제 설정, 사례 선택으로 나눠 정리한다. 어떤 전략을 쓰는가에 따라 특정 기준이 충족되는 대신 다른 기준은 훼손될 수 있다는 딜레마가 언급될 것이다. 넷째, 비교방법을 시도할 때 현실상 따라오는 근원적 한계를 적시한다. 정치현상 탐구라는 어려운 과제를 위해 비교방법은 희망을 던지지만, 다른 어떤 연구방법과 마찬가지로 비교방법도 제한된 틀 속에서 부분적, 유보적 지식을 가져오는 데 만족할 수밖에 없다는 현실이 지적될 것이다. 아울러, 비교방법과 관련해 앞으로 더 많은 학문적 노력이 경주될 필요가 있는 영역에 대해 논한다. 정치학에 유용한 지식을 얻기 위해서는 방법중심적(method-driven)이거나 자료중심적(data-driven) 접근보다 문제중심적(problem-driven)이며 이론중심적(theory-driven) 정향을 취해야 한다는 점을 주장하고, 이러한 노력은 비교방법을 여러 시각들 사이에서 균형을 찾는 '사회적 과업'(social enterprise)으로 승화시켜 줄 것이라는 점이 강조될 것이다.

Ⅱ. 비교방법의 기초: 의미, 목적, 필요성

1. 비교방법의 의미

비교방법의 의미를 넓게 이해하는 시각과 좁게 이해하는 시각이 교차하고 있다. 넓게 본다면, 비교를 시도하는 모든 유형의 연구방법을 비교방법이라 할 수 있다. 물론 아무거나 아무렇게 비교하는 것이 아니고 관찰 변수와 관찰 범위(사례)를 제한(즉, 통제 control)해 관찰한 후 차이점과 유사점을 살피며 현상에 대한 이해를 도모하는 것을 말한다. 여기서 가장 핵심은 우리의 관찰 각도를 통제하는 것으로서 "비교하는 것은 곧 통제하는 것"이라고 할 수 있다(Sartori 1994, 16). 비교할 때 어느 정도의 차이점이 있고 또 어느 정도의 유사점이 있는 대상들을 찾는 것이 필요하다. 왜냐하면 대상들이 완전하게 유사하다면 그들은 하나의 동일 대상일 것이고, 대상들이 완전하게 다르다면 그들의 비교는 아무런 의미를 지니지 못하기 때문이다(Sartori 1994, 17).

"비교정치학은 정치학의 모든 것"이라는 주장에 비교방법을 매우 넓게 이해하는 시각이 담겨있다(Roberts 1972. 최명 1979에서 재인용). 비교를 통해 정치현상을 연구하는 것, 즉 비교방법을 쓰는 것이 비교정치학이고 모든 정치학 탐구에 비교가 수반되지 않을 수 없으므로 비교정치학이 곧 정치학 자체라는 것이다. 비교방법은 경험적 사회과학의 목적인 서술, 설명, 예측을 하기 위한 "유일하고도 또한 가장 적절한 방법"이라는 진술에도 비교방법을 방법론 자체인 것으로 넓게 이해하는 시각이 담겨있다(김웅진 · 김지희 2000, 12. 밑줄 추가).

그러나 비교방법을 보다 구체적이고 제한적인 의미로 이해하는 시각들이 존재한다. 예를 들어, Sartori는 Lijphart의 생각을 계승하며 비교방법은 '변수는 많고 사례는 적은' 현상을 관찰하기 위한 '통제' 방법 중 하나로서 실험방법 및 통계방법과 구분된다고 말한다(Lijphart 1971, Sartori 1994, 16). 실험방법은 현상 설명을 위한 도구로 가장 이상적이지만 사회과학에서는 실제로 활용하기에 한계가 크고 통계방법은 실험방법 다음으로 강력한 관찰 도구이지만 많은 사례들을 관찰할 수 있어야 한다는 전제조건이 충족되어야 한다. 반면 비교방법은 '변수는 많고 사례는 적은' 대부분의 정치현상 관련 주제들에 적절하다는 것이다. 이러한 Sartori의 입장은 비교방법을 포괄적인 것으로 이해하는 Smelser와 대비된다. Smelser는 실험방법, 통계방법, 비교방법은 동일한 비교 논리를 달리 적용하는 것일 뿐이라며 셋을 구분하는 것에 동의하지 않고 비교방법에 다른 두 방법이 포함된다고 주장한다(Smelser 1976).

안재흥은 비교방법을 제한적 관점에서 보는데, 통계적 방법과 사례연구의 중간 지점에 놓인 것으로서 분석단위에 일반성과 복잡성(고유성)이 맞물려 있는 경우에 사용하는 것이 비교방법이라고 말한다(안재흥 2006). 비교방법을 제한적으로 본다는 데서 안재흥과 Sartori의 공통점이 있지만, 후자가 변수와 사례의 수에 따라 비교방법을 규정하는 데 비해 전자는 분석단위인 사례의 성격(즉, 보편성과 특수성이 접목되어 있는지)에 따라 비교방법을 다른 연구방법과 구분한다. 안재흥은 학계가 일반성을 띤 사례들에 대한 정량적/통계적 방법과 특수성을 띤 사례들에 대한 정성적/비교사례(역사)연구 사이의 양극적 논쟁에 빠져 일반성과 특수성이 교차하는 수많은 사례에 대한 비교방법의 정체성을 잃고 있다고 비판한다.

Ragin은 비교방법을 규정함에 있어서 구체적 방향으로 한 걸음 더 나아가 매우 특정한 성격을 지닌 것으로 본다(Ragin 2004). 그는 현대 사회과학의 주류 방법론인 분석적 접근과 대조되는 개념으로 비교방법을 제시한다. 그에 의하면, 비교방법은 i) 넓은 일반화를 목적으로 하기보다는 적은 수의 사례가 지닌 고유함에 대한 깊은 이해를 추구하고, ii) 변수중심적(variable-oriented)이기보다는 사례중심적(case-oriented)이고, iii) 미시적이기보다 거시적인 관점을 취해 개별 사례를 전체론적(holistic)으로 이해하고, iv) 확정적 이론 검증보다는 개념 및 이론의 정립에 유용한 탐색적 시사점을 도출하고, v) "왜"라는 인과적 추론보다 "어떻게"라는 인과과정을 찾아내고, vi) 독립변인들 각각의 상대적 비중을 논하기보다는 독립변인들이 상호간에 어떤 방식으로 결합해 종속변인에 집합적 영향을 미치는지에 더 관심을 기울이는 독특한 연구방법이다.

Ragin이 제시한 이러한 이상형(ideal-type)으로서의 비교방법은 학계에서 통상적으로 받아들여져 온 비교방법의 의미와는 크게 다르다. 넓은 의미의 비교방법과 다른 것은 물론이고 실험방법 및 통계방법과 구별되는 관찰방식인 Lijphart나 Sartori의 비교방법과도 상이하다. 정성적 방법과 정량적 방법 중간에서 양자가 통합된 형태로서의 연구방법을 비교방법으로 이해하는 안재흥과도 대비된다. 단순히 기술(技術) 차원의 방법 차이가 아니고 사회현상의 성격과 학문탐구의 목적에 관한 근원적 인식의 차이가 보인다. 비교방법의 의미를 둘러싼 다양한 인식 간의 차이는 비교방법의 목적, 사례 수, 관점, 관찰단위, 전략 등과 관련해서 후술하듯이 여러 논쟁을 낳고 있다.

2. 비교방법의 목적

"모든 지식은 비교학적이다"(Gerring 2001, 157). 지식 창출은 비교방법을 통한다는 뜻이다. 비교방법의 목적이 지식 창출이라는 데 동의하지 않는 사람은 없을 것이다. 단 한번의 관찰에 의존하는 연구에는 근본적 한계가 있어 단순 사실정보가 아닌 지식을 낳을 수는 없다(King et al 1994, 209-12). 첫째, 어떤 정치현상에도 단 하나의 독립변인만 존재할 수는 없다. 즉, 대안적 가설이 있기 마련이므로 여러 번의 추론을 시도해야 그 정치현상을 이해할 수 있는바, 단일 관찰로는 만족할 만한 지식을 얻을 수 없다. 둘째, 무작위 오류(random error)나 정형적 오류(bias) 등 관찰 오류(measurement error)의 가능성이 항상 있으므로 단일 관찰로는 오류를 범하지 않았다는 확신을 할 수 없고 그런 만큼 확실한 지식을 얻을 수 없다. 셋째, 세상은 항상 결정론적으로 보기에 너무 복잡하다. 확률론적으로 현상을 보거나, 파악되지 않은 개입변인의 작용에 의한 우연적 차이를 감안한다면, 단일 관찰로 이론을 창출하는 것이 불가능함을 알 수 있다. 결국, 단일 관찰로는 신뢰성(reliability)과 타당성(validity)을 기한 지식을 얻을 수 없다. 신뢰성을 극대화해 타당성을 추구하기 위해서는 다양한 범위의 다양한 사례를 다양한 각도에서 관찰한 후 그 결과를 비교해야만 한다.

지식은 사실로 확인할 수 있는 개별 정보와 달리 눈에 보이지 않는 무언가에 대한 일반론 차원의 추론을 수반한다(King et al 1994, 7-8). Kramer가 말했듯이, 과학적 지식은 우리의 관찰 결과를 의미 있게 배치하는 상징체계(즉, 이론)의 형태를 띠며, 이 이론은 여러 경우에서 경험적으로 비교 검증되어야 하는 것으로서 일반성을 띤다(Kramer 1986). 그러므로 일반화가 지식의 가장 핵심적인 요소를 이룬다고 할 수 있다. 가능한 한 다양한 자료를 다양한 각도에서 관찰한 결과를 비교해봐야 일반화가 가능하다. 이런 의미에서 대부분의 학자는 비교방법의 목적이 지식 창출 중 특히 일반화의 정립이라는 데 동의한다. 예를 들어, Sartori는 "모든 사회과학적 설명은 일반화를 수반하고, 어떤 일반화도 비교 검증의 대상이 된다"고 말한다(Sartori 1994, 27). 그가 보기에 사례연구는 이해의 깊이와 풍부함을 위해 일반성을 희생하는 반면 비교연구는 일반성과 포괄성을 위해 맥락적 고유성을 희생할 수 있다(Sartori 1994, 24).

비교방법을 통해 추구하는 일반화를 서술과 인과적 설명(예측을 포함한) 영역으로 나눠볼 때,[2)] 분석을 강조하는 학자는 전자보다 후자에 주안점을 두며 그것을 얻는 핵심 메커니즘으로 비교방법을 상정한다. 예를 들어, King, Keohane, Verba는 인과성을 규정함에 있어서 비교 개념을 핵심을 삼는다(King et al 1994, 76-85). 그들에 의하면, 독립변인이 작용한 무한대로 많은 (가상의) 경우들에서 종속변인 값들의 평균을 구하고 똑같은 환경에서 독립변인이 작용하지 않은 무한대로 많은 (역시 가상의) 경우들에서 종속변인 값들의 평균을 구할 때 양자 사이의 차이(이것을 mean causal effect라 함)가 진정한 인과성이다. 인과성을 논하려면 가상의 세계에서 여러 각도의 관찰

2) Gerring은 인과적 설명과 예측을 동일 논리에 입각한 것으로 보지 않는다. 그가 보기에, 예측은 인과성의 고려 없이 단순 상관성을 통해서도 시도할 수 있다(Gerring 2001, 125-127). 그러나 인과성에 기반을 두지 않은 예측은 '과학적' 예측이라고 보기 힘들고, 과연 추측(speculation)보다 우월한 진정한 예측(prediction)이 될 수 있는지 의문이 따른다. "설명과 예측은 구조적으로 동일한 것이며" "예측은 어디까지나 설명작업의 부산물이라고 할 수 있다"는 생각이 학계의 주류를 이룬다(김웅진 1992, 15-6). 이러한 이유로 여기서는 예측을 설명의 한 부분으로 간주한다.

을 무한대로 많이 반복하고 그 결과들을 비교해야 한다. 비교가 인과 추론의 근간임을 알 수 있다. 이처럼 엄격한 추상적 인과성의 조건을 좀더 현실적으로 완화시켜, "단위 동질성"(unit homogeneity) 가정에 입각한 인과 추론(동질적인 두 대상에 동시에 다른 자극을 가해—즉, 독립변인만 다르고 나머지에서는 동질적인 두 대상을 동시에 관찰해서—나오는 종속변인 상의 차이를 인과성이라고 규정하는 것)을 할 경우에도 역시 비교방법이 추론의 핵심을 차지한다(King et al 1994, 91-4).

이처럼 비교방법을 통해 일반화 차원의 인과 추론을 시도하는 것이 중요하게 인식되지만, 서술을 위한 일반화도 비교방법의 주된 목적으로 생각하는 학자들이 많이 있다. Gerring은 서술이 꼭 인과적 설명을 위한 배경지식만 제공하는 것이 아니고 그 자체로 매우 중요할 수 있다고 말한다(Gerring 2001, 122). 예를 들어, 어떤 전쟁을 2차세계대전이라고 서술할 수 있기 위해서는 다른 사례들과의 비교를 통한 일반화 작업을 거쳐야만 한다(Gerring 2001, 157). King, Keohane, Verba도 단순 사실의 관찰과 구분되는 서술적 추론을 하기 위해서는 비교관찰에 따른 일반화가 필요하다는 점을 강조한다(King et al 1994, 34).

한편, 안재흥은 일반화 못지않게 개별 사례의 고유성, 특이성을 찾아내는 작업도 비교방법의 목적이라는 점을 강조한다(안재흥 2006). 그는 일반성과 고유성이 접목되는 대상들을 연구할 때 우선 정성적 방법에서 시작하여 정량적 방법으로 이어지는 통합전략을 시도함으로써 일반성과 고유성 사이의 균형을 취할 것을 제안한다. Ragin은 안재흥보다 좀더 고유성 쪽에 비중을 두며, 소수 사례에 대한 심층 관찰을 통해 그 사례들의 고유한 특성에 대한 서술을 시도하는 것이 다수 사례를 관통하는 일반적 특성, 특히 변인들 간의 일반적 관계를 찾아내려는 것보다 더 우선시되어야 한다고 주장한다(Ragin 2004). Ragin의 주장은 변인 관계에 대한 분석 위주의 사회과학이 직면한 여러 한계를 비판하고 역사적 접근으로의 복귀를 원하는 학자들 사이에서 공감을 얻고 있다.

MacIntyre는 Ragin보다 인문학 방향으로 한 걸음 더 나아가 사회과학적인 인과성 개념과 인과추론을 비판하고 깊은 서술을 지식과 동일시한다(MacIntyre 1973). 그는 행동(action)은 결국 신념(belief) 및 의도(purpose)와 분리할 수 없다고 주장하며 이 신념과 의도는 사회적·문화적 맥락 속에서 규정되므로 행동도 그런 관점에서 서술할 수 있을 뿐이지 거기서 현대 사회과학식의 인과 추론을 이끌어낼 수는 없다고 말한다. 물론 MacIntyre가 비교 자체를 부인한 것은 아니다. 사회과학자가 통상 추구하는 법칙적 일반화(law-like generalization)를 부정하는 것이지, 관찰한 경우들에만 해당되는 실례(實例) 차원의 일반화(de facto generalization)는 인정한다. 그런 이유로 MacIntyre는 비교역사가 비교정치보다 근원적이고 우선적이어야 한다고 주장한다.

MacIntyre만 해도 비교방법과 서술 차원의 맥락적 일반화를 인정하지만 극단적으로 일반화와 비교를 부정하는 시각도 있다. 특히 Winch, Taylor 등 개별 사회적 맥락의 고유한 의미와 특정 사회 구성원들 간의 독특한 간주관성(inter-subjectivity)을 탐구의 핵심으로 상정하는 방법론적 공동체주의자들이 일반화 위주의 비교정치학을 거부하는 지적 움직임을 이끌었다(Winch 1963, Taylor 1985). 여기에 큰 힘을 실어준 것은 인류학자 Geertz가 제창한 "풍부한 서술(thick description)" 개념이었다. 그는 일반화, 특히 인과관계에 대한 일반화가 필연적으로 현실을 자의적으로 재단하고 왜곡한다고 비판하며, 감정이입(empathy)을 통해 관찰대상자들에 대한 내적 관점(internal point of view)을 취하고 개별 현상이나 행위의 독특한 의미를 해석하기 위해 풍부한 서술에 주안점을 두어야 한다고 주장했다(Geertz 1973, 1983). 이러한 관점에서 볼 때, 각 사례(국가든 집단이든 문화든)는 고유한 역사와 문화의 맥락 속에 형성되므로 일반화 차원에서 그 사례들을 비교하면 실패하게 마련이다.

그러나 비교방법을 거부하는 Geertz식의 극단적 해석주의 시각을 따르는 정치학자는 그리 많지 않다. 내적 관점을 통한 해석은 너무 주관성과 자의성이 크고 연구대상의 모든 행위를 정당화하는 우를 범할 수 있다. 무엇보다, 해석주의자의 주장처럼 이론적 일반화가 필연적으로 현실을 왜곡하게 되지만, 어떠한 사회현상에 대한 논의도 어느 정도의 현실 왜곡을 피할 수 없다. 어떤 현상도 고유하지만, 일반화 차원의 이해 없이 고유한 맥락의 의미에 대한 이해는 불가능하다(King et al 1994, 12, 42-3). 혁명이나 민주주의 같은 사회 개념은 물질처럼 객관적으로 존재하는 것이 아니라 인간의 인식 속에 인위적 구성물로 존재한다. 우리의 인식을 어떻게 구성하느냐에 따라 특정 현상이 혁명으로 인식될 수도 쿠데타로 인식될 수도 있고 특정 사회조건이 민주주의 또는 반대로 권위주의로 인식될 수 있다. 이 인식의 구성이 바로 이론이고 이론은 일반화, 즉 단순화의 형태를 취한다. 일반화의 적용 범위가 클 수도 작을 수도 있지만 한 개가 아닌 복수의 사례에 공통되는 특성에 대한 이론적 진술이므로 현실 그 자체일 수 없고 현실을 단순화한 것이다. 우리의 과제는 우리가 알 길 없는 사회현실을 어떤 단순한 인식적 구성물(이론적 일반화)로 그릴 때 이해가 쉽고 설득력과 적실성을 높일 수 있는지 고민하는 것이다. 지하철 노선도는 현실 자체가 아니라 인위적 구성물인데 그것을 어떻게 단순하게 만들어야 유용한 길잡이가 될지 고민하는 것과 마찬가지이다.

일반화가 인간의 인위적 구성물이라고 해서 아무렇게나 하는 것은 물론 아니다. 여러 시간적·공간적 사례에 대한 체계적 비교관찰에 입각해야 한다. 사례 수가 늘어날수록 일반화에 유리하다는 것은 자명하다. 정치문화, 근대화, 종속 등의 예가 보여주듯이 특정 국가나 지역을 다룬 연구가 여러 비교사례를 제공함으로써 일반화를 가능하게 하고 정치학에 중요한 이론적, 개념적 공헌을 해온 것이 사실이다(Bates 1997, 168; Harbeson et al. 2001). 그러나 이러한 공헌은 특정 현상에 대한 서술적 이해만 추구하지 않고 그것을 비교방법을 통해 이론 틀 속에서 활용한 덕에 가능했다. 사실, 특정 현상의 고유한 의미를 해석하기 위해서도 의식적이건 무의식적이건 다른 현상들과의 비교와 일반화의 도움을 받지 않을 수 없다. 그러므로 서술 위주의 해석적 접근은 문제의식을 찾는 데 도움을 줄 수 있겠지만, 가설 검증을 위해서는 비교방법에 의존하지 않을 수 없다(King et al, 38).

3. 비교방법의 필요성

정치현상을 탐구하기 시작한 수천 년 전부터 비교방법의 필요성이 인지되어왔다. 현대 정치학에서는 비교정치학 분야의 정착과 함께 비교방법의 필요성에 대한 재인식이 이루어졌다고 할 수 있다. 행태주의와 구조기능주의의 등장과 함께 현대 비교정치학이 학문분야로 체계화되던 초기인 1960년대에 각 국가나 지역의 정치에 대한 연구는 비교정치학의 일부로 시도되었다(Harbeson et al. 2001). Almond, Apter, Coleman, Pye, Weiner, O'Donnell 등 개별 지역이나 국가를 연구하는 학자들이 비교정치학의 여러 이론 작업을 주도했다. 그러나 이들은 다양한 국가의 다양한 맥락을 경시한 채 성급히 이론적 일반화를 시도했고 서구중심적 관점에서 획일적으로 정치현상을 설명했다는 비판을 받았다.

그러한 비판은 1960~70년대 이래로 상당한 공명을 자아내, 각 국가나 지역의 정치에 대한 연구가 비교정치학의 포괄적 이론 틀에 연결되어 체계적으로 이루어지기보다는 각 사례의 개별적 고유성을 강조하는 경향이 점차 커지기 시작했다. 정치학의 큰 우산 아래에 있지만 지역정치연구 중 상당수는 다른 정치학 분야와의 유기적 연관보다 각 지역에만 주된 초점을 맞춰 다양한 각도에서 그 지역을 살펴보는 경향을 증가시켰다. 다른 국가나 지역을 공부하는 다양한 정치학자들과의 내적 교류는 줄어들고 대신 자기의 전공 국가나 지역을 공부하는 여러 다른 학문분야의 학자들과 외적 교류를 하는 것이 강조되었다. 때마침 냉전시대 국가발전의 실용적 전략에 의해 힘을 받은 지역학의 성장에 발맞춰, 지역정치연구가 지역학으로서의 성격을 점차 강하게 띠게 되었다.

그러나 학계 일각에서 호응을 얻은 지역학으로서의 정체성 재정립 노력은 정치학과 사회과학 전반에 걸쳐 반발과 논쟁을 낳았다(Bates 1997, Hall and Tarrow 1998). 일반화를 추구하기보다는 특정 국가나 지역에 대한 자세한 서술을 시도하자는 시각에 맞서 보다 일반적으로 적용될 수 있는 명제를 만들기 위해 특정 국가나 지역에 대한 깊고 맥락적인 지식을 활용하자는 노력이 경주되었다. 그들은 순진하고 때론 자국중심적인(ethnocentric) 일반화를 반성하고 다양한 맥락에 보다 민감한 조건적 일반화를 정교한 방법론에 입각해 추구하는 것을 목표로 삼았다(Almond and Verba 1980). 지역학으로서의 정치연구에 대한 이러한 비교정치학적 반격은 1970년대에 이미 많은 정치학자의 공감을 얻었다(Hall and Tarrow 1998). 물론 획일적 비교의 잣대를 적용하면 곤란하지만, 개별 사례의 고유성에 대한 해석에만 치중할 때 경험하지 못한 다른 사례에 대한 추론이 불가능하고 해석이 과학적이기보다는 자의적으로 흐르게 된다는 데에 대한 인식이 공감을 자아낸 결과일 것이다.

개별 국가나 지역의 독특한 성격을 탐구하는 방식은 세계화의 심화와 주권국가 모델의 약화라는 글로벌 추세로 인해 한계를 더욱 노정하게 되었다. "1990년대에 지배적 개념으로 떠오른 세계화로 인해 동질화와 수렴의 정치과정이 전개되기 시작하여 다양한 나라와 지역의 내부 사안에 대한 자세한 이해가 점점 그 적실성을 잃게 되었다"(Katzenstein 2001, 790). 국가 간 그리고 부문 간 상호의존이 심화되고 있으므로 한 나라나 부문에만 초점을 맞추어서는 여러 정치현상에 대한 이해가 불가능해진 것이다. 비록 관찰범위는 한 나라나 지역에 한정시킨다 해도, 보다 비교학적인 이론 틀 속에서 공통점과 차이점을 찾으며 접근해야 보다 정확한 이해를 할 수 있게 되었다. 예를 들어, 립셋은 "한 나라만 아는 것은 기본적으로 아무 나라도 제대로 아는 것이 아니다"라고 말하며 미국의 예외주의적 특성을 이해하기 위해 일본의 특이한 성격과 비교하는 방식을 취했다(Lipset 1994, 154). 특히 자기 사회를 위한 실제적 시사점을 찾고자 한다면 명시적 방식으로 자기 사회와 특정 지역과의 비교를 시도하는 것이 바람직하다. 또한, 세계화가 국가들의 동질화만 가져온 것이 아니고 주권국가의 절대성도 약화시키면서 초국가적 단위들 및 국가 이하의 하부 단위들의 중요성을 부각시키고 있는 상황을 고려할 때, 국가를 뛰어넘어 다른 단위(초국가적 단위와 하부 사회집단)들에 대한 비교연구가 필요하다는 지적이 공감을 자아낸다(Rafael 1994).

비교방법을 통해 일반화를 추구하는 접근방식은 물론 위험성을 수반한다. 다양성-일반성의 대칭축 선상에서 일반성 쪽으로 너무 편향될 수 있다. 그에 따라 "특정 지역의 다양한 문화적, 역사적, 정치적 맥락에 대한 관심이 줄어들 수 있다"(Hall and Tarrow 1998, B4). 예를 들어, 세계화에 따른 동질화 효과만 주목하다보면 각 국가나 지역의 내적 복잡성과 고유성은 잘 인지하지 못한 채 세계 차원의 넓은 경향에만 경도될 위험성 있다(Hall and Tarrow 1998, B5). 특정 국가의 경제 문제나 정치 문제는 상당 부분 국내적 상황에 기인함에도 불구하고 세계화에 따른 여파로만 그 원인을 돌릴 수 있다. 그러나 상대적으로 봐서 과거에 비해 오늘날 지구화와 후기산업화로 인해 각종 경계를 초월한 동질화, 수렴화가 가속화되고 수많은 수준에서 상호연계성이 깊어지고 있는 상황에서는, 비교방법을 염두에 두지 않은 단일 사례 탐구가 이론의 개발에 기여할 수 있는 여지가 그만큼 작아진 것을 부인할 수 없다.

Ⅲ. 비교방법의 유형: 사례 수, 관점, 분석단위

"하나의 특정한 비교방법이 있는 것이 아니라 여러 비교방법들이 있을 뿐이다"라는 점은 앞 절에서 비교방법의 의미와 목적에 대한 다양한 시각을 논하는 가운데 확인하였다(DeFelice 2006, 294). 이 절에서는 다양한 유형의 비교방법을 사례 수, 관점, 분석단위의 세 측면에서 살펴본다.

1. 비교방법의 사례 수

비교방법의 의미를 광의로 이해할 경우, 어떤 연구가 비교를 핵심으로 추구한다면 관찰 사례 수의 대소와 상관없이 비교방법으로 분류될 수 있다. 실험방법이나 통계방법과 같은 다수 사례(Large-N) 연구도 변인과 관찰대상 중 하나 혹은 양자에 통제를 가해 다양한 관찰결과를 얻고 차이점과 공통점을 대조한다면 넓은 의미의 비교방법에 속한다고 할 수 있다. 사실, 실험방법과 통계방법이야말로 비교의 성격이 매우 강한 연구방법이다. 실험방법의 요체는 실험집단과 통제집단에 다른 자극을 가한 후 그 차이를 비교하는 것이다. 실험방법은 적용할 수 있는 주제가 매우 한정되고 시간적 범위가 크게 축소되고 비용 등 현실상의 어려움이 크지만, 적절하게 실시된다면 지식창출을 위한 가장 강력한 비교방법이 될 수 있다.

통계방법도 실제의 관측결과와 가상의 세계에서 통계학적으로 예상되는 결과 사이를 비교하는 유의도 검사(significance test)를 핵심 개념으로 삼는바 비교방법의 한 유형으로 볼 수 있다. Dogan은, 비교방법은 통계적 계량화를 시도함으로써 실험방법을 대체할 수 있다고 말함으로써 통계방법이 비교방법의 한 유형임을 분명히 했다(Dogan 1994, 35). 물론 통계방법을 사용하기 위해서는 자료가 충분해야 하고, 통계방법을 쓸 수 있는 주제가 제한되어 있으며, 통계방법으로 상관성을 뛰어넘는 인과성을 확인하기는 힘들다는 한계가 있다. 그러므로 지나친 계량화는 피해야 하지만, 실험방법과 마찬가지로 통계방법은 변인들을 다양한 각도에서 통제하고 비교 관찰을 함으로써 지식창출에 이바지할 수 있다.

그러나 앞 절에서 보았듯이 비교방법의 의미를 좀더 제한적으로 이해한다면 비교방법의 전형적 유형은 소수 사례(Small-N) 연구에 해당된다. Sartori는 변인은 많고 사례 수가 적을 때 비교방법을 사용한다고 말했고, DeFelice도 사례 수가 적어 통계분석을 할 수 없을 때 비교방법이 유용성을 갖는바 "소수 사례 연구라는 것은 고쳐야 할 단점이 아니라 비교방법의 고유한 특징이다"라고 했다(DeFelice 2006, 291). 소수 사례들을 비교한다면 가장 적게는 2개의 사례부터 시작할 수 있다. 이 경우, 명확한 이론 틀에 따라 두 국가를 비교하는 "명시적 이원 비교"(explicit binary comparison)와 명확한 이론 틀 속에서 두 국가를 비교하지는 않지만 관찰자가 자기 국가의 관점에서 외국을 관찰하며 자기 국가를 위한 시사점을 찾는 "암묵적 이원 비교"(implicit binary comparison)로 구분할 수 있다(Dogan 2006, 316-8). 이 중 후자를 비교방법의 한 유형으로 간주할 지는 논란의 대상이다.

비교방법 중에는 다수 사례나 소수 사례가 아니라 중간 정도의 사례 수(Medium-N) 연구 유형에 속하는 것도 있다. 대표적 예로 Ragin이 체계화한 비교역사방법인 QCA(Qualitative Comparative Analysis)를 들 수 있다(Ragin 1987, 1998). 그는 소수사례연구와 다수사례연구의 단점을 각각 극복하면서 동시에 변인과 변인 사이의 인과과정을 추적할 수 있기 위해서는 10~50개 정도의 사례에 대한 비교방법이 필요하다고 말한다. 특히, 종속변인과 각각의 독립변인 사이의 독립된 인과관계를 밝히기보다 여러 독립변인들이 어떤 방식으로 조합되어 종속변인에 집합적 영향을 미치는지 인과경로를 알기 위해서는 Boolean logic에 입각해야 하고 여기서 QCA의 유용성을 찾을 수 있다고 말한다.

보통 하나의 사례를 심층 관찰하는 사례연구(case study)는 비교방법의 한 유형이 될 수 있을까? Sartori는 부정적 입장을 취한다 (Sartori 1994, 23-4). 그는 사례연구는 특정 사례에 대한 맥락적 이해의 깊이와 풍부함을 추구하는바 비교학적 가치는 가질 수 있을지 몰라도 일반성과 포괄성은 기할 수 없으므로 비교방법의 유형으로 볼 수 없다고 생각한다. 사례연구는 비교방법과 상호 보완 내지 강화의 관계에 있지만, 이론정립(theory-building)에 중요한 기여를 하는 반면 이론통제(theory-controlling, 이론을 검증하기 위해 변인들을 다양한 각도에서 관찰하는 것)에는 도움이 되지 않으므로 비교방법이라 할 수 없다는 것이 Sartori의 입장이다. Eckstein(1975)도 이론정립을 위한 도구로 사례연구를 주목했지 이론통제의 핵심으로 생각한 것은 아니다.

반면, 사례연구를 비교방법의 한 부분으로 편입하려는 노력도 경주되고 있다. 비교사례연구(comparative case study)를 시도하는 일단의 학자가 있다(George and McKeown 1985). 그들은 사례에 대한 "구조화되고 초점 맞춘 비교"를 통해 인과 추론이 가능하다고 생각한다. 그러나 이 경우에도 단일 사례에 대한 일회의 관찰만 수반되는 것이 아니고 여러 사례에 대한 관찰과 비교가 개입된다는 것을 인지할 필요가 있다. 사례 수가 진정으로 1인 경우에는 인과 추론은 물론 단순한 사실의 서술이 아닌 서술적 추론도 시도하기 힘들다. 그러므로 일회의 관찰에 입각한 사례연구는 비교방법으로 볼 수 없다. 다만, 단일 사례도 다양한 수준과 관점에서 접근함으로써 관찰 횟수를 늘릴 수 있다면 비교방법으로 발전될 수 있다(King et al 1994, 217-28). 물론 이 때 무조건 관찰 빈도를 늘리는 것이 좋은 것은 아니며, 관찰 빈도가 소수여도 1만 아니라면 꼭 필요한 관찰만 함으로써 인과 추론에 도움을 받을 수 있다.

통상 사례연구라고 불리어지는 대부분의 연구는 단일사례에 대한 한번의 관찰에 그치지 않고 여러 번의 다각도 관찰이 수반된다. 연구의 주된 관심은 특정 사례의 내부에 있지만, 그 사례를 선택하기 전후에 다른 가능한 사례들과 명시적이든 암묵적이든 비교하는 과정을 거치기 마련이다. 이럴 경우 사례연구도 비교방법의 한 유형으로 볼 수 있다. "공식적"(formal) 사례를 연구하기 위한 비교의 준거 틀로 "비공식적"(informal) 사례를 관찰하는 경우는 드물지 않고, 그런 의미에서 "연구, 특히 사례연구의 N은 종종 비확정적이다"라고 할 수 있다(Gerring 2001, 217). Eckstein의 "중대"(critical) 사례연구 개념에 의하면, "least-likely" case나 "most-likely" case를 선택 관찰하면 단일사례도 때론 이론적 일반화에 기여할 수 있다고 한다. 이때 "least-likely" case나 "most-likely" case는 "공식적"(formal) 사례지만, 그에 앞서 다른 사례들과 적어도 암묵적 차원에서 비교가 이루어졌기 때문에 "least-likely"나 "most-likely"라는 판단이 가능했을 것이다. 흔히 단일관찰로 간주되는 역사적 비유(historical analogy)에 의한 추론도 실상 현재와 과거 사이의 비교가 체계적으로 수반된다면 비교방법의 한 유형으로 간주할 수 있을 것이다.

2. 비교방법의 관점

비교방법은 동일 시점에 여러 연구대상(사례, 개체, 단위)을 관찰・대조하는 동시적(同時的 혹은 共時的 synchronic) 관점을 주로 취한다. 즉, 시간 범위는 좁히고 공간 범위는 넓히는 횡단(cross-sectional) 관점이다. Sasaki는 비교연구를 정의 내림에 있어서 전적으로 동시적 비교방법의 관점만 언급한다(Sasaki 2004). 여러 국가나 그

밖의 집단 등 관찰대상들을 비교할 때 시점을 동일하게 잡아야 의미 있는 결론을 낼 수 있다는 것은 당연하다. 따라서 교차연구적인 비교정치 분야 그리고 변인들 간의 관계를 파악하는 사회과학연구 일반에서 동시적 관점이 선호된다.

그러나 시간 범위를 넓혀 다양한 시점에서 관찰하고 그 결과를 비교하는 통시적(通時的 diachronic) 관점도 비교방법에 널리 활용된다. 종단(longitudinal) 혹은 역사적(historical) 관점이다. 맥락이 다른 국가나 사회, 집단을 교차해서 동시적으로 비교할 때 생기기 쉬운 편견과 왜곡을 피할 수 있다는 장점이 있다. 그러나 시간적 범위(관찰 시점 사이의 간격)가 늘어날수록 시대변화에 따른 맥락의 차이가 커져 비교 시 왜곡의 여지가 커지며 비교가능성이 훼손될 수 있다. 관찰 시점 간 간격이 너무 좁아도 인과추론에 필요한 관찰사례 사이의 독립성 조건이 잘 충족되지 않아 방법론적 문제가 발생한다 (Gerring 2001, 224-5). 역사전개에서 핵심적으로 작용하곤 하는 경로의존성(path dependence)으로 인해 사례 독립성의 조건이 동시적 연구에 비해 더 심하게 훼손될 가능성이 있다.

통시적 관점을 띤 비교방법으로 특히 학계의 주목을 끄는 것이 비교역사방법(comparative historical method)이다. 이것은 개별성과 고유성을 강조하는 역사학적 접근과 일반성을 추구하는 사회과학적 접근 사이의 균형을 추구하는 시각으로서 1980년대 이래 널리 공감을 자아내고 있다(Tilly 1984, Ragin 1987). 소수 사례에 따르는 방법론적 문제, 'Galton의 문제'(어떤 현상의 전파나 전이로 인해 관찰대상들이 독립적인 사례가 되지 못하는 문제), 'Black box 문제'(독립변인과 종속변인 사이의 인과과정을 무시하는 문제) 등 주류 사회과학의 각종 허점에 대한 반성의 결과로 나온 것이다. 특히 'Black box 문제'가 심한 비판의 대상인데, 원인과 결과 간의 연관성에 초점을 맞추는 주류 사회과학의 input-output 접근방법은 "왜"라는 질문에 답하는 가운데 "어떻게"라는 질문을 놓쳐 인과작용이 어떤 과정을 거쳐 어떻게 이루어지는지 중간경로를 블랙박스처럼 간과한다고 비판한다. 그러므로 변수들 간의 인과적 연관성을 찾는 데 주력하기보다 여러 사례의 관찰을 통해 시간 흐름의 맥락 속에서 사건이 어떻게 전개되는지 파악하는 데 초점을 두어야 한다는 것이 비교역사방법의 핵심 주장이다. 즉, 정태적 인과성이 아니라 시간의 관점에서 동태적으로 인과과정을 이해하고자 하고 과거가 미래에 어떻게 영향을 끼치는지 그 경로의존성에 관심을 둔다. 전술한 QCA나 event history analysis가 비교역사방법의 예가 된다.

비교역사방법은 특히 지구시민사회를 연구하는 일단의 학자들에 의해 선호되고 있다(Anheier and Katz 2006). Annheier and Katz에 의하면, 지구화가 심화되면서 지방적, 지역적, 국가적, 국제적, 초국가적 영역을 가로질러 상호작용이 복잡하게 벌어지고 각종 수준의 행동단위도 유동성이 커지고 있다. 이런 상황에서는 고정된 실체의 성격에 대한 정태적 분석보다 동태적 사건 전개의 이해에 연구의 초점이 맞춰져야 할 필요성이 증가한다(Anheier and Katz 2006, 289). 즉, 역사전개의 순서성(sequentiality)과 인과경로의 서술을 강조해야 한다는 것이다. 앞으로 지구화와 후기산업화가 더 심화되면서 사회구조의 복잡성, 유동성, 다차원성이 커질수록 이러한 시각은 더 큰 공명을 자아낼 것으로 전망된다.

3. 비교방법의 중심 단위

비교방법의 중심 관찰단위가 변인(variable)이어야 할지 아니면 사례(case)이어야 할지 논쟁이 이어지고 있다. 분석을 강조하는 현대 사회과학은 변인위주의 접근을 선호한다. 비교정치학 분야에서 여러 국가들을 교차 비교하는 학풍이 강하지만, 이 경우에도 국가들에 기본초점을 맞춰 국가들의 차이점과 유사점을 논하기보다 변인을 더 핵심적인 초점으로 삼아 "어떠어떠한 국가들을 대상으로 어떠어떠한 변인들을 분석한 결과 이러저러한 상관관계 혹은 인과관계를 보인다"라는 결론을 내는 데 집중하는 경향이 있다. 연구 핵심은 국가들의 특성이 아니라 변인들 간의 관계에 있다. 이러한 변인중심적 시각을 대표하는 학자인 Przeworski and Teune는 사회과학의 목표는 사례(국가, 지방, 문화 등)들의 고유명사를 변수들의 보통명사로 대체하는 것이라고 주장한다(Przeworski and Teune 1970). 국가나 문화 같은 큰 사례를 통째로 단위로 삼아 비교하는 전체론적(holistic) 비교는 불가능하므로 변인위주의 접근방식을 해야 한다는 것이다. Goldthorpe도 이러한 생각에 동의한다. 그가 보기에, 사례중심적 비교방법은 전술한 '소수 사례의 문제,' 'Galton의 문제,' 'Black-box 문제' 등에서 심각성이 더 크다(Goldthorpe 2006).

그러나 이러한 시각에 대해 사례중심적 관점에서의 비판이 거세다. 변인중심적 접근은 분석적 환원주의(analytic reductionism)에 빠져 이론을 위한 이론으로 흘러가고 실제 문제해결에 별 도움이 되지 않으므로 사례를 핵심 관찰단위로 하여 사례들을 깊이 이해하는 데 주력해야 한다는 것이다. 앞에서 언급한대로 Ragin은 사례중심적인 관점에서 비교방법을 이해한다(Ragin 2004. Goldthorpe 2006도 참조토록). 그는 국가 등 거시적 분석단위가 단순히 변인들의 측정을 위한 재료에 그치는 것이 아니라 각기 의미 있는 전체(meaningful whole)로 간주될 수 있도록 비교방법을 이끌어야 한다고 전체론적(holistic)인 주장을 펼친다. 물론 Ragin은 아주 극단적이진 않다. Frankfurt School처럼 분석 방식을 거부하고 전체적 역사변환의 한 부분으로 특정 현상을 이해하는 극단적 형태의 전체론적 입장을 따르지는 않는다. 한 예로, Ragin의 QCA는 개별 사례 하나하나의 특성을 살피면서 동시에 변인들 간의 인과관계를 찾고자 하는 분석성 높은 연구방법이다.

비교방법의 분석단위와 관련해 또 다른 차원에서 학문 논쟁의 중심에 서 있는 것은 '방법론적 국가주의'(methodological nationalism)와 그에 대한 비판이다. 한편으로, 한 국가만 관찰하지 않고 여러 국가들을 상정해 비교를 시도하는 것은 바람직하다(Dogan 2006, 313). 전술한대로, 한 국가에만 초점을 맞춰 깊이 파는 지역학에 비해 여러 국가들의 비교를 통해 이론적 일반화를 시도하는 비교정치학은 지식 창출에 더 밀접히 직결될 수 있다. 그러나 다른 한편, 비교방법이 마치 교차국가적 비교연구만을 의미하는 것으로 오해되어선 곤란하다. 방법론적 국가주의에 경도되어선 안 되고 국가 이외의 다른 주체들도 비교방법의 단위로 많이 상정되어야 한다는 것이다. Dogan은 사회 부문이나 영역 단위(sectorial units)에 초점을 맞추는 비교분석이 실상 더 다수라고 말한다(Dogan 2006, 310). 요즘처럼 지구화의 심화로 국가를 뛰어넘는 접근방식의 필요성이 커지고 있는 상황에서는 방법론적 국가주의의 한계가 더욱 크게 부각된다. 지방, 지역, 사회부문, 국가 영역을 가로질러 초국적으로 사회관계가 복잡해지고 그 유동성이 높아지고 있으므로, 국가와 같은 지리적 차원의 고정된 실체보다 여러 경계에 걸쳐 진행되는 사건이 비교분석의 핵심단위로 부각되어야 한다는 주장도 일각에서 공명을 자아내고 있다(Anheier and Katz 2006, 289).

Ⅳ. 비교방법의 전략: 개념 정립, 명제 설정, 사례 선택

1. 비교방법을 위한 개념 정립

모든 연구방법에서 그렇듯이 비교방법을 적절히 활용하기 위해서는 연구의 가장 기초요소라 할 수 있는 개념들을 잘 정립해야 한다. 개념 정립 시 충족시켜야 할 여러 기준들이 있지만(Gerring 2001, 35-64), 그 중에서 특히 비교방법에 직결되는 것들을 골라볼 수 있다. 첫째, 외부 차별성(differentiation)을 기하는 것이 필요하다. 한 개념의 의미가 다른 개념들의 의미와 명확히 차별되지 않고 상호중복되는 면이 있다면 자칫 동어반복(tautology)이나 내인성(endogeneity)의 문제가 발생하게 될 뿐 아니라 여러 사례 간 혹은 변인 간 비교도 불가능해진다. 둘째, 차별성과 연결된 가치이지만 조작화(operationalization)된 구체성이 요구된다. 적어도 독립변인이나 종속변인을 이루는 핵심 개념들에 구체적이고 명확하게 정해진(즉, 조작화된) 의미를 부여하지 않는다면 비교 관찰이 일관성을 상실할 수 있다. 셋째, 개념이 간략성(parsimony)을 띠지 못하고 복잡하다면 공간적 범위나 시간적 범위를 넓혀 다양한 맥락에 대한 관찰을 함에 있어서 맥락에 따라 자의적으로 달리 적용될 위험성이 상존하다. 그러므로 의미 전달이 가능한 범위 내라면 개념은 간략하게 정의 내려질 필요가 있다. 넷째, 맥락의 포괄성(contextual range, 즉 일반성)을 염두에 두며 개념을 정립해야 여러 경우를 같이 비교할 수 있다.

사례들의 유사점과 차이점을 비교 관찰함에 있어서 관찰 대상을 그 성격에 따라 분류하게 마련이다. 그 분류 기준을 명확히 세우지 않는다면 비교방법은 신뢰성을 확보할 수 없다. 적절한 분류를 위해서는 우선 해당 개념을 명목적(nominal), 서수적(ordinal), 기수적(cardinal) 개념 중 어떤 것으로 볼지에 대한 명확한 판단이 필요하다. 다음으로는 상호배타성, 완전포괄성, 비교성이라는 조건을 염두에 두며 분류 범주들을 정해야 한다(Gerring 2001, 120-2). 상호배타성(mutual-exclusivity)은 분류에 따른 범주들 간에 중복이 없어야 한다는 조건이고, 완전포괄성(exhaustiveness)은 어떤 관찰치(관찰결과)도 특정 범주에 포함시킬 수 있어야 한다는 조건을 말한다. 비교성(comparability)은 분류 범주들의 차원이 같아야 한다는 것으로서, 매우 당연하게 들리지만 실상 연구를 진행할 때 충족시키지 못하는 경우가 종종 있다. 비교성 기준을 위해서는 단일의 관점(또는 원리)에 따라 범주들을 분류하고 있는지 연구자가 신중하게 되짚어볼 필요가 있다. 추가적으로, 보다 적절한 비교를 하기 위해서 분류 범주의 수에 대한 고민도 필요하다. 분류 범주가 너무 적으면 grouping error가 발생하고 자료가 지나치게 소실될 위험성이 있고, 너무 많으면 분류 작업이 너무 복잡해지며 연구자의 자의성이 개입하거나 비교에 혼란이 초래될 수 있다.

공간적 범위를 확대하거나 시간적 범위를 확대해 여러 각도에서 비교 관찰을 시도할 때 특히 신경 써야 할 점은 핵심 개념들의 정의(定義)를 넓게 내릴지 좁게 내릴지 판단하는 일이다. 개념 정의를 너무 좁게 내리면 여러 사례에 공통되게 적용시킬 수 없고, 반대로 너무 넓게 내리면 비교 자체가 불가능해질 수 있다. 이와 관련해 Gerring이 제시한 'Min-max 전략'은 유용한 실마리를 제공한다(Gerring 2001, 81-5). 우선 여러 사례에 공통되는 최소 요건만 규정한 최소정의(minimal definition)와 이상적 차원에서 엄격하게 요건을 규정한 최대정의(maximal definition. ideal-type definition이라고도 함)를 내린다. 이어서 최소정의와 최대정의라는 양쪽 극단에서 시작해서, 최소정의에 어떤 속성을 더할까 그리고 최대정의에서 어떤 속성을 뺄까 판단하면서 가운데로 이동해 가장 적절한 맥락적 정의를 내리는 전략을 말한다.

2. 비교방법을 위한 명제 설정

개념과 마찬가지로 연구의 중심 명제 또는 가설도 여러 기준을 충족시키며 정립되어야 비교방법을 활용할 수 있다. 첫째, 연구가설이 명확성(specification, clarification)을 띠어야 그것을 여러 공간적 혹은 시간적 사례들에 적용시키고 그 결과를 의미 있게 비교할 수 있다. 둘째, 내적 일관성(internal consistency)이 기해져 명제의 부분들 간에 상호모순이 발생하지 않아야 의미 있는 비교가 가능하다. 셋째, 적용범위의 넓이, 즉 포괄성을 확보할 수 없는 명제를 상정한다면 특정 사례의 고유성을 뛰어넘는 이론적 일반화를 위한 비교방법을 시도할 수 없다. 넷째, 개념 정립의 경우와 마찬가지로 상정한 명제가 너무 복잡해 간략성 기준을 기하지 못한다면 다양한 관점의 비교가 힘들어진다. 다섯째, 비교방법을 여러 학자가 함께 시도할 수 있는 사회적 과업으로 넓게 이해한다면, 적실성(relevance)도 명제 설정 시 필요한 기준으로 요청된다. 어떤 명제의 사회적 중요성(적실성)을 다른 사람들이 인정한다면, 그 명제에 대한 특정 연구자의 탐구가 학문적 공감이나 논쟁을 낳을 것이고 더 많은 후속 연구들을 촉진시킬 수 있을 것이다. 이럴 경우 결과적으로, 학계 차원에서 공동으로 비교방법이 시도되는 것이라고 할 수 있다.

비교방법을 추구하는 연구자는 여러 방법론적 함정에 빠지는 위험성을 최소화하기 위한 일환으로 명제 설정에 신중을 기해야 한다. 동어반복(tautology), 내인성(endogeneity), 다중공선성(multicollinearity) 등의 문제가 내포되어 있는 명제는 단일 사례연구에서도 의미 있는 관찰결과를 낼 수 없지만 특히 여러 경우를 비교 관찰하는 연구에서 그 심각성이 크다. 다양한 차원의 비교를 무리 없게 수행하기 위해서 이론적 명제가 상기 방법론적 문제들을 내포하지 않도록 각별히 조심할 필요가 있다. 아울러, 관찰 가능한 사례의 수에 비해 추론이 너무 많으면 '불확정성(indeterminacy)의 문제'가 발생한다는 점을 주목하여(King et al 1994, 119-22), 비교대상이 될 사례가 얼마나 많은 가에 따라 적절한 수 이상의 너무 많은 독립변인을 상정하지 않도록 유의해야 한다. 물론 서술이 연구목적이라면 별 문제지만, 인과 추론을 시도하는 비교연구라면 어떠한 독립변인을 상정할지 뿐 아니라 얼마나 많은 수의 독립변인을 고려하는가도 중요한 결정 사안이다. 정작 중요한 독립변인을 간과하는 '누락변인의 문제'도 피해야 하지만, 불필요한 독립변인(들)을 명제에 포함시켜 '불확정성의 문제'를 초래한다면 유용한 비교방법을 실시할 수 없다.

3. 비교방법을 위한 사례 선택

앞의 III절에서 비교방법의 유형을 논하면서 언급했듯이 비교방법에 적절한 사례 선택에 대해선 학문적 의견통일이 이루어지지 않고 있다. 이 절에서는 사례 선택 시 충족시킬 필요가 있는 기준들과 사례 선택의 구체적 방식에 대해 살펴본다.

중시해야 할 기준으로 무엇보다 다수성(plenitude)을 들 수 있다. 많은 사례를 다양한 각도에서 관찰한 결과를 비교할 때 비교방법의 목적인 일반화 차원의 지식 창출에 도움이 되므로, 가능한 한 사례 수를 늘릴수록 바람직하다. 특히 다음과 같은 경우에 보다 많은 사례를 선택하도록 해야 한다(King et al 1994, 213-7; Gerring 2001, 169-71). 첫째, 명제의 구체성(precision)이나 복잡성(예: 여러 독립변인이 상정된)이 높을수록 상대적으로 많은 사례를 선택해야 비교관찰이 가능하다. 둘째, 독립변인이나 종속변인의 변이(variation) 폭이 작아 눈에 잘 띠지 않을수록(즉, 인과효과가 그리 크게 드러나지 않을 때) 보다 많은 사례를 선택하는 것이 좋다. 혹은 반대로 종속변인 값의 변이가 매우 커서 종속변인 값을 예측하기 힘들 때도 다수성 기준이 요청된다. 셋째, 상정한 인과관계가 확률적일수록 그리고 불규칙성을 내포할수록 보다 많은 사례를 선택해 관찰할 필요가 있다. 넷째, 독립변인과 개입변인들 간의 관련성이 높아 독립변인-종속변인 간 인과관계가 허위적(spurious)일지 모른다는 의심이 들 때, 그리고 독립변인들 간의 상관성이 높아 다중공선성의 위험성이 있을 때, 관찰사례 수가 늘어나야 한다.

King, Verba, Keohane은 사례 수가 많지 않은 상황에서 관찰 수를 최대한 늘릴 수 있는 방법들을 소개한다(King et al 1994, 217-28). 우리의 문제의식과 이론을 재개념화함으로써 주어진 자료를 갖고 더 많은 관찰을 할 수 있다는 것이다. 첫째, 관찰 변인은 똑같이 두되 새로운 분석단위를 추가함으로써 관찰 수를 늘릴 수 있다. 새로운 분석단위를 추가하기 위해 공간적으로 범위를 확대하는 방법을 취할 수 있는데, 이 때 분석단위들 간의 상호독립성 조건에 유의해 'Galton의 문제'가 발생되지 않도록 해야 한다. 시간적으로도 범위를 확대해 분석단위를 추가할 수 있는데, 앞 시점의 상황이 뒤 시점의 상황에 영향을 미치는 '경로의존성'에 의해 관찰단위들 간에 상호독립성이 훼손될 수 있다는 점을 유의해야 한다. 둘째, 분석단위는 똑같이 두되 관찰 변인을 새롭게 개념화함으로써 관찰 수를 늘리는 방법도 있다. 만약 'A → B'라는 인과관계가 있다면, 'A′ → B' 혹은 'A → B′' 혹은 'A′ → B′' 등의 관계도 성립할지 모른다는 문제의식을 갖고 새로운 변인을 찾는 방법이다. 예를 들어, 만약 "농산물 가격변동 → 사회적 소요"라는 인과관계를 확인할 수 있다면, "농산물 가격변동 → 투표행태, 주가, 이민, 개인심리 차원의 변화"라는 도식도 가능할지 모른다. 이런 식으로 변인을 재개념화하면 더 많은 관찰 사례를 찾을 수 있다. 셋째, Ragin도 선호하는 방법으로, 독립변인-종속변인 관계를 input-output으로만 보지 않고 독립변인과 종속변인 사이의 과정을 잘 살펴(process tracing, causal mechanism 등으로 표현한다) 여러 단계별로 가설들을 만듦으로써 관찰 수를 늘릴 수 있다.

물론 다수성이 항상 절대적으로 중요한 건 아니다. 관찰 수가 늘어날수록 비교가능성(comparability)에서 문제가 생길 수 있기 때문이다. 비교하기 어려운 이질적 사례들을 많이 관찰해봐야 왜곡만 초래될 뿐이다. 비교가능성은 다수성과 상반될 수 있는바, 사례 선택 시 비교가능성에 대한 고민이 필요하다. 개념 비교가능성(concept comparability 혹은 descriptive comparability)은 X와 Y가 비교사례들에서 똑같은 개념으로 받아들여지고 있는 것을 뜻하고, 인과 비교가능성

〈표 1〉 최대유사체계 비교방법

사례	X1	X2	X3	X4	X5	Y
영국	y	y	y	y	y	안정
프랑스	n	y	y	y	y	혁명

출처: Gerring(2001), 211.

(causal comparability)은 비교사례들에서 똑같은 자극이 가해지면 그 결과로 똑같은 반응이 나오는 속성을 말한다(Gerring 2001, 174). 특히 학문논쟁의 대상이 되는 것은 후자로서 단위 동질성(unit homogeneity) 조건과 동의어라 하겠다. 이 단위 동질성(즉, 인과 비교 가능성)에 우선순위를 두는 구체적 방법이 바로 최대유사체계(most-similar system) 비교방법이다. 가능한 한 여러 면에서 유사한 속성을 지니되 탐구 대상인 핵심 변인들에서 상이한 속성을 보이는 사례들을 선택해 비교하는 방법이다. 핵심 변인들 외의 변인들은 똑같은 상수로 '통제'된다. 〈표 1〉은 최대유사체계 비교방법의 가상적 예이다.

그러나 최대유사체계 비교방법은 학계 일각에서 비판을 불러일으킨다. 예를 들어 Przeworski and Teune는 실제로 최대유사체계를 찾기 불가능하다고 비판하며, 가능한 한 여러 면에서 상이한 속성을 지니되 탐구 대상인 변인들에서는 유사한 속성을 보이는 사례들을 선택해 비교하는 최대상이체계(most-different system) 비교방법을 제창한다(Przeworski and Teune 1970). 만약 콩고 어느 부족의 원시 사회, 중국 어느 성(省)의 농경사회, 멕시코시티의 공업 사회, 스웨덴의 후기산업적 복지 사회 등 여러 면에서 매우 상이한 사회들에서 자살률이 같다면 자살률 설명변수로 체계 요인들(systemic factors)은 제외할 수 있다는 결론을 얻을 수 있다. DeFelice도 비슷한 나라들을 관

〈표 2〉 최대상이체계 비교방법

사례	X1	X2	X3	X4	X5	Y
영국	y	y	y	y	y	혁명
프랑스	y	n	n	n	n	혁명

출처: Gerring(2001), 212.

찰해 검증할 수 있는 가설들만 인과 추론의 대상으로 삼지 말고 상이한 나라들을 비교해 검증할 수 있는 가설들도 다루어야 한다고 주장한다(DeFelice 2006, 289). 즉, 과학적 비교정치학은 비슷한 나라들만 사례로 잡는 데 그치지 말고 여러 다양한 수준과 차이를 보이는 사례들의 비교에 입각해야 한다는 것이다(DeFelice 2006, 302). 최대상이체계 비교방법은 〈표 2〉처럼 도식화할 수 있다.

최대상이체계 비교방법도 나름대로 유용하지만 단위동질성 가정에 입각한 최대유사체계 비교방법이 학계에서 보다 널리 활용된다고 할 수 있다. Dogan은 완벽한 최대유사체계란 존재하지 않겠지만, 사회경제적 조건/수준 등과 같이 비교적 단순한 범주화가 가능한 개념들을 연구한다면 대략 최대유사체계에 근접하는 사례들을 찾을 수 있다고 지적한다(Dogan 2006, 320). Gerring도 최대상이체계 비교방법에 비판적인데, 종속변인의 관찰결과에서 변이(variation, 즉 차이)가 나타나지 않기 때문에 특정 인과관계의 긍정적 검증보다는 대안적 원인들을 배제하기에 더 유용할 뿐이라고 한다(Gerring 2001, 212-4). King 등도 독립변인 및 종속변인의 관찰결과에서 변이가 나타나는 사례들을 의도적으로 선택해야만 인과적 추론이 가능하다는 점을 여러 예를 통해 강조한다(King et al 1994, Ch. 4).

최대유사체계 비교방법과 최대상이체계 비교방법 간의 논쟁이 시사하듯이 어떤 것이 적절한 사례선택인지 아닌지 판단하기란 쉽지 않다. 그 밖에도, 타당한 비교를 위한 사례선택을 하기 위해서는, 사례독립성 조건이 훼손되지 않도록 유의해 'Galton의 문제'(spatial autocorrelation)와 '경로의존성의 문제'(serial autocorrelation)를 피해야 한다. 아울러 내인성의 문제나 누락변인의 문제에도 주목해야 하는 바, King 등은 그러한 문제들을 해결하기 위한 사례선택 방법들에 대해 구체적 논의를 제시한다(King et al 1994, 188-195).

V. 비교방법의 한계와 새 지평

1. 근원적 한계

비교방법에 따르는 여러 한계는 이미 앞선 절들에서 충분히 언급되었지만 여기서는 요약 삼아 근원적인 것만 재정리한다. 우선, 사례 수와 관련해서, 적은 수의 사례를 관찰하고 비교할 때 'Small-N 문제'가 발생해 일반화의 타당성이나 신뢰성을 기하기 힘들다. 물론 적은 사례 수는 문제가 아니라 비교방법의 특징이라고 볼 수도 있지만, 현상의 추론에 필수적인 일반화가 그 만큼 제한될 수밖에 없음을 부인할 수 없다. 다수의 사례를 관찰하는 경우에는 일반화 작업에 도움이 되지만 각 사례의 고유성을 간과하며 지나친 왜곡이 생길 수 있고 이질적 사례들의 존재로 인해 비교가능성에 타격이 가해질 수 있다는 문제가 있다. 단위동질성(비교가능성)의 조건을 충족시키기는 관찰대상들을 찾기란 쉬운 일이 아니다. 결국 사례 수가 적든 많든 방법론적 한계를 벗어날 수 없다는 딜레마가 있다.

사례들 간 상호독립성의 조건을 충족시키기도 난제이다. 여러 사례를 비교할 때 기본 가정은 그들 간 관계가 상호 독립적이라는 것이다. 상호 독립적이지 않은 사례들은 아무리 많이 관찰해도 자칫 같은 관점의 관찰을 반복하는 것에 불과해 다양한 관찰결과를 대조한다는 비교방법의 취지를 살릴 수 없다. 그러나 현실상 완전하게 상호 독립적인 관찰대상들을 찾기란 쉽지 않다. 공간적으로는 사례들 간에 상호 영향이 작용하는 Galton의 문제가 존재한다. 이 문제는 특히 지구화 시대를 맞아 심각해지고 있다. 개별 국가를 독립적 분석단위로 간주하기에 세계가 너무 상호의존적이 된 것이다(Goldthorpe 2006, 398). 시간적으로는 앞선 시기의 현실이 뒤 시기의 현실을 규정하는 역사적 경로의존성의 문제가 존재하므로 과거 상황과 현재 상황을 직접 비교해 의미 있는 추론을 하기가 역시 쉽지 않다.

비교방법은 독립적인 사례들을 다양한 각도에서 관찰하는 가운데 그 사례들을 마치 정물화인양 그릴 위험성이 있다. 사례들을 관통하는 일반화를 추구하려면 특정 시점과 관점에서 사례들을 관찰해야 하므로 각 사례가 끊임없이 진행되고 있는 역동적 모습을 담기란 사실 불가능하다. 어쩔 수 없이 정태적 연구로 흘러간다. Ragin은 이처럼 주류 사회과학의 비교방법은 정태적 연구에 머문다는 비판을 하며 전술했듯이 현상이 쉼 없이 전개되는 전체의 인과경로를 밝히는 동태적 연구방법을 제창한다(Ragin 1987, 2004). 물론 Ragin의 연구방법이 얼마나 성공적인지는 논쟁거리이다. 역사적 동태성은 높아졌을지 몰라도 개별 사례를 뛰어넘는 일반화 차원에서는 큰 한계를 노출하고 있다.

무엇보다 가장 근원적이고 풀 수 없는 한계는 비교방법을 통해 우리가 추구하는 여러 기준들이 항상 서로 부합하는 것이 아니고 하나를 도모할 때 다른 것이 훼손되는 상호 상쇄효과(tradeoffs)가 있다는 것이다. 예를 들어, 구체성(조작화)을 기할 경우 일반성과 포괄성이 낮아질 수 있다. 구체성의 추구는 반향성(resonance, 친숙성)은 물론 타당성마저 희생시킬 수 있다. 일반성은 반대로 맥락성을 낮추고 지나치게 일반성을 추구하다가 비교가능하지 않은 사례들을 무리하게 대비하는 우를 범할 수 있다. 비교방법이 추구하는 목적 및 가치와 관련해 앞선 절들에서 상술했다시피 상충되는 의견들이 존재하고 하나를 추구하면 다른 것이 훼손된다는 딜레마로 인해 어떤 비교방법도 비판으로부터 자유로울 수는 없다. 그러므로 비교방법은 한편으로 정치현상 탐구라는 어려운 과제를 위해 희망을 던지지만, 다른 한편 어떤 연구방법과 마찬가지로 제한된 틀 속에서 부분적, 유보적 지식을 가져오는 데 만족할 수밖에 없다

2. 향후 연구지평

어떤 학자도 완전할 수 없고 어떤 연구방법도 완벽할 수 없다. 비교방법도 마찬가지이다. 그러므로 어떤 비교방법이 절대적으로 옳고 그른지 도달할 수 없는 결론을 내려 하기보다는 다양한 비교방법을 시도하고 그것을 통해 끊임없는 지식 창출-검증-수정 단계를 밟아야 한다. 이 작업은 물론 한 명의 연구자가 할 수 있는 것이 아니다. 긴밀한 학문 공동체가 형성되어 공동과제로 다루어야 한다. King 등이 주장했듯이, 과학은 “사회적 과업”(social enterprise)이다. 이론적 지식을 쌓아나감에 있어서 확정적 결론을 내기보다는 끊임없이 계속되는 비교를 통한 검증, 수정, 확대, 재검증 과정에 강조점을 둔다면, 연구는 외부로부터 격리된 상태에서 해서는 안 되고 학문적 공동체의 공동작업으로 진행해야 한다. 학문은 혼자 할 수 있

는 것이 아니고 여러 사람이 상호간에 지속적 대화와 논쟁, 다양한 비교를 통한 끊임없는 후속작업을 거치며 조금씩 진전시켜 나가는 공동작업이다(King et al. 1994, 9).

비교방법과 관련해 앞으로 가장 중요한 숙제는 어떠한 방식으로 이러한 공동작업을 추구할 것인가이다. 연구 관점과 방법의 다양성은 물론 최대한 존중되어야 하지만, 방법론적 통일성을 향한 노력이 없다면 수많은 주제에 대한 수많은 학자의 생각들이 공동과업으로 승화되기 힘들다. 통일성을 향한 노력의 한 예로, Gerring은 여러 학문가치들 간의 상쇄효과에 초점을 맞추는 criterial approach를 제시하며 통일성 높은 초분야적 시각 틀이 될 수 있을 것이라고 주장한다. Gerring의 시도가 소기의 성과를 내고 있는지는 논쟁거리지만 통일적 비교방법을 향한 더욱 더 많은 노력이 요구된다.

가능한 한 널리 공명을 자아내고 공동작업을 촉발시키기 위해서는 비교연구가 구체적으로 주어진 자료나 특정 방법을 중심으로 논의되어서는 곤란하다. 방법중심적(method-driven)이거나 자료중심적(data-driven) 접근은 그 적용범위가 넓어지기 힘들고 그런 만큼 여러 연구자의 공명을 자아내는 공동작업으로 이어지기 힘들다. 반면, 특정 주제에 주목하는 문제중심적(problem-driven) 접근이나 특정 이론적 명제에 입각한 이론중심적(theory-driven) 접근은 다양한 관점의 관찰들을 비교하며 이론적 일반화를 추구하는 데 보다 유리하고 그만큼 관점을 초월한 공동작업을 가능하게 한다(Sil 2004). 그러므로 연구를 진행함에 있어서 자료나 방법에 중심 초점을 맞추기보다는 명확한 문제의식을 잡고 이론을 정립하는 데 주안점을 두고 이를 위해 주어진 자료와 방법을 활용하는 쪽으로 연구지평을 설정할 필요가 있다.

이론중심적 자세를 취할 경우 특정 지역의 정치에 대한 연구도 일반적 이론 틀 속에서 진행될 것이므로 비교정치학으로의 승화가 가능하다. 개별 사례의 고유성을 이해하는 것도 중요하지만, 그 사례를 명확한 비교의 틀 속에서 이해할 때 보다 심층적인 이해와 타당한 추론을 할 수 있다. 예를 들어, 미국만 보면 교육수준이 투표참여의 가장 중요한 요인이라고 결론 낼 수 있지만, 비교학적으로 볼 때 미국은 상대적으로 교육수준이 높지만 투표참여 정도는 매우 낮은 편이므로 높은 교육수준은 투표참여율을 높이는 결정적 요인이라고 말할 수 없다. 모든 경우에 명시적 비교를 시도하지 않는다 해도 최소한 암묵적으로라도 다른 사례들과 비교하는 관점을 취할 필요가 있다.

마지막으로, 향후 비교연구는 확증적(confirmatory) 접근과 탐색적(exploratory) 접근 사이의 균형을 취하는 데 많은 노력을 기울여야 할 것이다. 비교방법의 각종 방법론적 문제점과 경험자료의 미비로 인해 가설 검증을 목표로 하는 확증적 접근이 불가능한 경우가 많다. 그러므로 확증적 접근만 고집할 필요는 없다. 적실성 있는 문제의식을 찾고 가설을 세우는 데 주력하는 탐색적 접근도 큰 학문적 공헌을 할 수 있다. 특히 새로운 연구지평을 개척하는 혁신적 연구는 탐색적일 수밖에 없다. 그렇다고 탐색적 연구만 내세우고 논리의 엄격성과 관찰의 체계성을 강조하는 확증적 접근을 간과해서도 곤란하다. 앞으로 어떤 식으로 비교방법을 시도해 확증성과 탐색성 간의 균형을 취할지 진지한 고민이 요망된다.

주요문헌 소개

김웅진 · 김지희. 2000. 『비교사회연구방법론』 서울: 한울아카데미. 비교방법에 대한 초보적 소개서로서 독자의 이해를 위해 쉬운 문체로 작성되었다. 비교방법의 여러 측면을 다룰 뿐만 아니라 사회과학의 분석적 방법론에 대한 일반적 논의도 제시하고 있다. 비교방법에 대한 외국 전문서나 논문을 읽기에 앞서 일독하면 좋을 것이다.

Gerring, John. 2001. *Social Science Methodology: A Criterial Framework.* Cambridge, UK: Cambridge University Press. 비교방법으로 정치현상을 연구함에 있어서 3대 핵심 과제라 할 수 있는 개념 정립, 이론 설정, 연구 설계에 대한 중급 수준의 해설서이다. 특히 이 3대 과제를 수행할 때 중시해야 할 방법론적 기준들에 대한 상세한 논의가 돋보인다. 학부 고학년생이나 대학원생을 위한 교과서로 적당하다.

King, Gary, Robert O. Keohane, and Sidney Verba. 1994. *Designing Social Inquiry: Scientific Inference in Qualitative Research.* Princeton, NJ: Princeton University Press. 근래 방법론 분야에서 가장 많이 인용되는 서적이라 해도 과언이 아니다. 과학적 추론의 의미, 논리, 방법, 함정 등을 여러 예를 통해 설득력 있게 논하고 있다. 양적 접근뿐 아니라 질적 접근에서도 비교에 입각한 추론이 수반되어야 과학적 성격을 띨 수 있게 된다는 점을 강조한다. 대학원 수업용 교과서로 적당하다.

Ragin, Charles C. 1987. *The Comparative Method: Moving beyond Qualitative and Quantitative Strategies.* Berkeley, CA: The University of California Press. '변인중심적'이기보다 '사례중심적'인 관점에서 비교방법을

이해한 심층연구서이다. 종속변인과 각각의 독립변인 간의 개별적 인과관계를 밝히기보다 여러 독립변인이 어떤 방식으로 조합되어 종속변인에 집합적 영향을 미치는지 그 인과경로를 여러 사례의 비교를 통해 추적하는 비교역사방법을 주창한다.

Sartori, Giovanni. 1994. "Compare Why and How: Comparing, Miscomparing, and the Comparative Method." in Mattei Dogan and Ali Kazancigil. eds. *Comparing Nations: Concepts, Strategies, Substance.* Oxford, UK: Blackwell. Ragin과는 대조적으로 보다 변인중심적 관점에서 비교방법을 이해한 심층연구서이다. 비교방법은 곧 시간적·공간적 관찰범위를 어떻게 '통제'하는지 다루는 것이라는 점을 강조한다. 특히 변인은 많고 사례는 적은 경우에 어떤 식으로 비교 관찰하는 것이 좋은지에 대한 통찰력이 담겨 있다.

참고문헌

김웅진. 1992.『정치학방법론서설』서울: 명지사.

김웅진·김지희. 2000.『비교사회연구방법론』서울: 한울아카데미.

안재흥. 2006. "비교방법의 방법론적 정체성."『국제정치논총』46집 2호.

최명. 1979.『비교정치학서설』서울: 법문사.

Almond, Gabriel. 1988. "Separate Tables: Schools and Sects in Political Science." *PS: Political Science & Politics*. 21, 4.

Almond, Gabriel, and Sidney Verba. 1980. *The Civic Culture Revisited.* Boston: Little, Brown.

Anheier, Helmut, and Hagai Katz. 2006. "Learning from History? Comparative Historical Methods and Researching *Global Civil Society*."

in Marlies Glasius, Mary Kaldor, and Helmut Anheier. eds. Global Civil Society 2006/6. London: SAGE Publications.

Bates, Robert H. 1997. "Area Studies and the Discipline: A Useful Controversy?" *PS: Political Science & Politics*. June. 30, 2.

DeFelice, E. Gene. 2006. "Causal Inference and Comparative Methods." in Alan Sica. ed. *Comparative Methods in the Social Sciences*. Vol. 1. London: SAGE Publications.

Dogan, Mattei. 1994. "Use and Misuse of Statistics in Comparative Research." in Mattei Dogan and Ali Kazancigil. eds. *Comparing Nations: Concepts, Strategies, Substance*. Oxford, UK: Blackwell.

______. 2006. "Strategies in Comparative Sociology." in Alan Sica. ed. *Comparative Methods in the Social Sciences*. Vol. 1. London: SAGE Publications.

Eckstein, Harry. 1975. "Case Study and Theory in Political Science." in Fred I. Greenstein and Nelson W. Polsby. eds. *Handbook of Political Science*. Vol. 1. Political Science: Scope and Theory. Reading, Mass.: Addison-Wesley.

Geertz, Clifford. 1973. *The Interpretation of Cultures*. N.Y.: Basic Books.

George, Alexander, and Timothy McKeown. 1985. "Case Studies and Theories of Organizational Decision Making." *Advances in Information Processing in Organizations*. 2.

Gerring, John. 2001. *Social Science Methodology: A Criterial Framework*. Cambridge, UK: Cambridge University Press.

Goldthorpe, John H. 2006. "Current Issues in Comparative Macrosociology: A Debate on Methodological Issues." in Alan Sica. ed. *Comparative Methods in the Social Sciences*. Vol. 1. London: SAGE Publications.

Hall, Peter A., and Sidney Tarrow. 1998. "Globalization and Area Studies: When Is Too Broad Too Narrow?" *The Chronicle of Higher Education*. January 23, 44.

Harbeson, John W., Cynthia McClintock, and Rachel Dubin. 2001. "Area Studies and the Discipline: Towards New Interconnections." *PS: Political Science & Politics*. December. 34, 4.

Katzenstein, Peter J. 2001. "Area and Regional Studies in the United States." *PS: Political Science & Politics*. December. 34, 4.

King, Gary, Robert O. Keohane, and Sidney Verba. 1994. *Designing Social Inquiry: Scientific Inference in Qualitative Research*. Princeton, NJ: Princeton University Press.

Kramer, Gerald H. 1986. "Political Science as Science." in Herbert F. Weisberg. ed. *Political Science: The Science of Politics*. N.Y.: Agathon Press.

Lijphart, Arend. 1971. "Comparative Politics and the Comparative Method." *American Political Science Review*. 65.

Lipset, Seymour Martin. 1994. "Binary Comparisons: American Exceptionalism — Japanese Uniqueness." in Mattei Dogan and Ali Kazancigil. eds. *Comparing Nations: Concepts, Strategies, Substance*. Oxford, UK: Blackwell.

MacIntyre, Alasdair. 1973. "Is a Science of Comparative Politics Possible?" in G. J. Warnock. ed. *The Philosophy of Social Explanation*. Oxford: Oxford University Press.

Przeworski, Adam, and Henry Teune. 1970. *The Logic of Comparative* Social Inquiry. N.Y.: Wiley.

Rafael, Vicente L. 1994. "The Cultures of Area Studies in the United States." *Social Text*. 41.

Ragin, Charles C. 1987. *The Comparative Method: Moving beyond Qualitative and Quantitative Strategies*. Berkeley, CA: The University of California Press.

_____. 1998. "The Logic of Qualitative Comparative Analysis." *International Review of Social History*. 43, 6.

_____. 2004. "Comparative Method." *The SAGE Encyclopedia of Social Science Research Methods*. Vol. 1. Thousand Oaks, CA: SAGE Publications.

Roberts, Geoffrey K. 1972. *What Is Comparative Politics?* London: Macmillan.

Sasaki, Masamichi. 2004. "Comparative Research." *The SAGE Encyclopedia of Social Science Research Methods*. Vol. 1. Thousand Oaks, CA: SAGE Publications.

Sartori, Giovanni. 1994. "Compare Why and How: Comparing, Miscomparing, and the Comparative Method." in Mattei Dogan and Ali Kazancigil. eds. *Comparing Nations: Concepts, Strategies, Substance*. Oxford, UK: Blackwell.

Sil, Rudra. 2004. "Problems Chasing Methods or Methods Chasing Problems? Research Communities, Constrained Pluralism, and the Role of Eclecticism." in Ian Shapiro, Rogers M. Smith, and Tarek E. Masoud. eds. *Problems and Methods in the Study of Politics*. Cambridge, UK: Cambridge University Press.

Smelser, Neil J. 1976. *Comparative Methods in the Social Sciences*. Englewood Cliffs, NJ: Prentice-Hall.

Taylor, Charles. 1985. *Philosohpy and the Human Sciences: Philosophical Papers 2*. Cambridge University Press.

Tilly, Charles. 1984. *Big Structures, Large Processes, Huge Comparisons*. N.Y.: Russell Sage.

Winch, Peter. 1963. *The Idea of a Social Science and Its Relation to Philosophy*. Routledge & Kegan Paul.

[집필자 약력]

김웅진(金雄鎭)
한국외국어대학교 정치외교학과
미국 University of Cincinnati
정치학 박사

김종법(金鍾法)
한국외국어대학교 글로벌정치연구소
이탈리아 Università degli Studi di
Torino 정치학 박사

문우진(文宇振)
아주대학교 정치외교학과
미국 UCLA 정치학 박사

김기석(金基石)
강원대학교 정치외교학과
미국 UCLA 정치학 박사

서규환(徐圭煥)
인하대학교 사회과학부
독일 Bielefeld 대학교 사회과학 박사

류재성(柳載成)
서울대학교 정치학과 BK21 사업단
미국 Univ. of Texas at Austin
정치학 박사

황영주(黃永周)
부산외국어대학교 외교학과
영국 The University of Hull
정치학 박사

조성대(趙誠帶)
한신대학교 국제관계학부
미국 미주리대학교 정치학 박사

안재흥(安載興)
아주대학교 사회과학부
미국 University of Michigan
정치학 박사

임성호(林成浩)
경희대학교 정치외교학과
미국 M.I.T. 정치학 박사

정치이론과 방법론

2008년 3월 10일 초판인쇄
2008년 3월 15일 초판 1쇄발행

편저자 한 국 정 치 학 회
발행인 배 효 선

발행처 도서출판 法 文 社

413-756 경기도 파주시 교하읍 문발리 526-3
등 록 1957년 12월 12일 / 제2-76호(윤)
전 화 (031)955-6500~6 FAX (031)955-6525
E-mail (영업) bms@bobmunsa.co.kr
(편집) edit66@bobmunsa.co.kr
홈페이지 http://www.bobmunsa.co.kr

조 판 한 미 문 화 사

정가 20,000원 ISBN 978-89-18-03155-2

이 책의 무단전재 또는 복제행위는 저작권법 제97조의 5에 의거, 5년 이하의 징역 또는 5,000만원 이하의 벌금에 처하게 됩니다.